"百城千县万村"调研丛书

全面建成小康社会与中国城市发展

— 本 书 编 写 组 —

人民出版社

出版说明

　　全面建成小康社会，承载着中华民族孜孜以求的美好梦想，是实现中华民族伟大复兴中国梦的必由之路。2020 年是决胜全面建成小康社会、实现第一个百年奋斗目标的伟大征程中具有里程碑意义的一年。为记录好、呈现好全面建成小康社会的伟大壮举，经党中央批准，中共中央宣传部组织开展了全面建成小康社会"百城千县万村"调研活动。

　　为用好调研成果，讲好艰苦创业的奋斗故事，我们精选 200 篇优秀调研报告，组织编纂了"百城千县万村"调研丛书，包括《全面建成小康社会与中国城市发展》《全面建成小康社会与中国县域发展》《全面建成小康社会与中国乡村振兴》3 种共 6 册。丛书聚焦 20 个城市、80 个县域、100 个乡村全面建成小康社会的实践经验，以点带面梳理总结党的十八大以来全面建成小康社会的辉煌成就，记录以习近平同志为核心的党中央团结带领全国各族人民共建美好家园、共创幸福生活、勠力同心实现全面小康的非凡历程，充分彰显了我们党的初心使命。全面建成小康社会的理论和实践，成功走出了中国式现代化道路，为开启全面建设社会主义现代化国家新征程、实现第二个百年奋斗目标打下了坚实基础，也为世界上发展中国家探索和选择适合自己的发展道路提供了中国经验，为人类社会发展和世界社会主义发展贡献了中国方案和中国智慧。

本书编写组

2021 年 12 月

目　录

全面建成小康社会与中国城市发展

北京市

沿着总书记指引的方向前进

中共北京市委宣传部

北京市社会科学院

序　言

  2020 年是我国全面建成小康社会的决胜之年。首都北京在小康社会建设四十余年的非凡历程中，始终坚持首善标准，发扬首创精神，发挥首都优势，勇于创新，砥砺前行，脱贫脱低，攻坚克难，推动工作不断迈上新台阶。党的十八大以来，北京坚决贯彻落实习近平总书记 8 次视察北京、12 次对北京发表重要讲话精神，坚持"看北京首先要从政治上看"的要求，紧紧围绕"建设一个什么样的首都、怎样建设首都"这一重大时代课题，始终将全面建成小康社会与疏解非首都功能、联动推进京津冀协同发展；同"四个中心"功能建设、"四个服务"水平提升紧密结合；通过办好"三件大事"、打好"三大攻坚战"实现重点突破，在建设国际一流的和谐宜居之都征程中取得历史性进展，率先实现全面建成小康社会目标。北京率先全面建成小康社会的巨大成就，充分彰显党"为中国人民谋幸福、为中华民族谋复兴"的初心使命，充分展现中国特色社会主义的强大生命力，充分展示首都人民扶贫济困的社会主义大协作精神。北京全面建成小康社会的非凡成就和突出特点主要体现在以下方面。

  率先全面建成小康社会。在全面小康建设征程中，北京始终走在全国前列。四十余年来，北京始终牢记国家首都、首善之区的定位和政治责任，在推进改革开放、全面建成小康社会、决胜脱贫攻坚等伟业中，率先行动、引领示范，推动小康社会建设不断取得新的辉煌。在 20 世纪最后 20 年里，北京超额完成前"两步走"的战略目标。从实际结果看，1990 年北京地区生产总值比 1980 年翻了 1.85 倍，2000 年北京地区生产总值比 1990 年翻了 2.68 倍，实现了总体小康。2010 年，北京全面小康社会综合实现程度达到 93.5%[1]，步入全面建成小康社会新阶段。党的十八大以来，北京提出"率先全面建成小康社会"目标[2]，全面建成小康社会步伐加快。2018 年北京地区生产总值比 2010 年翻了 1.14 倍，城乡居民人均收入比 2010 年翻了 1.09 倍，提前两年达到全面建成小康社会目标。同时，北京农业农村不断取得新的发展。2018 年，农林牧渔业总产值达到 296.8 亿元，是 1952 年的 119 倍；农村居民人均可支配收入达到 26490 元，与 1956 年相比年均增长 8.9%；农村居民家庭人均生活消费支出达到 20195 元，是 1956 年的 134 倍；农村居民人均住房面积从 1978 年的 9.2 平方米提高到 45 平方米。

小康社会建设实现全面发展。 北京市是全国第一个减量发展的城市。党的十八大以来，市委、市政府牢记习近平总书记的嘱托，顺应我国社会主要矛盾新变化，把握全面小康社会是"经济、政治、文化、社会、生态文明全面发展的小康社会"的本质要求，更加注重小康社会建设的全面性、平衡性、协调性和可持续性，聚焦短板弱项，实施精准攻坚，推动小康社会全面均衡发展。社会主义民主政治建设扎实推进，法治中国首善之区特征凸显；"高精尖"经济结构助推首都高质量发展；"三城一区"为代表的全国科技创新中心建设全面加速；"街乡吹哨、部门报到""接诉即办"等基层治理创新不断涌现，城市精细化管理水平不断提高，超大城市治理体系不断完善；城乡统筹、城北城南均衡发展取得重大进展，以大兴国际机场等为新动力源的一大批重大项目落地南城；京津冀协同发展取得重大标志性进展。

---

① 杜明翠、张荣娟：《北京市全面建设小康社会统计监测报告》，载《中国全面建设小康社会监测报告（2011）》，社会科学文献出版社 2011 年版。

② 2015 年 11 月，北京市委十一届八次全会首次提出"十三五"期间的目标。2017 年 6 月，北京市委第十二次党代表大会提出，今后五年奋斗目标是建设国际一流的和谐宜居之都取得重大进展，率先全面建成小康社会。

人民群众获得感幸福感安全感空前提升。北京市坚持以人民为中心的发展理念，认真落实"小康不小康、关键看老乡"要求，既注重兜底型、保障型民生建设，也重视发展型、改善型民生需求，把人民群众的获得感幸福感安全感作为衡量全面小康社会建设成效的根本标准，一个共建共享的全面小康社会已在首都率先建成。从收入水平看，人均 GDP 由 2010 年的 11568 美元增长到 2019 年的 23805 美元，达到高收入水平，老百姓腰包越来越鼓；从社会保障水平看，2019 年城市居民最低生活保障标准和职工最低工资标准比 2010 年提高了一倍，社会保障持续向低收入群体倾斜；从居民健康指标看，2019 年全市户籍居民期望寿命为 82.31 岁，较 2010 年的 80.2 岁上升了 2.11 岁，健康水平越来越高；从消费水平看，2019 年人均消费支出由 2010 年的 21834 元提升到 43038 元，全市居民家庭恩格尔系数由 2010 年的 26.8% 下降到 19.7%，发展型、享用型消费成为热点；从人均公园绿地面积看，2019 年的人均公园绿地面积由 2010 年的 15 平方米提升到 16.4 平方米，绿化环境不断改善；从大气质量看，2019 年 PM2.5 年均浓度首次下降到 42 微克/立方米，重污染天数明显减少，空气质量越来越优；从社会治安看，万人刑事案件立案数由 2012 年的 70.6 件减少到 2018 年的 64.5 件，群众的安全感显著增强。

国际一流的和谐宜居之都建设迈上新台阶。北京市坚定落实新版城市总体规划，落实首都城市战略定位，围绕"四个中心"功能建设，努力提高"四个服务"水平，着力抓好"三件大事"，聚力打好三大攻坚战，推动首都城市深刻转型，圆满完成纪念抗战胜利 70 周年阅兵、庆祝新中国成立 70 周年等重大国事活动。全国政治中心功能进一步凸显，全国文化中心、国际交往中心、科技创新中心建设全面提速，冬奥会、冬残奥会筹办进展顺利。国际影响力凸显的重大国际活动聚集之都建设取得重大进展，APEC 峰会、"一带一路"国际合作高峰论坛、亚洲文明对话大会等一系列主场国际外交活动成功举办，首都国际影响力日益增强。

特别是面对新冠肺炎疫情，市委、市政府统筹推进疫情防控与经济社会发展，坚持以供给侧结构性改革为主线，扎实做好"六稳"工作，全面落实"六保"任务，努力克服新冠肺炎疫情带来的不利影响，加强复工复产复市复学，加快培育新业态新模式，基层治理能力进一步提升，在高质量转型发展上迈出更大步伐，推动全面小康社会建设取得更大成效。

全面建成小康社会不是终点而是新起点。北京将高举中国特色社会主义伟大旗帜，牢记习近平总书记对北京重要讲话精神，坚持建设国际一流和谐宜居之都发展目标，在全面建成小康社会基础上乘势而上，踏上建设社会主义国家现代化新征程，沿着习近平总书记指引的方向胜利前进。

一、打造"高精尖"经济结构，首都步入高质量发展阶段

北京市立足首都城市战略定位，由"集聚资源求增长"转向"疏解功能谋发展"，聚焦"高精尖"产业发展，经济发展质量持续提升，2019年地区生产总值超过3.5万亿元，走出一条更高质量、更有效率、更加公平、更可持续的发展新路。

（一）"高精尖"产业核心竞争力不断增强

1. 坚定走减量发展之路

2018年，北京首次实现城乡建设用地减量34平方公里，成为全国第一个减量发展的超大型城市。以资源环境承载能力为硬约束，倒逼城市减量提质。"疏解整治促提升"专项行动开展以来，累计疏解提升区域性市场477个、物流中心89个；2014—2019年累计退出一般制造业企业2759家。

2. "高精尖"产业贡献率稳步提升

奔驰新能源汽车生产基地、"5G＋8K"超高清转播车集群创新、北京亦昭生物医药中试研发生产基地等47个"高精尖"产业重点项目落地，小米移动互联网产业园、北京奔驰发动机二厂、中关村集成电路设计园等52个项目竣工，2019年新经济增加值占GDP的比重达到36.1%。

3. 服务业提质增效

2019年，北京服务业占比达到83.5%，比2010年提高了5.9个百分点，发展水平处于全国领先地位。党的十八大以来，全市服务业不断优化内部结构，找准发展重点，聚焦高端产业和高附加值环节，加快构建"高精尖"经济

结构。信息服务业和科技服务业呈现良好的发展态势，是拉动服务业增长的重要力量。从增加值看，2019 年，信息服务业、科技服务业分别实现增加值 4783.9 亿元、2826.4 亿元（图 1）。

（单位：亿元）

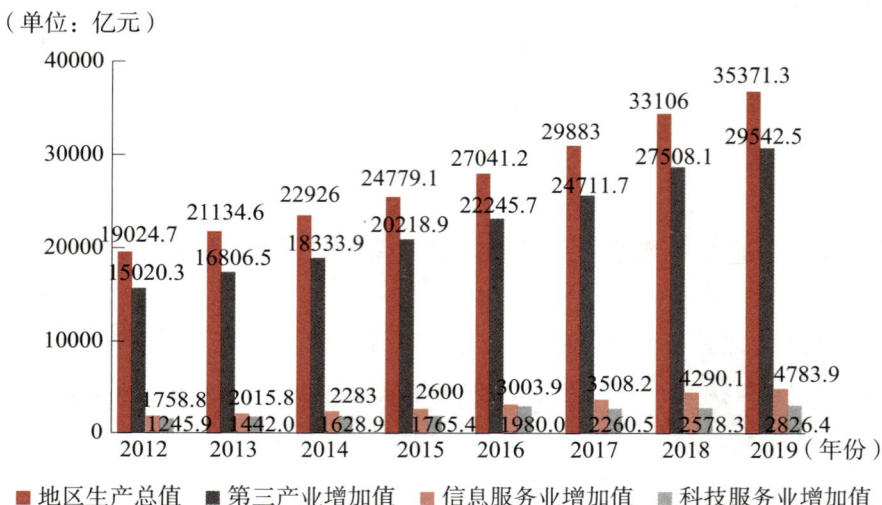

图 1　2012—2019 年北京市地区生产总值、第三产业增加值、信息服务业、科技服务业增加值情况

　　从规模和增速看，软件和信息服务业产业规模占 GDP 比重从 2012 年的 9.2% 提高到 2019 年的 13.5%；科技服务业占比从 2012 年的 6.5% 提高到 2019 年的 8.0%。2012—2019 年，信息服务业、科技服务业产业规模年均增速分别达到 12.8%、9.7%。

（二）新基建新应用新消费成为首都发展新引擎

1.5G 基础设施建设提速

　　推动工业互联网赋能工业数字化转型升级，顺义、海淀、朝阳、石景山 4 区联合入选工业互联网领域国家新型工业化产业示范基地，落地标识解析国家顶级节点、国家工业互联网大数据中心等工业互联网基础设施，创建 3 个市级相关产业创新中心。5G 网络建设加快推进，截至 2020 年 6 月底，北京市 5G 基站累计达到 2.4 万个，预计年底将超过 3 万个，实现五环内和北京城市副中心室外连续覆盖，五环外重点区域、典型应用场景精准覆盖。

2.新应用场景建设持续推进

面向智能交通、智慧医疗、城市管理、政务服务、线上教育、产业升级、央企服务、科技冬奥等重点推进新场景建设。2019 年发布首批 10 项应用场景以及 20 项央企应用场景，开放机会支持中小企业参与，打造底层技术协同应用的"试验场"，壮大"1000＋"具有爆发潜力的高成长性企业。

3.新消费模式占比领先

"互联网＋"赋能传统行业升级，京东、美团等互联平台快速搭建，线上线下消费深度融合，网约车和共享单车、在线学习、网上寻医等新消费模式蓬勃兴起，更好满足市民美好生活需要。2018 年，北京电子商务交易额占全国 7.1%，重点互联网出行平台、医疗平台和教育平台交易额分别增长 13.5%、16.1% 和 150%，限额以上批发零售业实现网上零售额比 2014 年增长 80.7%；占全市社会消费品零售总额的比重达到 22.4%，所占比重与 2014 年相比提高 7.3 个百分点。

（三）营商环境达到国际一流

1.首都营商环境评价得分位列全球第 28 位

北京聚焦"高精尖"产业发展，把服务企业做到位，营造国际一流的营商环境。2019 年，世界银行营商环境评价中，北京得分 78.2 分，超过日本东京、法国巴黎等国际大都市，位列全球第 28 位。

2.营商环境 3.0 版改革启动

2019 年，北京市出台《新一轮深化"放管服"改革优化营商环境重点任务》（简称"改善营商环境 3.0 版"）。改善营商环境 3.0 版改革包含涉及深化"放管服"和营商环境改革的关键和难点问题、"互联网＋政务服务"、综合窗口建设、"四减一增"、事中事后监管、政务科技场景应用和法治建设等主要内容。新一轮改革中，重点推进"智能＋政务服务"，强化科技手段运用，深化"一网通办"，优化网上办事大厅设置，为企业群众网上办事提供更多便利。推出 104 项"秒批"政务服务事项，要求开具的证明从 328 项减少至 51 项，精简了 84%，基层开具的证明从原来的 203 项减少至 17 项，精简了 92%，率先实现社会投资简易低风险全封闭式管理。

3. 政务系统入云进度达 98.2%

2019 年，52 家市级部门 1028 个政务信息系统迁入政务云，系统入云进度达到 98.2%。市政务数据资源网累计无条件开放公共数据集 1519 项、共计 500 余万条数据。建成北京公共数据开放创新基地，目前政务服务程序数量已超过 1500 个，开办企业以前需要 24 天，现在通过"e 窗通"软件，一天即可全部办好。

4. 服务业扩大开放全面推进

由产业开放向"产业＋园区"开放模式转变，北京大兴国际机场自贸试验片区获国务院批复并正式挂牌，新一轮服务业扩大开放试点方案中的 177 项开放改革任务完成率达 94%，累计形成 52 项突破性政策和制度创新安排。延长研发测试车暂时进口期限、跨境电商进口医药产品试点等 19 项突破性政策落地实施，形成一系列可复制可推广的经验。在全国率先实现知识产权证券化零的突破，获准开展金融科技应用试点，国际医疗、国际学校、国际人才社区等试点不断创新。

二、科技创新领跑全国，综合实力全面提升

以科技之基打造科技创新"新高地"，"三城一区"成为全国科技创新中心主平台，创新技术不断取得重大突破，创新主体异军突起，全生命周期的创新环境更加优化，自主创新动能不断增强，科技创新综合实力全面提升。

（一）"三城一区"成为全国科技创新中心主平台

聚焦中关村科学城。建设具有全球影响力的科技创新策源地和自主创新主阵地，打造科技创新的新增长极，中关村天津滨海科技园等中关村"一区多园"辐射全国。

突破怀柔科学城。建设世界级原始创新承载区，重大科技基础设施、科教基础设施和重大科技项目全面推进。

搞活未来科学城。"能源谷""生命谷"等具有国际影响力的重点项目全面

提速，打造全球领先的技术创新高地。

升级北京经济技术开发区。打造开放式跨界创新平台，形成"高精尖"产业主阵地，开发区以北京 0.35% 的土地贡献全市近 20% 的工业增加值。"三城一区"以不足北京 4% 的土地面积吸引了全市 50% 以上的研发投入和科技人才，实现全市 60% 以上的发明专利，推动具有全球影响力的全国科技创新建设步入更高阶段，成为全国科技创新中心主平台。

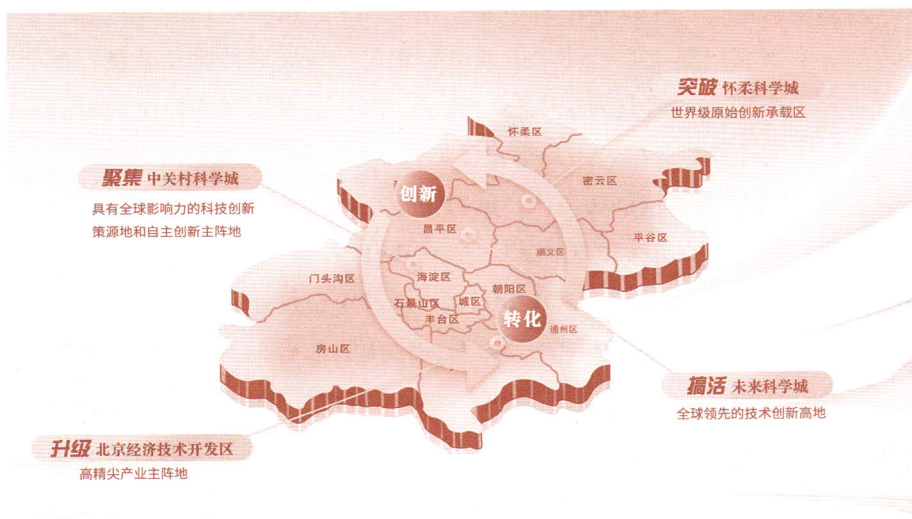

图 2　北京市"三城一区"区位发展情况图

（二）原始创新贡献突出，核心技术全国领先

1. 全国科技创新贡献大

全社会研究与试验发展（R&D）经费投入强度保持 6% 左右，基础研究经费占比超过 15%，每万人发明专利拥有量稳步提升，从 2012 年的 33.61 件增长到 2019 年的 132 件，科技创新综合实力位列全国第一；第五次国家技术预测结果显示，在全国领跑世界的技术成果中，北京占 55.7%；PCT 国际专利申请数量排名全球第六，位列全球科技集群第四，科学论文数量蝉联全球首位。

2. 科技成果"首创"多

以中关村为主阵地，依托清华、北大、中科院等 400 多所高校院所，持续攻克关键核心技术。例如，首次观测到量子反常霍尔效应、首次获得离子水合物的原子级分辨图像、首个商用"深度学习"神经网络处理器芯片、具有国际领先水平的新型超低功耗晶体管、国际首个纳米药物输送机器人等等。

3. 国家重点实验室数量多

子午工程、凤凰工程等累计 17 个重大科技基础设施在京投入运行或正在建设。国家新能源汽车技术创新中心、分子科学、凝聚态物理和信息科学与技术等 3 个国家研究中心，动力电池、轻量化材料成形技术及装备、智能网联汽车等 3 个国家制造业创新中心，量子信息、纳光电子等两个前沿科学中心和国家先进计算产业创新中心等建设加快。

（三）企业成为科技创新主体，创新型企业异军突起

工业企业研发投入大。2018 年，企业 R&D 经费支出 780.5 亿元，占全社会 R&D 经费的比重为 41.7%，较 2012 年提高 2.1 个百分点。

创新企业数量多。2019 年，累计新设科技型企业 34.7 万家，占全部新设企业数量的 40%。百度、京东、联想、小米、微博、360 等 6 家企业入选英国品牌评估机构 Brand Finance 发布的"2018 全球 100 个最有价值的科技品牌榜"，小米成为最年轻的世界 500 强企业。

知识链接 1

北京独角兽企业情况

在 2020 年胡润研究院发布的《2020 胡润全球独角兽榜》中，北京共有 227 家独角兽企业，数量位居全球第二；全球十大独角兽企业中，有 6 家来自中国，其中 3 家来自中关村，分别为字节跳动、滴滴出行、快手。

（四）创新链、产业链、资金链、政策链深度融合

创新链加速科技成果转化。主动搭建科技创新服务平台，精准对接在京企业、高校科研院所创新主体，为科技成果在京落地承接提供更加便捷的服

务，加速科技成果转化效率。

"高精尖"产业链成型。布局十大"高精尖"产业，加速形成"高精尖"产业链体系，着力培育数字经济新业态，推动科技创新成果场景应用。

资金链更加雄厚。政府出资 120 亿元创立北京科技创新基金，4 家市属企业各出资 20 亿元。通过放大母基金和子基金，实现基金总规模达到 1000 亿元，与天使投资、创业投资等社会资本形成合力，资本与科技创新更加精准结合。

政策链先行先试。出台"京科九条""京校十条"以及资金、专利及人才引进等一系列重大创新政策，全链条保障科技创新关键节点。

知识链接 2

"产学研政"协同发展

北京理工大学成立了技术转移中心，组建了理工导航、理工微电等 5 个学科性公司，技术入股 7 家合作企业，转化科技成果 60 多项，作价约 6000 万元，引入教师和社会投资 1 亿多元。通过政府一系列体制机制的政策扶持，有效提升了其产学研合作效率和科技成果转化水平。

三、世界历史文化名城魅力彰显，城市文化软实力增强

北京市大力推进全国文化中心建设，始终站在学习传播党的创新理论最前沿，习近平新时代中国特色社会主义思想宣传研究阐释走在全国前列，习近平总书记重要思想在京华大地落地生根，形成生动实践。搭建古都文化、红色文化、京味文化、创新文化基本格局和"一核一城三带两区"[①]总体框架，文化产业、文化事业蓬勃发展，首都风范、古都风韵、时代风貌的城市特色日益显

---

① 即以培育和弘扬社会主义核心价值观为引领，以历史文化名城保护为根基，以大运河文化带、长城文化带、西山永定河文化带为抓手，推动公共文化服务体系示范区和文化产业发展引领区建设。

著，中国特色社会主义先进文化之都魅力彰显。

（一）社会主义核心价值观引领首都文化建设

1. 新时代文明实践中心生机盎然

在全国率先建设城区与郊区、社区与农村相互联系的新时代文明实践中心，现有实践中心 17 个、实践所 347 个、实践站 6962 个，形成了区（中心）、街乡镇（所）、村居（站）三级体系。全国试点区实现区融媒体中心、新时代文明实践中心、政务服务中心"三个中心"贯通建设，各区普遍在融媒体 APP 上加载文明实践和政务服务项目，建立文明实践活动项目库，统筹线上线下，实现"群众点单、中心（所、站）派单、志愿团队接单、群众评单"，将科学理论、先进文化的触角扎实地伸向城市最基层，打造群众自我丰富、自我管理、自我提升的文化平台。

2. "北京云·融媒体"集中发力

扎实推进媒体改革和融合发展，构建"1＋4＋17＋N"① 全媒体传播格局，推动市属媒体和区级融媒体中心、政务服务平台与"北京云·融媒体"市级技术平台进行对接。率先实现区级融媒体中心全域覆盖，各区融媒体中心推动传统媒体与新媒体从相"加"到相"融"，通过整合电视、广播、报社、网站、移动客户端、微博、微信、第三方账号等平台资源，按照"中心厨房"模式运行，实现一次采集、多种生成、多元传播；借助"外脑"，与人民网、新华网、央广网、《北京日报》等中央和北京市属媒体、技术公司联合，提升主流媒体传播力、引导力、影响力和公信力。

3. 革命文物主题保护连线成片

立足北京红色文化资源优势，加强中国共产党早期革命活动、抗日战争、筹建新中国三个主题片区革命文物保护利用，挖掘弘扬红色文化，推出爱国主义教育基地全媒体传播平台，增强人们爱党爱国爱社会主义的情怀。全力推进香山革命纪念地保护传承利用，香山革命纪念馆开放运行，截至 2020 年 1 月

---

① "1"是"北京云·融媒体"市级技术平台；"4"是北京日报 APP、北京广播电视台"北京时间"APP、新京报 APP、北京青年报"北京头条"APP 等 4 个市级主流移动端；"17"是 17 个区级融媒体中心；"N"是市属媒体 N 个形态多样、各具特色的新媒体产品。

初，纪念地累计接待 191.6 万人次参观，其中纪念馆接待 37.8 万人次。着力推动北大红楼与中国共产党早期北京革命活动旧址的保护传承利用，项目取得实质性进展。

4.“北京榜样”和志愿服务蔚然成风

“北京榜样”、志愿服务不断彰显首都社会正能量，2014—2019 年入选市级“榜样库”候选人超过 1 万人，入选“北京榜样”周榜、月榜、年榜累计人数达 800 人，其中 50 名“北京榜样”年榜人物被中宣部授予“时代楷模”称号。市民公共文明行为指数连续 13 年攀升，“柠檬黄”“志愿蓝”“平安红”提升城市道德温度。“志愿北京”信息平台实名注册志愿者突破 440 万人，团体登记注册 7.8 万个，累计发布项目 22.6 万个，首都社会主义道德新风尚遍及京华大地。

（二）按照“老城不能再拆”要求留住历史记忆

1. 中轴线申遗保护取得重大进展

明确中轴线申遗时间表和路线图，推动首都功能核心区文物腾退保护修缮，确定中轴线申遗核心区总面积 468.86 公顷，建设控制与缓冲区面积 4674.58 公顷，总面积 5143.44 公顷，覆盖北京老城面积的 60%，重点打造 13 片文化精华区，探索建立老城保护利用新标杆、推动老城有机更新，文化遗产保护行动规模空前。

2. 城市双修重塑老城活力

推进老城复兴，恢复中轴线一左一右“两片地”，天坛公园再现“内仪外海”的景观，先农坛恢复“一亩三分地”；贯通一水一陆“两御道”，实现中轴线南段御道全线步行道贯通，保护修缮万寿寺、紫竹院行宫等主要节点，串联出“水上御道”；建成西海湿地，打通环湖道路，丰富人文内容，什刹海地区成为高品质文化休闲之地。推进胡同和四合院、会馆、名人故居等历史建筑的保护利用，使“老北京新气象，老胡同新生活”成为今天北京的生动写照。统筹保护和利用历史文化资源，实施背街小巷环境整治提升三年行动，对 3000 余条背街小巷进行“十无一创建”环境整治，织补古都风貌关键节点，延续城市历史文脉。西城区提出“街区整理复兴计划”。

东城区 17 个街道全部聘请责任规划师，将生态修复和城市修补相结合。通过历史街区保护与城市微更新，老城彰显北京古老与现代交相辉映的独特魅力。

3."三条文化带"连片成线贯通保护

保护传承利用横贯七区、传承千年的大运河文化带，以山脉为基底、以水系为脉络、以长城墙体为主线的长城文化带，"四岭三川、一区两脉"的西山永定河文化带，实施重要点段历史风貌保护和整治，推动建设大运河、长城国家文化公园，擦亮举世公认的国家文化符号，着力构建历史文脉与生态环境相互交融的城市空间结构。

知识链接3

"共生院"彰显人文情怀

保持人文环境，接续因城市快速发展而逐渐断裂的文化脉络与集体记忆，东城区雨儿胡同等一批院落腾退改造重新设计，形成"建筑共生""居民共生""文化共生"的理念，建立起人与城的内在情感联系，保留了历史街区内在肌理与文脉传承，成为一种城市更新的新路径。

（三）文化产业进入快速发展通道

1.文化产业成为经济发展新支柱

文化产业增加值占 GDP 比重稳步增长，从 2013 年的 8.1% 提升至 2018 年的 9.3%（图3），占比始终居于全国首位，支柱产业地位日益稳固。2018 年，全市文化产业增加值占全国的比重为 7.5%；全市文化产业人均劳动产出为 216.3 万元。产业结构不断优化，内容创作生产、传播渠道等文化核心领域引领作用增强。2019 年，文化核心领域实现收入 11448.2 亿元，占全市文化产业收入合计的比重近 9 成（89.1%）。文化企业数量快速增长，截至 2018 年底，全市约有文化产业法人单位 15 万家，资产总量超 2.7 万亿元，分别较 2013 年增长 54% 和 140%。其中，规模以上文化企业 4000 多家，北京新三板挂牌文化企业占全国三分之一。文化独角兽企业占全国的 **61.9%**。文化业态创新加速，全市著作权登记占全国四成。2019 年，全市"互联网＋文化"企业实现收入 5500 多亿元，同比增长超过 20%，拉动全市文化企业收入增长 8.3 个百分点。截至 2019 年 12 月底，全市规模以上文化产业法人单位吸纳从业人员 59.4 万人，人均劳动产出 234.8 万元（表 1）。

（单位：%）

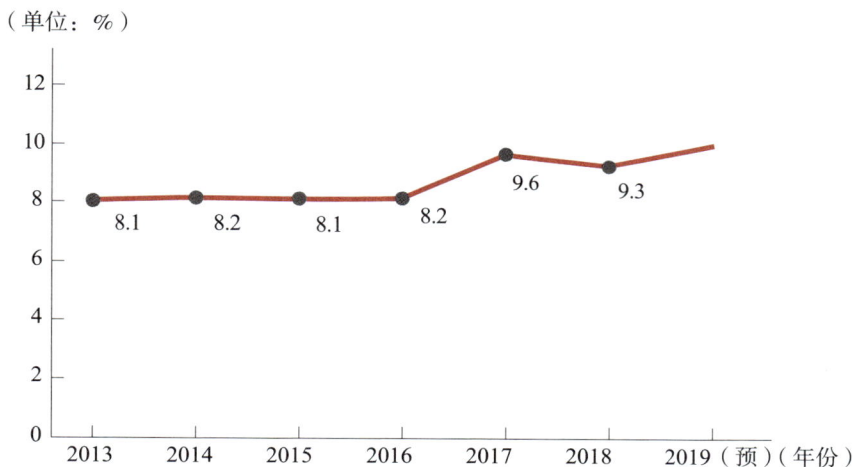

图 3　2013—2019 年北京市文化产业增加值占 GDP 比重趋势图

数据来源：北京市统计局。

2. 产业新空间引领高质量发展

持续创新文化空间载体管理模式，构建多层次立体化空间格局，推动全市文化产业要素的有序集聚和高效集约利用。优化文化产业园区管理机制，分市级示范园区、示范园区（提名）、市级园区三个类别，开展文化产业园区认定管理。目前，已认定 98 家北京市文化产业园区。加强老旧厂房保护利用，制定实施《关于保护利用老旧厂房拓展文化空间的指导意见》，提出首批 31 个试点项目，进一步激发存量资源活力。推动前门大栅栏、王府井、西单、五棵松、蓝色港湾、三里屯、隆福寺等商业街品质化发展，推出"夜京城"文化休闲活动品牌，打造具有全球知名度的文化商业新地标。

表1　2019年1—12月北京市规模以上文化产业收入及从业人员平均人数统计

项目	收入合计（亿元）		从业人员平均人数（万人）	
	1—12月	同比增长（%）	1—12月	同比增长（%）
文化核心领域	11448.2	9.9	48.8	−3.7
新闻信息服务	3692.7	25.8	14.5	−2.6
内容创作生产	1899.4	2.5	14.1	1.0
创意设计服务	2852.8	0	10.0	−6.1
文化传播渠道	2876.8	8.3	7.5	−10.9
文化投资运营	19.8	−4.8	0.2	28.1
文化娱乐休闲	106.7	2.7	2.5	−3.5
文化相关领域	1401.5	−3.7	10.6	−0.7
文化辅助生产和中介服务	737.9	2.4	8.8	1.9
文化装备生产	121.9	−26.9	0.9	−16.8
文化消费终端生产	541.8	−4.6	1.0	−5.7
合计	12849.7	8.2	59.4	−3.1

（四）现代公共文化服务体系日趋健全

1.文艺创作硕果累累

推出一批具有时代特点、时代高度的精品力作，尤其是在2017年、2019年两届"五个一工程"评奖中，北京的获奖数量均居全国第一，2019年《流浪地球》等10部作品获得第十五届精神文明建设"五个一工程"奖，获奖数量遥遥领先。涌现出一大批体现国家水准的精品力作，比如《战狼Ⅱ》《红海行动》《流浪地球》《平凡的世界》《最美的青春》《天路》《北上》等。

2.公共文化服务设施全覆盖

四级公共文化服务设施网络建成，基层文化设施达到6830个，市区两级覆盖率达 100%，率先在全国实现农村地区文化设施全覆盖。"一刻钟文体生活圈"为民服务更便捷，推动公共文化设施网络群众身边化、供给品质化、服务智能化，市民的文化获得感和幸福感持续增强。公共文化服务实现品质跃升，国家大剧院、首都博物馆、北京图书大厦成为文化地标，城市副中心剧院、图书馆、博物馆等重大文化设施开工建设，环球影城主题公园将于 2021 年向公众开放。全市博物馆达到 183 个，149 家大小剧场、262 家电影院、5800 多家公共图书馆、上万家文化馆站遍布京城。全市平均每天上演文化演出近 70 场，电影 8400 多场次，市民群众精神文化生活更加丰富多彩（图 4）。

■ 公共图书馆总藏书（万册/件）
■ 文物局系统内博物馆及文物保护管理机构参观人次（万人次）
■ 电影放映场次（万场次）

图 4　2012—2019 年北京市公共文化服务情况

数据来源：北京市文化和旅游局、市文物局。

3. "书香京城"营造高品位文化生活

2019 年，北京市实体书店增加 285 家，同比增长 28.1%，"一刻钟公共阅读服务体系"已形成，16 家综合书城和 200 家标志性特色书店为支点的全民阅读空间书香日益浓厚。以文塑旅，以旅彰文，公共文化服务与旅游公共服务融合发展。北京旅游总收入由 2012 年的 3626.6 亿元增加到 2019 年的 6224.6

亿元，增长了71.6%；接待旅游总人数由2012年的2.8亿人次增加到2019年的3.2亿人次，增长了15%。利用老城腾退空间补充公共功能，因地制宜建设博物馆、纪念馆、文化馆、艺术馆、图书馆等文化设施，形成了独特的"小微博物馆"社会化运营模式。

知识链接 4

小微博物馆——郭守敬纪念馆社会化运营

郭守敬纪念馆社会化运营模式是西城区文化和旅游局深化文化体制改革的创新实践，是政府部门积极引入专业社会力量承担小微博物馆日常开放运营的首次试点探索。通过"以资源促提升"，以财政"小资金"撬动社会力量"大资源"，从而有效激发了社会力量参与公共文化服务的活力。经过近两年的社会化运营实践，纪念馆整体运营平稳有序、富有活力，有效地推动传统优秀文化在社区传播与发展、展示地方文化魅力、提升城市整体文化形象。

（五）文化的国际影响力、竞争力显著增强

1. 国际文化交流多姿多彩

"千年之约"等殿堂级的文艺演出和北京国际图书博览会、北京国际电影节、中国设计红星奖、北京国际音乐节、北京国际旅游节、北京国际设计周、北京国际文化创意产业博览会、北京科技产业博览会等活动，推动国际文化交流多姿多彩。"北京周""北京之夜"影响深远，"欢乐中国年·魅力京津冀"连续5年在美国举办，"欢乐春节"深耕北欧13年，基本实现本地化、品牌化、市场化。

2. 文化贸易出口成绩斐然

2019年，全市75家企业入选国家文化出口重点企业，占全国22.3%。2018年，全市文化贸易出口额24.3亿美元，同比增长9.9%。原创研发动漫游戏企业出口产值达182.47亿元，同比增长57%，网络游戏、网络文学等文化

产品"走出去"的效果日益显现。四达时代非洲传输平台、西京集团英国传播平台、俏佳人美国传播平台充分发挥渠道作用，展映北京优秀影视剧。《中国梦 365 个故事》在德国和非洲播出，北昆《牡丹亭》、人艺《司马迁》等剧目海外巡演反响热烈，电视剧《媳妇的美好时代》、电影《流浪地球》在海外播出后引发"中国热"。

四、聚焦"七有""五性"民生福祉，结对帮扶携手一道奔小康

以群众需求引导各级政府"按群众的要求干"，创造性将中央"七有"要求和北京市民生活"五性"需求纳入市区部门考核，调动基层干部扎根街巷、社区，沉下心去倾听群众诉求，用群众满意不满意衡量政府工作实效，用人性化、差别化、精细化方式精准服务，切实增强群众的获得感、幸福感和安全感，在打赢脱贫攻坚战略上，结对帮扶携手一道奔小康。

（一）落实"七有"，市民过上更美好生活

1. 居民生活更有质量

2019 年，北京人均 GDP 由 2010 年的 11568 美元增长到 2019 年的 23805 美元，达到高收入国家水平；低收入群体共享改革发展红利，社会保障网底功能进一步扎牢（表 2、图 5）；全市居民家庭恩格尔系数下降到 20.0% 以下，达到富足水平，生活消费水平持续攀升，发展型享用型消费成热点（图 6、图 7）。

表 2　2012—2019 年北京市社会保障待遇标准情况

（单位：元）

年份	失业保险金平均发放标准	城市居民最低生活保障标准	职工最低工资标准
2012	896	520	1260
2013	946	580	1400

续表

年份	失业保险金平均发放标准	城市居民最低生活保障标准	职工最低工资标准
2014	1066	650	1560
2015	1176	710	1720
2016	1265	800	1890
2017	1346	900	2000
2018	1590	1000	2120
2019	1760	1100	2200

数据来源：北京市人力社保局。

（单位：万人）

图 5　2012—2019 年北京市社会保障群体人数情况

数据来源：北京市人力社保局。

（单位：%）

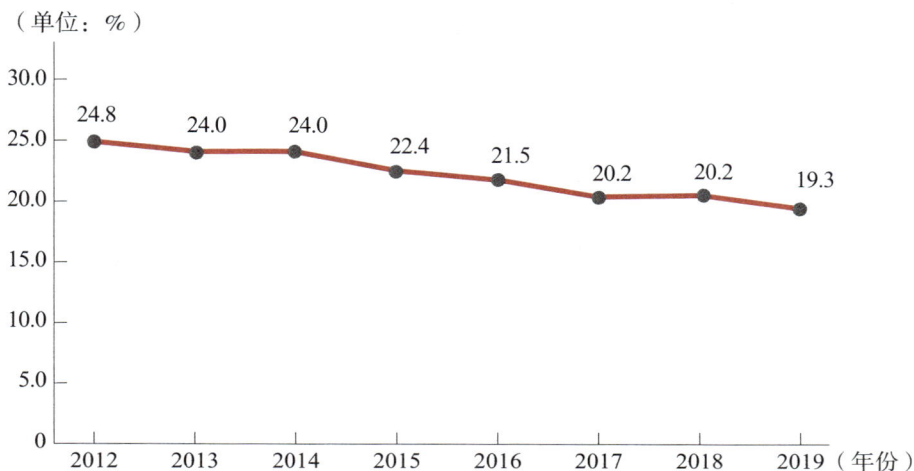

图 6　2012—2019 年北京市居民家庭恩格尔系数情况

（单位：元）

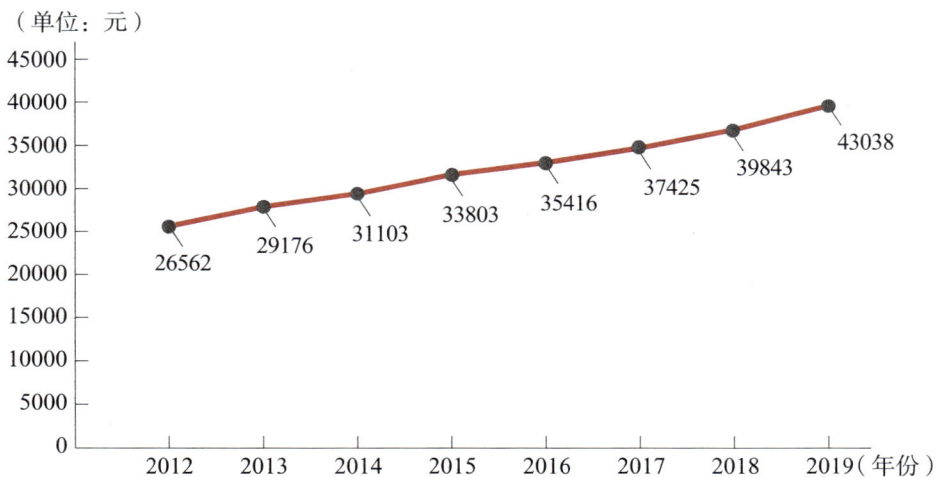

图 7　2012—2019 年北京市居民人均消费支出情况

2. 教育更加公平优质均衡发展

2019 年，学前三年入园率达到 85%，学前教育普惠率达到 88.8%，义务教育毛入学率超过 100%，高中阶段教育毛入学率超过 99%，高等教育毛入学率超过 60%；新增劳动力平均受教育年限超过 15 年；小学、初中就近入学率均达到 99% 以上，"学区制""教育集团"等名校办分校，缩小城乡、区域、校际差距，有力保障家庭经济困难群体、残疾儿童、来京务工人员随迁子女的教育公平。

3. 高效服务就业更充分

"创业北京"让"大众创业、万众创新"蔚然成风，城镇调查失业率在 4.5% 以内，城镇登记失业率未超过 1.5%（表 3）；"京训钉"培训管理平台助力"互联网＋职业技能培训"；打造"回天地区"10 公里半径就业服务圈，树立职住平衡新典范。

表 3　2012—2019 年北京市就业总体情况

年份	城镇新增就业人数（万人）	促进登记失业人员和农村劳动力就业（万人）	登记失业人员就业（万人）	农村劳动力转移就业（万人）	城乡就业困难人员就业人数（万人）	登记失业就业困难人员就业（万人）	农村就业困难人员转移就业（万人）	城镇登记失业率（%）
2012	43.9	27.8	21.1	6.7	16.6	12.6	4.0	1.27
2013	42.9	25.3	19.1	6.2	15.8	11.7	4.1	1.21
2014	42.7	23.6	18.2	5.4	15.5	11.5	4.0	1.31
2015	42.6	21.4	16.9	4.4	14.6	11.4	3.2	1.39
2016	42.8	21.5	17.5	4.0	14.8	11.9	2.9	1.41
2017	42.2	21.5	17.2	4.1	14.6	11.5	3.1	1.40
2018	42.3	21.5	17.8	3.7	15.1	12.0	3.1	1.40
2019	35.1	21.7	18.2	3.5	15.6	12.7	2.9	1.30

数据来源：北京市人力社保局。

4. "健康北京"引领百姓健康生活

医疗机构总诊疗人次 26429.1 万人次，与 2012 年相比增长 99.3%；"五个一"医耗联动综合改革显实效，取消医用耗材加成，节省 20 亿元，集中采购药品价格平均降低 52%，6468 项医疗服务项目纳入基本医保报销范围；家庭医生签约实现每万名居民拥有 3 名全科医生，"智慧家医"守候居民健康；全国率先建立呼吸道多病原监测系统，成功顶住新冠肺炎疫情冲击压力，甲乙类传染病报告发病率由 2012 年的 174.45/10 万降至 2019 年的 123.00/10 万，下降了 29.31%（图 10）。

知识链接 5

"健康北京"主要指标

2019 年，全市户籍居民期望寿命为 82.31 岁，较 2010 年的 80.2 岁提高 2.11 岁；孕产妇死亡率从 2012 年的 6.05/10 万下降到 2019 年的 2.96/10 万；婴儿死亡率由 2012 年的 2.87‰下降到 2019 年的 1.99‰，达到发达国家水平（图 8）。

图 8　2012—2019 年北京市孕产妇死亡率、婴儿死亡率情况

图 9　2012—2019 年北京市医疗卫生资源情况

（单位：1/10万）

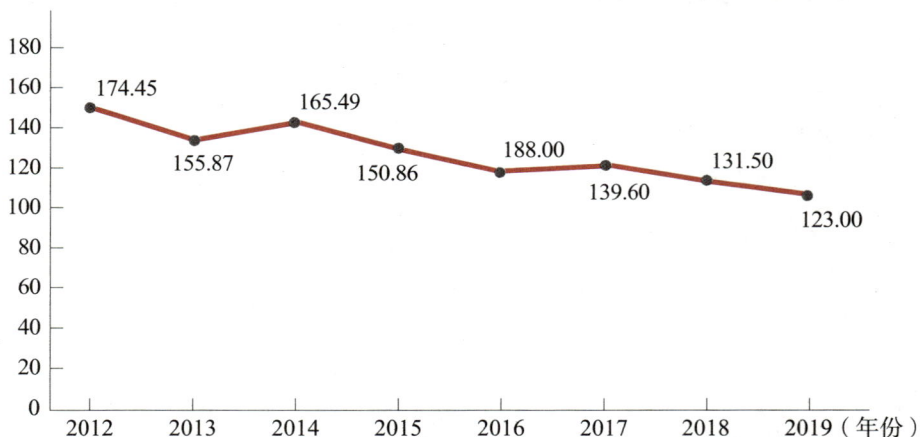

图10　2012—2019年北京市甲乙类传染病报告发病率情况

5. 生活环境改善更宜居

坚持"房住不炒"，租购并举、以租为主，创新推出共有产权住房，雨儿胡同、前门三里河等老城居民过上现代生活，老楼加电梯有效回应居民需求呼声，人均住房建筑面积由2012年的39.2平方米增加到2018年的44.9平方米。

知识链接6

老楼加电梯

"老楼加电梯"连续写入《政府工作报告》，突破"一票否决"制度障碍，"先尝后买"形成因地制宜的"老楼加电梯"好模式。2010—2016年加装255部电梯，2017—2019年加装了1207部，快速反应回应民生诉求，极大地方便老年人安全出行。

6.老人生活更安心静心舒心

养老金持续跟涨，养老保障不发愁（图11）；"三边四级"养老服务体系①紧贴老年人身边服务需求；"老年友善医院"快速推进，形成医养融合无缝衔接的老年健康服务，2019年底，95％以上养老机构通过签约医疗机构等方式实现医疗服务覆盖。

（单位：元）

图11 2012—2019年北京市享受待遇人员月基本养老金情况

（二）抓细"五性"，群众获得感幸福感安全感显著增强

1."一刻钟社区服务圈"便利百姓生活

蔬菜零售、便利店（社区超市）、早餐、洗染、美容美发、家政服务、快递等便民服务构成的"一刻钟社区服务圈"从2012年到2019年累计建成1682个，覆盖95％的城市社区，一刻钟"文体休闲""医疗健康""警务消防"等公共服务延伸到老百姓身边，生活服务更加多样、可及、安全。

---

① 指在政府主导下，通过构建市级指导、区级统筹、街乡落实、社区参与的四级居家养老服务网络，实现老年人在其周边、身边和床边就近享受居家养老服务。

2. 百姓出行更便捷

2019 年，中心城区范围内轨道交通 750 米站点覆盖率达到 77%，线网密度达到每平方公里 1.17 公里，运量占比过半，日均客运量 1057 万人次，成为世界上最繁忙的轨道交通（图 12）。从 2014 年 12 月 28 日起，北京市实施新的公交价格调整方案，调价后轨道交通平均票价水平为 4.3 元左右，地面公交平均票价水平为 1.3 元左右，票价分别覆盖各自成本的 50% 左右和 38% 左右，其余仍由公共财政负担，让市民得到切实的实惠。

（单位：亿人次）

图 12　2012—2019 年北京市公交、轨道交通客运量

3. 健步悦骑宜居城区建成

城市街区空间改造，加大行人、自行车路权保障，依托蓝网绿道拓展健步悦骑空间，提升步行与骑行体验，连接回龙观和上地地区建成北京首条自行车专用路。

（三）结对帮扶，打好打赢脱贫攻坚战

北京在脱贫攻坚中坚决打赢两场战役，一手抓实本市"六个一批""脱低"工作，一手抓东西部协作扶贫，助力受援地区决胜脱贫攻坚，结对携手奔小康。

1. 如期完成"脱低"目标

2016 年，北京精准识别低收入农户 7.27 万户 15.62 万人，通过"六个一批"工程、强化"五大"政策保障、组织领导"四个着力点""组合拳"，帮助低收入农户确保"脱低"（图 13）。数据显示，北京低收入农户人均可支配收入逐

年增长（图 14），实现"基本生活有保障""基本医疗有保障""义务教育有保障""住房安全有保障"。

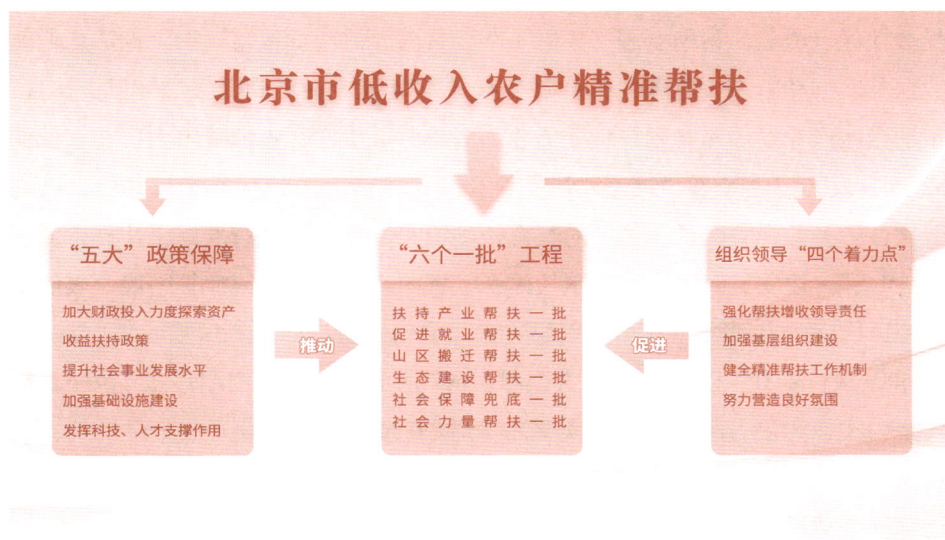

图 13　北京市低收入农户帮扶的主要举措

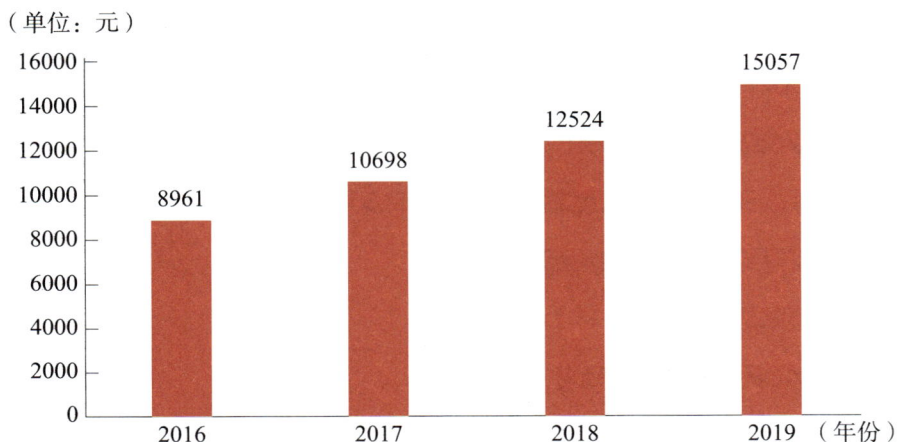

图 14　2016—2019 年北京市低收入农户人均可支配收入情况

2. 推动结对帮扶取得真功实效

加大帮扶投入力度，2014 年至 2019 年累计投入财政资金 292.00 亿元（图 15），安排脱贫攻坚项目 5138 个。选派 6289 名优秀干部人才（图 16），实现受援地区全覆盖。帮助全国 7 省区 159 万贫困人口脱贫致富。加大推进产业就业扶贫，推动首农、首旅、德青源等 4000 多家北京企业到受援地区投资扶贫，带动当地产业发展和贫困户就业增收。强化劳务协作，吸纳贫困人口在京就业 32 万余人。持续开展"组团式"教育扶贫，构建人才帮扶、学校共建、阵地孵化、劳务协作"四位一体"的教育扶贫模式。深入推进精准健康扶贫，通过"组团式"、建立三级医疗结对帮扶体系，资源下沉、远程医疗等手段，破解受援地区因病致贫难题，救治贫困患者 5.9 万人。深化携手奔小康行动，与受援地 600 多个贫困乡镇、1200 个贫困村、600 所学校、500 家医院结对帮扶。加大智力支援力度，累计培训各类干部人才 20 余万人。持续开展金融扶贫、科技扶贫、消费扶贫，深入推进"万企帮万村""互联网＋扶贫"等活动，建成运营社会动员中心等"六个中心"，构建大扶贫格局。加大改善公共服务水平，新建道路 500 余公里，完成基础设施管网 200 多公里，改造厕所 5000 多座，建设饮水点 500 多个，解决 30 多万贫困农牧民饮水安全问题，支持危房改造

（年份）

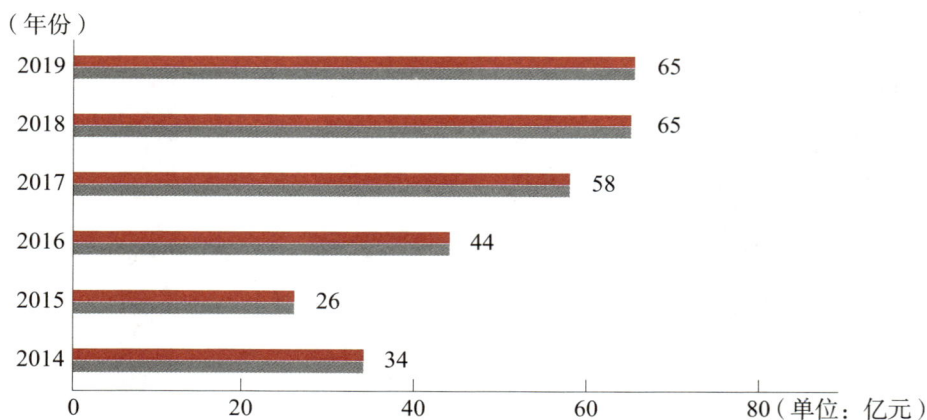

图 15　2014—2019 年北京市结对帮扶财政资金投入情况

数据来源：北京市扶贫支援办。

建设近 5 万套，有效改善贫困群众的生产生活条件。

（年份）

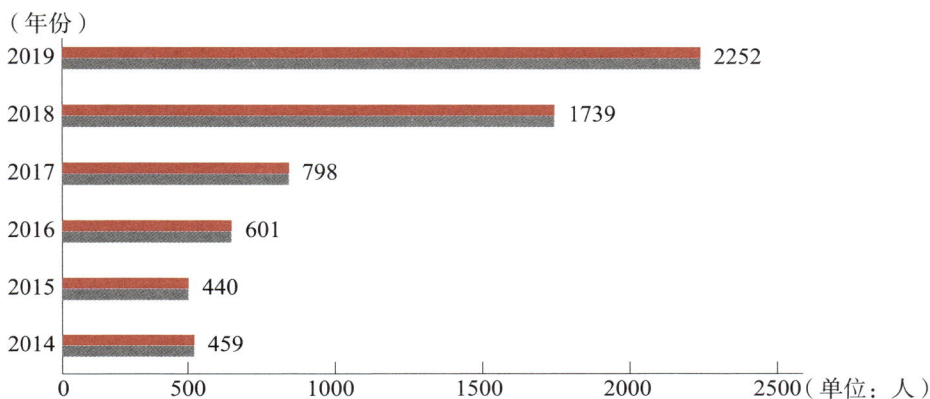

图 16 2014—2019 年北京市援派干部情况

数据来源：北京市扶贫支援办。

知识链接 7

北京消费扶贫中心

北京市率先建成消费扶贫双创中心，设立 16 个区消费扶贫分中心，发行消费扶贫爱心卡 70 余万张，市民在双创中心现场参观采购人数超过 40 万人次。全市各级财政预算单位，预留 30% 财政资金采购扶贫产品。深入开展消费扶贫"七进"活动，在连锁超市、批发市场设立扶贫专区 1000 多个。赴受援地对接消费扶贫并签订大宗采购协议，举办集采联销、直播带货、市管国企消费扶贫月等活动。组织阿里巴巴、京东、美团等大型电商以及今日头条、抖音、西瓜视频等新媒体助力消费扶贫和脱贫攻坚，各种网络平台直播量超千万次，消费扶贫总额 320 亿元。

五、创新党建引领"吹哨报到"机制，走出超大城市基层治理新路

创新党建引领"吹哨报到"、接诉即办机制，推动社会治理重心下移，力量下沉，推进精治共治法治像绣花一样精细管理城市。新冠肺炎疫情暴发以来，北京市创新平战结合的疫情防控机制，加快推进首都公共卫生应急管理体系建设，城市基层治理体系现代化成熟定型，走出超大城市基层治理新路。

（一）"吹哨报到""接诉即办"解决百姓身边烦心事

1."吹哨报到"机制受到中央肯定

为构建简约高效的城市基层管理体制，北京市创建了党建引领"街乡吹哨、部门报到"机制，坚持"民有所呼，我有所应"，形成系列 14 项制度性文件，实现城市治理重心在基层，让街道实起来，让社区硬起来，切实解决条块分割给城市治理工作带来的难题。2018 年 11 月，习近平总书记主持召开中央全面深化改革委员会第五次会议，审议通过《"街乡吹哨、部门报到"——北京市推进党建引领基层治理体制机制创新的探索》，对党建引领"街乡吹哨、部门报到"工作给予充分肯定。

知识链接 8

"街乡吹哨、部门报到"起源

2016 年 5 月 15 日，平谷区金海湖镇发生盗采金矿引发的矿难，造成 6 死 1 伤的惨剧。为有效解决此类治理难题，平谷区委、区政府针对乡镇和部门责任权力不匹配、协同机制不完善的问题，将执法主导权下放到乡镇。乡镇发现违法线索，召集国土、环保等相关部门根据职责采取执法措施，不到位就问责，"事不完、人不走"。这种做法被概括为"街乡吹哨、部门报到"。

"12345"市民服务热线创造"接诉即办"北京样板。2019年以来，北京市把市民热线服务中心的群众诉求采取直接派单制，要求街乡镇和相关单位"接诉即办"，作为深化"街乡吹哨、部门报到"改革的总牵引，建立基层治理的应急机制和服务群众的响应机制，打通抓落实"最后一公里"，并纳入相关部门考核，为做好新时代群众工作贡献了北京样板。北京市"12345"市民服务热线荣获全国最佳服务案例奖、大数据应用创新示范奖、十佳热线奖和治理之星奖等全国性奖项。"接诉即办"入选"2019年度中国媒体十大新词语"。据统计，2019年，北京市"12345"市民服务热线共受理来电696.36万件，比2018年增加了27.51%。其中，诉求类电话251.97万件，占比36.18%；咨询类电话444.39万件，占比63.82%。2020年7月，北京街乡镇"接诉即办"综合考核排名，西城区椿树街道、东城区建国门街道等25个街乡镇并列第一，比2020年6月11个街乡镇并列第一多了14个。

2. 基层党组织服务能力增强

北京市发挥党建引领作用，构筑点、线、面的大党建格局，加强各级党建协调委员会制度建设，向老旧难问题共同发力。基层党建服务经费每个社区从20万元提高到40万元，推进社区党组织书记领头雁工程，打造"优秀书记工作室"，推进社区民警担任社区党组织副书记，持续深化在职党员双报到、社区专员、街巷长制、小巷管家等制度措施，将党的组织体系与基层治理体系有机融合，把党的主张传递到"神经末梢"。

（二）"精治共治法治"像绣花一样精细管理城市

1. 背街小巷环境整治促提升

实施《首都核心区背街小巷环境整治提升三年（2017—2019年）行动方案》，创造性提出"十无一创建标准"思路（图17），共完成整治提升2435条背街小巷。首都核心区的街巷胡同环境更优美、文明更有序、生活更宜居，成为市民休憩和游客旅游的网红打卡地。

2. 广泛发动居民参与垃圾分类

从2020年5月1日起，《北京市生活垃圾管理条例》开始实施，各基层街道社区通过设立垃圾分类指导员、宣传员、盯桶员等岗位，广泛发动在职党员、

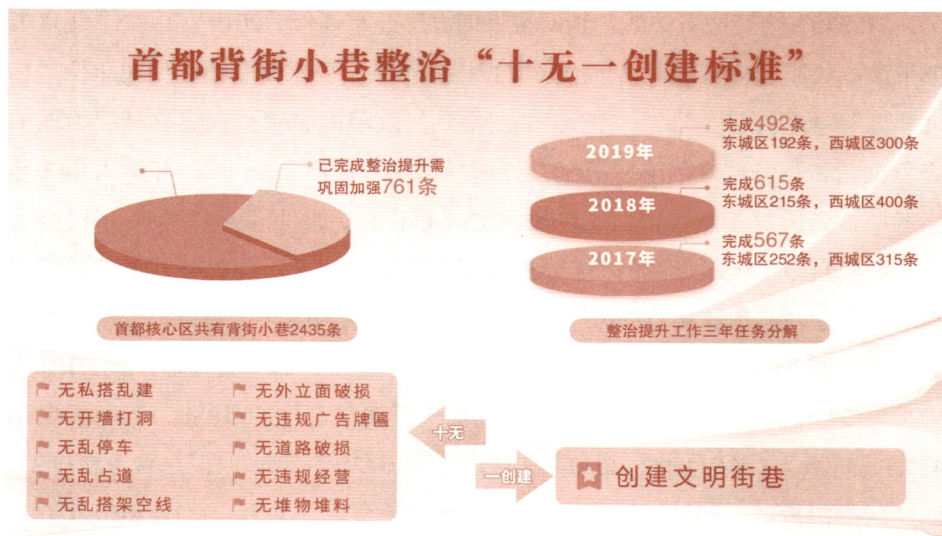

图 17　北京市背街小巷整治"十无一创建标准"

居民代表、楼门院长、志愿者、居民群众等参与垃圾分类工作。各社区探索生活垃圾精细化管理项目,在居住小区设置分类智能垃圾桶、发放二维码溯源垃圾袋、开展趣味游戏、垃圾分类趣味运动会等方式,引导居民更好参与垃圾分类。

3.物业管理委员会破解老旧小区治理困局

针对部分老旧小区由于各种原因处于失管脱管的状态,《北京市物业管理条例》规定可以设置物业管理委员会。从 2020 年 5 月起,北京市从提高物业管理(业主)委员会建立率、物业管理(业主)委员会党组织覆盖率、物业管理公司党建覆盖率等三率入手,积极推动党建引领物业管理,充分调动居民群众的积极性和主动性,广泛组织和发动居民党员、群众等参与小区物业管理工作,为老旧小区的精细化管理奠定了组织基础。

4.责任规划师让城市更精致

2019 年以来,北京市在全市街乡镇中推行责任规划师制度,全市已签约273 个责任规划师团队,覆盖 297 个街道、乡镇和片区,覆盖率超过 80%。朝阳区突出首席制和国际化,为国际化特征明显的街道配备了外籍责任规划师团队。海淀区发挥高校资源多的优势,为每个街镇配备 1 名全职责任规划师、1 支高校合伙人团队和多支项目队伍的专业力量。

5.搭建各方共治平台

为方便居民群众参与城市治理，北京市广泛发动社会单位、媒体、律师、专家、人大代表、政协委员、居民群众等各方面力量资源，通过搭建"五方共建"①、资源共享、议事协商、媒体对话、法律咨询、小巷管家、楼门管家等渠道载体，为各方协商议事搭建了共治平台。

6.法治中国首善之区硕果累累

城市治理重点领域立法硕果累累，修订城乡规划条例、生活垃圾管理条例，颁布实施了街道办事处条例、物业管理条例、文明行为促进条例等，为首都基层社会治理提供了强有力的法治保障。

7.创新突破基层社会治理体制机制

坚持眼睛向下、重心下移，坚持赋权下沉增效，时隔 23 年召开北京市街道工作会议，出台《关于加强新时代街道工作的意见》《北京市街道办事处条例》等管根本的政策法规，全面启动街道管理体制改革，街道综合执法改革迈出新步伐，城市协管员管理体制改革取得新进展，社区准入制度全面实施，社区"邻里节"等共建共治共享举措取得实效，激发了基层治理活力。

知识链接 9

《向前一步》创造媒体治理平台

北京市电视台整合城市规划、法律、社会、管理、心理、人民调解等专家资源，制作《向前一步》节目，打造市民和公共领域对话平台。自 2018 年 6 月 29 日首播以来，《向前一步》节目已经解决了诸如停车难、物业纠纷、老旧小区整治、物业费调整等上百个城市治理难题，得到社会的好评。

---

① "五方共建"主要指：社区党组织、居委会、服务站、业委会、物业管理公司等共同协商处理解决社区公共问题。

知识链接 10

《小巷管家》真实反映北京基层治理工作经验

2019 年 10 月，一部真实反映北京基层治理工作经验的电影《小巷管家》在全国上映。电影以全市 2.3 万名"小巷管家"平凡而伟大的先进事迹为主要内容，将北京市的基层治理工作和百姓的实际生活紧密结合，集中展现了在基层治理中如何打通"最后一公里"，甚至"最后一米"的感人故事。

知识链接 11

"回天行动"创造大型社区治理样板

实施"回天"三年行动计划（2018—2020），用 117 个项目补齐民生短板，目前实现开工 105 个，截至 2020 年 7 月，已完工 43 个，累计完成投资 51.5 亿元。北郊农场桥改建通车疏通堵点，通行率提升 50%，车速提高约 30%，困扰"回天"居民 10 余年的林萃路断点工程实现通车，通勤效率大幅提高，极大地增强了群众的获得感。党建引领推进"回天有我"纵深发展，形成"五方共建"机制、"霍营管家"等治理新模式，35 家市级部门单位和 72 家区级部门主动报到，接收报到单位党组织 67 个，在职党员报到 15376 人，形成区域性大型居住区共治样板。

（三）创新社会动员机制打造社会治理共同体

1."志愿北京"打造城市亮丽名片

北京志愿者出色完成庆祝新中国成立 70 周年活动、北京世园会、两届"一带一路"国际合作高峰论坛、亚洲文明对话大会、中非合作论坛等重大活动保障任务。截至 2019 年底，通过"志愿北京"信息平台招募系统报名成功的 2022 年冬奥会和冬残奥会志愿者突破 63 万人；截至 2020 年上半年，北京市实名注册志愿者突破 440 万人。

2.社区成为动员群众的前沿阵地

大力建设社区居民议事厅、楼层议事厅、小院议事会，推广居民群众议事协商模式，做强社会福利、综合治理、人民调解等七大工作委员会，大力培育发展社区社会组织，涌现出东城社工、西城大妈、朝阳群众、海淀网友、丰台劝导队、石景山老街坊等知名群众参与品牌。目前，全市共登记社区社会组织1500多家，备案社区社会组织25000余家。社区社会组织成为动员居民群众的有效载体，广大社区志愿者为维护首都各项重大活动的安全稳定贡献了不可替代的力量。

3.枢纽型社会组织助力社会管理

截至2020年6月底，全市累计登记社会组织数从2010年的7171个发展到12856个，增长率为79.27%；全市万人社会组织登记数约5.8个，在全国位居前列。北京市把建设枢纽型社会组织作为推进社会组织管理体制改革的重要举措。截至2020年6月底，全市共认定市级枢纽型社会组织51个，区级枢纽型社会组织242个，街道级枢纽型社会组织512个（表4）。

表4　2020年6月北京市社会组织发展状况

（单位：个）

累计登记社会组织数	万人社会组织登记数	服务领域	市级枢纽型社会组织	区级枢纽型社会组织	街道级枢纽型社会组织
12856	5.8	≥ 14	51	242	512

数据来源：北京市民政局。

（四）疫情防控检验城市治理水平

1.压实"四方责任"

北京市委、市政府坚决贯彻党中央关于疫情防控的各项决策部署，严格压紧压实属地、部门、单位和个人"四方责任"，落实落细各项防控措施，坚决抓好外防输入、内防扩散两大环节，立足早发现、早报告、早隔离、早治疗原则，持续推动重心下移、力量下沉。全市上下迅速投入战疫一线，以首善标准筑牢疫情防控的人民防线，尽最大可能切断传染源，尽最大可能控制疫情波及范围。

2.完善传染病筛检体系

建设新冠肺炎等新发传染病、鼠疫等输入性传染病重点实验室和筛检体系，提高早期识别和快速鉴定能力，完善多症候群综合监测平台，实现对不同临床表现传染病的快速准确早期识别。强化流行病学调查和疫情分析研判能力，开展对重大传染病高危人群的主动追踪，落实早发现、早报告、早隔离、早治疗，实现科学防控、精准防控。

3.村（居）公共卫生委员会基本建成

2018年，在全市推进村（居）公共卫生委员会建设。截至2020年3月底，完成7029个村（居）公共卫生委员会建设任务，基层群众参与公共卫生治理的网底基本建成。

4.社区疫情防控网严密

新冠肺炎疫情期间，规范推进社区管理、人员排查、重点人群管理服务、社区环境整治等重点工作，充分调动全市335个街乡镇、近7000个社区（村）的防疫力量，牢牢地织密社区疫情防控网。

5.成功经受疫情考验

截至2020年8月18日，累计确诊病例935例，累计治愈924例，死亡9例。首都平战结合转换顺畅的城市治理体系，在疫情面前经受住了考验。

知识链接 12

安华里社区采用"六个一"疫情防控措施

朝阳区安贞街道安华里社区面对疫情，采取了被称为"六个一"的严密疫情防控措施，即一个防控体系、一张排查网、一张出入卡、致居民的一封信、一个宣传喇叭、一个二维码，取得了良好的防控效果。2020年2月10日，习近平总书记视察安华里社区，肯定了社区的疫情防控措施。

知识链接 13

成功抗击新发地批发市场聚集性疫情

2020 年 6 月 11 日，新发地批发市场聚集性疫情发生后，北京市迅速将应急响应级别上调为二级，运用大数据手段确定病例运行轨迹，实施精准防控措施。1.18 万名新发地批发市场工作人员连夜完成核酸检测，实现应检尽检、愿检尽检，20 多天全市核酸检测采样人数超过 1100 万人，仅用不到 40 天的时间就成功控制住疫情。

六、水城共融蓝绿交织，生态环境持续向好

北京完善生态文明制度体系，实施大气、水、土壤污染防治行动计划，强化生态涵养区生态保护，推动京津冀及周边地区生态环境联防联控，主要污染物年平均浓度值全面下降，PM2.5 年平均浓度值创历史新低，生态环境质量持续改善，环境安全有效保障，水城共融、森林环绕、蓝绿交织的美丽首都已经形成。

（一）"一微克"行动打赢蓝天保卫战

1. 严管移动污染源

聚焦柴油货车、扬尘和挥发性有机物等重点领域，一微克一微克地抠，2019 年，北京 20.52 万辆超标车纳入"黑名单"闭环管理，2.8 万辆重型柴油车排放实现远程在线监控。

2. 扬尘精细化管理

聚焦工地扬尘、道路扬尘与裸地扬尘综合施策，建成覆盖全市乡镇（街道）1020 个监测点位的粗颗粒物监测网，2019 年北京市降尘量均值为 5.8 吨 / 平方公里·月，与 2018 年 7.5 吨 / 平方公里·月相比下降 22.7%。

3. 整治"散乱污"企业

2019 年，腾退一般制造业和污染企业 399 家，动态摸排、动态清理整治"散乱污"企业 393 家，重点工业行业减排挥发性有机物约 2100 吨，完成 450

（单位：万吨标准）   （单位：%）

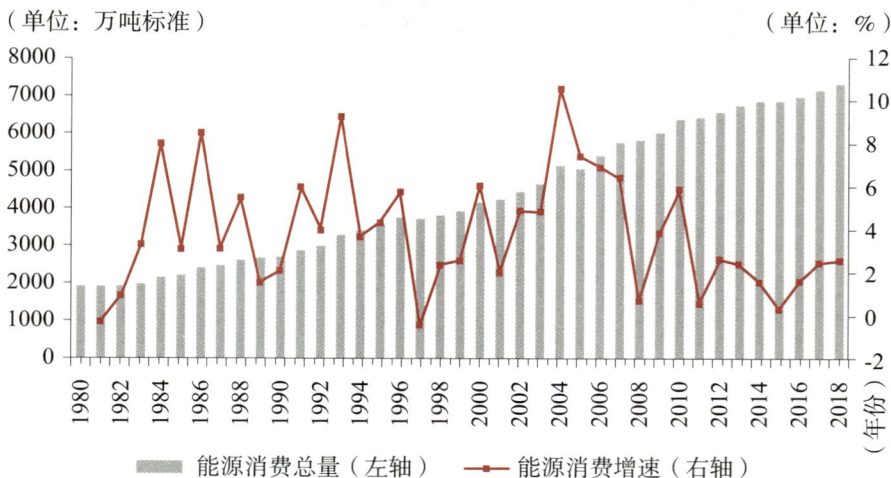

图 18　1980—2018 年北京市能源消费总量及增速

个平原村、8 家单位燃煤锅炉清洁能源改造，实现平原地区"无煤化"，完成农村地区 4.1 万户"煤改清洁能源"。

4. 能耗强度显著降低

1980 年到 2018 年，全市能源消费平均弹性系数为 0.38。北京平均每万元地区生产总值能源消费量从 2012 年的 0.40 吨标准煤减少到 2017 年的 0.26 吨标准煤，下降了 35%；平均每万元煤炭消费量从 2012 年的 0.13 吨标准煤减少到 2017 年的 0.02 吨标准煤，下降了 84.6%。北京 2019 年万元地区生产总值能耗下降 4.53%、电耗下降 3.72%，能源消费总量增速 1.2% 增长，经济社会发展对能源依赖程度逐步减弱。

5. PM2.5 大幅减少

2019 年，PM2.5 年均浓度值为 42 微克 / 立方米，与 2013 年的 81.9 微克 / 立方米相比下降 48.7%。二氧化氮和二氧化硫年均浓度值分别为 37 微克 / 立方米和 4 微克 / 立方米，分别比 2013 年下降 33.9% 和 85.2%。2019 年，空气质量达标（优和良）天数为 240 天，达标比例为 65.8%，比 2013 年增加 64 天。重污染天数减少到 4 天，下降 93.1%（图 19）。

（单位：%）

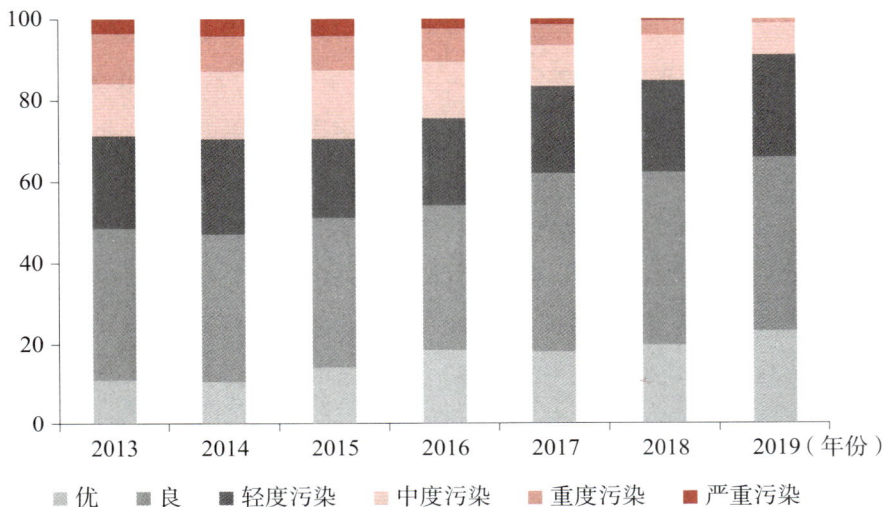

图 19　2013—2019 年北京市空气质量级别比例图

（二）"四级河长制"全面打响碧水攻坚战

1. 建立"四级河长制"

北京以落实"水十条"为抓手，在全市范围全面推进河长制，建立以党政领导为主体的市、区、乡镇（街道）、村四级河长体系，设立各级河长 5900 余名，实现"有河有水、有鱼有草、人水和谐"的生态环保目标。

2. 开展"清河行动"

以消除黑臭水体为重点，实施截污治污、清淤疏浚、水系循环、生态修复等综合措施，构建"水环境—排污口—污染源"的全过程管理体系，完成25 条生态清洁小流域建设，开展截污治污和生态修复，完成全市 141 条段、约 665 公里黑臭水体的治理工程。

3. 加强水生态修复

大规模引黄入京，进行跨流域生态补水，永定河综合治理与生态修复取得重要成就，断流 25 年后首次通水。官厅水库向下游生态补水 3.4 亿立方米；密云水库最高蓄水量突破 26 亿立方米，创 21 年来新高。

4. 再生水利用量位居全国第一

升级改造污水处理厂和新建再生水厂，中大型污水处理设施从 2012 年的 41 座增加到 2018 年的 67 座，2018 年全市再生水利用量达到 10.7 亿立方米，占用水总量的 27.35%，再生水成为北京市稳定可靠的第二水源。

5. 污水处理能力大幅提升

2018 年建设污水收集管线达到 12147 公里，比 2012 年增加 111.8%，污水处理能力达到 670.6 万立方米 / 日，比 2012 年提高了 72.6%。污水处理标准高于国标，污水处理率从 2012 年的 83% 提高到 2019 年的 94.5%，其中城六区污水处理率达到 99.3%，分别比 2018 年提高 1.1 个和 0.3 个百分点。

知识链接 14

槐房再生水厂

槐房再生水厂是亚洲最大地下再生水厂，污水处理设计规模为 60 万立方米 / 日，采用先进的 MBR 水处理工艺，获水处理行业"诺贝尔奖"。

（三）扩大生态空间 守住生态红线

1. 大尺度增加城市绿色空间

北京创造性地实施"留白增绿"行动，探索出城市森林、填空造林、见缝插绿、战略留白等一系列生态治理举措，大尺度增加城市绿色生态空间。2018 年腾退土地面积达 6828 公顷，其中 50% 左右地块用于"留白增绿"，完成绿化 1682.8 公顷，建成城市休闲公园 24 处、小微绿地和口袋公园 60 处，建设城市森林 13 处。公园绿地面积从 2012 年的 21178 公顷增加到 2018 年的 32619 公顷，人均公园绿地面积从 2012 年的 15.5 平方米 / 人增加到 2018 年的 16.3 平方米 / 人，城市绿化覆盖率由 2012 年的 46.2% 增加到 2018 年的 48.4%（表 5）。

表5 2012—2018年北京市公园绿地、城市绿化覆盖率情况

年份	公园绿地面积（公顷）	人均公园绿地面积（平方米/人）	城市绿化覆盖率（%）
2012	21178	15.5	46.2
2013	22215	15.7	46.8
2014	28798	15.9	47.4
2015	29503	16.0	48.4
2016	30069	16.1	48.4
2017	31019	16.2	48.4
2018	32619	16.3	48.4

2. 推进退耕还林强化土壤源头管控

坚持预防为主、保护优先，严格管控建设用地环境风险，实施农用地分类管理，强化详查监测，有效管控农用地和建设用地土壤环境风险，保障土壤环境安全。在平原地区，采取退耕还林、休耕、增施有机肥等措施实现受污染地块安全利用，推进大尺度森林湿地建设，坚决打好净土保卫战（图20）。在重要生态功能区、重点交通干线以及重点河流两侧实施填空造林，建设互联互通的大尺度森林湿地板块。浅山区提升森林健康水平，提升绿色屏障的生态功能。

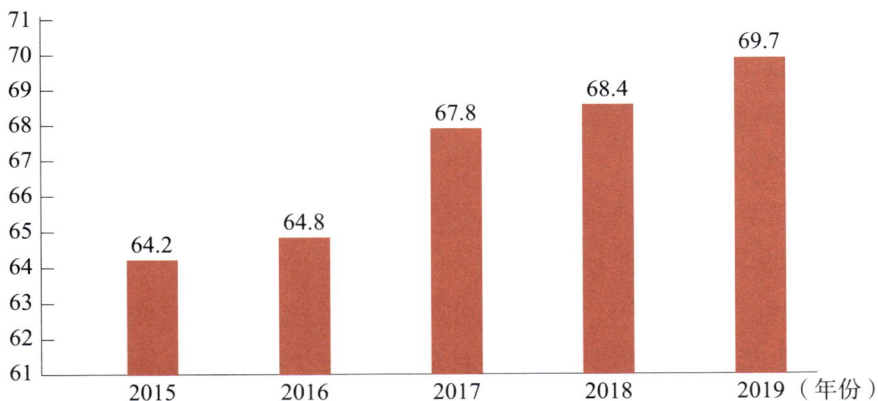

图20 2015—2019年北京市生态环境状况指数（EI）变化趋势图

3.完善生态补偿机制守住生态红线

北京划定并严守生态保护红线，保障环境质量底线，不突破资源消耗上限，实施两线三区空间管控①。北京市生态保护红线面积4290平方公里，占市域总面积的26.1%。实施"两山三库五河"生态保护，推进"一城两带多园"绿色发展。率先在全国出台山区生态林补偿机制，加大财政政策和资金支持力度，共建京津冀西北部生态涵养区，推进建立健全森林、湿地、水流、耕地等重点领域以及生态保护红线区、生态涵养区等重点区域的生态保护补偿机制。市级财政累计安排生态涵养区转移支付资金2658亿元，年度资金规模从2013年的454.9亿元增加到2017年的660.8亿元，增长了45%。北京通过创新体制机制、拓宽补偿渠道，推动生态保护补偿市场化、多元化，开展结对协作，带动生态涵养区协同发展，共筑首都生态安全屏障。

七、扭住疏解非首都功能"牛鼻子"，京津冀协同发展取得标志性进展

牢牢揪住区域发展不平衡不充分主要矛盾，打破"一亩三分地"思维模式，要素区域流动加速，城市间功能分工不断完善，以疏解北京非首都功能为"牛鼻子"推动京津冀协同发展，交通、生态、产业等重点领域率先突破，高品质生活、产城高度融合、生产生活生态协调、竞争力不断提升的京津冀世界级城市群正在崛起。

（一）疏解非首都功能取得突破，北京城市空间整体优化

1.有序疏解北京非首都功能

紧紧抓住"牛鼻子"不放松，完善政策、健全机制，制定全国首个以治理"大城市病"为目标的新增产业禁限目录，坚持严控增量和疏解存量相结合。

---

① 《北京市生态控制线和城市开发边界管理办法》划定生态控制线和城市开发边界，将市域空间划分为生态控制区、集中建设区和限制建设区，实现两线三区的全域空间管制。

截至 2020 年 6 月，累计退出一般制造业企业 2827 余家，疏解提升市场和物流中心 786 家，优化部分高校、医院等公共服务资源布局。加强中心城区非首都功能疏解与北京城市副中心承接的紧密对接，目前，北京市级机关第一批搬迁完成 35 个部门、165 家单位主体搬迁。

2. 实现南北均衡与城乡统筹发展

实施城南行动计划，以北京大兴国际机场为新动力源，交通、环保等基础设施条件有效改善，以北京经济技术开发区、北京大兴国际机场临空经济区、丽泽金融商务区、良乡大学城、大兴生物医药基地等重点功能区建设为依托，带动优质要素在南部地区集聚。山区和平原地区互补发展，区域生态协作格局已形成，山区整体生态保育和废弃矿山治理、地质灾害隐患点防治等生态持续修复，实现历史文化、生态景观和旅游资源跨区域统筹，创新建设用地指标合理转移和利益共享机制，提升生态涵养区综合发展效益。

（二）高标准建设副中心与雄安新区，新"两翼"齐飞并进

1. 高标准规划建设北京城市副中心

紧紧围绕对接中心城区功能疏解，列出承接清单，"高标准"贯穿到副中心发展的各个要素环节。谋划带动国企、教育、医疗等领域市属资源向城市副中心布局，引导社会资源向城市副中心聚集。首批 33 家科技创新企业集中入驻北京城市副中心，55 家高精尖企业向运河商务区集聚。高水平高标准规划建设城市副中心，行政办公区、综合交通枢纽、东六环路入地、通州堰、路县故城遗址公园等重要功能节点有序拉开城市框架。推动城市绿心向社会开放，广渠路东延，"三庙一塔"周边环境整治提升，培育运河商务区高品质楼宇，优化中关村通州园空间布局，推动建设张家湾设计小镇、台湖演艺小镇、宋庄艺术创意小镇等特色小镇。

2. 全力支持雄安新区建设

北京坚持把支持雄安新区建设作为自己的事，着力将雄安新区"三校一院"交钥匙项目打造成高质量工程、精品工程，截至 2020 年 6 月，3 所学校项目已完成主体结构封顶，医院项目正在土方开挖。支持符合雄安新区定位的功能向雄安新区有序转移，中关村三小、朝阳实验小学、北京妇产医院、宣武

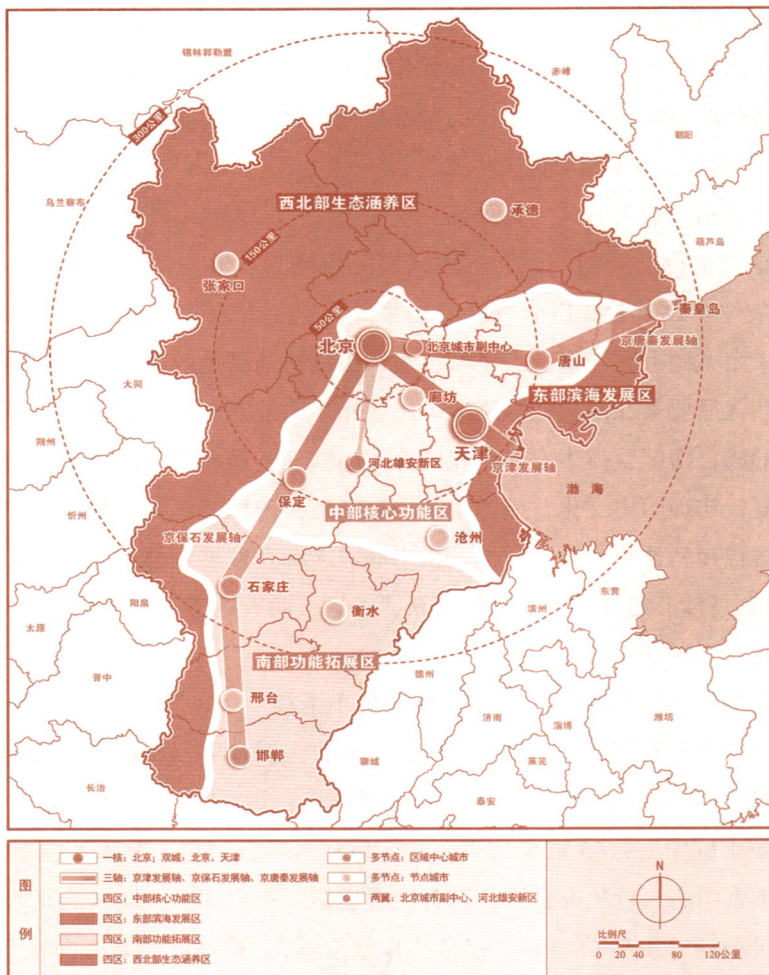

图 21　京津冀"一核、双城、三轴、四区、多节点"空间布局图

医院等对口帮扶工作在雄安新区持续开展，提升当地公共服务水平。雄安新区中关村科技园发展规划加快编制，首创集团、环卫集团等市属国企积极主动支持参与雄安新区建设。雄安新区作为国家千年大计，集中承接北京非首都功能疏解，与北京城市副中心形成北京新的"两翼"，形成守望相助的掎角之势，书写"两翼齐飞"的生动格局。

（三）携手津冀重点领域率先突破，世界级城市群影响力稳步提升

1. 推进三地交通基础设施一体化建设

坚持"交通先行"，打造轨道上的京津冀。京张铁路为 2022 年北京冬奥会提供交通服务保障，京滨、京唐、京雄等城铁公交互通，有力推动京津冀公共服务共建共享，北京大兴国际机场正式通航加快推进河北自由贸易试验区大兴机场片区和临空经济区建设，为河北带来历史性的发展机遇。

2. 生态环境治理"协同作战"

三地率先统一空气重污染应急预警分级标准。2019 年，京津冀 PM2.5 平均浓度为 50 微克 / 立方米，比 2013 年下降 52.8%，三地签署潮白河、滦河、白洋淀等流域治理协议，建立跨流域生态保护补偿机制及跨区域突发环境事件联防联控机制，为区域生态环境建设保驾护航。

3. 产业协同格局加快构建

京津冀产业符合各自功能定位，形成互利共赢的区域分工格局，三次产业比重由 2012 年的 6.1∶43.2∶50.7 调整为 2019 年的 4.5∶28.7∶66.8。产业融合效果显著，2018 年末，京津冀法人单位在区域内跨省（市）的产业活动单位 1.6 万家，占区域内产业活动单位总量的 5.5%，比 2013 年末增长 180.2%。对津冀地区溢出效应、核心带动作用明显，北京法人单位在津冀地区的产业活动单位 1.2 万家。中关村企业在津冀两地设立分支机构累计超 8100 家，京津冀产业优势互补格局已经形成。

4. 世界级城市群轮廓凸显

京津两地加强全方位合作，双城联动进一步强化。唱好京津"双城记"，加快滨海—中关村科技园、京津合作示范区、宝坻京津中关村科技城等建设，推动一批产业合作项目落地。建立中央级京津冀协同发展领导小组，开展跨区域政策协同、利益补偿分配、公共服务均等化、横向生态补偿等政策创新，加强京冀、京津交界地区管控，与河北共同筹办好 2022 年北京冬奥会和冬残奥会，京津冀世界级城市群发展取得实质性进展。2019 年末，京津冀城市群地区生产总值达到 8.5 万亿元，占全国的 9.4%。一项项"改革"，一个个"共享"，彰显着以首都为核心的京津冀世界级城市群影响力、竞争力不断提升。

八、率先全面建成小康社会的成功经验

北京市率先全面建成小康社会，是在党中央的坚强领导和习近平总书记的亲切关怀下取得的，是全市人民贯彻落实习近平新时代中国特色社会主义思想的重大成就，谱写了落实"五位一体"总体布局、"四个全面"战略布局的华彩乐章。面对中华民族伟大复兴的战略全局、世界百年未有之大变局，建设好伟大社会主义祖国的首都、迈向中华民族伟大复兴的大国首都、国际一流的和谐宜居之都，要始终牢记习近平总书记的谆谆教导，倍加珍惜取得的宝贵经验，继往开来，奋力开创首都社会主义现代化建设新局面。

（一）坚持党的领导，在同党中央保持高度一致上作出表率

党的十八大以来，习近平总书记8次视察北京12次就北京工作作出重要指示批示，对首都各方面工作给予了高度重视和亲切关怀，党中央对首都建设与发展作出了一系列重大战略部署。北京市认真贯彻落实习近平总书记视察北京重要讲话和重要指示批示精神，切实将习近平新时代中国特色社会主义思想转化为首都发展的思路举措，坚决实施党中央重大战略部署，紧紧围绕"建设一个什么样的首都、怎样建设首都"这一重大时代课题率先实现高质量发展，在全面建成小康社会中起到了表率作用。正是因为始终坚持党对一切工作的领导，切实增强"四个意识"、坚定"四个自信"、做到"两个维护"，首都各项事业蓬勃发展，彰显了全国政治中心忠于党、忠于祖国的政治本色。

迈入首都社会主义现代化新征程，必须坚持"看北京首先要从政治上看"，同党中央在思想上政治上行动上保持高度一致，突出党的领导这一根本，突出理论武装这一灵魂，突出组织体系这一基础，突出人才队伍这一关键，突出组织制度这一保障，深刻把握习近平新时代中国特色社会主义思想的精神实质、思想精髓和核心要义，不断在京华大地形成生动实践，持续提升城市发展质量、人居环境质量、人民生活品质、城市综合竞争力，向世界展现一流形象、一流服务、一流业绩，充分体现首都各方面工作的代表性、指向性。

（二）坚持以人民为中心，在实现人民对美好生活的向往中走在前列

北京市牢记习近平总书记关于首都规划建设务必坚持以人为本的重要指导精神，把人民拥护不拥护、赞成不赞成、高兴不高兴作为制定规划、政策的依据。准确把握人民对美好生活的新期待，在便利性、宜居性、多样性、公正性、安全性上解决群众最关心最直接最现实的利益问题，在幼有所育、学有所教、劳有所得、病有所医、老有所养、住有所居、弱有所扶上把为人民造福的事情办好办实。正是因为始终坚持以人民为中心，与人民站在一起、想在一起、干在一起，不断增强人民的获得感、幸福感、安全感，首都民生保障水平处于全国前列，体现了社会主义大国首都的人民属性。

迈入首都社会主义现代化新征程，必须坚持人民主体地位，以造福人民为最大政绩，使"不忘初心、牢记使命"制度化，在城市建设、管理中拓宽"民有所呼，我有所应"的渠道，尊重人民群众在实践活动中所表达的意愿、所创造的经验、所拥有的权利、所发挥的作用，充分激发蕴藏在人民群众中的创造伟力，持续提升市政市容环境、生态环境，努力实现更高质量、更有效率、更加公平、更可持续的城市发展，让人民共享经济、政治、文化、社会、生态文明等各方面发展成果，推动首都在促进人的全面发展中取得更大成就。

（三）坚持首都城市战略定位，在建设和谐宜居城市中发挥示范作用

在习近平总书记的亲自指导下，确立了新时代首都发展战略目标和城市战略定位，明确了城市发展方向，形成了科学的城市功能。北京市紧扣国际一流和谐宜居之都的战略目标，严格落实首都城市战略定位，正确处理"都"与"城"、"舍"与"得"、疏解与提升、"一核"与"两翼"的关系，全国政治中心、文化中心、科技创新中心、国际交往中心的首都核心功能增强，经济、社会、生态文明等城市基础功能优化，"四个服务"水平大幅提升。正是因为始终坚持首都城市战略定位，"大城市病"治理成效显著，生态环境大为改善，国际一流和谐宜居之都建设取得了突破性进展，为全国和谐宜居城市建设树立了榜样。

迈入首都社会主义现代化新征程，必须坚持将首都城市战略定位作为首都

建设与发展的基本遵循，高标准实施新版北京城市总体规划，进一步实现服务保障能力同城市战略定位相适应，人口资源环境同城市战略定位相适应，城市布局同城市战略定位相适应；进一步把政治中心安全保障放在突出位置，创造安全优良的政务环境；抓实抓好文化中心建设，提升文化软实力和国际影响力；前瞻性谋划好国际交往中心建设，增强国际交流合作和国务活动服务保障能力；大力加强科技创新中心建设，为建设创新型国家作出新贡献。

（四）坚持推进国家治理体系和治理能力现代化，创造超大城市治理的典范

面对超大城市治理的世界性难题，北京市勇立潮头，深入贯彻全面依法治国的战略部署，积极探索超大城市治理的"北京方案"，打出治理"大城市病"的"组合拳"，通过总规约束和产业禁限制目录，实现减量发展；实施疏整促提升专项行动，有效改善城市面貌和人居环境；采取有力措施，打好蓝天保卫战、碧水攻坚战，统筹山水林田湖草建设，持续开展平原造林，扩大绿色生态空间；在全国率先推出区、街道、社区三级网格化管理体系并实现全覆盖，推动城市管理的重心下移，推动街道大部制改革，创新社区治理模式等，丰富了我国超大城市治理的方法和经验。

迈入首都社会主义现代化新征程，必须坚持推进城市管理体制改革，完善城市管理联合执法平台，促进综合执法与专业执法相协调、部门执法与联合执法相结合；提升城市精细化管理水平，完善街道、乡镇治理结构，构建城乡一体化综合治理体系，积极探索京津冀区域协同治理机制；综合运用大数据、云计算、智慧城市等现代信息化技术管理城市、服务民生，努力形成社会组织、社会工作者、企业积极参与、多元共治、良性互动的治理格局，发挥首都在精治共治法治中的排头兵作用，创造面向全国可复制可推广的经验和模式。

（五）坚持首善标准，在高质量发展中发挥引领作用

北京市贯彻落实习近平总书记关于首善之区要率先示范、立标杆、树旗帜的教导，突出把握首都发展、减量集约、创新驱动、改善民生的要求，以首善标准推动全面深化改革，带头实现质量变革、效率变革、动力变革，在九大领域推出了117项改革措施，涵盖了减量发展、京津冀协同、科技文化体制改革、扩大对外开放、优化营商环境、完善城乡治理体系、深化生态文明体制改

革、推动党建引领"街乡吹哨、部门报到"改革、推进社会民生等领域，不断健全体制机制、完善服务管理。正是因为始终坚持首善标准，不断进行自我革命，在服务国家大局中提高发展水平，首都经济社会持续健康发展，成为全国高质量发展的楷模。

迈入首都社会主义现代化新征程，必须坚持发展的系统性、整体性、协同性，注重"五位一体"总体布局和"四个全面"战略布局的统筹推进，进一步围绕建设国际一流的和谐宜居之都的战略目标，持续推进首都高质量发展，发挥好首都在高质量发展中的引领作用，按照"千年大计"和国际一流标准建设北京城市副中心，大力支持河北雄安新区建设，以首都为核心构建核心区功能优化、辐射区协同发展、梯度层次合理的世界级城市群，形成大中小城市和小城镇协调发展的格局，夺取京津冀协同发展的全面胜利。

全面建成小康社会与中国城市发展

福建省福州市

建设有福之州　打造幸福之城

中共福州市委宣传部

福州是福建省省会，福建政治、经济、文化、科研中心以及现代金融服务业中心，海上丝绸之路门户。习近平总书记曾指出，福州是有福之州，福州人是有福之人。在福州工作的6年间，习近平同志谋划实施了"3820"工程、闽江口金三角经济圈、海上福州、国际化大都市等重大发展战略，倡导了"马上就办、真抓实干"等优良作风和工作方法，推动福州实现历史性的跨越发展。福州传承和弘扬习近平同志在福州工作时的创新理念和重大实践，乘势而上开启全面建成小康社会新征程，取得显著成绩。

一、福州市全面建成小康社会的显著成就

根据国家统计局《全面建成小康社会统计监测指标体系（试行）》，2019年，福州全面小康总体实现程度为99.04%，较2018年、2017年提升0.58个、1.72个百分点。

经济实力大幅提升。近年来，福州市经济总量连上新台阶，地区生产总值由2002年的1011.69亿元提升到2019年的9392.30亿元。党的十八大以来的7年间（2013—2019年），地区生产总值年均增长9.3%，全市经济保持在中高速发展区间，经济发展效益显著提升。2019年，统计监测指标体系中"经济发展"方面实现程度为98.76%，其中，7项指标已有5项提前完成预期目

标；未达标的科技进步贡献率、研究与试验发展（R&D）经费投入强度，由于2019年数据未出，沿用2018年数据。

人民生活更加幸福。2019年，统计监测指标体系中"人民生活"方面实现程度为99.98%，其中，14项指标已有13项提前完成预期目标；仅人均预期寿命较预期目标有一定差距，2020年顺利完成目标任务。

民主法治健全完善。2019年，统计监测指标体系中"民主法治"方面实现程度为92.80%，其中，4项指标已有2项提前完成预期目标，妇女参与基层民主管理指数（新增）、每万人拥有律师数均已超过目标值；基层民主参选率、每万人拥有社会组织数实现程度超过80%。

文化事业繁荣发展。2019年，统计监测指标体系中"文化建设"方面实现程度为100%，5项指标均提前完成预期目标。

生态环境和谐友好。2019年，统计监测指标体系中"资源环境"方面实现程度为99.37%，其中，13项指标已有12项提前完成预期目标；仅非化石能源占能源消费总量比重较预期目标有一定差距，但实现程度已超过90%。

三大任务落地落实。2019年，统计监测指标体系中"防范金融风险、脱贫攻坚、污染防治"方面实现程度为100%，5项指标均提前完成预期目标。

二、福州全面建成小康社会的探索经验

福州传承弘扬习近平同志在福州工作期间的重大战略、创新理念，认真学习贯彻习近平总书记的重要指示批示精神，积极创新经济、社会、文化、生态文明、法治等方面的思路举措，全方位推动高质量发展超越，不断把全面建成小康社会推向更高水平，形成了具有福州特色、省会特征的小康社会建设路径。

（一）构建现代化产业体系，夯实全面建成小康社会的经济基础

只有推动经济持续健康发展，才能筑牢国家繁荣富强、人民幸福安康、社会和谐稳定的物质基础。习近平同志在福州工作期间，科学谋划实施"3820"

工程，经济实力每年上一个新台阶。党的十八大以来，习近平总书记反复强调，发展以经济建设为中心是兴国之要，发展仍是解决我国所有问题的关键。多年来，福州始终坚持以经济建设为中心，致力于建设改革发展成果真正惠及人民的小康社会。

1. 优化产业结构，推动转型升级

实施创新驱动战略。建立健全财政性科技投入稳定增长机制，引导全社会加大研发投入。2015 年至 2019 年，全市 R&D 经费投入实现翻番，2017 年以来投入总量连续 3 年保持全省第一。发挥国家自主创新示范区的创新引领作用，出台推动新一轮经济创新发展 10 项政策 49 条措施、推进"大众创业、万众创新" 10 条措施等，引进中科院海西研究院、国家首家物联网开放实验室、国家知识产权局专利局专利审查协作福建分中心、国家地球空间信息福州产业化基地等创新平台，全社会创业创新活力不断迸发。2015 年至 2019 年，国家级众创空间从无到有，增长至 8 家；国家级高新技术企业从 444 家增加到 1407 家。

推进服务业高质量发展。目前福州已形成 7 个主力商圈，入驻城市综合体 10 个，大型百货 8 家。培育新零售新业态，鼓励老字号企业线上线下同步发展，打造集购物、便民服务等为一体的社区便民平台。推进制造业服务化转型，福州市被认定为省服务型制造示范企业 29 家（其中 3 家为主辅分离），推动福州软件园等省级现代服务业集聚示范区向纵深发展。

推动工业跨越式发展。突出项目引领带动，开展"抓项目促发展"等专项行动，建立"全覆盖、全周期、全过程"项目服务机制，增强高质量发展后劲。制定《关于加强重点工业园区建设的若干措施》，建立园区标准化建设"十位一体"体系，推动全市 16 个产业基地建设。

2. 建设"三个福州"，打造全新引擎

以"数字福州"培育产业新动能。按照"一企一策"原则，支持培育数字龙头企业，7 家企业分别入选中国软件百强、互联网百强和电子信息百强。打造"福州软件园—海西高新区—马尾物联网产业园—融侨经济技术开发区—东南大数据产业园"的数字经济创新集聚带。目前福州集聚了 3000 多家软件企业、230 多家大数据关联企业、150 多家物联网关联企业。办好数字中国建设

峰会，两届峰会共签约 159 个项目，近 8 成已完成转化。

以"海上福州"拓展产业新空间。加快建设国家海洋经济发展示范区，推进化工新材料、新能源等临港产业集聚发展。以获批福州（连江）国家远洋渔业基地为契机，转型升级远洋渔业。完善基础功能配套，提速江阴国际深水大港建设，推动江阴集装箱码头泊位建设；制定《福州邮轮旅游发展实验区发展规划》，与招商局集团合作推进松下邮轮港开发建设。

以"平台福州"构建产业新模式。发挥省会城市人流、物流、信息流、资金流集聚优势，整合产业链、融合价值链、贯通供应链、盘活金融链，培育了一批高质量的平台企业，形成了金牛山互联网产业园、连江数字娱乐产业园和晋安湖、东湖、旗山湖"三创园"等一批全市型平台经济集聚区。

3. 发展现代农业，做强特色产业

培育壮大经营主体。全市现有市级以上农业产业化龙头企业 298 家，拥有农民专业合作社 2300 多家，福清国家现代农业示范区建设扎实推进，建成福清台湾农民创业园等一批省级、市级农民创业园和农民创业基地，发挥了良好的辐射带动作用。

持续做强品牌农业。全市农业产业化龙头企业获中国驰名商标 22 个，获福建著名商标 230 个、福建名牌产品 90 个、福建名牌农产品 29 个。福州获"中国鱼丸之都""中国金鱼之都""中国鳗鲡之都"等称号，福州茉莉花种植与茶文化系统被联合国粮农组织授予全球重要农业文化遗产。

建立高效农业生产方式。率先在全省开展农业物联网技术推广应用示范点建设，全市有两个全国数字农业建设试点项目、8 个省级现代农业智慧园。在全国率先探索深远海养殖，推进"振鲍 1 号"等试点。促进一、二、三产业深度融合，连江县被评为全国农村一、二、三产业融合示范县，福清市入选国家一、二、三产业融合发展先导区创建名单和全国农村创业创新典型县范例名单。

4. 深化改革开放，激发发展活力

探索开放开发体制改革。探索建立福州新区、自贸区福州片区、福州高新区融合发展的制度机制，梳理、整合"三区"优惠政策、公共服务平台。自

贸区福州片区推出 16 批 217 项创新举措，其中全国首创 75 项，推动自贸区由商品和要素流动型开放向制度型开放转变。

融入"一带一路"建设。打造互联互通的重要枢纽，江阴港开通 26 条外贸航线，启动长乐国际机场二期扩建工程，积极参与"一带一路"数据共享（国家级）联合实验室。打造经贸合作的前沿平台，"海丝"博览会成为国家批准的唯一冠名"21 世纪海上丝绸之路"的博览会。截至目前，引进"一带一路"项目备案 44 项，核准"一带一路"沿线国家投资 22 项；支持企业到"一带一路"沿线国家开展投资并购近 200 亿元人民币。打造台胞台企登陆"第一家园"。以重点产业、重点园区、重点企业为主攻方向，持续深化榕台产业对接合作，全市累计批准台资项目 4075 项，合同台资 95.39 亿美元。落实落细台胞台企"同等待遇"，市级以上台湾青年就业创业基地 16 家，在榕高校累计引进台湾教师近 230 名，全市医院系统引进台湾医师 11 名。连续举办 8 届海峡青年节，打造两马同春闹元宵、海峡两岸民俗文化节等品牌，以文化交流促进民心契合。

持续优化营商环境。出台《福州市行政服务条例》，打造"就近办理、全城通办、全天可办"的政务服务模式。在省内率先编制全市统一通用事项目录，创办"e 福州"平台，市县两级政务服务事项网上可办率达 94% 以上，57% 的事项实现"一趟不用跑"。福州入选国家"互联网＋政务服务"综合试点示范城市。据第三方评估，2019 年福州市营商环境"前沿距离"分数排名相当于全球 190 个经济体中第 43 位，较 2018 年提升 30 个位次。

（二）切实保障和改善民生，推动全面建成小康社会的成果共享

党的十八大以来，习近平总书记强调，"全面建成小康社会突出的短板主要在民生领域，发展不全面的问题很大程度上也表现在不同社会群体民生保障方面"。多年来，福州牢记嘱托，心系人民群众对美好生活的向往，着力解决民生热点难点问题，精准对接基层所盼、民心所向推进民生领域改革，群众的获得感、幸福感、安全感不断提升。

1. 补齐民生短板，让小康更完备

坚持民生投入优先保障。全市各级财政民生支出从 2012 年的 292.08 亿元增加到 2019 年的 737 亿元，在一般公共预算支出中占比始终保持在 70% 以上。

办好民生实事。传承习近平同志在福州工作期间每年为民办实事的优良传统，2012 年以来累计完成为民办实事项目 547 件。

提升公共服务供给能力。推动政府购买普惠性学前教育服务试点，率先在全省实现全市县域义务教育基本均衡和成立职业院校联盟，省级达标中职学校实现全覆盖，整合组建闽江师范高等专科学校，与天津大学、新加坡国立大学签订合作办学协议。实施省会城市医疗卫生项目"333"工程，一批重点医卫项目建成，在全省率先实现医联体基层医疗机构全覆盖。2018 年，福州荣获首届"健康中国"年度标志城市称号。不断扩大养老服务供给，社区居家养老服务照料中心、市县社会福利中心实现全覆盖。2014 年，福州居家养老服务入选中国社会治理创新范例。

保障体系日臻完善。率先上线全国统一电子社保卡，率先在全省实施全民参保计划。持续实施保障性安居工程建设，对低收入群体住房依申请做到应保尽保，启动共有产权住房建设试点，逐步建立购租并举制度。

2. 创新社会治理，让小康更安全

落实平安建设责任制。针对全市平安建设的瓶颈难点问题，创新建立平安建设重点项目攻坚机制。深入开展"扫黑除恶"专项行动，2019 年福州市执法工作满意率、扫黑除恶好评率居全省第一，群众安全感率居全省第二。

构建基层社会治理新格局。学习贯彻习近平总书记在福州调研时关于"三个如何"的重要指示精神，深入实施红色领航工程，构建多元主体共建共治格局。军门社区"1335"经验做法被民政部在全国推广，入选中组部"不忘初心、牢记使命"主题教育典型案例。在全省首推平安小区创建，推行"五联"工作法，构筑"党建＋平安"同心圆。在全省率先建立"一村（社区）一法律顾问"服务模式和"民主法治村（社区）"动态管理制度。

健全社会矛盾预防和化解机制。在全省率先建立司法"12348"热线与公安"110"热线联动机制。拓展诉调对接平台，全省首创由法律援助机构在全市 13 家法院诉讼服务中心设立律师调解工作室，全国首创"智慧法援"智能指派模式。在全省率先试点"参与式预算"微实事协商，培育"12325"矛盾纠纷调处等 10 多种具有区域特色和行业特点的矛盾纠纷调处品牌。

3. 决胜脱贫攻坚，让小康更深入

2017—2020 年福州连续 4 年在全省扶贫开发成效考核中居第一位，并荣获全国首批精准脱贫示范城市。

创新机制，精准扶贫。在全省首创第一帮扶责任人负总责机制，安排 4425 名体制内干部担任第一帮扶责任人，打通脱贫攻坚责任"最后一公里"。选派 6 批市、县干部到扶贫开发重点村、薄弱村、少数民族村和老区村任党组织第一书记，实现贫困村下派干部全覆盖。创建福州市惠民资金网，运用大数据开展精准监督、助力精准扶贫，荣获首届中国廉洁创新奖。2017 年，福州 4425 户贫困户和 200 个贫困村摘帽退出。2018 年 12 月、2019 年 1 月，省级扶贫开发重点县永泰县、市级扶贫开发重点县闽清县先后摘帽退出。

产业扶贫，稳定增收。在全省首创"企业＋产业联盟＋贫困户"扶贫模式，全市 207 家企业组建休闲农业、传统工艺等 9 个产业联盟，推广股份制、联营式、托管式等贫困户与新型经营主体利益链接机制，带动贫困户稳定增收。

社会参与，激发活力。深入实施"三百工程"（百企帮百村、百会联百村、百侨帮百村），筹集资金 569.34 万元，帮扶贫困户 556 户 1648 人。2017 年成立全省首个市级扶贫发展基金会，首批落实企业捐赠 7000 万元。

扎实做好东西部扶贫协作。与定西市建立"456"对口帮扶模式，首创生态扶贫、事业编制定向招收对口帮扶地区贫困生等创新性举措得到国务院扶贫办的充分肯定，并在全国推广；福州·定西生态扶贫合作和扶贫劳务协作两个案例入选 2019 年全球 110 个最佳减贫案例。2017—2019 年福州市连续 3 年在全国东西部扶贫协作成效考核中取得"好"的等次。

（三）建设现代化国际城市，提升全面建成小康社会的城市品质

习近平同志在福州工作期间，制定了"国际化大都市"的战略构想，确立了"东进南下"的城市发展方向。多年来，福州坚持一张蓝图绘到底，城市规模不断扩大、功能持续完善、品质日益提升，实现了从纸褙小城向滨江滨海现代化国际城市的华丽蜕变。

1. 抓老城提升，焕新名城容颜

实施连片旧屋区改造。2000 年以来，福州市、区联手，成片改造苍霞、

茶亭等棚屋区。2010 年 9 月，习近平同志视察福州，专门了解棚屋区的改造情况。2011 年以来，福州市实施旧屋区改造项目 364 个，涉及房屋 3092 万平方米；在此基础上，启动城区连片旧屋区改造 3 年行动计划，2018 年以来 113 个连片旧屋区同时改造，百姓居住水平大幅提升。

实施老旧小区整治。2017 年以来整治老旧小区 541 个，得到市民的认可和欢迎。

优化提升交通出行。6 条地铁同步建设，2016 年 1 号线开通，2019 年 2 号线开通，在建的 1 号线二期、4 号线、5 号线、滨海快线总长 189 公里，总投资超过 1500 亿元。实施交通拥堵治理软硬项目 3 批 840 个、总投资 590 亿元，城区高峰平均车速同比提高 6.1%，拥堵延时指数同比下降 2.3%。

提升城市精细管理。制定实施市容市貌、环境卫生、市政设施、"两违"管控、建筑垃圾管理、城区亮化、绿化养护等 7 个方面的精细化管理标准和工作细则。

2. 抓新区建设，拉开城市框架

落实"东进南下"的城市发展战略构想，2017 年 2 月启动长乐滨海新城建设，着力打造福州发展的新增长极、城市的副中心，福州正成为中国大陆唯一的滨海省会城市。

规划体系基本成型。高起点、高标准开展城市规划，"1 + 55 + 1"规划体系已经形成。

配套设施日益完善。启动 5 批 265 个重点项目建设，完成投资 1367 亿元，水网、路网、绿网已经基本成型。

产业体系逐步形成。东南大数据产业园入驻企业超过 400 家，国家级互联网骨干直联点、国家健康医疗大数据中心、海峡光缆一号、超算中心二期等建成投用。临空经济区入驻规模以上企业 242 家。

3. 抓城乡统筹，推动乡村振兴

壮大县域经济实力。推进特色小镇建设，福清市龙田镇、永泰县嵩口镇、长乐区东湖数字小镇被认定为国家特色小镇。福清市国家新型城镇化试点、长乐市省级新型城镇化试点和青口、江阴省级"小城市"试点取得明显成效。福清列全国综合实力百强县市第 15 位（2020 年），列全国新型城镇化质量百强县市第 28 位（2019 年）。

提升乡村规划建设水平。以提高农民幸福指数为导向，2015 年在全省率先实施新农村"幸福家园"工程建设，实施 906 个示范村和创建村建设。因地制宜推进美丽乡村建设，全市累计实施美丽乡村建设 1618 个、覆盖率 90.29%，打造晋安前洋村等省级美丽乡村示范村 76 个，形成田园乡村与现代城镇交相辉映的城乡发展格局。

持续改善农村人居环境。深入实施"一革命五行动"，重点抓好农村"厕所革命"、垃圾治理、污水治理、农房规范试点、村容村貌提升、沿江沿路整治等 6 项工作。至 2019 年底，农村自来水普及率 93.5%，无害化厕所普及率 95.41%，乡镇生活污水处理、行政村生活垃圾处理实现全覆盖。晋安区获批全省首批农村人居环境治理提升试点区。

（四）深耕闽都文化事业，增强全面建成小康社会的精神动力

文化既是增进民生福祉的关键因素，又是凝聚人心的精神纽带。习近平同志在福州工作期间，探索推出文物保护"四个一"机制，推进文艺团体制度改革，等等。党的十八大以来，习近平总书记反复强调，坚定文化自信，推动社会主义文化繁荣兴盛。多年来，福州始终坚持用社会主义核心价值观凝心聚力，在创新创造中积极推动文化事业全面繁荣和文化产业加速发展，着力改善文化民生。

1. 推进文化事业繁荣发展，为群众提供丰富的精神食粮

推动文艺精品创作展演。设立福州市茉莉花文艺奖、福州市文艺事业发展专项基金，1993 年、2019 年两次承办中国戏剧节，为群众提供了高品质的文化盛宴。闽剧《画龙记》《红豆缘》、电视剧《郑和下西洋》《原乡》、电视纪录片《船政学堂》等荣获"五个一工程"奖。

推动公共文化服务标准化均等化。建成市图书馆、海峡文化艺术中心等一批重大文化设施，培育激情广场大家唱、新福州人歌手大赛、"宜夏"榕城文化艺术季等群文品牌，连续 19 年开展"文化惠民·六进"活动，创新推出数字文化地图、福州文化云等数字文化服务，福州获评全国公共文化服务体系示范区，让群众乐享文化生活。

2.推进历史文化名城保护，延续福州文化的"根"与"魂"

坚持高站位谋划。制定颁布12项法规规章和32个专项规划，形成全市域、全体系、全要素的名城保护体系。

坚持高标准实施。设立历史文化名城管理委员会作为市政府派出机构实体运作，整体保护重塑"三山两塔两街区"传统城市格局，抓好三坊七巷、朱紫坊、上下杭历史文化街区以及烟台山、鼓岭等8片历史文化风貌区、苍霞等8处历史建筑群的保护修复，打造15个特色历史文化街区，实施96条老街巷保护整治，开展嵩口等历史文化名镇名村保护修复。"三坊七巷"荣获首批中国历史文化街区、联合国教科文组织亚太地区文化遗产保护奖。当前，福州正以承办第44届世界遗产大会为契机，出台"1＋6"系列保护政策，实施新一轮古厝保护提升工程，推进91项335个项目、总投资176亿元，努力实现文化遗产保护利用、城乡面貌品质"两个新提升"。

坚持活态化传承。落实非遗传承人扶持资金，组织"非遗进古厝"、特色非遗（民俗）驻景区演出，举办中秋摆塔、马祖巡游等特色民俗活动，推动文化遗产"活起来"。福州荣获"中国寿山石文化之都"、"中国脱胎漆艺之都"等称号。

3.推进文化产业高质量发展，着力繁荣文化市场

2012年，福州市获评全国文化体制改革工作先进地区。2018年，全市文化产业实现增加值486.76亿元，占GDP的5.72%，占当年全省文化产业增加值的23.69%。2019年，全市电影票房5.9亿元，占全省的27%。

培育龙头骨干企业。2014—2016年，网龙公司连续3届入选全国文化企业30强，福州文化旅游投资集团获全国文化企业30强提名，9家文化企业成功上市。每两年开展福州市"文化企业十强"和"最具潜力文化企业"评审认定。

拓展文化产业发展平台。深耕丝绸之路国际电影节、海丝国际旅游节、福州国际漆艺双年展等品牌，培育5个国家级文化产业示范园区（基地）、两个省文化产业重点园区，定期举办"我把福州寄给你"文创设计大赛，为文化产业高质量发展注入强劲动力。"一碗福州"入选2019年创新创意超级杯"传媒创意案例"。

积极推进文化与旅游融合发展。永泰县获评国家级全域旅游示范区。2019年，全市旅游总人数 9654 万人次，旅游总收入 1450 亿元。

4. 推进群众性精神文明建设，提高社会文明程度

积极培育和践行社会主义核心价值观。建成国家级爱国主义教育基地 3个、省级 4 个。开展城市精神提炼宣传、"福州十大名片"评选等活动。培育了全国"时代楷模"吕榕麟、全国道德模范王锦萍等一批先进典型。完善守法诚信褒奖激励机制和违法失信行为惩戒机制，福州入选首批"守信激励创新奖"城市、第二批全国社会信用体系建设示范城市。

加强思想道德建设。打造"我们的节日""读书月"等品牌。持续开展移风易俗，老百姓称赞"这是党委、政府不花一分钱，为群众办了一件大好事"。成立福州市志愿者联合会，颁布实施《福州市志愿服务条例》，"党建＋志愿服务"受到中央文明办充分肯定。

持续开展文明创建活动。1999 年起福州连续 4 次获评创建全国文明城市工作先进城市，2011 年起连续 3 届获评全国文明城市。在 2019 年度全国文明城市创建测评中，福州列 28 个省会、副省级城市第 10 位，受到中央文明办通报表扬。

（五）注重生态文明建设，构筑全面建成小康社会的绿水青山

良好生态环境是最普惠的民生福祉。习近平同志在福州工作期间就十分关注污染治理问题，比如兴建祥坂污水处理厂、红庙岭垃圾厂，治理内河、西湖等。党的十八大以来，习近平总书记反复强调，"绿水青山就是金山银山"。多年来，福州市将生态文明建设摆在全面建成小康社会的突出位置，不断擦亮生态底色，让市民群众乐享生态福利。

1. 推进机制创新，深化国家生态文明试验区建设

2016 年以来，福州市积极推动 6 个方面、24 项重点改革任务落到实处。

部分试点取得的成效及经验被省里采纳形成制度经验。永泰商品林赎买、闽清领导干部自然资源资产离任审计、长乐自然资源资产负债表等试点工作所取得的成效及经验被省里采纳，自然资源资产离任审计和自然资源资产负债表已被省里转化为可操作的制度成果。

形成一批示范试点及典型案例。连江生态产品市场化改革和城区水系综合治理经验被省生态办列为生态文明试验区建设改革成果复制推广经验，并入选 2019 年国家生态文明试验区建设经验交流会。城市水系治理创新机制、农村人居环境物业化管理模式、湿地综合保护修复机制、深远海区生态养殖模式等 4 项改革经验初步入选国家改革举措及经验做法推广清单。

2. 保护绿水青山，坚决打好污染防治攻坚战

持续打赢蓝天保卫战。实施 100 个大气精准治理减排项目，推进工业区集中供热、燃煤锅炉节能环保提升工程，超额完成黄标车淘汰任务。深化工业烟粉尘、道路和建筑施工场地扬尘污染防治。

创新水系综合治理。出台地方性法规《福州市城市内河管理办法》，全面推行河长制，在全省首创设立驻河长办法官工作室。在全省率先成立城区水系联排联调中心，采用 PPP 模式推动永久截污管、串珠公园、滨河绿道建设，内河展露新颜。2018 年，福州市获评全国黑臭水体治理示范城市。

推动垃圾分类成为新时尚。制定实施《福州市生活垃圾分类管理条例》，五城区全面推行生活垃圾分类，首创"三端四定"制度，确保分类全过程环环相扣、层层监管。经过努力，城区生活垃圾分类覆盖率达 100%，分类准确率 70%，排名进入全国前十。

3. 打造福州品牌，构建生态经济体系

深入开展"全民动员、绿化福州"专项行动。坚持种大树、造绿荫，2017 年以来全市新种乔木 75 万株。拿出大量的黄金地块奉献给市民作为公共休闲空间，2017 年以来，建成休闲步道 100 多公里、生态公园 15 个、串珠公园 553 个，开挖 7 个人工湖，初步形成富有山水特色的城市绿地系统。福道获评"中国十大最美步道"，获国际建筑大奖。

推进林业资源，保护与合理开发。2017 年 10 月，福州被授予"国家森林城市"称号。2018 年福州创建森林城市的做法被联合国粮食及农业组织（FAO）在全球范围内推介，并获"全国森林旅游示范市"称号。

发展绿色经济。推动工业绿色转型，构建"一核两翼"产业空间布局，实施强制性清洁生产审核，大力实施绿色制造工程，福州经济技术开发区获评全

省首个国家生态工业示范园区。发展生态农业，建成 30 个生态循环农业示范基地、43 家商品有机肥厂。大力发展生态旅游，以获评中国温泉之都为契机，推动温泉旅游提挡升级；依托休闲步道、生态公园、内河，积极发展都市生态休闲旅游；提升鼓岭和鼓山核心区，鼓岭成为全省首个国家级旅游度假区；推进福州邮轮旅游发展实验区建设，开发琅岐国际生态旅游岛，发展滨海度假游。

三、全面建成小康社会的经验启示

（一）必须坚持新思想引领

福州是习近平新时代中国特色社会主义思想的重要孕育地和实践地。在全面建成小康社会的历史进程中，福州坚持把习近平同志在福州工作期间的创新理念和重大实践作为引领福州发展的精神财富和行动指南，沿着习近平同志当年擘画的发展蓝图，走出了一条具有福州特色的发展路子。特别是党的十八大以来，福州怀着特殊感情、带着特殊责任，原原本本学、追根溯源学、联系实际学，从党委（党组）理论学习中心组学习，到党员、干部学习培训全覆盖常态化；从推进党的创新理论"七进"到实施基层理论宣传"千军万马"工程，再到探索建立学习贯彻习近平新时代中国特色社会主义思想长效机制，新思想在榕城大地落地生根、开花结果，引领福州高质量发展落实赶超，实现全面建成小康社会奋斗目标。经验启示我们，加快建设新时代有福之州、打造幸福之城，必须把学习贯彻习近平新时代中国特色社会主义思想贯穿于经济社会发展各领域，贯穿于全面从严治党全过程，努力做到学思用贯通、知信行统一，不断激励广大干部、群众新担当新作为。

（二）必须坚持新发展理念

发展理念是发展行动的先导，是发展思路、发展方向、发展着力点的集中体现。发展是不断变化的过程，发展的环境、条件变化了，发展理念就要求相应变化。在全面建成小康社会的历史进程中，福州站位全局，顺应时代潮流，不断创新发展理念，从全力招商引资的粗放型发展，到"招商选资，注重效益"的集约型发展；从重视经济高速增长、注重数量增长，到追求高质量发展、注重质量效益；特别是党的十八大以来，福州用足用活"六区叠加"政策，明确了加快建设创新、开放、绿色、幸福现代化城市的发展方向，确立了实施"142"主导产业、建设"三个福州"的发展思路，有效释放了发展活力，拓展了发展空间。经验启示我们，加快建设新时代有福之州、打造幸福之城，必须深刻理解、把握吃透创新发展的精髓要义，跳出条条框框约束，立足区位特点，发挥独特优势，因地制宜推出新政策、新招数、新办法，真正将创新创造转化为推动发展的具体做法和生动实践。

（三）必须坚持以人民为中心

全面建成小康社会，根本目的是增进民生福祉，实现途径是共建共享。在全面建成小康社会的历史进程中，福州坚定不移地贯彻党的群众路线，充分调动人民的积极性创造性，持之以恒为民办实事解难题，从组织"再掀闽江开放潮、推动福州大发展"大讨论，到设立"党风政风热线""幸福邮箱"；从深入推进"四个万家"活动、持续实施每年为民办实事，到补短板惠民生，再到深耕闽都文化事业，有力增强了群众的获得感幸福感，极大地增强了全面建成小康社会的内在动力和社会合力。经验启示我们，加快建设新时代有福之州、打造幸福之城，必须充分把握社会主要矛盾的深刻变化，把保障和改善民生摆在优先位置，尊重群众的主体地位和首创精神，真正做到发展为了人民、发展依靠人民、发展成果由人民共享，更好实现全市人民对美好生活的向往。

（四）必须坚持统筹改革开放稳定

改革开放是动力，稳定是前提，两者统一于全面建成小康社会的伟大实践。特殊的区位优势、侨台优势和文化特质，使福州得改革开放风气之先、秉政策机遇之利，为发展注入了生机和活力。在全面建成小康社会的历史进程中，福州继续把深化改革、扩大开放渗透于全市工作各个环节，注重抢抓历史机遇，以拓荒开路的精神，踏出改革开放的坚实步伐，从做大做强海峡西岸经济区省会中心城市到"六区叠加"先后落地、主动融入"一带一路"建设、打造台胞台企登陆"第一家园"，实现了区位优势向省会发展优势的成功转化；

与此同时，注重社会的可承受程度，坚持依法治市，创新社会治理，持续深化平安福州建设，加强意识形态工作，推动社会和谐稳定。经验启示我们，加快建设新时代有福之州、打造幸福之城，必须统筹改革开放稳定，着眼"百年未有之大变局"，抓住战略机遇期在更高水平、更高质量上推进改革开放，着力解决影响社会稳定的突出问题，推动新时代福州发展上新台阶、开新局。

（五）必须坚持党的全面领导

办好中国的事情，关键在党，关键在党要管党、从严治党。在全面建成小康社会的历史进程中，福州始终坚持把党的建设放在首位，坚定不移推进全面从严治党，着力在革命性锻造中确保党始终发挥着总揽全局、协调各方的领导核心作用。从实施党的"堡垒"工程建设，到探索出"1335"社区党建模式、军门社区工作法等创新举措，再到整体推进城市基层党建；从"马上就办、真抓实干"，到加强作风建设"十反对十提倡"和"十个必须"，再到提振精气神、争当排头兵，着力解决"虚、僵、躲、拖、腐"问题，福州始终以"打铁必须自身硬"的责任担当，不断增强党自我净化、自我完善、自我革新、自我提高的能力。经验启示我们，加快建设新时代有福之州、打造幸福之城，必须坚持和完善党的领导，落实管党治党责任，不断提高党的建设质量和水平，确保党始终能够总揽全局、协调各方，凝聚方方面面的合力。

附 件

2015—2019 年福州市全面建成小康社会统计监测指标体系

	指标	单位	目标值	2015 年	实现程度	2016 年	实现程度	2017 年	实现程度	2018 年	实现程度	2019 年	实现程度
经济发展	人均 GDP（2010 年不变价）	元	≥120000	77393	64.5	86152	71.8	98538	82.1	110599	92.2	120879	100.0
	地区经济发展差异系数	—	≤45	46.1	97.5	46.1	97.5	46.9	95.7	45.2	99.7	40.3	100.0
	服务业增加值占 GDP 比重	%	≥50	49.1	98.2	50.5	100.0	52.5	100.0	53.1	100.0	53.6	100.0
	常住人口城镇化率	%	≥60	67.7	100.0	68.5	100.0	69.5	100.0	71.6	100.0	70.5	100.0
	互联网普及率指数	—	≥50	107.3	100.0	117.7	100.0	129.7	100.0	173.9	100.0	174.2	100.0
	科技进步贡献率	%	≥60	57.9	96.5	58.0	96.7	58.5	97.5	59.6	99.3	59.6	99.3
	研究与试验发展（R&D）经费投入强度	—	≥2.5	1.8	70.4	2.0	79.2	2.2	87.2	2.3	92.0	2.3	92.0
人民生活	居民人均可支配收入（2010 年不变价）	元	≥25000	27782.0	100.0	30045.0	100.0	32561.0	100.0	35376.0	100.0	38719.0	100.0
	城镇登记失业率	%	≤5.0	2.4	100.0	2.4	100.0	2.4	100.0	2.4	100.0	2.2	100.0
	恩格尔系数	—	≤40	33.7	100.0	34.2	100.0	34.0	100.0	33.2	100.0	32.6	100.0
	城乡居民收入比	—	≤2.8	2.3	100.0	2.3	100.0	2.3	100.0	2.3	100.0	2.3	100.0
	城乡居民家庭人均住房面积达标率	%	≥60	64.3	100.0	64.2	100.0	64.2	100.0	64.2	100.0	64.2	100.0
	城镇棚户区住房改造	万户	≥1	2.5	100.0	2.0	100.0	1.4	100.0	1.2	100.0	1.1	100.0
	公共交通服务指数	—	≥100	100.0	100.0	120.3	100.0	122.0	100.0	121.0	100.0	122.0	100.0
	人均预期寿命	岁	≥79.5	78.5	98.7	78.6	98.8	78.8	99.1	79.0	99.4	79.3	99.7

续表

	指标	单位	目标值	2015年	实现程度	2016年	实现程度	2017年	实现程度	2018年	实现程度	2019年	实现程度
人民生活	劳动年龄人口平均受教育年限（2010年）	年	≥10.5	11.3	100.0	11.3	100.0	11.3	100.0	11.3	100.0	11.3	100.0
	每万人高等教育在学人数	人	≥400	455.9	100.0	448.3	100.0	441.8	100.0	449.2	100.0	475.8	100.0
	每千人口执业（助理）医师数	位	≥1.95	2.6	100.0	2.6	100.0	2.8	100.0	3.0	100.0	3.2	100.0
	每千老年人口养老床位数	张	≥50	34.2	68.5	37.7	75.5	42.6	85.3	50.6	100.0	51.8	100.0
	基本社会保险参保率指数	—	≥95	—	—	97.2	100.0	98.3	100.0	99.3	100.0	100.9	100.0
	单位GDP生产安全事故死亡率	%	≤1	4.22	23.7	2.26	70.1	1.48	88.7	1.29	93.1	0.97	100.0
民主法治	基层民主参选率	%	≥95	82.0	86.3	82.0	86.3	82.0	86.3	80.0	84.2	80.0	84.2
	妇女参与基层民主管理指数（新增）	—	≥100	130.0	100.0	130.0	100.0	130.0	100.0	130.3	100.0	130.3	100.0
	每万人拥有社会组织数	个	≥8	4.5	56.1	4.8	59.8	5.0	63.0	5.9	73.4	7.0	87.0
	每万人拥有律师数	位	≥2.3	1.9	83.6	4.3	100.0	4.8	100.0	5.1	100.0	5.7	100.0
文化建设	文化及相关产业增加值占GDP比重	%	≥5	4.99	99.8	5.14	100.0	5.38	100.0	5.72	100.0	5.72	100.0
	人均公共文化财政支出	元	≥150	196.0	100.0	229.6	100.0	244.6	100.0	177.5	100.0	252.8	100.0
	"三馆一站"覆盖率	%	≥130	100.0	100.0	100.0	100.0	100.0	100.0	100.0	100.0	142.1	100.0
	广播电视综合人口覆盖率	%	≥60	63.5	100.0	63.2	100.0	63.1	100.0	63.1	100.0	62.6	100.0

续表

	指标	单位	目标值	2015 年	实现程度	2016 年	实现程度	2017 年	实现程度	2018 年	实现程度	2019 年	实现程度
文化建设	居民人均教育文化娱乐消费支出占消费支出比重	%	≥ 6	9.8	100.0	10.3	100.0	9.5	100.0	9.6	100.0	10.0	100.0
资源环境	耕地保有量	千公顷	≥ 145	149.7	100.0	149.3	100.0	148.8	100.0	147.9	100.0	147.9	100.0
	新增建设用地规模（当年）	千公顷	≥ 1900	3363.6	100.0	1963.4	100.0	2191.4	100.0	2622.8	100.0	2622.8	100.0
	单位 GDP 建设用地使用面积同比降幅	公顷／亿元	≥ 5	—	—	9.6	100.0	12.0	100.0	10.1	100.0	10.1	100.0
	万元 GDP 用水量	立方米	≤ 61	55.0	100.0	48.0	100.0	45.0	100.0	44.0	100.0	34.0	100.0
	单位 GDP 能耗降幅	%	完成目标	7.0	100.0	3.6	100.0	0.1	100.0	1.0	100.0	2.0	100.0
	非化石能源占能源消费总量比重	%	≥ 35	23.0	65.7	35.1	100.0	33.4	95.4	32.4	92.7	32.1	91.8
	城市优良空气天数比例	%	≥ 90	96.4	100.0	98.6	100.0	95.9	100.0	92.3	100.0	98.6	100.0
	城市细颗粒物（PM2.5）年均浓度	微克／立方米	≤ 50	29.0	100.0	27.0	100.0	27.0	100.0	25.0	100.0	24.0	100.0
	地表水质量指数（Ⅰ—Ⅲ类水质比例）	%	≥ 85	89.5	100.0	90.0	100.0	90.0	100.0	90.0	100.0	90.0	100.0
	森林覆盖率	%	≥ 55.8	56.7	100.0	56.0	100.0	57.1	100.0	57.3	100.0	58.1	100.0
	森林蓄积量	万立方米	≥ 4138	3862.7	93.3	3862.3	93.3	4003.3	96.7	4172.7	100.0	4860.4	100.0

续表

	指标	单位	目标值	2015 年	实现程度	2016 年	实现程度	2017 年	实现程度	2018 年	实现程度	2019 年	实现程度
资源环境	一般工业固体废物综合利用率	%	≥ 90	95.4	100.0	97.7	100.0	97.2	100.0	96.5	100.0	94.5	100.0
	城市建成区绿地率	%	≥ 30	40.1	100.0	40.6	100.0	41.1	100.0	41.7	100.0	42.2	100.0
防范金融风险	政府负债率（地方）	%	≤ 100	10.8	100.0	10.4	100.0	10.3	100.0	10.1	100.0	11.6	100.0
脱贫攻坚	农村贫困人口脱贫	万人	全部脱贫	2.1	99.72	1.1	99.85	0.3	99.96	0.0	100.0	0.0	100.00
	主要污染物排放总量累计减少指数	—	完成目标	—	100.0	—	100.0	—	100.0	—	100.0	—	100.0
污染防治	污水集中处理指数	—	≥ 100	95.4	95.4	97.6	97.6	94.5	94.5	102.3	100.0	104.8	100.0
	城市生活垃圾无害化处理率	%	=100	100.0	100.0	100.0	100.0	100.0	100.0	100.0	100.0	100.0	100.0

全面建成小康社会与中国城市发展

广东省广州市

幸福城市　美好生活

广东省社会科学院

全面建成小康社会是党的十八大提出的"两个一百年"奋斗目标之一，是实现中华民族伟大复兴中国梦的关键一步。确保 2020 年全面建成小康社会，是我们党向人民、向历史作出的庄严承诺。党的十八大以来，广州市坚持以习近平新时代中国特色社会主义思想为指导，深入学习贯彻习近平总书记对广东重要讲话和重要指示批示精神，紧扣全面建成小康社会发展目标，牢记习近平总书记关于广州要加快实现老城市新活力、"四个出新出彩"的殷殷嘱托，着力打造活力广州、幸福广州、平安广州、法治广州、美丽广州，特别是 2020 年，面对突如其来的新冠肺炎疫情和经济下行压力，广州坚决抓好"双统筹"实现"双胜利"，疫情防控筑牢"广州防线"，经济发展跑出"广州速度"，改革开放增创"广州优势"，民生建设升级"广州温度"，人民群众获得感幸福感安全感不断提高。重点报告如下。

一、主要成就

全面小康物质基础有力夯实。面对国内外风险挑战明显上升的复杂局面，广州始终坚定必胜信心、保持战略定力，推动产业转型升级和经济高质量发展，经济总量稳步攀升，自 2016 年以来，GDP 年均增长 6.8%，高于同期全国（6.5%）增速 0.3 个百分点，2019 年 GDP 总量达 2.36 万亿元，占广东省的四分之一。2019 年，广州人均 GDP 突破 15 万元，达到高收入国家（地区）水平。经济结构持续优化，三次产业比重调整为 1.1∶27.3∶71.6，服务业总量规模位居全国第三，现代服务业增加值占服务业增加值比重达 67.5%，成为全国首批服务型制造示范城市。广州期货交易所获批落地。电子商务、物流快递等新兴服务业快速发展，2019 年，广州快递业务量达 63.47 亿件，高居全国第一。重大科技创新平台加速集聚，高新技术企业突破 1.2 万家，入库科技型中小企业9540 家，2019 年新认定国家级科技企业孵化器 10 家，位居全国第一。"数字新基建"建设加速，2019 年建成 5G 基站 20261 座，国内建设速度最快、数量最多。拥有超算中心用户超过 3500 家，成为全世界用户数量最多、利用率最高、应用范围最广的超算中心之一。国际航运、航空枢纽建设成效显著，截至目前，广州港开通集装箱航线 217 条、通达全球 200 多个港口和城市，货物吞吐量、集装箱量稳居世界前五位；白云国际机场 2019 年旅客吞吐量突破 7000万人次、航线覆盖全球 230 多个航点，位居全国第三。人才集聚效应不断增强，城镇登记失业率自 2016 年以来连续低于 2.5%，就业环境持续优化，《中国城市人才吸引力报告》等多项调查显示广州成为全国人才流入的首选之地。

　　对外开放门户作用充分发挥。紧抓"一带一路"和粤港澳大湾区建设发

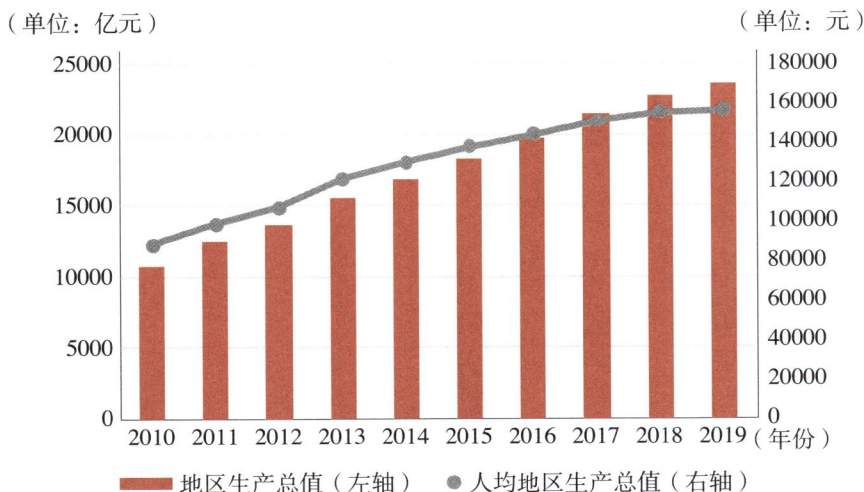

图 1　2010—2019 年广州市地区生产总值和人均地区生产总值增长趋势图

展机遇，对外贸易深入推进，与全球 220 多个国家和地区保持贸易往来，2019
年完成商品进出口总值首次跨进万亿元级。外贸结构布局加速优化，扩大进
口措施成效明显，2019 年全年进口总量为 4737.8 亿元，同比增长 12.7%，位
列全国主要外贸城市第一。外贸新业态发展势头良好，2019 年跨境电商进出
口总额 385.9 亿元，同比增长 56.4%，对全市外贸增长的贡献率超过七成，涉
及消费人群超过 3 亿人。国际交往格局不断扩大，外国驻穗总领事馆达 65 个，
各类驻海外办事推广联络机构 54 个，连续 4 次连任世界城地组织（UCLG）
联合主席城市、2 次连任世界大都市协会联合主席，广州国际友城文化艺术团、
友城大学联盟、友城足球学校、国际交流合作基金会等交流品牌影响力不断扩
大。连续 64 年举办广交会，多次举办从都国际论坛，成功举办 2017 年《财富》
全球论坛、2018 年世界航线发展大会、2019 年世界港口大会、2019 年"读懂
中国"广州国际会议等高端国际会议（活动）。世界生态设计大会、《财富》国
际头脑风暴科技大会及官洲国际生物论坛等永久落户广州，开放创新的国际形
象得到充分展示，极大提升了市民群众的自豪感和荣誉感。

　　基本公共服务水平全面提升。近年广州公共财政支出 75% 以上用于民生

（单位：亿元）

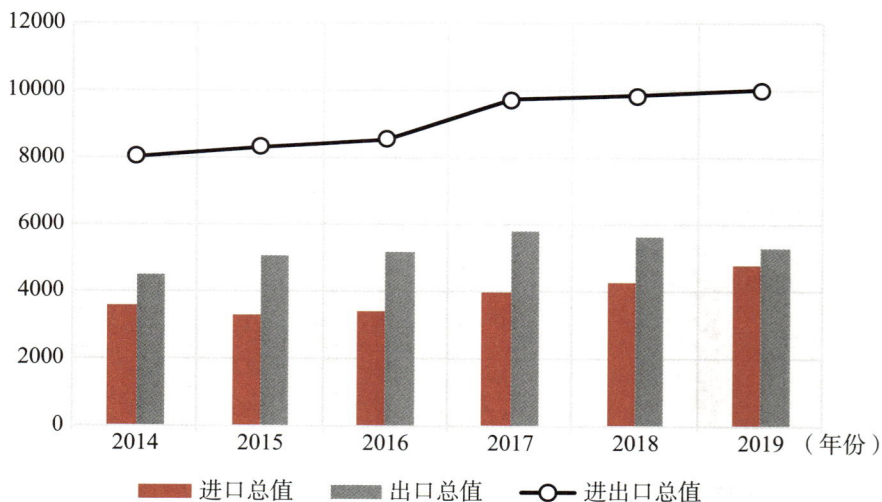

图 2　2014—2019 年广州市进出口值增长趋势

保障，连续被评为中国最具幸福感城市。义务教育均衡发展，全市 3 周岁以上幼儿毛入园率、小学适龄儿童毛入学率、中学阶段毛入学率均达到 100% 要求，2019 年安排来穗人员随迁子女入学超 3 万人，全市共有 919 所特殊教育学校，实现残疾适龄儿童接受教育"全覆盖、零拒绝"，成功创建"省推进教育现代化先进市"，全市 11 个区均创建成为"全国义务教育发展基本均衡区"。公共医疗卫生服务体系不断完善，医疗资源布局持续优化，全市现有各级各类医疗卫生机构 5093 家，各类专业卫生技术人员 16.8 万人，床位数 10 万张，"一街一中心、一镇一卫生院"的基层医疗卫生服务体系实现全覆盖，全市 100% 的社区卫生服务中心和镇卫生院均已开展家庭医生签约服务，2019 年全市人均预期寿命达到 82.52 岁，处于全国前列。社会保障体系日益完善，11 个区全部建立区级未成年人救助保护机构，在全省首个实现市区两级未保机构全覆盖，全市建成 1036 个长者饭堂，基本形成以"大配餐"服务为重点的社区居家养老服务体系，获评全国居家和社区养老改革试点优秀地区。社会保险体系更趋健全，2019 年末，全市参加基本养老保险 909.08 万人，参加社会医疗保险 1302.20 万人，参加失业保险 644.20 万人，居副省级城市前列。城乡基础设施一体化基

（单位：岁）

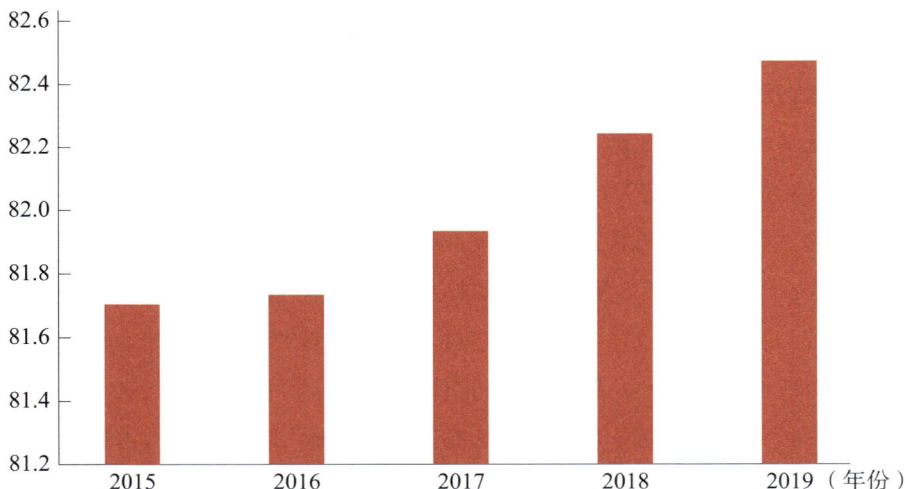

图 3　2015—2019 年广州市人均预期寿命增长趋势

本实现，农村基本实现光纤网络全覆盖，有线电视乡镇和建制村通达率均达到100%，自来水和卫生厕所全覆盖，市民群众获得感幸福感显著增强。

城市文化综合实力显著增强。公共文化服务设施走在全国前列，先后建成广州歌剧院、广州图书馆、广州国家档案馆、南越王宫博物馆等一批重大文化基础设施，构建起华南地区最完备的重大文化设施体系。公共文化服务网络基本形成，"图书馆之城""博物馆之城"初步建成，共有公共图书馆（网点）433个，提前实现每8万人拥有一座图书馆的目标任务，拥有博物馆64家，共建成12个文化馆和2702个村（社区）文化服务中心，每万人公共文化设施面积达到1515平方米，位居全国前列。"羊城之夏"等惠民文化品牌影响力辐射力持续提升，每年推出文化惠民活动超过两万场，累计服务市民达千万人次，"乞巧节""波罗诞""广府庙会""盘古王诞"等传统民俗文化活动亮点纷呈，市民群众对优秀传统文化的感知度不断增强。文化产业蓬勃发展，全市共有珠江钢琴、长隆集团、珠江电影等上市文化企业35家，高新技术文化企业逾1300家，建成220多个文化创意产业园（基地），2018年全市文化产业增加值1369.69亿元，占GDP比重6.52%，成为超千亿元产业和新的支柱性产业，人均文化娱乐消费支出4991元，位居全国第一。新兴业态发展迅猛，游戏产业总营收占全国三成以上，网易、唯品会、三七互娱等8家广州本土互联网企业入选2019年全国互联网企业百强，喜羊羊与灰太狼、猪猪侠等4大动漫系列入选全国动漫十大品牌。

天蓝水绿花城名片更加亮丽。近年来，广州坚持生态优先、践行绿色发展理念，宜居宜业宜游的花园城市建设加快推进。污染防治攻坚战成效显著，主要污染物二氧化硫、氮氧化物、挥发性有机物等排放量逐年下降，PM2.5平均浓度连续3年达到国家二级标准。开绿道网建设全国先河，建成绿道3560公里，2019年广州森林覆盖率达42.31%，森林蓄积量为1702.6万立方米，城市人均公园绿地面积17.7平方米，高居全国同类城市前列。河长制、湖长制与网格化治水机制不断完善，国家督办的147条黑臭河涌全面消除黑臭，污水处理能力跃居全国第二位，入选国家黑臭水体整治示范城市，建成省、市级试点碧道163公里，饮用水水源地水质达标率稳定保持100%。垃圾分类走在全国前列，实

（单位：平方米）

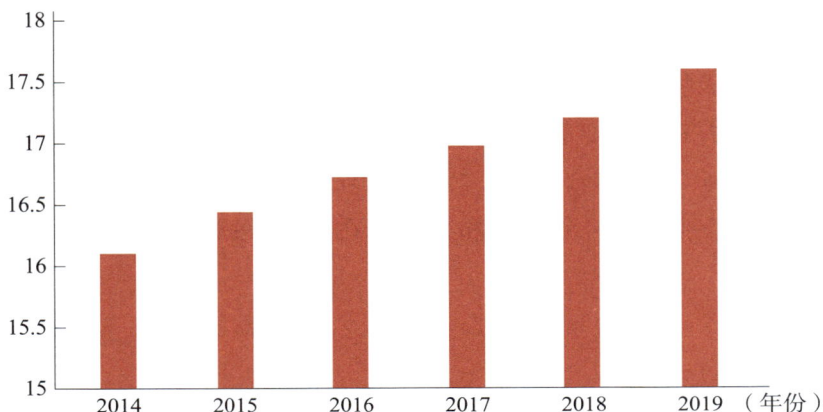

图 4　2014—2019 年广州市人均公园绿地面积增长趋势

现所有居住小区 100% 楼道撤桶、生活垃圾无害化处理率 100%、市民垃圾分类知晓率达 99.1%。"厕所革命"成效显著，完成 3660 座公厕建设任务，完成率 163.4%，全面实现"三年计划两年完成"的工作目标。农村基础设施短板加快补齐，"千村示范、万村整治"工程深入推进，创建一批"五个美丽"综合示范片区，全市 88.6% 自然村达到省定"干净整洁"村标准，71.4% 行政村达到省定"美丽宜居"村标准，99 条行政村达到省定"特色精品村"标准。

城乡社会治理更上台阶。作为实际管理服务人口逾 2200 万人、流动人口逾 1000 万人的超大型城市，广州在营造共建共治共享社会治理格局中走出一条具有广州特色的新路，2019 年，广州社会治安满意度创历史新高。社区共建共治共享中心建设试点深入推进，全市建成 2725 个居民议事厅，实现村居议事厅全覆盖，逾 128 万广州市民参与群防共治队伍，全市 73% 的养老床位、85.5% 的居家养老服务综合体、95% 的长者饭堂、83% 的家政养老服务由社会力量参与提供服务，民众参与城市治理积极性主动性得到充分激发。来穗人员融合行动扎实推进，率先在全国省会城市中单独设立专职流动人口服务管理的政府部门——广州市来穗人员服务管理局，全市建成 1129 个来穗人员服务站，2019 年完成 2.03 万名来穗人员及其随迁人员积分制入户，来穗人员幸福感归属感显著增强。社会文明程度显著提升，参加 2019 年全国文明城市年度测评，在全国省会、副省级城市中排名第六位，高标准建成新时代文明实践中心（所、站）2707 个，从化区入选全国试点单位，花都区、番禺区入选省级试点单位。2019 年，中央政治局委员、中央宣传部部长黄坤明同志在广州调研时对广州新时代文明实践中心建设经验给予充分肯定。扫黑除恶专项斗争深入推进，打击电信网络诈骗、交通综合治理等"八大攻坚战"成效显著，2019 年案件类警情、刑事立案数分别同比下降 13.7% 和 5.2%，在全省平安建设考评中高居榜首。

二、经验做法

（一）坚持贯彻新发展理念，以经济高质量发展夯实高水平小康物质基础

发展是解决一切问题的基础和关键。近年来，广州始终把发展作为第一要务，加快调结构、促转型，推动全市经济持续健康发展，经济总量稳步攀升，实现经济结构优化调整和产业转型升级，综合实力再上新台阶，为推动高水平全面建成小康社会，建设幸福广州奠定坚实的基础。

大力转变发展方式，推动经济发展动能加快转换。 积极顺应外部环境深刻变化，深刻领会习近平总书记关于加快构建以国内大循环为主体、国内国际双循环相互促进的新发展格局的重大战略部署，发挥"双区驱动""双城联动"效应，服务粤港澳大湾区、省"一核一带一区"战略布局等实践要求，以增强内生发展动力为方向，优化调整产业布局和结构。扭住扩大内需这个战略基点，出台全面增强国际商贸中心功能实施方案等一批政策，壮大商圈经济、夜间经济、直播带货、线上经济等新消费，发展"四新经济"和跨境电商 B2B 等外贸新业态。着眼育新机、开新局，锚定战略性新兴产业，持续推动乐金二期、粤芯二期、小鹏汽车、维信诺模组生产线、创维超高清产业组、腾讯广州总部、树根互联全国总部等重大项目建设。重点发展新一代信息技术、人工智能、生物医药和新能源、新材料产业，壮大新型显示、集成电路、氢能源、绿色石化、智能家电、量子信息、激光与增材制造等高端产业，大力发展"5G＋北斗"军民融合产业，打造全球"定制之都"，促进全产业链整体跃升，以

产业结构调整带动经济结构优化升级。

　　大力实施创新驱动战略，全力打造国际科技创新枢纽。坚持创新是引领发展的第一动力，深入实施创新驱动发展战略，围绕建设国家创新中心城市和国际科技创新枢纽，不断优化创新生态，形成以创新为主要引领和支撑的创新型经济体系和发展模式。汇聚国家战略科技力量，形成以明珠科学园为主阵地、以 4 个重大科技基础设施为前沿研究战略支撑、以 4 个省实验室为原始创新主力军、以多个高水平创新研究院为技术供给主平台的"1＋4＋4＋N"战略创新平台体系。实施重点领域研发计划，推动布局新一代通信与网络、人工智能、智能网联汽车、新能源等 9 大专项，着力攻克一批"卡脖子"技术，涌现出全球首款 31 英寸喷墨打印可卷绕柔性样机等突破性成果。聚力发展人工智能与数字经济，加快建设 5G 网络、工业互联网、人工智能、云计算、区块链等信息基础设施，积极参与粤港澳大湾区综合性国家科学中心建设，扎实推进广州人工智能与数字经济试验区、广州科学城、南沙科学城建设。2019 年，全市战略性新兴产业增加值增长 7.5%，占 GDP 比重达 24.25%。以人才支撑为根本，深入实施"广聚英才"计划，构建全球顶尖智力高地。目前在穗工作的诺贝尔奖获得者 8 人，两院院士 102 人。

（单位：万人）

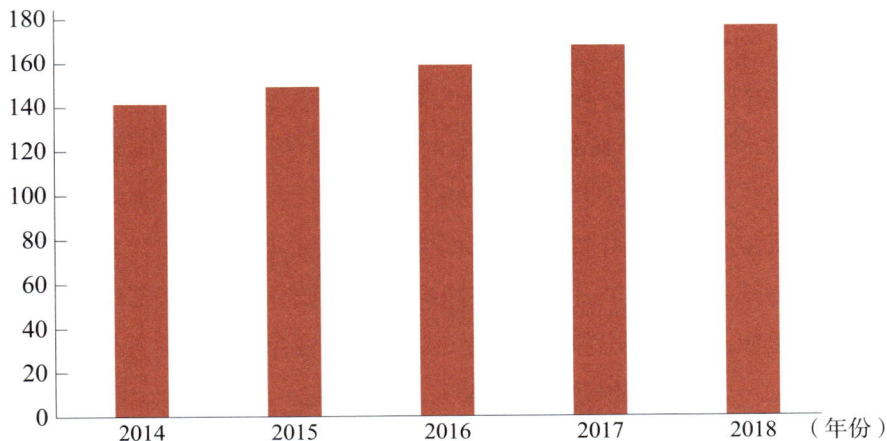

图 5　2014—2018 年广州市专业技术人才数量增长趋势

不断深化改革创新，全面优化提升营商环境。以市场化国际化法治化营商环境建设为突破口，把优化营商环境作为全市"一把手"工程统筹推进，先后实施营商环境1.0、2.0、3.0改革。持续深化"放管服"改革，推动政府从管理型向服务型转变，减少政府对微观经济的直接干预，9项改革创新举措获国务院督查激励、居全国同类城市第一，为企业营商提供安全稳定可预期的发展环境和保障。实施市场准入负面清单制度，推动市场准入从以正面清单为主向以负面清单为主转型，最大限度将"剩余决定权"赋予市场主体，推动资源配置依据市场规则、市场价格、市场竞争实现效益最大化和效率最优化。强化政策护航，制定《广州市优化营商环境条例（草案）》，提请省委深改委印发实施支持广州国际化法治化营商环境出新出彩方案、率先加大营商环境改革力度的若干意见、营商环境综合改革试点实施方案，出台推动贸易和投资便利化等20项重点措施，推出支持"民营经济20条"，为优化营商环境夯实制度基础。广州营商环境改革成果在2019年国家营商环境评价中位居全国前列。

（二）坚持城乡一体融合发展，以城带乡、城乡互促构建高水平小康全面发展格局

习近平总书记强调，"要走城乡融合发展之路，向改革要动力，加快建立健全城乡融合发展体制机制和政策体系"。近年来，广州强化城乡统筹规划，以城带乡、城乡互促，让乡村更好对接城市、城市更好融入自然，走出一条具有广州特色的超大城市乡村振兴、城乡融合发展道路。

大力推动城乡融合发展，增强农村发展新活力。坚定不移走城乡融合发展的乡村振兴之路，加大对经济相对落后地区的投入和建设，推动城乡要素自由流动、优势互补，让乡村更好对接城市，城市更好融入自然、宜居宜业。加强城乡统筹规划，完善城乡空间规划布局，统筹城乡产业、基础设施、公共服务、资源能源、生态环境等布局，促进城乡形态融合。加大对北部地区新农村建设支持力度，市本级财政每年定额安排3.643亿元专项资金，通过一般性转移支付方式拨付从化、增城、花都、白云等相关区，推动各区统筹协调发展。大力培育新型职业农民，推出"百团千人科技下乡"工程，选派农村科技特派员服务"三农"一线，助力乡村振兴。补齐农村水、电、网络、冷链物流等基础设施短板。建立城市人才、工商资本进村激励机制。支持增城、花都、从化区开展国家城乡融合发展试验区广清接合片区建设，高起点打造粤港澳大湾区北部生态文化旅游合作区。

深入实施乡村振兴战略，打造"三农"发展新引擎。深入实施乡村振兴战略，加快构建高质量都市现代农业体系，推进农产品增量提质专项工作，提高重要农产品自给率，支持现代农业产业园建设。2020年上半年新增8个省级现代农业产业园，100%行政村达到省定干净整洁村标准，乡村振兴战略实绩考核居全省第一位。加快构建高质量都市现代农业体系，推进农产品增量提质专项工作，提高重要农产品自给率，支持现代农业产业园建设。2019年，广州7个现代农业产业园列入省级自筹资金创建名单，主导产业产值27.1亿元，带动农户2.63万户，户均增收约1.2万元，粤港澳大湾区"菜篮子"成为广州农业的"金字招牌"。推进特色小镇、农产品电子商务产业园建设，鼓励现代科技产业向农村转移，现代农业和人工智能、文化创意、乡村旅游融合发展，实施乡村旅游提质升级行动，规范发展民宿等新业态，促进一、二、三产业融合发展。深化农村土地制度改革，制定集体经营性建设用地入市配套制度。加强农村集体资产管理，稳步推进农村集体产权制度改革。强化民生保障，实施统一的城乡居民医保制度及大病医保制度，实行最低生活保障制度兜底，确保北部地区人民生活水平。

全域提升生态环境，建设美丽"花园城市"。借鉴新加坡等世界先进城市建设经验，统筹规划、建设、管理三大环节，推进城市精细化、品质化管理，打造美丽广州。推进智慧城市建设和生态文明建设，加强粤港澳大湾区生态环保联防联治，推进广佛跨界河流综合整治。以珠江水系为脉，按照建设美丽宜居花城、全球活力城市要求，打造"大美珠江"，精雕细琢塑造花城如诗、珠水如画的世界级滨水区，建设30公里精品珠江。扎实推进还绿于民，以白云山国家风景名胜区为基础打造全国第一的世界级城市花园——"广州花园"建设进展顺利，部分区域已对居民开放。完善河长制、湖长制与网格化治水机制，高标准建设千里碧道，建设人水互动的美丽水岸。建立完善广州地区生活垃圾分类协调工作机制，全链条提升垃圾分类体系，加快处理设施建设，打造全国垃圾分类样板城市。扎实推进农村人居环境整治建设生态宜居美丽乡村三年行动计划，集中开展村庄清洁行动和农村爱国卫生运动，着力实施"五个美丽"行动，深入推进"千村示范、万村整治"工程，突出抓好农房管控和风貌提升，加快补齐农村基础设施短板，推动农村人居环境从基础整治向品质提升迭代升级。

（三）坚持人民主体人民至上，以全民普惠共享提升高水平小康生活品质

习近平总书记强调，要努力推动高质量发展、创造高品质生活。广州坚持人民至上，立足发展为了人民、发展成果惠及人民，着力让群众的"钱袋子"鼓起来，让城市面貌亮起来，让出行顺起来，打造高品质的"广式生活"回应市民对美好生活的向往。

大力稳就业促就业，市民生活水平稳步提高。稳定、高质量的就业是充实百姓"钱袋子"的重要保障。广州实施积极就业政策，千方百计增加就业，率先实现就业市场化、率先创建市场就业机制、率先建立对特困失业人员全方位全免费的就业援助承诺制度、率先实施对"零就业家庭"（全家失业）的就业援助服务措施、率先实施失业人员"金钥匙"培训计划，多项就业和再就业工作走在全国前列。实施"广东技工""粤菜师傅""南粤家政"三大工程，建成 6 个省级"粤菜师傅"培训基地、22 个"羊城家政"基层服务站、6 个国家级"高技能人才培训基地"，资助劳动力技能晋升培训 3.78 万人。实施高校毕业生、退役军人等就业帮扶政策，推进各级事业单位、市属国企扩大高校毕业生招聘规模。稳定的就业带动居民收入、消费水平稳步提高，2019 年，广州城市、农村常住居民人均可支配收入分别达到 65052 元、28868 元，居民用于食品、衣着的消费支出规模逐年上升，广州迈入发展型消费社会。

大力改善城市面貌，市民居住条件持续改善。坚持"人民城市人民建，人民城市为人民"，把城市作为"生命体、有机体"，树立"全周期管理"意识，科学编制《广州市国土空间总体规划（2018—2035 年）》，出台老城市新活力专项规划，实施系列三年行动计划，全面焕发"老"的经典魅力和"新"的时代魅力。着眼推动实现老城市新活力，向存量要空间、以质量促发展，统筹推进旧城镇、旧厂房、旧村庄（"三旧"）改造，村级工业园、专业批发市场、中

（单位：元）

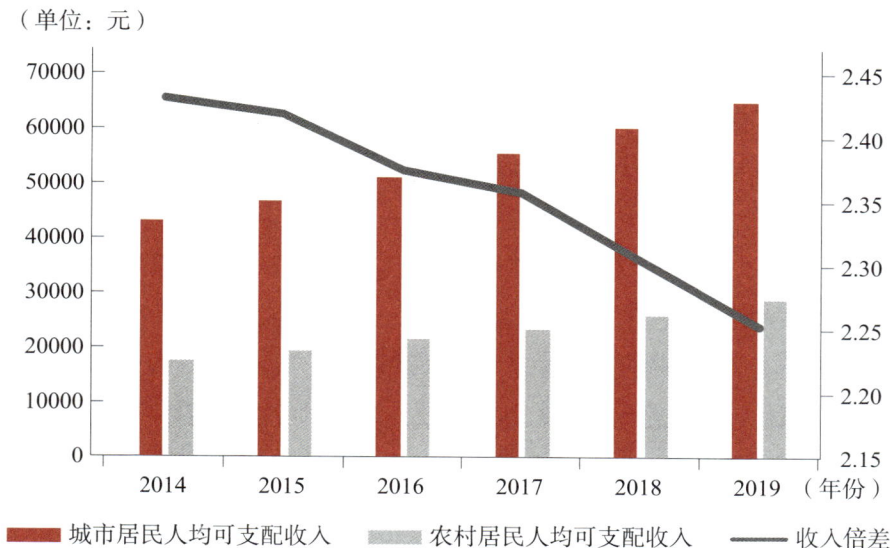

图6　2014—2019 年广州市城乡居民人均可支配收入及收入倍差变化趋势

心城区物流园（"三园"）转型，违法建设、黑臭水体、"散乱污"场所（"三乱"）
整治等城市更新 9 项重点工作，努力探索城市有机更新、推动老城市焕发新活
力的有效模式。共盘活存量用地 42 平方公里，新引入企业年产值预计达 1018
亿元，新增公共服务设施及配套 1.5 万个，新增绿化面积 510 万平方米，实现
经济效益、社会效益、生态效益深度融合。以绣花功夫推进 779 个老旧小区微
改造，旧楼累计加装电梯 5217 台。加大住房保障力度，健全多层次住房保障
体系，推动房地产市场平稳健康发展，持续保持较为合理的房价收入比。

　　大力升级交通基础设施，市民出行更加便捷。着眼便民利民、解决民众
出行问题，近年来广州基础设施投资持续增长，"十三五"时期占全市固定资
产投资比重由 2015 年的 24.8% 提升至 2019 年的 31.7%。2019 年，全市公路通
车里程达 8984 公里，其中高速公路 1030 公里，居全省首位；开通运营地铁线
路 15 条（段）和 1 条有轨电车线路，运营线路长度达 523 公里，成为全国首
个实现区区通地铁目标的城市，地铁运能利用度达到全球第一，市民出行堵、
通勤难的问题得到有效缓解。以重大基础建设为抓手推动枢纽向高能级跃升，
打造国际综合交通枢纽和国际信息枢纽，南沙港四期、白云国际机场三期等项

目加快建设，南沙国际邮轮母港开港运营、南沙大桥建成通车。兼顾农村群众出行，深入推进新时代"四好农村路"建设三年行动计划，全面加强农村公路建设和管理、加强农村公路养护、完善城乡客运和物流网络，2018年、2019年两年累计完成农村公路新建改造约381公里，实现涉农区全部通地铁、山区镇全部通高速，村道硬化率均达100%。

（四）坚持均等化标准化，以高质量公共服务筑牢高水平小康基本保障体系

基本公共服务体系关系市民幸福指数，公共服务供给数量和质量决定小康质量。近年来，广州大力推进基本公共服务体系建设，不断提升公共服务均等化、普惠化、便捷化水平，做到基本公共服务"面上"更普惠、"基础"更扎实、"底线"更牢固，市民群众获得感、幸福感、安全感不断增强。

着力建设教育强市，实现"学有所教""学有优教"。 始终坚持实施以政府为主导、优先发展教育事业的战略，不断提高教育事业财政保障能力和教育质量。强化教育财政保障和基础教育学位供给，2019年用于发展教育事业的一般公共预算投入为161.2亿元，2020年预算达到178.5亿元，已建立涵盖各学段生均经费保障制度，群众关心的"入园难入园贵"问题得到有效缓解，高等院校数量从1978年的15所增加到2018年的82所。教育质量不断提高，义务教

（单位：人）

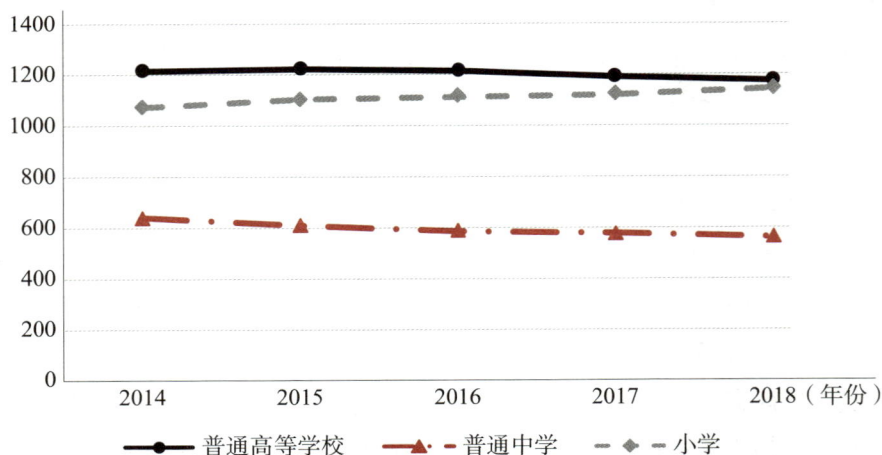

图7　2014—2018 年广州市每万人在校学生数

育均衡发展，义务教育标准化学校占比达 96%，已实现每个非中心城区至少有 1 个市属教育集团在当地办学，高考成绩多年保持全省排头兵地位。职业教育高质量融合发展，畅通中高职衔接、高本协同育人机制，工匠精神得到弘扬，2019 年蝉联世界技能大赛砌筑项目金牌。把教育公平作为社会公平的"测温计"，教育公平得到有力保障，城乡之间、区域之间、群体之间教育资源布局和教育质量差距持续缩小，"人人出彩"局面已经形成。有效推进学历教育和非学历教育协调发展、职业教育和普通教育相互沟通、从学前教育到终身教育一体化衔接的教育体系，使人民群众学有所成、学有所教、学有所用。

高水平推进健康服务，实现"病有所医""病有良医"。 以不断满足人民群众对医疗保障和健康生活的需求为目标，全方位全周期提供健康服务，让人民群众享有更便利、更优质的医疗卫生健康服务。着力构建公共医疗卫生服务体系，制定实施《广州区域卫生规划（2016—2020 年）》《广州市医疗卫生设施布局规划（2011—2020 年）（修订版）》，以扩容提质为重点，推动中心城区优质医疗资源向外围城区辐射延伸，形成"一主、一副、五分、网格化"的医疗卫生设施总体布局，促进医疗服务区域平衡。推进紧密型镇村卫生服务一体化管理体制改革，在涉农区推广农村居民村卫生站门诊"一元钱看病"模式，构建起"小病不出村、中病不出镇、大病不出区"的卫生服务三级联动的民生新图景，有效缓解农民"看病贵看病难"问题。疫情防控期间，广州不惜一切代价建立"中医药预防＋中西医联合治疗"救治模式，日产检测试剂占全国四分之一，在全国大城市率先实现应检尽检、愿检尽检，成功研发 AI 辅助诊断系统，选派 1400 多名医护人员驰援湖北，为打赢疫情防控阻击战提高了雄厚的实力保障。不断提升公共卫生多层次多样化服务能力，国家基本公共卫生服务人均补助标准从 2015 年的 50 元提高至 2020 年的 70 元，基本公共卫生服务均等化不断提高，居民感受度和满意度不断提高。

创新养老服务体系，实现"老有所养""老有颐养"。 积极探索具有广州特色的"大城市大养老"模式，全覆盖、多层次、多支撑、多主体的养老服务格局已基本形成。落实养老机构"有得住、住得近、住得好"要求，按照人均用地不少于 0.25 平方米的标准规划设置养老服务设施，目前全市共有养老机构

220 家，其中 58.4% 的床位分布在中心城区，医养结合服务覆盖率达 99%。深化社区居家养老服务 "3＋X"（助餐配餐、医养结合、家政服务 3 个基础项目＋若干个特色试点项目）改革创新，搭建 "区综合体—街镇综合体—村居活动站点" 三级实体服务平台，打造 "10 分钟社区居家养老服务圈"，全市社区养老服务设施覆盖率 100%。全面开放养老服务市场，以消费、人才、科技助力养老产业发展。"转变政府职能、创新资源配置、着力推动养老服务业高质量发展" 入选国家发展改革委创新政府资源配置方式 10 个典型案例。推进 "互联网＋养老"，开发市养老服务综合信息管理平台和居家养老综合服务信息平台，启用养老服务质量监测中心，2019 年以来 115 个养老服务项目实现供需对接。

（五）坚持以精品奉献人民丰富文化供给，添彩高水平小康精神文化生活

随着我国社会主要矛盾的变化，人民群众对精神文化的需求和期盼更加多元、要求更高，实现文化小康成为全面小康的重要内容。广州大力实施文化强市战略，以满足市民群众多元文化需求为导向，公共文化服务体系水平走在全国前列，市民群众的文化获得感幸福感安全感大幅提升。

强化要素保障，实现 "文化重器在广州"。强化广州国家中心城市、粤港澳大湾区核心城市、省会城市功能，健全公共文化服务政策体系，出台《关于加快构建现代公共文化服务体系的实施意见》《基本公共文化服务实施标准（2016—2020 年）》，提高公共文化服务辐射能力。以建设 "图书馆之城" "博物馆之城" 为载体，构筑特色各异、星罗棋布的 "文化城堡"，不断丰富市民群众精神世界。截至 2020 年 3 月，全市公共图书馆服务网点 1566 个，通借通还服务网点 433 个，对外开放的通借通还图书馆（分馆）246 个，每 6.2 万人拥有一座公共图书馆，平均每人拥有 1.49 册图书。广州图书馆建筑面积近 10 万平方米，是世界以城市命名单体面积最大的公共图书馆。全市博物馆与纪念馆数量从 2005 年的 35 个发展到 2020 年的 64 个，增长 40%，除个别遗址类、文物建筑类博物馆外，国有博物馆均对公众免费开放。疫情期间，许多博物馆、美术馆和图书馆开展 "云展览" "云借阅"，提供线上文化服务，提质升级的公共文化服务极大提升了群众的获得感和幸福感。建成社区村综合性文化服务中

心 2716 个，基本形成城市"10 分钟文化圈"、农村"十里文化圈"。按照小康指标测评体系，全市"三馆一站"覆盖率为 756%，远远超过 120% 的目标值；广播电视综合人口覆盖率为 100%，超过 99% 的目标值；行政村（社区）综合性文化服务中心覆盖率为 100%，多彩多样的公共文化供给，丰富了市民群众"家门口的文化生活"。

培育文化消费新业态，实现"大戏看广州"。 加强政策指引和产业发展促进文化消费，大力推进第一批国家文化消费试点城市建设，先后出台广州市加快文化产业创新发展的实施意见及促进商旅文融合发展工作方案等"1+8"系列文化产业政策，推进各类惠民文化消费，持续释放文化消费潜力。2018 年，全市城市居民人均文化娱乐消费达 3973.76 元，连续多年位居全国首位。影院、剧院、美术馆等高雅文化资源丰富，广州大剧院跻身"世界十大歌剧院"，每年上演各类知名作品、演出近 400 场，先后成功引进《剧院魅影》《阿依达》等世界经典剧目；全市共有电影院 255 家，2019 年电影票房总计 23.87 亿元人民币，居全国第四位；亿万群众读书看报、观影听戏、唱歌跳舞、打球健身等基本文体需求得到充分保障，市民群众"触手可及"高品位文化生活。发挥演出市场、会展市场、旅游市场活跃优势，组织"广州过年·花城看花"文化系列活动，依托广州文交会、穗港澳青少年文化交流季等大型文化活动，有力促进节展消费。2019 年广州文交会 100 多万人次参与，各节展直接或意向成交 25.18 亿元。做大做强网游、动漫、电子竞技、数字出版、文化装备、会展旅游等重点优势产业，积极培育电商直播、5G、4K/8K、数字文娱等新产业新业态。大力开展惠民文化活动，扶持一批群文创作提升基地，"羊城之夏"广州市民文化节、雅村艺术空间、广州市民文艺空间等群众性文艺活动深受群众欢迎。

提高城市美誉度，实现"好玩到广州"。 加强城市总体形象提升设计，提出打响"红色文化、岭南文化、海丝文化、创新文化"四大文化品牌，擦亮"千年商都""花城""羊城"等城市名片，成功举办"读懂中国·广州国际会议"《财富》全球论坛"等大型活动，城市国内外显示度美誉度影响力大幅提升，市民群众城市自豪感显著增强。文化旅游彰显城市品质，市内除长隆、广州塔等景点，以及 3 家博物馆收费外，其余全部免费对外开放，红色文化旅游和夜间文化旅游独具特色，全市 11 家主要博物馆夜间开放，打造推出 6 条"夜游广州"精品旅游线路。促进文商旅融合发展，推进北京路国家级步行街、天河—花城汇商圈、上下九—恩宁路商圈等十大商旅文融合聚集体建设，北京路文化核心区集聚 50 多家老字号、8 家电影院、12 家书店，打造全国第一条 O2O 智能街区"北京路·口碑街"，日均人流量达 20 万人次，节假日超过 50 万人次，年营业额超千亿元。2019 年全年旅游接待总数 2.45 亿人次，实现旅游增加值 1894.09 亿元，约占全市 GDP 的 7.9%。连续 4 届当选亚太城市旅游振兴机构（TPO）会长城市，广州在"中国旅游目的地国际知名度"排名全国第三位。

（六）坚持探索超大城市善治路径，以精细化管理破解高水平小康社会治理难题

社会治理是国家治理的重要方面，良好的社会治理是社会和谐稳定、人民安居乐业的前提和保障。近年来，广州始终坚持党的领导贯穿全过程，构建以群众参与为核心的多元治理体系，实现人民群众在参与治理中增强幸福感、满足获得感。

建立"令行禁止、有呼必应"机制，夯实基层治理基础。以强化基层党组织组织力为着力点，以党建统领社会治理，建立"令行禁止、有呼必应"的基层党建工作机制。深化"城市基层党建示范市"建设，11 个区全部建成"令行禁止、有呼必应"综合指挥调度平台，形成社区（村）"收集问题"、街镇"统筹指挥"、职能部门"随时响应"的"呼应"关系，实现市、区、镇（街）、村（社区）4 级响应联动。在新冠肺炎疫情防控期间，广州把人民群众生命和健康放在首位，落细落实"外防输入、内防扩散"、"外防输入、内防反弹"、常态化疫情防控 3 个阶段工作措施，进一步完善"部门协作、社会协同、群众参与、智慧管控"等 4 项工作机制，构建市、区、镇（街）、村（社区）、网格 5 级疫情防控责任体系，基层党组织战斗堡垒作用充分发挥，以党员先锋模范作用带动基层群众联防联控、群防群控，建立全流程闭环工作机制，累计排查重点地区来穗人员 41 万人，将广州社区打造成疫情防控的坚强堡垒，及时有效统筹推进疫情防控和复工复产工作，为以"双统筹"夺取"双胜利"提供坚实保障。

扎实开展在职党员回社区，全市先后有 3.6 万多个基层党组织、26 万多名在职党员回社区开展服务。

尊重人民群众首创精神，探索基层社会治理新模式。坚持共建共治共享，治理和资源力量下沉，推动城市治理从"政府大包大揽"向"政府治理和社会调节、居民自治良性互动"而转变。以开放思维探索城乡基层治理新路径，形成了"民主商议、一事一议""分层议事""众人之事众人议"等议事模式，实施社区来穗人员"五个一工程"，有效破解超大城市大量流动人口带来的社会治理难题。依托"有事好商量"民生实事协商平台、居民议事厅和"广州街坊"平台等共治渠道和机制，广州的公众、企业、社会组织从"传统治理逻辑下的被动响应者"转变为"共建共治共享社会治理新格局下的积极行动者"。推动社会工作标准化、规范化、精细化、智能化，出台《广州市社工服务站（家庭综合服务中心）管理办法》等政策，全市 188 个家庭综合服务中心成为政府购买社工服务的专业平台，"政府主导、社会协同、项目运作、专业服务"的"广州社工模式"得到民政部肯定和推广。

坚持精细化精准化治理，打造全球最具安全感城市。把平安广州建设作为全面小康的最主要内容，强化群众参与，探索多元共治，保障群众安居乐业、促进经济社会发展。推进治理体制创新，整合全市专业、半专业力量和行业性社会力量、社会志愿力量，全力打造专群协作的"广州街坊"群防共治队伍。建立立体化的巡逻防控体系，科学部署市、区两级特巡警力量、武警力量的叠加巡逻，规划设置多个覆盖全市的"1、3、5 分钟"快速处置圈，营造 24 小时见警、管事、巡逻的高压态势，最大限度严密防控布局、最大限度缩短应急响应时间。2016 年，广州市被中央综治委、公安部、国家发展改革委确认为全国"雪亮工程"示范城市。建立市、区、镇、村四级全覆盖的公共法律服务体系，健全职能明确、分工合作、运转顺畅、衔接有序的公共卫生应急管理体系，为平安广州提供更为扎实的保障。2019 年，全市群众安全感得分 98.2 分、治安满意度得分 98.1 分、公安工作满意度得分 98.1 分，年度全省平安建设（综治工作）考评结果广州市得分排名全省第一位，成为全球最具安全感的城市之一。

三、感悟体会

调研过程中，广州强劲厚实的经济实力、宜居宜业宜游的城市环境、开放包容的城市气质，给调研组留下深刻印象。近距离感受这座 2230 多年历史老城市焕发出来的新活力，切身触摸市民群众共享幸福美好生活的"小康温度"，让我们真切地感到：广州的高水平小康，走的是一条高质量发展、高水平治理、高品质生活的小康之路，得到了人民的认可、经得起历史的检验；广州的高水平小康，是在全省实现"四个走在全国前列"、当好"两个重要窗口"中勇当排头兵的具体行动，展现了省会城市、国家重要中心城市的自觉担当和国际大都市的应有气魄；广州的高水平小康，是我国全面建成小康社会的一个缩影，以一个城市的成功实践生动诠释了中国共产党为什么"能"、马克思主义为什么"行"、中国特色社会主义为什么"好"！基于以上感性认识，调研组从理性认知层面梳理几点体会。

体会之一：全面建成小康社会，党的领导是"主心骨"，必须始终坚持以习近平新时代中国特色社会主义思想为根本遵循。推进全面建成小康社会这一前无古人的伟大实践，离不开科学思想的指引。党的十八大以来，习近平总书记站在党和国家发展全局的高度，围绕全面建成小康社会提出了一系列新理念新思想新战略。这些重要论述，立意高远，内涵丰富，思想深刻。纵观广州的小康之路，始终坚持以习近平新时代中国特色社会主义思想为指导，牢记习近平总书记的殷殷嘱托，大力推动实现老城市新活力和"四个出新出彩"，始终坚定不移加强党的领导和党的建设，这是全体广州人民在奋进全面建成小康社会进程中成功应对各种挑战、战胜无数困难、取得优良成绩的根本所在。这也启示我们，只有始终坚持党的领导，坚持以习近平新时代中国特色社会主义思想为指导，增强"四个意识"、坚定"四个自信"、做到"两个维护"，自觉在思想上政治上行动上同以习近平同志为核心的党中央保持高度一致，真正做到学思用贯通、知信行统一，才能攻坚克难、奋勇前行，夺取全面建成小康社会的伟大胜利。

体会之二：全面建成小康社会，人民满意是"度量衡"，必须始终坚持为了人民、服务人民、以人民为中心。小康不小康，关键看老乡。只有眼里装着群众、发展成果惠及群众，才能建成人民满意的小康。纵观广州的小康之路，始终坚持发展为了人民，践行人民城市人民建、人民城市为人民的重要要求，牢牢以民生需求为导向，率先探索实施养老退休金社会统筹、住房制度改革、普惠性教育、外来务工人员生育保险、鼓励社会资本参与民生事业，实现了"幼有所育、学有所教、劳有所得、病有所医、老有所养、住有所居、弱有所扶"，市民群众在收获"稳稳的幸福"的同时点赞"满意的小康"。这也启示我们，实现全面小康社会，是几千年来中国人民简单朴素的愿望，承载着中国共产党人的初心使命，体现了中国共产党人的历史担当。我们要永远保持中国共产党人的奋斗精神，永远保持对人民的赤子之心，始终把人民利益摆在至高无上的地位，始终同人民想在一起、干在一起，以人民忧乐为忧乐，以人民甘苦为甘苦，努力为人民创造更美好、更幸福的生活。

体会之三：全面建成小康社会，深化改革是"动力源"，必须不断解放思想、激发全社会创新创造活力。改革开放是决定当代中国命运的关键一招，也是决定实现"两个一百年"奋斗目标、实现中华民族伟大复兴的关键一招。纵观广州的小康之路，无论是改革开放初期率先进行价格闯关、推进流通体制改革、鼓励非公企业生产发展，还是党的十八大以来，以深化供给侧结构性改革为主线推动产业结构调整和优化升级，加快投资和贸易规则与国际接轨，推动政府服务更加规范高效、实体经济运营成本更加合理、信用监管体系更加完善、产权保护制度更加严格、市场竞争更加公平有序，形成了稳定公平透明、可预期的营商环境。广州始终保持着敢为天下先的自我变革意识，始终贯穿着开拓进取的精神品质，社会生产力得到极大解放，创新发展活力充分奔涌。这也启示我们，要始终保持中国共产党人敢为人先的锐气、蓬勃向上的朝气、锐意创新的勇气，坚定不移把改革推向深入，敢于啃"硬骨头"，敢于涉险滩，既勇于冲破思想观念的障碍，又勇于突破利益固化的藩篱，切实以深化改革激发新发展活力，夺取新时代中国特色社会主义伟大胜利。

体会之四：全面建成小康社会，高质量发展是"必由路"，必须始终坚持发展是第一要务、毫不动摇贯彻新发展理念。推动高质量发展，是保持经济持续健康发展的必然要求，是适应我国社会主要矛盾变化和全面建成小康社会、全面建成社会主义现代化强国的必然要求，是遵循经济规律发展的必然要求。纵观广州的小康之路，广州深入贯彻新发展理念，在建设现代化经济体系、实现高质量发展中不断迈出新步伐、取得新进展，特别是 2020 年面对新冠肺炎疫情的严重冲击和错综复杂的国际形势，深刻领会习近平总书记关于加快构建以国内大循环为主体、国内国际双循环相互促进的新发展格局的重大战略部署，聚焦抓好"六稳""六保"，不断增强经济创新动力、培育新动能，稳住了经济基本盘，经受住了这一轮严峻考验。这也启示我们，推动高质量发展是贯彻落实习近平新时代中国特色社会主义经济思想的必然要求，要坚持质量第一、效益优先，坚定推进供给侧结构性改革，推动质量变革、效率变革、动力变革，推动我国经济在实现高质量发展上不断取得新进展。

体会之五：全面建成小康社会，对外开放是"助推器"，必须坚定不移扩大开放、加快构建双循环相互促进的新发展格局。开放包容是广州的文化特色，作为千年商都，海洋文化和农耕文化的交汇融合，已融入城市发展的血脉，造就广州开放包容的岭南文化特质。纵观广州的小康之路，广州主动顺应经济全球化趋势，把握新一轮科技和产业革命孕育兴起、国际分工体系加速演变、全球价值链深度重塑的机遇，坚定不移扩大对外开放，落实放宽外商投资准入政策，提高投资贸易便利化程度，全力营造一流营商环境，以开放促发展、促改革、促创新、促合作、促共享，构建起更全面、更深入、更多元的对外开放格局，为实现小康奠定了坚实基础。这也启示我们，开放带来进步、封闭必然落后，面对当前世界经济深度衰退，单边主义、保护主义盛行，要深刻领会习近平总书记"新发展格局决不是封闭的国内循环，而是开放的国内国际双循环"重要论断，全面提高对外开放水平，建设更高水平开放型经济新体制，形成国际合作和竞争新优势，奋力开创对外开放新局面。

"雄关漫道真如铁，而今迈步从头越。"广州高水平建成小康社会，为我国决胜全面建成小康社会增添了浓墨重彩的一笔，也为广州在新的历史起点上再出发奠定了新的发展优势。面向未来，刚刚闭幕的市委十一届十一次全会发出号召，广州将以习近平新时代中国特色社会主义思想为指导，全面贯彻落实习近平总书记关于促进区域协调发展、加快形成以国内大循环为主体国内国际双循环相互促进的新发展格局的重要论述和对广东重要讲话、重要指示批示精神，从全面建成小康社会的伟大历史实践中总结提炼经验，紧紧抓住国家加快形成新发展格局的重大历史机遇，统筹推进疫情防控和经济社会发展，全面提升"一核一带一区"核心引擎功能，以科技创新为关键不断催生新发展动能，以人工智能与数字经济为主攻方向构建创新引领、协同发展的现代产业体系，以有效投资为支撑筑牢扩大内需战略基点，以改革开放为动力充分释放发展潜能，以深化城市更新为突破口提升城市发展质量，以红色文化和岭南文化为重点打造社会主义文化强国的城市范例，努力实现更高质量、更有效率、更加公平、更可持续、更为安全的发展，以更高质量推进实现老城市新活力、"四个出新出彩"，在谱写新时代中国特色社会主义新篇章中作出"广州贡献"。

江苏省徐州市

决胜新时代"淮海战役"

中共江苏省委宣传部

"大风起兮云飞扬，威加海内兮归故乡"，两千多年前，汉高祖刘邦一曲《大风歌》，唱出了徐州人的壮志豪情、博大胸襟。北宋年间，主政徐州的苏轼写下"使岁得中熟，则民犹小康"之愿。在此后漫长的岁月里，徐州屡遭灾害、战乱频仍，人民在饱受苦难、历经沧桑之后，对美好生活的期盼渴望愈加深切。

时光流转，大风再起。名垂史册的淮海战役，吹响了解放全中国的号角，徐州回到了人民的怀抱。新中国成立后，徐州凭借千里煤海建设成为全国重工业基地，为国家发展贡献巨大；改革开放的东风唤醒了这片土地的千年小康梦想，徐州人敢为人先、抢抓机遇、奋力拼搏，经济社会变化翻天覆地，人民生活水平快速跃升；进入新时代，徐州坚持以习近平新时代中国特色社会主义思想为指导，按照江苏省委的决策部署，全面贯彻落实新发展理念，在建设"强富美高"新徐州的征途上昂首阔步，确保高水平全面建成小康社会，实现第一个百年奋斗目标。

一、拥抱小康社会："千年梦想"今朝成现实

打好决战决胜之役，实现千年的小康生活梦，徐州人把握千载一逢的历史机遇，交出了令世人惊叹的答卷。2017年12月，习近平总书记在党的十九大召开后首次地方视察就来到徐州，深入企业、乡村、革命纪念馆调研，对徐

州振兴转型实践给予了充分肯定，强调要贯彻新发展理念，坚定不移走生产发展、生活富裕、生态良好的文明发展道路。

牢记习近平总书记殷殷嘱托，徐州坚定不移贯彻新发展理念、推动高质量发展，决战决胜全面建成小康社会，打赢新时代的"淮海战役"。1000 万徐州干部群众迈开铿锵步伐，"小推车"再度出发，聚力聚焦三大攻坚战，意气风发，逐梦前行，迎来前所未有的发展时期。

习近平总书记在视察徐州时强调，资源枯竭地区经济转型发展是一篇大文章，实践证明这篇文章完全可以做好。如今的徐州，摒弃"地级市思维"，破除"苏北意识"，卸下老工业基地"包袱"，全力打造贯彻新发展理念的区域样板。历经转型之痛，这片土地发生脱胎换骨的历史性巨变，告别"经济洼地"老魔咒，撕掉"百年煤城"旧标签，展现"强富美高"新风貌，一座充满活力、美丽文明的淮海经济区中心城市鲜明浮现。

（一）产业层次从低到高

坚持深入实施"工业立市、产业强市"战略，在新一代信息技术革命、新工业革命以及制造业与服务业融合发展的背景下，紧紧围绕构建现代产业体系，锚定高新技术产业、战略性新兴产业和新技术、新产业、新业态、新模式的"四新经济"主攻方向，着力推动产业发展迈上中高端。2019 年实现地区生产总值 7151.35 亿元，跃居全国地级以上城市第 27 位。三次产业占比为9.5：40.4：50.1，实现了从"二三一"到"三二一"的转变，高新技术产业和战略性新兴产业占规模以上工业比重分别达到 40.1% 和 40.6%，新旧动能转换取得了阶段性成效，连续两年荣获国家老工业基地调整改造真抓实干成效明显城市。

（二）城市功能从弱到强

过去的徐州，城区基本都是工矿区、棚户区，基础设施落后、城市功能薄弱、整体面貌较差。近年来，徐州把建设淮海经济区中心城市作为最大优势、最大潜力，对标国内一流城市提升发展标杆，优化提升城市功能品质，高铁"米"字形枢纽加快构建，公共交通迈入"地铁时代"，入选全国首批"无废城市"建设试点，淮海国际陆港建设全面提速，聚焦产业、交通、生态环保和公共服务等重点领域深化区域协同发展，在淮海经济区的龙头作用进一步强化，城市发展能力动力活力显著增强，规划中的"定位"正在加快变成实际的"地位"。

（三）区域环境从灰到绿

党的十八大以来，徐州牢固树立"绿水青山就是金山银山"理念，加强生态修复、治理和建设，实现了从"一城煤灰半城土"到"一城青山半城湖"的惊艳蝶变。大力实施显山露水、退渔还湖、敞园改造、精品园林、还绿于民等生态工程，云龙湖、大龙湖、金龙湖、潘安湖、九里湖绿水悠悠、碧波荡漾，如璀璨的明珠镶嵌在山峦峻岭之间。今天的徐州，呈现出北方城市少有的山水园林风光，彰显出"南秀北雄、楚韵汉风"的独特气质，城市形象不逊江南。城市绿色发展国际论坛发布两项生态修复"徐州标准"，被评为"国家生态园林城市"，成功摘得"联合国人居环境奖"。

（四）人民生活从贫到富

坚持以人民为中心的发展思想，着力补齐决胜高水平全面建成小康社会的短板弱项，打赢一场漂亮的脱贫攻坚战。2019 年，作为千万人口的大市，徐州在完成了占江苏全省四分之一的低收入人口和经济薄弱村脱贫任务，扶贫开发综合考核连续两年全省第一。按照人均收入不低于 6000 元的江苏省级脱贫标准，徐州的贫困人口全部脱贫。瞄准"幼有善育、学有优教、劳有厚得、病有良医、老有颐养、住有宜居、弱有众扶"的目标，民生福祉水平有序提升，人民共建共享幸福温暖"大家庭"。

（五）文明程度节节攀升

文化是一个城市的根和魂，是推动发展更深沉、更持久的力量。有 5000 多年文明史和 2600 多年建城史的徐州，注重挖掘历史文化资源，全力弘扬红色文化，坚持物质变精神、精神变物质的辩证法，既追求物质上的富裕，也追求精神上的富足，建设极具文化内涵的全面小康。围绕打造大汉文化、运河文化、乡村文化三大名片，加快建设世界级汉文化传承和旅游目的地，进一步推广"马庄经验"，全面提升农村社会文明素质和农民精神风貌，新时代文明实践活动扎实推进，全国文明城市"金字招牌"越擦越亮，徐州人的自豪感越来越强。

二、产业转型冲关:"老工业基地"迸发新活力

高水平全面建成小康社会,经济发展是最根本的支撑。经济强、产业旺,老百姓才能收入高、口袋富,小康生活才能根基扎实、前途宽广。习近平总书记在徐州考察时明确强调,我国经济由高速增长转向高质量发展,这是必须迈过的坎,每个产业、每个企业都要朝着这个方向坚定往前走。徐州朝着习近平总书记指明的方向前进,始终坚持以新发展理念为引领,牢牢抓住经济建设这个中心,转换发展动能,厚植经济基础,提高发展质量,让高质量发展成为最激扬的旋律,不断提升城市综合实力、夯实发展根基。2018年,徐州在江苏省高质量发展综合考核中位列第一等次。

(一)传统产业改造升级,先进制造挺起脊梁

习近平总书记在徐州考察时强调,中国这么大,必须始终高度重视发展壮大实体经济,不能走单一发展、脱实向虚的路子。发展实体经济,就一定要把制造业搞好,当前特别要抓好创新驱动,掌握和运用好关键技术。徐州是华东地区重要的能源基地,历史上重点布局煤炭、机械、化工、建材、冶金等产业,依托煤炭延伸发展煤电、煤焦化、钢铁、水泥等产业,逐步形成了以重化工业为主的工业产业体系。面临资源环境压力和国内外竞争形势,徐州推进产业结构调整势在必行,但也深刻认识到,徐州强大产业根基不能动、实体经济优势不能丢。

为此,徐州坚持调高调轻调优调强思路,坚决淘汰落后产能和过剩产能,大力推动食品及农副产品加工、煤盐化工、冶金建材等传统产业技术升级、设备更新和绿色低碳改造,进一步拉长产业链、培育创新链、提升价值链。同时积极顺应高端化、智能化、绿色化、服务化发展趋势,着力构建"6+6"先进制造业体系和"333"现代服务业体系,加快建设以工程机械为重点的世界级装备制造中心和以光伏为重点的世界级新能源产业基地。

作为主要老工业区的鼓楼区,大力推进工业企业"退城入园",先后关闭搬迁近400家企业,28家大中型化工企业全部关闭搬迁,为城市建设和产业

发展腾出了 20 平方公里的发展空间，并致力打造淮海经济区现代商贸核心区、现代物流枢纽区、商务金融中心区、网络经济高新区，转身成为徐州市最具发展活力与潜力的地区之一。徐工集团数十年来以"一根筋"精神坚守实体经济，确立"技术领先、用不毁"行业金标准，不断向高端、高附加值、高可靠性、大吨位"三高一大"产品转型升级，实现盈利增幅高速增长，加速向行业"珠峰"攀登。徐矿集团充分运用技术、管理、人才等优势，开展煤电服务外包业务，大力实施"走出去"战略，积极向"一带一路"沿线国家拓展业务，走出一条传统煤企成功转型的"行业样本"。卡特彼勒、协鑫、恩华、万邦、必康、正威新材料等行业龙头做大做强做优，带动产业链上下游企业集群发展，培育形成了一批行业"隐形冠军"和标杆新兴产业加速壮大，"四新经济"方兴未艾。近年来，徐州把推动战略性新兴产业发展作为产业转型升级的重中之重，大力发展高新技术产业、战略性新兴产业和"四新经济"，聚焦装备与智能制造、新能源、集成电路与 ICT、生物医药与大健康四大战略性新兴产业，制定了实施发展壮大领军型企业、高成长企业、上市后备企业的"三个行动计划"，全力打造具有重要影响力的新兴主导产业创新集群，加快培育新的经济增长点，努力奋进换来实在的成果。徐州的智能装备制造产业集群被列为全国第一批战略性新兴产业集群，成为全国 7 个国家级智能装备制造产业集群之一，聚集了一批世界 500 强企业；徐州的硅基太阳能行业发展全球领先，薄膜太阳能、固体氧化物燃料电池等高端项目相继落户；徐州在半导体多晶硅、晶圆制造、光刻机、光刻胶等产业链培育上取得突破。2019 年，徐州新兴产业产值增长 8.9%，占全市工业产值比重提高到了 38%，四大战略性新兴主导产业发展真正立起了"四梁八柱"，其中高新技术产业规模是 10 年前的 18 倍。

拥抱互联网时代，徐州因地制宜培育壮大数字经济、互联网经济。电商产业不仅直接惠民、带动一方农村富起来，诞生了一批新兴产业的"徐州地标"、誉满海内外的产业集群。在睢宁沙集镇，智慧电商家具产业集群快速崛起，阿里巴巴集团创始人马云数次来沙集电商淘宝村参观考察，全力支持"沙集模式"。在智慧电商产业园内，现代化家具厂房、物流快递、网商一条街、时尚的街景，家具产业链条都在这里汇齐，成为享誉全国的电子商务示范基地。

（二）现代服务业快速聚集，区域高地加快隆起

服务业的繁荣发展是一座城市现代化的重要标志之一，徐州加快构建完善与淮海经济区中心城市地位相匹配的现代服务业发展格局。2016 年，徐州作为江苏省唯一试点城市列入国家"十三五"服务业综合改革试点区域，服务业加速扩容提质。牢牢把握服务业项目、集聚区、企业"三大抓手"，统筹推进囊括三大生产性服务业、三大生活性服务业、三大新兴服务业的"333"现代服务业新体系。坚持制造业服务化和服务业规模化并举，创新楼宇招商，猛攻现代物流、现代金融、服务外包、电子商务等重点领域招商引资。2019 年，全市服务业占 GDP 比重首次过半，成为名副其实的第一大行业部门和经济增长主要驱动力。

（三）抢抓"一带一路"机遇，开放型经济乘风远航

发挥"一带一路"重要节点城市优势，全力推动开放型平台建设，拓展对外开放空间，促进开放型经济高质量发展。徐州把做大做强枢纽经济作为重点任务，加快建设淮海国际陆港，打造东西双向开放的内陆型国际中转枢纽港，构建集聚高端要素的"强磁场"。淮海陆港以物流体系、开放体系、贸易体系"三大体系"为统领，加快联通全国、融入全球，着眼"一港多点"，将陆路港、内河港、保税港、航空港等进行整体规划。着力完善铁、公、水、空、管多式联运体系，提升货运中转和集疏能力，打造面向"一带一路"的国际中转枢纽港。支持徐工、徐矿等骨干企业开展国际产能合作，推动传统出口产品高端化品牌化，不断拓展加工贸易、保税物流等业务，加快发展服务外包、跨境电商等新业态新模式，培育形成开放型经济新增长点。如今的徐州，国际班列满载着大宗货物发往中亚和欧洲，来自各国的化妆品、红酒等商品依托跨境电商走进千家万户，逐渐成为"世界的徐州"。

三、生态环境蝶变："百年煤城"展现高颜值

小康全面不全面，生态环境质量是关键。徐州素有"百年煤城"的称号，新

中国成立以来累计生产煤炭 10 亿吨，为江苏省乃至全国的经济社会发展作出了重要贡献。随之而来的，却是生态环境的严峻挑战，空气污染、土地塌陷、城市环境"脏乱差"问题突出。"进了徐州府，先喝二两土"这句顺口溜就是当时的现实写照。而走进今天的徐州，眼前"一城青山绕，半城湖水俏"，青山绿水相互映照，城乡面貌美丽嬗变。这座昔日的煤城，也先后获得联合国人居环境奖、中国人居环境奖，被评为国家森林城市、国家生态园林城市、中国优秀旅游城市、国家水生态文明城市。这无疑是"绿水青山就是金山银山"理念的生动诠释。

治污攻坚，啃下"硬骨头"。以改善生态环境为核心的污染防治攻坚战是决战决胜全面建成小康社会的三大攻坚战之一。徐州依次打响大气环境治理、柴油货车和船舶污染治理、水源地保护、南水北调水污染防治、固体废物污染防治、农村污染治理等污染防治攻坚标志性战役，不断满足全市人民群众对优美生态环境的新期待。

大气环境治理，徐州打出一场"翻身仗"。以空气质量明显改善为刚性要求，持续推进工业大气污染深度治理，严格管控各类扬尘，全力削减 VOCs，基本消除重污染天气，还老百姓蓝天白云。2020 年 1 月 1 日至 8 月 12 日，根据国家平台发布实况数据统计，徐州市区优良天数 158 天，同比升高 30 天；优良率 70.2%，同比升高 13.1%；PM2.5 浓度 48.4 微克 / 立方米，同比降低 16.8%。

整治"水缸子"，治标更治本。有序推进 402 项水污染防治重点工程，持续改善水环境质量。加强饮用水源地保护，对全市 9 个县级以上和所有乡镇集中式饮用水源地环境质量状况进行调查评估，确保水质 100% 达标；认真排查水源地保护区内的环境问题，彻底封堵影响饮用水安全的排污口；加强饮用水源地沿线内风险污染源的环境安全监管，确保人民群众喝上干净放心水。

土壤污染防治，这场"持久战"胜负已见。近年来，治防并重，扎实开展土壤污染治理与修复工作，从源头上防范，降低土壤环境风险。市生态环境部门重点对重金属污染进行认真排查，全面摸底排查全市 28 家涉重企业，完成环保部对徐州重金属污染物减排核查任务；出台"徐州市重金属污染综合防治实施方案",从制度体系上保障土壤污染防治工作顺利开展。

"不要污染的 GDP",已经成为徐州高质量发展的鲜明导向。但对于环保不达标企业,生态环境部门不是一关了之,而是以服务为宗旨,以问题为导向,建立"一企一档"台账,加大重点行业优化整合力度,推动重点企业对行业内落后污染企业兼并重组,同时要求新建项目开展超低排放改造,加大投入污染治理设施,从而确保企业环境治理能力本质提升。

生态修复,美景留子孙。"把最好的资源留给后代,把最美的风景还给市民",是徐州市委、市政府对全市人民的庄严承诺。为彻底改变生态环境,把"生态包袱"变成绿色资源,徐州把握住房和城乡建设部第三批"城市双修"试点城市这一契机,全面有序开展生态修复工作,系统谋划生态修复的方式方法,打造一批有影响、老百姓交口称赞的生态修复项目。

采煤塌陷地治理模式成为全国煤矿塌陷地综合治理的典范。长期大规模的煤炭开采,给徐州留下了 40 万亩塌陷地。徐州结合塌陷地治理与生态修复,制定不同的治理方案,对 25 多万亩采煤塌陷地进行分类改造,使塌陷地变成各类生产、生活和生态功能区,为城市新添大小上百个湖泊、湿地和景观区,提升了老百姓的生活品质。位于贾汪的潘安湖湿地公园,此前是伤痕累累的采煤塌陷地,如今变身为一座集生态湿地、人文景观、游憩、科普等功能于一体的综合性景区,先后被授予国家湿地公园、国家水利风景区、国家 AAAA 级旅游景区、国家生态旅游示范区等称号,为首批 10 家国家湿地旅游示范基地。同样由采煤塌陷地改造建成的九里湖国家湿地公园如今成为鸟类天堂,每年在这里繁殖生长及迁徙逗留的鸟类多达 130 多种。

采石宕口,变身美丽公园。由于历史上采石业的无序开采,徐州许多山体的植被和生态遭到严重破坏,山上乱石成堆,大小宕口众多。本着"修复生态、覆绿留景、凝练文化、拉动经济"的理念,徐州将消除地质灾害隐患和生态环境修复结合起来,通过生态绿化、岩壁造景、历史遗存保护等手法,进行山体治理和景观提升,将一座座满目疮痍的山体变为风景优美的宕口公园。徐州先后修复了珠山、龟山、九里山等 42 处采石宕口,生态恢复率达 82.4%,森林覆盖率居全省第一,创造了"石头缝里种出森林城市"的奇迹。

美丽家园，水景不可或缺。2018 年，徐州开启"全域治水"新格局，实施"河湖相连、河河互通"的清水廊道工程和黑臭水体的综合整治，对市区建成区内 46 条黑臭河道采用分区域、分水系的方案进行治理。同时，持续推进退渔还湖、退港还湖工程，建设云龙湖、九龙湖、劳武港、两河口等大型公园景区，形成了"九河绕城、七湖润彭"的水系新格局，"全域治水"取得明显成效。如今，徐州的九河七湖与大大小小的河湖连成一张覆盖全城的巨大水网，放射状的水系形成一个个城市公园，与乡村水景共同构成河畅、湖清、岸绿、景美的生动情境，再现水韵徐州的如画美景。

河湖治理，扮靓大走廊。徐州是江苏与大运河结缘最早的城市之一。京杭运河在徐州境内绵延 181 公里，线路长、遗产多。徐州全面梳理、仔细挖掘大运河徐州段历史文化资源，积极探索文化和旅游融合发展的方式方法，精心打造在全省乃至全国都具有代表性和影响力的标志性项目，实现文化效益、经济效益、生态效益、社会效益的有机统一。新沂市先后投入 10 亿多元资金对大运河与骆马湖交汇处的窑湾古镇景点进行保护性修复，使这个镇年接待游客近 200 万人，附近村庄的老百姓因古镇旅游业的兴起而受益。汉王镇紫山村经过环境整治后，成为全国网红村，那一面村民笑脸墙则成为到村必拍的网红打卡地，2019 年紫山村被评为江苏省特色田园乡村。

黄河流过的故道，在徐州境内总长 234 公里，沿线区域生态退化、土地贫瘠。2012 年，徐州开始全面实施黄河故道综合开发，依据各地资源禀赋重点扶持经济林果、优质粮油、特色蔬果等主导产业，打造农业综合开发项目区。对沿线两侧目光所及的村庄、鱼塘、农田、桥梁、水利设施等进行景观提升，展现黄河故道景观路沿线的乡野风貌。经过 8 年的综合开发，黄河故道区域变了模样——河道畅通、道路宽敞、水清岸绿、产业兴旺、村民富足，成为风光旖旎、产业带动突出的"绿色经济生态走廊"。沿线原有的 115 个经济薄弱村和 22 万低收入人口已于 2015 年底全部脱贫。环境的变化，给老百姓带来看得见的"生态福利"，成为小康社会最直观最可感的呈现。

四、提振精气神：文化自信引领新风尚

文化是一个城市的根和魂，是推动发展更深沉、更持久的力量，也是高水平全面建成小康社会的灵魂所在。徐州历史文化底蕴丰厚，有 5000 多年文明史和 2600 多年建城史，是国家历史文化名城。近年来，徐州把文化发展作为建设淮海经济区中心城市的有力支撑，促进文化发展迈上新台阶，大力实施"舞动汉风"工程，提升城市综合发展水平，提高城市文明程度，为全面建成小康社会提供精神滋养、凝聚向上力量。

文明实践树样板。进入新时代，徐州的文明建设被赋予新的重任、新的内涵。2017 年，徐州成功摘取全国文明城市桂冠。同年底，习近平总书记在徐州考察时强调，"实施乡村振兴战略，不能光看农民口袋里票子有多少，更要看农民精神风貌怎么样"。"富口袋"更要"富脑袋"，引领徐州文明实践步入新高度、新境界。

徐州市贾汪区，作为全国首批新时代文明实践中心建设试点，探索出"5453"工作模式（即整合"五大平台"、建设"四支队伍"、坚持"双五标准"、完善"三项机制"），在实践探索中蹚出了路子、攒足了经验、打响了品牌。该地探索"十必联"群众工作法，针对农村群众居住松散、不好聚拢的特点，发动以农村党员为骨干的志愿者包联农户，通过"1＋10"包挂、"1＋1"结对等形式，开展政策宣讲、生活关怀、困难帮扶等活动，切实在心贴心、面对面的服务过程中传递文明的"种子"。远近闻名的马庄村，从当年的贫穷落后到开矿起家，从关停小煤矿到转型发展生态文旅产业，每一次大变化背后都是精神的力量、文明的指引。这是"物质变精神、精神变物质"的鲜活案例，印证了物质文明和精神文明的辩证关系，受到习近平总书记的肯定和赞扬。

伴随着全面小康社会的到来，文化设施丰富、风格特色鲜明的新时代文明实践阵地，承载着文明新风，践行着社会主义核心价值观，成为老百姓家门口的"精神加油站"。在铜山区房村镇尚王村，一个新时代"三尺巷"故事广

为传颂，彰显了新时代文明实践中心建设工作的现实成效。该村修路需要挖掉路上的庄稼，还得占用部分农户的地头。经过文明实践志愿者的逐户沟通、交流，新修道路两旁的几十户村民纷纷主动让出地边儿，最终村里修通了6米多宽的水泥路。邳州市整合"民声通"、文明实践热线电话、政风热线等信息平台，系统征集群众对志愿服务的诉求，制定志愿服务"菜单"、接受群众"点单"，打通文明实践服务群众"最后一公里"。四王村有1200多人在全国各地经营"甜蜜事业"糖葫芦生意，享有"一把红伞走天下"的美誉。村里组织回乡人员成立志愿者队伍和篮球队、舞蹈队等，乡风民风彻底转变，跻身"全国文明村"。古沂河畔，因孔子授贤而得名的授贤村，借助银杏湖风景区的吸引力，通过举办授贤古会等活动，吸引很多游客从安徽、山东远道而来，进一步弘扬了崇礼尚贤的民风。在徐州全域，好人好事已经成为身边的"最美风景"，党的创新理论"飞入寻常百姓家"，有效占领农村思想阵地，文明实践活动遍地开花。

文化繁荣看今朝，文化自信写新篇。徐州是淮海战役的主战场，孕育诞生的"淮海战役精神"具有丰富营养、永恒价值。挖掘红色基因，弘扬红色文化，是区域文化建设的重要组成部分。近年来，徐州以本土红色革命故事为题材的地方戏创作如雨后春笋般涌现，红色文艺创作"好戏连台"，用广大人民群众喜闻乐见的形式阐释和传播了"淮海战役精神"等重大革命题材的内涵和价值。以小人物讲述抗战故事的现代柳琴戏《血色秋风》，以"一门三烈"为主要人物的原创舞剧《小萝卜头》，以淮海战役为创作主题的梆子戏《母亲》、音乐剧《淮海儿女》等，分别聚焦不同时期的红色文化，让更多干部群众了解红色文化、爱上红色文化。这些红色文化作品，充满着信念的力量、奋进的力量、斗争的力量，激励鞭策干部群众奋发有为、奋勇开拓。

源远流长的历史文化，南秀北雄的人文特质，是新时代文化繁荣发展的"富矿"。徐州全面挖掘、开发汉文化资源，展露"大手笔"，挥毫"大文章"，全力打造世界级汉文化传承和旅游目的地，让两汉文化走出徐州、走向全国、走向世界。传承和推广汉文化，徐州重点围绕"四个一"项目发力。即一件衣，汉服；一部剧，《汉风飞扬》；一首歌，《难忘徐州》；一个品牌，"国潮汉风"。

在汉风劲吹之下，汉文化元素不断融入徐州百姓生活——徐州地铁1号线上，一幅幅"车马出行图"在站台惊艳亮相；汉乐体验馆在回龙窝开馆，古埙、管子、箜篌等汉代乐器齐奏汉曲《垓下之围》《月照关山》；楚韵路、汉风路、樊哙路等一条条道路，更令人无限遐想……漫步徐州，汉文化特质和汉文化符号鲜明，让人仿佛穿越时空。

近年来，徐州积极融入大运河文化带建设，把历史挖掘与生态修复、旅游发展结合起来，真正把大运河变成流动的文化、活起来的资源。此外，徐州注重全方位发掘文化资源，聚力打造特色鲜明的文化标识，涌现出书画文化、军事文化、宗教文化、山水文化等地域文化品牌。"品两汉文化、赏山水美景、走遍五洲、难忘徐州"的城市形象，正在加速吸引国内外游客前行体验，徐州的文化优势得以充分发挥、淋漓展现。

五、乐享品质生活：城乡共治获得感满满

小康不小康，关键看老乡。进入新时代，人民群众对美好生活的向往更加强烈。决战决胜全面小康，徐州始终坚持以人民为中心，践行"以百姓心为心"理念，高起点实施乡村振兴行动，高标准推进老城棚户区改造、农民住房改善，闯出城乡协同发展与治理新路子，让人民群众共享高质量发展成果、共同过上高品质生活。

改造棚户区，进楼实现安居梦。作为传统的老工业基地，长期沿循"先生产后生活"的旧思维，导致城市基础设施发展极不均衡，主城区及城郊接合部遗存大量基础设施落后、人均居住面积偏小的棚户区，群众盼望早日改造的愿望极为强烈。为切实解决这一问题，徐州把棚户区改造作为重大民生工程来抓，通过优化体制建设、合理资源配置、规范征迁程序等措施，探索并破解了棚户区改造所面临的资金、安置等一系列难题，创造了棚户区改造的"徐州模式"，有力提升了人民群众的获得感和幸福感。2018年、2019年，徐州连续两年荣获国家棚改激励支持城市。

棚改工程从规划设计、补偿标准确定、质量保证到各种配套设施建设等，都始终坚持以人为本的理念，切实保障居民的切身利益。打破传统思维，建立了"政府主导、市场运作、社会参与相结合"的投资运作模式和"上级补贴、银行信贷、政策减免、社会投资、土地运作"等"五位一体"的资金筹集机制。迄今，110多万群众实现"出棚进楼"，彻底摆脱"吃水难、如厕难、行路难"等困扰多年的生活窘境，告别了阴暗破烂的危旧房，打造了一个又一个现代化宜居小区，大幅提升了住房条件和生活幸福指数。鲜亮的"棚改"品牌，为徐州获得全国最具幸福感城市、全国文明城市等荣誉称号提供有力支撑。

农村达小康，"硬核"是住房。徐州围绕农房改造，改善乡村面貌，开启新乡土时代。徐州一直是农业大市，一些农村地区布局比较分散，整体环境比较差，不少村子发展缺少人气、缺少活力、缺少生机。为此，徐州按照"四化同步"规律，把农村住房条件改善与配套建设、产业发展、环境整治与社区治理统筹推进，创造性解决"哪些人要搬""人往哪里去""钱从哪里来""房子怎么建""如何稳得住"等问题，让农民过上比城里人更好的生活。

沛县杨屯镇共有15个压煤村庄，是江苏省"搬迁扶贫带脱贫"试点地，3年来已完成8个社区安置房，共计150多万平方米，解决了3万多农民入住问题。睢宁县姚集镇高党村曾是远近闻名的落后村，如今已变成功能完善、生态宜居的现代化农民集中居住区。在这里，综合服务中心、省级示范幼儿园、老年服务中心、文体活动中心等功能性设施一应俱全，村民不仅享受到和城里人一样的公共服务，而且以农旅融合为突破，以发展农村电商为特色，打造成为新兴的乡村旅游目的地。2019年，高党村发展各类电商110家，实现销售额约2300万元，村集体收入413.6万元，人均收入21500元。

新沂棋盘镇杨庄村是首批苏北农房改善省级示范项目，该村在原址实施新建，短短两年间，600多户搬进一栋栋精致的独院小楼，新型社区在规划建设中充分彰显马陵山红石文化特色，院落布局尊重村民的生活习惯，周全考虑农户日常之需，受到当地群众的由衷欢迎。2019年，新沂市安排农房改善专项资金6.6亿元，建设新型农民集中居住区44个，为1.2万户农民圆了"宜居梦"。截至2020年6月，徐州累计改善农房32000多户，一批极具特色的农房改善示范带已然形成。

高标准的交通设施和运输服务，对于农村要素流动具有决定性作用，是推动乡村振兴必须突破的"腊子口"。徐州前瞻规划建设涉农惠农的交通基础设施和交通公共服务。创建全省公交优先示范城市、100%开通镇村公交，建设"四好"农村路，打造农村公路品牌，全力支撑全域的全面小康建设。在农村公路提挡升级、农村人居环境整治、农村物流建设等项目中，徐州确保铺好为民服务的"最后一米"。丰县是江苏农业产业化试点县、全国水果生产十强县，第一产业比重高达 18%，地理位置和产业特点决定了农村物流建设的强需求。丰县创新物流三级网点搭建模式，整合社会各方资源，实现了仓储、业务人员、物流车俩、城乡配送、设备设施的共享，降低运营成本，打通农村物流"最后一公里"。其中"商农共网、统仓统配"的做法，入选全国首批 25 个农村物流服务品牌。

创新社会治理，建设幸福"大家庭"。社会治理是国家治理的重要方面，是满足人民群众对美好生活向往的重要基石。徐州将加强和创新基层社会治理作为长远之计和固本之策，围绕推进社会治理现代化建设率先进行实践探索，创新构建以党建为统领、德治为先导、自治为基础、法治为保障的"四位一体"社会治理体系，持续提高社会治理水平、提升人民群众幸福感。

加强和创新基层社会治理，重在强化党建统领作用。铜山区棠张镇创新"党员中心户"制度，精准"把脉"乡村治理，探索智慧治理新模式，坚持"把党员中心户建立在网格上"。全镇现有 119 个党员中心户，设立党建网格驿站，以标准化的工作促进乡村治理水平的提升。在云龙区，每栋楼成立一个理事会，实现独立的楼栋自治。社区"微自治"，精准打通社会治理的"毛细血管"。目前，该区 90%老旧小区成立了楼栋自治理事会，一个楼栋的事由住户商量着办，人数少了，效率高了。在徐州，"村（居）民小组自治""院落自治""楼宇自治"等其他"微自治"形式在基层蔚然成风，"一窗式受理、一口清导办、全科式服务"社区工作新机制已初步形成，实现了由"为民做主"到"由民做主"、"做群众工作"到"群众做工作"的转变。

"公共空间姓'公'，公共资源为人民共享，不能为少数人垄断享用。"近年来，邳州轰轰烈烈地开展公共空间治理，把"公共"属性作为出发点，突出党在公领域的领导核心地位，坚守"为公"初心，推动公权力全面维护公共利益、公序良俗、公平正义和公共环境，以公共空间治理"小切口"做好邳州治理"大文章"，唤醒"公"的意识，汇聚"共"的力量，取得"治"的效果。其更大的意义，则在于梳理了资源、疏通了人心、打通了产业，就是从公共空间直达百姓心间。城乡联动的公共空间治理让"有限空间"释放出"无限可能"，取得"一子落而全盘活"的效果，成为全国 50 余个城市学习的典型。

高品质生活，必须建立在高水平社会事业至上。徐州始终坚持经济发展与社会事业发展紧密结合，认真算好经济账、民生账、综合效益账，统筹推动经济发展和卫生、教育、文化等社会事业发展，不断提升中心城市功能品质。在全国首创"医疗事业集团"，构建"以城带乡、城乡一体、四级联动、百姓受益"一体化发展模式，公立医院改革取得突出成效，医疗服务能力覆盖苏鲁豫皖 20 个地级市 1.2 亿人口。2019 年，全市诊疗量 6500 余万人次，其中外省住院量达到三分之一，"到徐州问诊"日益成为周边群众的首选。回应群众高度关注的教育问题，徐州大力提升教师队伍素质，推动教育资源供给，坚持走内涵式发展之路，努力实现素质水平和升学水平"双提升"，办好人民满意的教育。

六、追问徐州力量：思想之光照亮大道之行

高水平全面小康社会如约而至，是徐州人民的大事盛事，更让这座古老城市焕发全新光彩、展现无穷魅力。新时代的"大风歌"铿锵激昂，在中国特色社会主义大道上，未来的光明前景值得期待。在应对新挑战、夺取"双胜利"的新形势下，"一往无前，决战决胜"的"淮海战役精神"，将持续释放出巨大的力量。徐州决胜高水平全面小康的实践充分证明，坚持中国共产党的领导是历史和人民作出的正确选择，中国特色社会主义制度具有强大优势，必须矢志不渝贯彻落实习近平新时代中国特色社会主义思想，始终沿着习近平总书记指引的正确方向坚定前行，坚持以人民为中心，以百姓心为心，始终如一地践行

新发展理念，推进各项事业高质量发展，就能实现从胜利走向胜利的目标追求。

（一）坚信思想的力量，必须解放思想、更新理念

这些年，徐州之所以取得巨大发展成绩，根本就在于习近平新时代中国特色社会主义思想的正确指引，在于新发展理念对实践的巨大引领作用。曾经一段时期，徐州经济因资源而兴、靠资源发展，忽视了对环境的影响、对资源的消耗，造成了沉重的包袱，导致了长远的转型之痛。正是因为深入贯彻落实新发展理念，从根本上摒弃陈旧落后的发展理念，才凝聚起以转型促振兴、促跨越的高度共识，形成了推动高质量发展的强大合力，把"不可能"变为"可能"，把"定位"变为"地位"。这启示我们，任何时候都必须坚决执行习近平总书记和党中央的号令，毫不动摇维护党中央权威和集中统一领导，切实用新思想来解放思想、统一思想，切实把新发展理念贯穿发展全过程和各领域，努力实现更高质量、更有效率、更加公平、更可持续、更为安全的发展。

（二）坚信人民的力量，必须心系百姓、提升境界

人民的力量是一切事业的源泉。高水平建成全面小康社会，根本上为了人民，也时刻依靠人民。徐州决胜全面小康之际，坚持以人民为中心的发展思想，铭记淮海战役的"小推车"精神，始终把人民利益放在最高位置、以造福百姓为最大政绩，老百姓的获得感幸福感明显提升、自豪感荣誉感明显增强，干事创业的昂扬激情被充分激发，释放出无坚不摧的磅礴力量。从产业转型升级到生态环境修复，从改善农民住房到治理公共空间，无不是站稳群众立场、满怀人民情怀的实际行动，也正是因为得到了广大人民群众的理解、信任和支持，徐州才办成了许多过去想办而没有办成的大事、解决了许多过去想解决而没有解决的难事，取得了令人刮目相看的发展成就。实践雄辩证明，以百姓心为心才是大情怀、高境界，必须把顺应百姓期盼作为做决策谋发展的出发点和落脚点，让发展成果更多更公平惠及全体人民。

（三）坚信奋进的力量，必须创新不止、破浪前行

精神状态决定发展状态，奋斗脚步决定前进脚步。作为老工业基地，徐州如果简单复制发达地区的发展模式，根本不可能实现脱胎换骨的转型跨越。正是因为徐州人敢闯敢干、勇于突围，跳出徐州看徐州、站在云端看徐州，才成功打破思维定势、破除思想坚冰，科学回答中心城市怎么建、生态破坏怎么治、乡村振兴之路怎么走等关键问题，最终开辟转型新路子、步入发展新境界。我们在全面建成小康社会、实现第一个百年奋斗目标之后，必须乘势而上开启全面建设社会主义现代化国家新征程、向第二个百年奋斗目标进军。在这个新的发展阶段，必然会面临更多新的风险挑战，必须勇于开顶风船，永葆"越是艰险越向前"的斗争精神，保持"撸起袖子加油干"的务实态度，在乘风破浪中英勇前行、建功立业。

（四）坚信事业的力量，必须久久为功、积蓄优势

徐州推进高水平全面建成小康社会的历程，就是一场场耐力赛、接力赛所组成的时间图谱。徐州探索资源枯竭型城市转型之路，经历了较为漫长的过程，领导班子换了一任又一任，但每一届班子对转型的执着追求没有变，一任接着一任干、一棒接着一棒跑。在这个过程中，徐州立足自身优势，抓住一个又一个国家战略机遇，有效将机遇红利转化为发展红利、将机遇优势转化为竞争优势，形成了全新的发展格局和产业形态。正是有了这股韧劲和定力，这座"百年煤城"最终实现由内而外的"旧貌换新颜"。事实证明，但凡伟大的事业，从来不可能一蹴而就，而是对能力和定力的双重考验。成大事者，定有大志向、大胸襟。迈向第二个百年奋斗目标，只要经受住时势的洗礼，相信制度的力量，我们就一定能够积小胜为大胜、积跬步至千里，一步一步接近美好的愿景。

（调研组成员：周锋、李程骅、金雯、冯仰琦、沈正平、苏胜利等）

全面建成小康社会与中国城市发展

浙江省杭州市

数字赋能　幸福宜居
书写高水平全面小康的时代答卷

中共浙江省委宣传部

"江南忆，最忆是杭州。"杭州是浙江省省会、长三角中心城市之一、国家历史文化名城和重要的风景旅游城市。近年来，杭州高举习近平新时代中国特色社会主义思想伟大旗帜，秉承习近平总书记对浙江、杭州提出的系列重要指示精神，瞄准建设独特韵味别样精彩世界名城目标，坚持新发展理念，坚持高质量发展要求，深入实施"八八战略"，以数字赋能持续推动城市高质量发展，谋划高水平全面建成小康社会，使城市发展动能更加强劲，数字治理全国领先，城乡面貌实现了美丽蝶变，人民生活持续改善，人民幸福感不断增强，进一步擦亮了"人间天堂"的幸福美好底色，书写了高水平全面小康的时代答卷。

一、时代答卷：数字赋能高水平小康的杭州风采

习近平同志在浙江工作期间就赋予杭州"领跑者"的使命，要求杭州在全省各项工作中发挥龙头领跑示范带动作用。在决战高水平全面建成小康之路上，杭州牢记嘱托、接续奋斗，勇立潮头担使命，以数字赋能打造新型智慧城市和宜居城市，让城市更智慧、让人民更幸福，取得了丰硕成果。

（一）实力更雄厚：经济总量与人均水平持续增长

瞄准高水平小康目标，持续打造"全国数字经济第一城"，数字经济与制造业高质量发展"双引擎"效应不断放大，有力打造了动能强劲的城市经济发展新增长极，充分展现了"重要窗口"省会城市的硬核实力。自 2003 年"八八战略"实施以来，全市生产总值实现了从千亿级到万亿级的跨越，从 2003 年的 1782 亿元增长到 2019 年的 15373 亿元，总量排名全国城市第九位，人均 GDP 达到 2.2 万美元，达到发达国家水平。2019 年数字经济核心产业增加值 3795 亿元，占 GDP 比重 24.7%，数字经济已成为杭州高水平发展的主路径、主引擎。

（二）治理更智慧："城市大脑"赋能治理现代化

杭州在全国率先建设城市大脑，推进城市治理数字化转型，努力打造全国领先的新型智慧城市。作为常住人口超千万、实际管理人口超 1600 万人的大城市，数字赋能让杭州城市治理更加精准、高效。杭州持续推出原创性、突破性、引领性的数字治理成果，不断优化城市治理现代化的数字系统解决方案，11 大系统、168 个数字驾驶舱和 48 个应用场景全面推进，在"数字治堵""数字治城""数字治疫"等创新实践中充分发挥了示范引领作用，杭州正日益成为新型智慧城市新理念、新技术、新模式的策源地和样本地，成为名副其实的"全国数字治理第一城"。

（三）营商更便捷：打造"指尖上的行政服务中心"

数字赋能让城市服务触手可及，让营商环境更加优化。杭州深化"最多跑一次"改革，持续打造"移动办事之城"，全面拓展"一证通办""刷脸可办""移动能办"，努力打造"指尖上的行政服务中心"和"永不落幕的办事大厅"，在全国营商环境评价中名列前茅。杭州首创"亲清在线"，实现企业诉求在线直达、事项在线许可、政策在线兑付、服务在线落地、绩效在线评价，让惠企政策直达企业和员工，传递政府最大诚意，体现企业最大诚信，打造了一站式、一键通的政务服务系统。

（四）城市更宜居：构建多层次的智慧民生服务体系

以大数据综合应用为支撑，持续推进数字化民生建设，变"群众跑"为"数据跑"，力求使市民享受到切实的便利和服务。持续推进了数字技术在教育、医疗、旅游、城管等诸多重点领域的智慧应用，推出了更多可亲、可感、可用的便民应用场景。便捷泊车、舒心就医、欢快旅游、街区治理等让老百姓有实实在在的获得感，基本实现了"先离场后付费""先看病后付费""20 秒景点入园"。杭州是全国第一个无杆停车和急救车不必闯红灯的城市，第一个创设"数字公园卡"和入园入住无须排队的城市，第一个就医后"最后付一次"的城市，第一个"用一部手机治理一座城市"的城市，数字赋能让市民生活更方便、更美好。

（五）人民更幸福：全国唯一"幸福示范标杆城市"

坚持数字赋能城市高质量发展，不断厚植历史文化名城、创新活力之城、生态文明之都的特色优势，加快建设独特韵味别样精彩世界名城。杭州连续 13 年入选"全国最具幸福感城市"，成为全国唯一的"幸福示范标杆城市"。打造"全国数字治理第一城"和"美丽中国样本城市"成为杭州城市形象的新名片，生产美、生态美、生活美成为"人间天堂"的新标识。西湖、大运河、良渚古城遗址三大世界遗产彰显了城市深厚文化底蕴，成功入选"全球 15 个最佳旅游实践样本城市"。人才净流入率连续 3 年保持全国第一，连续 9 年被评为"外籍人才眼中最具吸引力的中国城市"，成为全国"双创"示范城、全球创客集聚地。数字、生态、文化三者相得益彰，杭州正朝着"颜值高、气质好、国际范"的世界一流国际化大都市迈进。

二、创新实践：数字赋能高水平小康的杭州举措

（一）数字赋能经济转型，让动能更持续、更强劲

早在 2002 年，时任浙江省委书记习近平同志第一次到杭州考察时强调，杭州一定要做经济强市，要看看优先发展什么？现在受制于什么？如何突破瓶颈？如何抢占制高点？要在扩大开放上下功夫，在人才和科技支撑上下功夫，把杭州建设成为创业者的天堂。"两个什么""两个如何"对杭州长期创新发展形成

了十分重要的现实指导。从建设"天堂硅谷"，到发展创新型经济，再到数字
经济"一号工程"，杭州在全国率先组建经济和信息化委员会、数据资源管理
局。全国首个人工智能数据资源平台、首个数据资源开发协会、首个城市数据
大脑规划、首家跨境电子商务综合试验区、首个互联网法院也都相继诞生在杭
州。经过长期培育发展和全市干部群众共同努力，杭州在全国率先蹚出了一条
数字赋能经济转型发展的新路子。2019 年，杭州数字经济核心产业实现营业收
入 11296 亿元，同比增长 19.4%；三次产业结构调整为 2.1：31.7：66.2；数字经
济制造业实现增加值 896 亿元，同比增长 14.8%。自 2014 年以来，全市数字经
济核心产业连续 21 个季度保持两位数增长，对经济增长贡献率超过 50%。

1. 以"数字产业化"打造新经济发展样本

凭借着得天独厚的营商环境，杭州孕育了阿里巴巴、网易等互联网龙头
企业，并不断培育、激发、助力其赋能产业、构建生态的能力，让大树底下也
能草木繁茂，不断推动数字产业化发展，驱动的新经济样本效应逐渐显现。一
是聚焦优势产业，数字经济"国字号"品牌持续擦亮。瞄准信息软件、云计算
与大数据、人工智能、物联网、电子商务、数字内容等核心产业，杭州集中精
力持续打造世界级产业集群，国际级软件名城、国家新一代人工智能创新发展
试验区、全国云计算之城等数字经济品牌不断放大。自 2018 年以来，软件业
务收入居全国中心城市第五位，总量占浙江省八成以上。2019 年实现增加值
2889 亿元，同比增长 15.7%。杭州集聚了阿里云、网易云、华数云等一大批
重量级云平台，是全国 5 个云计算服务创新发展试点示范城市之一。二是聚焦
新技术突破，全力打造全球创新大平台。关键技术是核心竞争力，靠化缘要不
来、靠买也买不来。杭州着力突破"卡脖子"瓶颈，抢抓国产替代机遇，加快
数字安防、通信网络设备两大主导产业链提升，精准服务海康、大华破解产业
链"断供"难题；全力加大之江实验室、西湖大学、阿里达摩院等重大创新平
台建设，不断凝聚杭州的科技创新驱动力。三是聚焦强链补链，不断做强数字
新产业。"链"稳方能"业"安。瞄准数字经济核心产业链供应链，杭州着力
做好强链补链工作，既不断壮大优势产业，同时又做强集成电路等基础"硬"
产业，加快发展量子通信、区块链、航空航天等未来产业，千方百计实现产业

"自循环"。当前，杭州已成为区块链国内发展高地，中国区块链之都的地位正在加速形成。

2. 以"产业数字化"构建智能制造新模式

聚焦提升产业基础高级化和产业链现代化水平，杭州大力实施"新制造业计划"，推动产业提挡、企业提效、平台提能，推进大规模计划改造、绿色改造，推动数字经济和制造业高质量发展"双引擎"。一方面，坚持"互联网＋制造"理念，不断加速数字化改造，促进企业提质增效，杭州率先走出了一条从"机器换人"到"工厂物联网"再到"企业上云""ET工业大脑"驱动的智能制造之路。截至2019年底，全市超过70％规模以上的企业实现数字化改造。其中，在杭州诸多企业已深入应用实践的"ET工业大脑"，开启了大数据在制造决策辅助、工艺修正、智能控制、能源管控等方面的深度应用，已在全国多地推广。同时，持续打造智能制造产业集群，大力发展高端装备、精密制造、生命健康、航空航天、新材料、智能机器人等产业集群，形成了具有比较优势的全球化产业链，高效配置要素资源，全面提升创新支撑力、产业引领力和整体竞争力。

3. 以"六新"建设全面推进数字赋能升级

站在新的发展阶段，承接新的历史使命，杭州开启了以"新基建、新消费、新制造、新电商、新健康、新治理"为主题的"六新"行动。这是杭州新旧动能转换的"加速器"、提升城市综合能级的"新支点"。一是"新基建"催生"新产业"。实施智慧城市感知系统建设，重点推进以5G、大数据中心、人工智能、工业互联网、超算中心为核心的数字基建，截至2019年已建成5G基站12153个，约占全国的9％、全省的49％，5G网络连续覆盖1400平方公里。实施智能交通体系和智能物流体系建设，积极探索建立城市无人交通系统，率先实现Level4以上级别自动驾驶车辆商业化运营，完善城市仓储和物流基地布局，大力发展无人配送产业。二是"新制造"深挖"新动能"。全面推进26个行业级、区域级、企业级应用平台建设，深化实施机器换人、工厂物联网、企业上云等行动，打造工业互联网建设杭州模式、做大数字经济核心产业、推进硬核技术攻关、加快数字化园区建设、加快人工智能创新发展试验区建设等，为经济转型和持续发展赋予新动能。三是"新电商"带动"新消费"。杭州每年约有 5000 万元的专项资金用于支持电子商务发展，扶持网络游戏、短视频、网络文学、网络直播、数字影视、互联网广告、数字体育、数字旅游等"宅经济"产品和数字文娱产业项目做大做强，全国超过 80% 的大小电商 APP、网红主播卖家、创业孵化公司都栖息在杭州，培育了薇娅、烈儿宝贝、瑜大公子、雪梨等网红主播 40 万人，在淘宝直播排名榜上稳居第一。

（二）数字赋能城市治理，让城市更智慧、更聪明

习近平总书记对杭州运用信息技术推进城市治理也寄予了厚望，强调"杭州要增强依靠科技发展经济、服务社会的责任感、使命感和紧迫感，依靠科技进步，加快'天堂硅谷'建设"。历届杭州市委、市政府牢记习近平总书记嘱托，全面发展智慧经济、建设智慧城市。2016 年，杭州在全国率先实行"最多跑一次"改革，次年实现不动产登记"60 分钟当场领证"、85% 新设企业可按"一件事"标准进行网上办理的杭州速度；同样在 2016 年，杭州启动城市大脑建设，开启了利用大数据改善城市交通的探索；2018 年，杭州提出打造"移动办事之城"，让办事像网购一样方便；2019 年以来，杭州城市大脑从"交通治堵"走向"全面治城""精准治疫"。

1. 高能级探索城市数字治理系统方案

自 2016 年杭州首创"城市大脑"开启城市数字治理以来，"城市大脑"建设不断实现顶层优化、功能迭代、体系完善，由"单兵突进、试点先行"向"纵深推进、全面提升"转变，逐步实现"让城市会思考，让人民更幸福"的目标。一是注重顶层设计。坚持"全周期管理""平战结合""便民惠企""撬动变革"等理念，从理念、架构、组织、机制等方面，不断推动城市大脑建设向纵深推进、全面提升。二是完善系统架构。杭州城市大脑构建了"一整两通三同直达"的中枢系统（即整合全市各级各部门的海量基础数据，推动系统互通、数据互通，促进数据协同、业务协同、政企协同），形成了"一脑治全城、两端同赋能"的运行模式（即推动城市治理者的"驾驶端"和广大人民群众的"乘客端"同向发力、交互赋能），逐步形成具有时代特征、中国特色、杭州特点的城市治理现代化数字系统解决方案，探索出了"用数据说话、用数据决策、用数据治理、用数据创新"的特大城市治理新路子。三是注重治理升级。杭州"城市大脑"应用实现了从"数字治堵"到"数字治城""数字治疫"的全面拓展。"数字治堵"通过"城市大脑"对交通态势全维度掌握、车辆全样本分析、数据全流程监管，实时采集车流变化数据和优化交通信号灯控制，首推交通延误指数，使平均通行速度提升15%。"数字治城"则将"城市大脑"应用拓展到城管、旅游、医疗、环境和信用等城市全场景中，使其融入市民生活的方方面面。红、黄、绿三色的健康码，是杭州"数字治疫"的创新之举，从2020年2月在全国率先推出，如今已推广到全国，迄今累计申领量已经突破2100万人，使用量超过15亿次，向全球治疫输出了杭州方案。

2. 高水平锻造城市数字治理实战能力

不久前正式上线的"数字驾驶舱"是杭州"城市大脑"应用功能的又一跨越式拓展，让"用一部手机治理一座城市"变为现实。一是以"数字驾驶舱体系建设"锻造实战能力。通过不断完善数字驾驶舱体系，推动形成覆盖市、区县（市）、乡镇（街道）、村（社区）、网格的"五级机长制"，由上级为下级负责帮助解决共性难题，形成绝大多数事项在街镇层面解决、少数事项在区级层面解决、极少数重大突发事项提到市级层面解决的良好局面。二是以"数字驾驶舱数据呈现"锻造实战能力。通过构建指标分类、全域协同的驾驶舱数据呈现系统，完善全市城市安全隐患和安全风险"一张图"；统一构建公共卫生、危险化学品、建筑施工、交通运输、人员密集场所、地下空间、特种设备、食品药品、生态环境、消防等领域应急系统数字驾驶舱，消除城市治理盲点。三是以"数字驾驶舱权限设定"锻造实战能力。不断完善数字驾驶舱权限设定、指标监测、任务下达、决策参考等功能，根据不同部门、不同层级呈现个性化的驾驶舱界面，让不同城市管理者拥有相应的查看、使用、操作权限。增强对城市运行核心关键数据监测能力，完善监测指标规则，提升系统预警和应急处置预案启动的触发敏感度。

3. 高标准提升城市数字治理精细水平

杭州既重视运用现代科技手段推动城市治理，又下足精益求精的"绣花"功夫，通过"大数据＋网格化"的社会治理格局把数字治理的脉络深入城市的每个细胞，运用细心耐心巧心绣出城市治理的精细品质。精细化完善基层社会治理服务网络，推动镇街、社区、网格等社会治理单元精准落图入网进舱，实行网格地理信息数字化，使网格员可以"一机在手、一端通办"。同时，精细化打造新时代"枫桥经验"城市版，对各地各条线业务部门基层治理信息系统进行全面梳理，推动实现跨部门业务联动和平台互联互通，推动社会矛盾纠纷调处化解中心和基层治理四平台线上线下融合，在信息快速交互基础上及时分析研判、落实风险预警、快速应急处置，切实做到预防在先、发现在早、处置在小，实现"事前、事发、事中、事后"全周期管理。

（三）数字赋能民生保障，让生活更美好、更幸福

习近平总书记强调，全面建成小康社会，在保持经济增长的同时，更重要的是落实以人民为中心的发展思想，想群众之所想、急群众之所急、解群众之所困，在学有所教、劳有所得、病有所医、老有所养、住有所居上持续取得新进展。杭州政府坚持互联网思维和"店小二"服务理念，在民生公共服务领域全力推广运用大数据技术，让民生服务更及时、更精准、更优质。

1. 持续深化"最多跑一次"改革，全力打造"政府数字化转型标杆市"

杭州在推进"最多跑一次"的纵深改革中，紧盯群众最迫切需求，努力做到改革更高质量推进、业务更高水平协同、服务更高标准落地。一方面，持续深化社会治理领域"最多跑一地"改革和网上信访"最多跑一地"改革，推动政务服务平台有效融合，为企业服务保持常态化、长效化，力求在"关键小事"上做好服务民生大文章。另一方面，全面推进"数字赋能公共服务工程"，全面深化"无证明化"改革，推动"一件事"全流程网上掌上高效便捷办理，推出了一批"智能秒办""无感智办"事项。目前，杭州市民医保事项均可网上办、掌上办，"一手房"登记实现"跑零次"，全市城镇单套商品住宅实现了 1 小时领证。通过大数据计算形成的"杭州健康码"，不仅有效助力疫情防控、企业复工和居民出行，而且正在不断实现功能拓展，陆续实现了网上预约、互联网诊疗、体检报告查询等各类"互联网＋医疗健康"应用，实现"一码在手，就医全程通"，广泛运用于城市全人群、生命全周期、健康全过程，成为助推"健康杭州"建设的公共服务平台。

2. 以"亲清在线"为突破口，推动数字赋能民生再升级

杭州首创的"亲清在线"，让惠企政策直达企业和员工，传递政府最大诚意，体现企业最大诚信，是"最多跑一次"改革的具体实践，是政府数字化转型的有效载体。一是实现"精准兑付"，助力营商环境更优化。"亲清在线"平台首先以"1+12"惠企政策中面向中小微企业和员工的小额资金兑现为切入口，点对点线上即报即核秒到账。迄今已累计为 15.5 万家企业、78 万群众点对点兑付政策资金 13.3 亿元。二是实现"五大转变"，助推政府服务流程再造。"亲清在线"平台以数据协同、在线互动的方式，帮助政企对接实现五大转变：政企交流从"上门收集"转变为"在线呼应"；政务服务从"坐店等客"转变为"互动平等"；政策制定从"大水漫灌"转变为"精准滴灌"；政策兑现从"层层拨付"转变为"瞬间兑付"；政策效果从"绩效后评"转变为"实时可测"。三是实现"撬动改革"，助力政务服务更优质。不断放大"亲清在线"的理念、方法和机制，积极探索开展云招商、云招聘、云签约等云服务，通过杭州"读地云"向全球发布 45 平方公里产业用地，首次实现土地招商、签约、交易、监督等全流程在线闭环运行。通过在线平台打造，以"减法"促"简政"，努力打造一站式、一键通的政务服务系统，倒逼行政流程再造，逐步推动公共服务事项全部网上办、移动办。

3. 不断推出"场景应用"，全方位高质量推进幸福城市建设

杭州城市大脑已建成涵盖公共交通、城市管理、卫生健康、基层治理等 11 大系统 48 个应用场景。"取之于民、用之于民"，数据资源让老百姓有了实实在在的获得感。优化交通系统应用场景，杭州在近 3 年人口净增 120 万人、总路面通行面积因施工减少 20% 的情况下，实现了交通拥堵排名从全国第 2 名下降至第 57 名。优化文旅系统应用场景，通过商业数据与政府部门数据的多维融合，推广"10 秒找空房、20 秒入园、30 秒酒店入住""多游一小时"。优化停车系统应用场景，借助城市大脑便捷泊车"先离场后付费"场景赋能，大大提升了杭州停车场的泊车量。开发道路延误指数，重新设置交通指示牌，让老百姓从"找不到车位"到"抬头见车位"。优化医疗系统应用场景，整合医院支付流程，推广"先看病后付费"。

三、经验启示：数字赋能高水平全面小康的杭州思考

（一）数字赋能高水平全面小康，必须坚持以人民为中心的发展思想，不断满足人民对美好生活的向往

人民至上是习近平总书记一以贯之的执政理念。2007 年，习近平同志在杭州调研时指出，我们一年忙到头，根本宗旨是为人民服务。近年来，杭州以数字赋能全面小康社会建设，有力地促进了经济发展、社会治理、民生服务，真正让全市人民享受到了数字经济的红利、数字治理的便利、数字民生的福利，让市民群众幸福写在脸上、直抵人心。进入新时代，我国社会主要矛盾发生了重大变化，人民对美好生活的需求日益广泛，期盼更加强烈。杭州的实践证明，数字赋能全面小康社会建设，必须始终坚持以人民为中心的发展思想，顺应民心、尊重民意、关注民情、致力民生，更好满足群众多层次多样化的美好生活需求，使人民群众得到看得见、摸得着、实实在在的获得感。

（二）数字赋能高水平全面小康，必须抢占数字经济制高点，努力推动经济高质量发展

党的十九大报告作出"我国经济已由高速增长阶段转向高质量发展阶段"的重大判断。当前，新一轮科技革命和产业变革正深刻改变全球经济格局，加快产业新旧动能转换迫在眉睫、刻不容缓。杭州作为资源小市，坚持数字经济和制造业"两手抓、两手硬"，把做强数字经济作为加快新旧动能转换的"关键一招"，运用大数据、云计算、区块链、人工智能等前沿技术，全面改造提升传统制造业，大力发展战略性新兴产业，"全国数字经济第一城"建设取得了骄人成绩。杭州实践充分说明，唯有坚持创新驱动发展不动摇，在培育新动能和改造提升传统动能上先人一步、快人一拍，才能成功跨越关口、实现蜕变。浙江省委常委、杭州市委书记周江勇说，杭州数字经济逆势上扬，大量"新物种"茁壮成长，看似"应急之举"，实际上是多年耕耘的"厚积薄发"、动能转换的成效显现。面对新形势，杭州必须咬定目标、保持定力，不变频

道、加大力度，深入推进数字经济"一号工程"，加快产业基础再造和产业链提升，巩固传统产业制胜优势、强化新兴产业领先优势、培育未来产业竞争优势，积极争创国家数字经济示范城市。

（三）数字赋能高水平全面小康，必须把握数字化带给社会治理变革的新机遇，全面提升城市治理现代化水平

杭州是城市大脑的诞生地，在城市数字化方面作了先行探索、形成了成功经验。2020年3月至4月，习近平总书记在浙江、杭州考察时，也对杭州"城市大脑"给予充分肯定，并要求杭州继续探索创新，进一步挖掘城市发展潜力，加快建设智慧城市，让城市更聪明一些、更智慧一些。近年来，杭州树立全周期管理、平战结合、便民惠企、撬动变革、安全高效的理念，完善顶层设计，制定出台城市大脑赋能城市治理的条例和规划，持续推出原创性、突破性、引领性的成果，不断优化城市治理现代化的数字系统解决方案，使杭州成为新型智慧城市建设新理念、新技术、新模式的策源地，为国家治理体系和治理能力现代化提供实践素材。实践证明，数字化为城市社会治理变革带来了前所未有的新机遇。对政府而言，数字化将全面开启数据化的社会治理新格局；对社会而言，数字化将极大推动社会信用体系的建设进程；对个人而言，数字化将实现个体个性化差异化的需求解决。在推进城市治理现代化的进程中，我们只有善于运用大数据、云计算、区块链、人工智能等前沿技术推动城市管理手段、管理模式、管理理念创新，从数字化到智能化再到智慧化，才能让城市更聪明一些、更智慧一些，这是推动城市治理体系和治理能力现代化的必由之路，前景广阔。

（四）数字赋能高水平全面小康，必须坚持超前谋划、加强顶层设计，充分彰显社会主义制度优越性

习近平同志在浙江工作期间，浙江就启动了数字浙江建设，杭州作为省会城市，始终走在前列。2012年，时任浙江省委常委、杭州市委书记的黄坤明同志指出，杭州各级党委、政府必须树立大科技、大创新、大发展的理念，把创新强市战略贯穿到各个领域、各项工作之中，把发展创新型经济摆上重要位置，实施"一把手"科技创新工程，真正负起第一责任人的职责，创新领导体制和工作机制，及时研究解决发展中出现的新情况新问题，切实加强对科技创新工作的领导，并带领市委、市政府出台了《关于实施创新强市战略完善区域创新体系发展创新型经济的若干意见》。之后，杭州历届市委、市政府始终坚持"一张蓝图绘到底"，深入推进创新强市战略，瞄准数字经济发展趋势，持续加大新旧动能转化，全力实施数字经济"一号工程"，深度推进"三化融合"，才有了今天的杭州"数字经济第一城"。实践证明，制度是对实践探索、经验积累的凝练升华，制度优势是最大的治理优势、发展优势。数字赋能高水平全面小康是一个系统工程，制度创新成为展示优越性的关键之举。我们只有充分发挥制度优越性，顺应时代发展，保持战略定力，一任接着一任干，以技术创新为支点，撬动城市发展的全方位变革，从制度设计源头出发，彻底破除"一贯如此"的路径依赖、"习以为常"的思维定势，才能在更大范围、更宽领域、更深层次倒逼政府自身改革，为城市和社会发展赢得更广阔的空间。

2020年3月29日至4月1日，习近平总书记在浙江考察时，赋予了浙江要"努力成为新时代全面展示中国特色社会主义制度优越性的重要窗口"的新目标新定位。杭州作为浙江"三个地"的省会城市，在数字赋能高水平建设全面小康社会的新征程中，理应主动扛起使命担当，坚决贯彻习近平总书记在浙江、杭州考察时重要讲话精神，以"领跑者"的责任、"弄潮儿"的闯劲、"施工队"的作为，奋力展现"重要窗口"的"头雁风采"，努力让世界透过杭州全面领略中国特色社会主义制度的显著优势和无穷魅力。

附 件

杭州实践案例

案 例 1

"杭州健康码"引领全球疫情防控实现智能化

为了加快疫情防控，推动企业有序复工复产，作为数字经济第一城的杭州，在 2020 年 2 月 11 日，率先上线"杭州健康码"，运用数字技术加强疫情防控，实施市民和拟进入杭州人员的"绿码、红码、黄码"三色动态管理，方便市民群众出行。

"杭州健康码"正式启用后，单日入杭人数就有了明显上涨。2 月 12 日，单日入杭人数为 167024 人。到 2 月 13 日，这一数字已达 178190 人，较 2 月 8 日增长近一倍。同时，大量返岗复工人员在支付宝内申领健康码，上线首日访问量即达到 1000 万次，日最高使用量达 2170 万次。

事实上，正是"杭州健康码"为人员和车辆的通行，以及企业有序复工复产提供便利，也为政府部门依法科学管理，提供了优质高效的保障。

此后，杭州进一步丰富健康码应用，密集推出"杭州健康码""心理援助""网约车""电子健康证""健康档案""驾驶培训""一键急救"等功能，并与其他省市建立了健康监测互认机制，进一步实现疫情防控、复工复产、社会治理智能化。

从点到面，由此及彼。健康码在杭州的高效使用，让防疫与复工的两难处境柳暗花明，并迅速引起全国关注。从 2 月 11 日在杭州上线，到 2 月 17 日"跑"向全国，短短一周，健康码为全国快速"动起来"提供了"杭州方案"。2 月底，以"杭州健康码"为蓝本的全国性健康码正式上线，全国超过 200 个城市推广使用健康码。事实上，正是"杭州健康码"为全国的疫情防控和复工复产提供了实践样本和重要参考，进一步引领全球疫情防控实现智能化。

案例 2

"亲清在线"打造一站式、一键通政商服务平台

2020 年 3 月 2 日，在"战疫情促发展"的大背景下，杭州"亲""清"新型政商关系数字平台——"亲清在线"正式发布并上线运行。

"亲清在线"功能包括企业诉求在线直达，企业可将问题在线随时随地一键直达政府；政府政策在线兑付，不需要提交任何材料；政府服务在线落地；服务绩效在线评价；政务审批在线实现等。在 4 个月时间内，杭州密集推出 152 条政策，21 亿元"红包""点对点"直达企业和员工，勾勒出了一幅数字政府的全新图景。

仅仅 4 个月后，7 月 3 日，"亲清在线"全功能发布，在原有的"惠企政策""诉求直达"版块基础上，"在线许可""互动交流"两大版块也正式上线，进一步推动杭州政务服务实现跨越式升级。

"在线许可"版块分类设置了"投资审批""商事登记（准入准营）""经贸服务""资质认证""员工管理"以及"其他事务"等 6 大子版块，首批上线 83 个"高频使用"的企业事项，试运行以来，已累计服务次数 18 万余次，累计服务企业 2.2 万余家次。

其中，"投资审批"子版块以工业项目为突破口，将企业线下咨询线上留痕的办事模式变为线上全流程导航模式，以开工前需要领取的"三证一表"作为核心环节，将全流程申报材料从 46 份减少到 9 份，填写字段从 314 个减少到 30 个。企业开办流程重塑后，办理步骤从 11 个精简到 5 个，审批办结时间从 1 天压缩到 30 分钟。

案例 3

道路治理"首堵"医院一"招"畅通

浙一、浙二是浙江省规模最大、日门诊量最多的三甲综合医院，就诊停车需求每天超过 10000 辆，在高峰时段有 400 余辆车围绕两家医院排

队等候，最长入院等候时间近4个半小时。

为了解决"首堵"医院的停车难题，两家医院所在的上城区小营街道迎难而上，借力城市大脑，全力破解顽症痼疾。街道以"绣花功夫"充分挖掘医院周边2.5公里范围内的写字楼、居民小区、公共道路等泊位资源，在8个月里出动700余人次，摸排出停车场和公共道路泊位共计3309个，通过场库导视系统设计6条最优停车轨迹，打造15分钟停车圈。通过解放路、庆春路两处动态可变导视牌实时发布信息，推送比选最优停车方案，把城市大脑运算数据转换为可识别路线，引导就诊车辆快速达到周边停车场，实现"低头找车位"到"抬头见车位"的转变。联合交警、城管、公安等部门力量，集中拆除医院周边663米隔离带，取消排队专用车道，变"等候车道"为"即停即走缓冲区"和"非机动车、行人通行区"。

自运行以来，初步实现了"道路回归通行，停车回归场库"的治理目标，周边交通环境明显好转。就诊车辆实现"即停即走"，平均停车时间从90分钟下降为15分钟，排队长龙消失了；通过对零散泊位的归集利用，日均导流停车393辆，泊位效率提高了；解放路、马市街、庆春路、直大方伯拥堵打结现象显著改善，主要道路通畅了。

案例4

无感停车加快提升城市数字治堵精细水平

无需取卡，无需掏钱包，甚至不用拿出手机，就可以在停车场一路通行……这样的场景，在杭州已经司空见惯。截至目前，"无感停车"功能可在杭州2000个停车场使用，覆盖杭州主城区85%以上的停车场；实现"先离场后付费"泊位由4月底的36万个增加到68.9万个，累计提供537万次服务。

据悉，开通无感停车仅需几秒钟。车主打开支付宝APP，搜索"便捷泊车"，进入"便捷泊车"小程序，根据提示输入车牌号和开通免密支付即可。绑定成功后，车辆经过收费站时通过识别车牌号扣除费用，自动抬杆。与传统收费方式相比，省去排队时间，每辆车通行时间由原来的 10 秒缩短至不足 2 秒。

不仅如此，在杭州部分区域，已经实现了"无杆停车"。杭州云栖小镇停车场就将传统的起降道闸杆去除，代之以无杆出入场，离场时将账单通过短信推送至车主手机，实现"先离场后付费"，解决出口排队缴费的难题。

据测算，拆杆之前平均停车时间 23.4 秒，拆杆后平均时间 2.6 秒，车主平均停车时间缩短了 9 倍。此外，车主不但能得到"智慧秒停""先离场后付费"等服务，在找不到停车位时，还会收到周边停车场的实时空闲车位状况提醒，一键导航前往。

案例 5

舒心就医医疗卫生服务流程深化再造

为了使看病更便捷，让患者少跑腿，杭州始终积极拓展智慧医疗的深度和广度，持续深化"最多跑一次"改革。

从分时段预约挂号、24 小时自助挂号、诊间结算、床边结算、诊间预约检查、先诊疗后付费等智慧医疗服务，实现"全院通"结算、"全自助"应用、"全人群"覆盖、"全城通"应用，从诊间结算到一站式入院准备中心，从"区域医联体"到家庭医生签约服务，从一个窗口证照审批到证件办理一证通……在杭州的卫生医疗系统，越来越多举措让杭州市民体会到了"最多跑一次"的便利，跑出了杭州的加速度，也跑出了市民群众的获得感。

值得一提的是，"最多付一次"、出生"一件事"已经成为杭州医疗领域"最多跑一次"改革的生动标签。

"最多付一次"是指患者可以根据个人信用情况获得门诊、急诊500—5000 元不等、住院 15000 元的信用额度。在这个额度内，患者整个就诊过程中不需要支付费用，可在就诊结束后 48 小时之内，或者离院前通过自助机或手机等进行支付，甚至可以对在不同医院、不同科室看病产生的所有应付费项目进行合并支付，真正做到"最多付一次"。截至2019年11月30日，全市11家市级医院、38家区县（市）级公立医院、195家社区卫生服务中心、3家省级医院、5家专业站所和1家民营医院共计253家公立医疗机构，全部提供"最多付一次"服务，已有2391万人次获益，就诊时间平均缩短1小时。

出生"一件事"是指新生儿出生办手续就像"网购"一样，手机点点，多证一站办理。2019年，杭州市卫健委牵头将改革视角从部门内部"单个事项"向群众眼中"一件事情"逐渐转变，探索建立市级出生一件事多证联办系统，建立了便民、惠民、高效、经济、具有杭州特色的出生"一件事"办理模式。

目前，全市所有助产机构都提供出生"一件事"联办服务。截至2019年11月30日，通过杭州市出生"一件事"服务已提交联办申请18070件。群众通过一件事联办，年均可减少群众跑腿40万次，人均缩短办理周期6个工作日。

不仅如此，通过推进"互联网＋医保服务"，目前杭州市医疗保障局办事事项已实现100％跑零次，其中个人事项已实现100％"一证通办"，各类事项均可以网上办、掌上办。

案例6

"多游一小时"全面提升旅游幸福感

"10秒找空房""20秒景点入园""30秒酒店入住"……在杭州，通过数字赋能文旅行业，已经实现让游客"多游一小时"的数字化场景应用。

所谓"多游一小时"，便是针对旅行途中常见的堵车、排队、等候、信息不对称、资讯获取慢以及"游占比"低下等"痛点"，针对性地通过数字场景逐个突破，将省下的1小时用于纯粹的旅游体验，大大节约了游客的时间成本，提高了出游效率。

具体而言，想要找酒店，只需要通过"找空房"小程序和"96123"
旅游咨询服务热线这两个渠道，就能让游客基于当前定位和价格偏好，
找到附近的酒店空房。

到达酒店后办理入住，住客通过自助入住机，扫描身份——确认入
住——领取房卡这三步，30 秒就能完成，平均节省 4 分钟。目前全年已
服务人次超 70.3 万人。

想要去景点，只需要打开支付宝，在闸机上扫付款码便可直接入园；
或通过线上预订门票后，输入相关信息，线下扫码入园，免去窗口排队
购票，实现 20 秒入园。据初步统计，该场景应用全年服务 358 万人次，
让岳庙景点减少了三分之一的人工窗口。

目前，"10 秒找空房""20 秒景点入园""30 秒酒店入住"等场景应用，
已服务超过 300 万人次。

案 例 7

网格数字化全面提升社会基层治理精细水平

杭州火车东站今天到达多少人？预计发送多少人？客流疏散方式是
什么……在杭州市江干区基层治理综合信息指挥中心，相关部门负责人
想要了解这些信息，不用问中心工作人员，看大屏幕就一目了然。

江干区地处杭州东大门，辖区内不仅有亚洲最大铁路枢纽杭州火车
东站和长途客运中心站、多个高速入城口，还有 7.4 万余家企业、38 个专
业市场，流动人口逾 62 万人。为守好这道"门"，一张看不见也摸不着的
"网"迅速铺开。

通过"大数据＋网格化"，杭州在综治工作、市场监管、综合执法、
便民服务"基层治理四平台"的基础上增设疫情防控类事项上报流转处置
功能，创新搭建"疫情防控数字驾驶舱"，通过种种智慧治理方式，将各
类风险消灭在萌芽状态。

比如，网格员在巡查中发现了和疫情防控相关的事情，不用像过去那样通过平台向社区、街道、区层层上报，区里再分流给相关责任部门，由该部门下派到属地分局；现在网格员把问题录入平台后，街道可直接自动派单给相关部门属地分局，解决了基层"看得见、管不着"的问题。

两个月内，仅江干区就有 2000 余起疫情防控类事项得到快速处置，一次次数据流转间，精密智控的脚步越走越有力。

案例 8

阿里巴巴达摩院勇探未来技术"无人区"

阿里巴巴达摩院成立于 2017 年 10 月，致力于探索科技未知，以人类愿景为驱动力，开展基础科学和创新性技术研究。阿里巴巴达摩院设立机器智能、数据计算、金融科技和 X 研究方向，成立 14 个实验室。

达摩院现有 300 多位核心研究人员，分布在杭州、北京、上海、新加坡、以色列、西雅图、硅谷等国家或城市。目前已全职拥有国家/省级千人称号的专家近 30 人、知名高校教授 30 余人、IEEEFellow 级别科学家 10 余人。达摩院与全球顶级高校科研院所建立了多学科、多领域的学术合作，构建开放的全球产学研技术合作生态，并正在探索自主研究与合作开放相融合的人才资源模式。在联合科研基地方面，先后与中科院、清华大学、浙江大学、新加坡南洋理工大学等建立联合实验室或研究中心。在科研项目方面，设立阿里巴巴创新研究计划科研基金，与全球 50 多所高校开展项目合作，目前在运行的项目超过 200 个。

瞄准未来技术"无人区"，高点定位孕育尖端成果。达摩院量子实验室于 2018 年 5 月在世界上率先成功模拟了 81（9×9）比特 40 层的随机量子电路，超过谷歌之前公布的 49 比特量子随机电路，被《纽约时报》等多家主流媒体报道。2019 年 9 月完成了第一个可控量子比特研发工作，目前已具备量子芯片全链路能力，新型比特在单比特操作精度等多项指标实现国际领先。

案 例 9

"ET 工业大脑" 为产业数字化装上 "最强大脑"

"ET 工业大脑"，是阿里云于 2017 年 3 月宣布推出的人工智能技术，旨在为产业数字化装上 "最强大脑"。

"ET 工业大脑" 通过对企业供、研、产、销全链路数据的分析，提供数据智能型的工具，优化从企业信息化到制造装备、生产物料、物流运输、人力资源、数字化设计、模拟仿真、数字化控制等各个环节，利用 AI 帮助企业降低成本、提升效率。如在供应链环节，通过对历史销量数据、订单数据等的智能挖掘，对销量进行精准预测，对库存进行分析和优化，最大程度实现最低库存及提升物流配送效率。在生产环节，在对制造过程数字化描述的基础上，运用人工智能算法研究不同参数变化对设备状态与整体生产过程的影响，并根据实时数据与现场工况动态调优，提供智能设备健康管理、工艺参数实时推荐、生产调度等功能，为生产现场管理、精益制造提供强大工具。

目前，"ET 工业大脑" 已经成功服务了协鑫光伏、中策橡胶、正泰新能源、攀钢集团等数十个工业细分领域的龙头企业，帮助企业创造利润数十亿元。在此基础上，"ET 工业大脑" 致力于打造一个开放协作平台，面向工业领域招募上千家生态合作伙伴，帮助合作伙伴轻松实现工业数据的采集、分析、挖掘、建模，并快速构建智能分析应用，实现智能制造成功案例的规模化复制，打造智能工厂，加速推动制造业的数字化转型。

案 例 10

高新区（滨江）努力成为全国数字治理示范区

高新区（滨江）推行 "数字治理"，条件得天独厚，需求极为迫切：全区数字经济发达，地域面积不大，人口结构年轻化，学历层次高；同时干部编制少，事多人少的矛盾突出。

因此，在 2020 年 1 月，高新区（滨江）提出了建设"创新滨江、数字滨江、国际滨江"的目标，其中"数字滨江"就是要实现数字经济和数字治理双强。锚定这一目标，高新区（滨江）以城市大脑"双月攻坚"行动为契机，从企业和群众"急难愁盼"的事情和政府亟须解决的事情入手，不断以小切口来推动大变化，探索出了一批直达基层、直达企业、直达群众的应用场景。比如"无人智慧审批"，实现了企业申办全天候"分钟办"；"一码解纠纷"，开创了"诉源治理"新思路；"线上 122，交警变小哥"获得群众广泛点赞；"经济主体大数据平台"，实时全面掌握企业登记注册、开票纳税、迁入迁出等信息。

在此基础上，高新区（滨江）更是明确提出了打造全国数字治理示范区的目标。未来工作中，该区将打造一站式、一键通的政务服务系统，并推出更实用、更管用、直达民生的基层治理场景。比如积极做好"亲清 D 小二"试点工作，形成街道、平台智慧服务和数字治理的典型案例，为打造"杭州 D 站"贡献滨江智慧和滨江经验。在涉企服务方面，将率先试点运行"滨江 D 站""园区 D 站"，力争成为撤销实体化行政服务中心的"第一区"。

全面建成小康社会与中国城市发展

山东省威海市

精致花儿朵朵开　幸福暖风习习来

中共威海市委宣传部

威海市地处山东半岛最东端，三面环海、一面接陆，山海相依、气候宜人。在党的政策有力指引下，威海人民勇立潮头、千帆竞发，不断创造出美好生活新奇迹，特别是 2018 年 6 月 12 日习近平总书记视察威海，提出"威海要向精致城市方向发展"的殷切嘱托后，全市人民备受鼓舞、倍感振奋，倍加珍惜时代赋予的机遇使命，以全面小康为目标，以全域一体为方向，以精致为灵魂，以幸福为坐标，以"精致城市·幸福威海"建设为统领，坚持精当规划、精美设计、精心建设、精细管理、精准服务、精明增长，下足鲁绣功夫，绣好小康蓝图，实现经济高质量发展、生态高标准建设、文化高质效供给、社会高效能治理、民生高水平保障，2019 年威海人均 GDP 达到 104615 元，约为全国的 1.5 倍，圆满交出一份高品质全面小康的"威海答卷"。

一、始终坚持高质量发展走精明增长、经济富裕之路

经济更加发展、"蛋糕"做得更大，是全面建成小康社会的首要前提和重要标志。威海市始终坚持以经济建设为中心，以实施新旧动能转换重大工程为引领，向创新要活力、向集约要效益、向开放要空间，经济效能显著提升，精明增长逐步凸显。截至 2019 年底，威海科技进步贡献率达到 63%，三次产业结构为 9.7：40.4：49.9，第三产业在三次产业中的占比相较 2012 年提高 11 个百分点。

以创新为驱动力，推动转型升级发展。腾笼换鸟、凤凰涅槃，既要有勇气、有决心，更要有方略、有作为。威海坚持以创新为方略、以创新求突破，实施创新驱动发展战略，打造"千里海岸线，一条创新链"，聚集创新资源，提升区域协同创新能力，促进产业和企业提挡升级、脱胎换骨。构建涵盖1个高等技术研究院、4个研发创新重大平台以及多个创投服务机构在内的"1＋4＋N"创新平台体系，聚集27家研发机构、两只投资基金、852家各类企业技术研发平台，形成政、产、学、研、金、服、用"北斗七星"协同创新格局，仅2019年就孵化项目100多个，成为企业和各类主体融通创新的强力支撑。坚持以"四新"促"四化"，实施科技型产业三年倍增计划，加快工业互联网和人工智能应用发展，大力培育科技型企业，提升科技进步贡献率。到2020年上半年，威海共有各类技术创新平台931家，高新技术企业502家，国家科技型中小企业917家；有6个项目入选国家工业互联网试点、国家制造业与互联网融合发展试点、国家制造业"双创"平台试点示范名单，2000多家企业"上云"，高新技术产业产值比重提高到60.9%，高质量发展的"创新因子"加速累积。

以高效为着眼点，推进集约集聚发展。威海自然资源相对匮乏，人均水资源不到全国的四分之一，可建设用地不足900平方公里，可作为能源资源和化工原料的矿产几乎为零，要发展只能向质量要效益，让有限的资源发挥更大的效力。威海千方百计高效利用资源，一方面，狠抓严控，大力实施能源和水资源消耗、建设用地等总量和强度双控行动，以亩产论英雄。比如，严控土地供应，出台《关于进一步推进节约集约用地的意见》《关于开展"亩产效益"评价改革工作的实施意见》，明确投资3000万元以下的项目不单独供地，国家级和省级开发区土地投资强度分别不得低于每亩360万元和280万元。另一方面，做大集群，深入推进企业冲击新目标行动，集中力量发展新一代信息技术、新医药与医疗器械、先进装备与智能制造、碳纤维等复合材料、海洋生物与健康食品、时尚与休闲运动产品、康养旅游等7个千亿级产业集群，以龙头骨干企业为带动，凝聚配套企业，延伸产业链条，做大做强产业集群规模水平。目前，国家医疗器械产业园、碳纤维制备产业园等都处于全国领先、全球先进水平，海洋生物与健康食品产业高附加值海洋产品发展到400多个品种，各类海产品名牌有30多个，数量居山东省首位。

以推进城市国际化为切入，深化开放发展。威海位于东北亚核心地带，是我国首批沿海开放城市之一，开放发展既是成功经验，更是必由之路。威海始终坚定对外开放步伐，大力实施城市国际化战略，用世界眼光、国际标准优化环境，在更高层次塑造城市开放新形象、培育国际竞争新优势，打造国际化中小城市样板。着眼城市功能国际化，连续举办威海市市长国际经济咨询委员会年会，先后承办中韩创新大赛、中日科技创新合作大会、中欧膜产业技术创新合作大会、"一带一路"中小企业绿色发展论坛以及铁人三项世界杯赛、HOBIE帆船亚洲锦标赛、韩亚航空高尔夫公开赛等各类国际交流活动数百场，与13个国家的19个城市缔结友好城市关系，每年吸引国外游客50万人次以上前来洽谈合作。着眼城市经济国际化，积极释放中韩自贸区地方经济合作示范区、国家自主创新示范区、国家服务贸易创新试点城市、"一带一路"等政策红利，推动在中韩自贸实体园区建设、服务贸易创新发展等方面取得系列进展成效，比如，与韩国仁川建立"四港联动"八方合作机制，打造突出日韩、仿真国际、买卖全球的全模式跨境电商创新产业园，让威海获批国家级跨境电子商务综合试验区，成为东北亚寄递物流枢纽，2019年，威海市跨境电商零售出口额达到19.6亿元，占山东全省的77.2%。着眼城市人文国际化，全面深化人文、教育、医疗等领域国际交流合作，比如，在公共场所，全部规范公示语外语标识；在教育领域，组织推动驻威高校与全球20多个国家（地区）100余所境外学校开展交流合作办学；在医疗领域，市立医院、中心医院等成为山东省首批建设达标的国际门诊，各方面国际化服务能力显著提高。

以优化营商环境为带动，吸引投资发展。高质量发展，需要高质量服务。党的十八大以来，威海市以刀刃向内、壮士断腕的自我革命精神，打出流程再造"组合拳"，为助力企业发展当好"店小二"。推行"一链办理"，让企业只跑一个窗口、只填一份申请表，就可一次办成，办理许可业务节约用时67%。创新"1＋1＋1＝1"工作法，企业开办手续"一链办理、一个工作日办结、一次即可办成"，实现企业开办全流程当天当场全办好。实施市县镇无差别"一窗受理"改革，推出"秒批"高频服务事项 76 项，行政许可事项"只跑一次"占比达到 97.8%，政务服务工作考核全省第一。深化大通关建设，推行跨境电商零售出口"清单核放、汇总申报"通过模式，对货物海运实行"后装先卸"等高效通关措施，2019 年底威海进口整体通关时间 17.43 小时，仅为全国时间的 47.2%，出口整体通关时间 1.5 小时，仅为全国时间的 57%。营商环境的不断优化，带来的是企业投资的稳步提升。近 3 年实际到账外资连续保持快速增长，2019 年达到 12.2 亿美元，增长 42.8%。

二、始终坚持全域一体走城乡统筹、精致蝶变之路

"威海要向精致城市方向发展"，是习近平总书记对威海的殷切嘱托，是威海全面建成小康社会的灵魂主线。近年来，威海市聚焦建设精致城市这一总目标总方向总遵循，积极探索、用心谋划，既从顶层设计入手，研究起草《威海市精致城市建设条例》《威海市精致城市评价指标体系》等系列管全局管长远的文件，搭建起精致城市建设"四梁八柱"，也从一件件实事抓起，一年接着一年干，一步一个脚印走好这一没有先例可循的征程，不负期望、不负人民、不负时代，让威海大地悄然改变、华丽蝶变。

城市建设治理高点起势、实处落笔。在城市化道路上，由注重速度转向注重质量、注重内涵。坚持东拓、西展、南延总体布局，按照"做百年规划，建精致城市"工作思路，推行市和区（市）"规划一张图"，一张蓝图绘到底，提高空间规划质量和实施效果，努力留下穿越历史的经典城市。坚持高点定位布局重大基础设施，按照"打通外联大通道、改善内部循环体系、实现交通快速通达"总体思路，高水准推进莱荣高铁、新机场、城市轨道交通等的建设，打造多层次现代化铁路、民航、城市公共交通体系，构建市域一体、国内通达和联通海外"三大交通圈"。坚持奏响化解城市烦恼"四部曲"，有计划有步骤一个个解决存在的突出问题。第一部曲：治好"办证难"。2018 年开展城市建设领域矛盾纠纷化解行动，出台《关于解决城市建设领域矛盾纠纷问题加快不

动产权证办理的指导意见》，让 10.4 万套房屋达到分户办证条件，群众"办证难"的历史遗留问题基本得到解决。第二部曲：清理"半拉子"工程。2019 年启动实施闲置项目及"半拉子"工程处置行动，全部 242 个闲置项目及"半拉子"工程已盘活 125 处，剩余 2020 年内全部完成。第三部曲：治理"低效用地"。从 2020 年开始开展城区低效用地规划整治工作，目前正在加快推进。第四部曲：解决城市管理中的短板问题。比如，开展山景线、海景线、铁路线"三线"环境综合整治，下大气力治理沿线建筑物、坟头、垃圾等问题，搞好美化绿化。比如，全力解决城市长远发展问题，实施广蓄水、引客水、淡海水、用中水、治污水、节约水"六水共治"，推动地下综合管廊等基础设施建设，全市海绵城市面积达到 37.5 平方公里。再比如，实施 14 条历史街区保护开发，让淹没在楼群里的老街涅槃重生，既留住了城市的记忆，又为广大市民享受休闲时光提供了"文艺范"好去处。

农村建设治理由表及里、焕然一新。全面小康是区域共同发展的小康，精致城市是全域一体的精致。威海市以打造全域精致城市为路径，以市域一体统筹为手段，以实施脱贫攻坚、乡村振兴战略为带动，大力推动资源要素向乡村聚集、设施服务向乡村覆盖、特色产业在乡村突破，整体实现区域综合发展迈上更高层次水平。坚持狠抓示范引领，通过选取确定并聚力打造一批样板，引导目光向农村转移、信息向农村流动、资金向农村投入，先后创建省、市级美丽乡村示范村 209 个，发展滨海型、山区型、城郊型特色文旅乡村 600 多个，打造乡村振兴样板片区 80 个，到 2020 年底，全域美丽乡村标准化覆盖率达到 75％以上，提前实现全面小康领域、人口、区域全覆盖。坚持加强农村基础设施建设，按照城市标准，实施农村改厕、污水处理、生活垃圾分类、饮水安全、清洁供暖、道路硬化、环境提升等 7 项行动，累计改造建成农村无害化厕所 38.8 万户，改造完成清洁取暖 5.8 万户，1568 个村实现村内道路硬化"户户通"。目前，全市所有镇全部纳入城市自来水管网，87.5％的镇通上天然气，66.7％的镇实现集中供热，污水集中处理率达 93％，农村人居设施全面接城。坚持大力发展农村经济，对普通村，按照"一村一策""一村一品"思路，推进农村发展特色化、专业化和现代农业；对贫困村，创新采取镇级领办、多村联建、"一地生四金"等产业扶贫模式，建设扶贫项目300多个，带动贫困村村村有主导产业、户户有增收来源，全市贫困人口人均增收1255元，从长远上解决了贫困村、贫困户的收入来源问题。目前，农村居民人均可支配收入22171元、人均消费支出13722元，城乡居民收入差、消费差全面收窄。

社会建设治理更加现代、更加高效。精致城市，不仅靠建，还要靠管；小康社会，不仅要有获得感，还要有安全感。作为国家智慧化城市试点，威海市在实现数字化城市管理全覆盖的基础上，打造起陆、海、空、网络、网格"五位一体"保障体系。在陆地，大力推进"雪亮工程"建设，全市视频监控总量达到30多万台，联网总量达到6.6万路；在海上，为全市1.1万艘远洋渔船全部安装北斗卫星定位、防碰撞终端和远程视频监控体系，在敏感作业海域设置电子栅栏警戒线；在空中，成立全国地级市第一支正式列编的无人机警务航空大队；在网络和交通、工业制造、危化产品等重点行业领域，建成移动警务应用、智能交通管理服务系统，建设运行"大数据＋监管"系统，加强风险预警、精准管控，近年来危化产品、烟花爆竹、非煤矿山等重点行业领域无重大安全事故发生，制造业产品质量合格率达到97.97％；在全市推行"六治一网"模式，划分城市网格2128个、农村网格3093个、企业和园区等专属网格634个，形成18类240余项网格事项清单，建立闭环运行机制，实现"大事全网联动，小事一格解决"。2019年底，威海刑事、治安案件比2016年分别下降2.51％和13.22％，群众的安全感和满意度连续多年位居全国前列，威海市入选"全国首批市域社会治理现代化试点市"。

信用建设治理由软到硬、发挥实效。把征信体系建设作为一项基础性工程，纳入全面小康和精致城市建设全过程，贯通德治、法治、自治之中，让"软要求"变为"硬约束"、"软环境"变成"硬实力"，威海市在全国261个地级市综合信用指数排名中，稳居全国第一。建立个人积分管理系统及客户端，推行"海贝分"信用积分制度，明确守信加分指标193项、失信减分指标2994项，自动计分，让每位公民都有了具体的道德"画像"。建立"联合奖惩对象库"，及时更新收录全国失信被执行人信息和本市1.1万条"红黑名单"信息，为实施奖惩提供有力支撑。编制信用积分惠民政策清单，个人、企业和社会组织均可通过信用应用终端在全市享受积分对应的购物、就医、贷款等 20 多项信用惠民政策，有效激发了群众自我管理潜能。比如，全国新时代文明实践中心 10 个试点县之一的荣成市，将信用积分与志愿服务项目相挂钩，极大调动了群众参与热情，"红马甲"志愿者从 2015 年的不足 5000 人发展到 2019 年的近 10 万人；荣成市所辖的夏庄镇甲夼马家村，把信用积分与村级事务、村民福利相挂钩，村里卫生保洁全部由村民自发承包起来，曾经的"脏乱差"变成了如今"整洁新"，过去的上访村变成全镇考核的冠军村、威海市的文明村。

三、始终坚持"绿水青山就是金山银山"理念，走生态优先、绿色发展之路

小康全面不全面，生态环境是关键。生态环境既是全面建成小康社会的基本要求，也是人民对美好生活的新期待，更是可持续发展的基本依托。威海市始终坚持将生态文明建设与生产生活有机融合起来，以 5799 平方公里陆域、11449 平方公里海域为"画板"，用城乡山水做"骨架"，精心绣好一城一乡、一山一水、一砖一瓦，建设山清水秀、城乡媲美生态威海。环境空气质量全面达到国家二级标准，入选全国首批"无废城市"建设试点城市、"国家生态文明建设示范市"。

把"生态关"变成区域发展的"第一关"。虽然生态文明建设总体走在前列、2003 年就曾荣获"联合国人居奖"，但威海坚决不做生态文明建设"守摊人"，决不躺在"功劳簿"上止步不前，始终把生态优先摆在经济社会发展首要考量位置，不折不扣践行"绿水青山就是金山银山"思想理念，认识上特别清醒、行动上特别坚定。实施最严格的环境监管，制定全面加强生态环境保护打好污染防治攻坚战的意见、加强污染源头防治推进"四增四减"三年行动方案，以及打好蓝天保卫战等八大战役作战计划，形成标本兼治的"1＋1＋8"制度体系，配套出台生态文明建设目标评价考核办法，将环境质量逐年改善要求作为区域发展的约束性指标，纳入全市"六位一体"考核评价体系，对以环境换发展的

行为"零容忍"。开展最积极的生态建设，仅 2018 年以来，就先后投入 18 亿元整治和修复破损山体，投入 32 亿元整治修复海域、海岛、海岸带，投入 44 亿元建设雨洪资源利用工程，全市生态文明建设投入的资金，占一般公共预算支出的 17.3%。订立更高工作标杆，对生态文明建设每项工作的设计，都自我加压、自我超越，只要有可能，就一定把标准定得高一些、严一些。比如，自然岸线保有率，国家海岸线管控要求是 40%，威海市达到 47%。比如，近海筏式养殖离岸距离界定，国家没有具体标准，但威海市不断拓展，从最初的离岸 1000 米，推到 2000 米，再到现在的 6000 米，标准越来越高。再比如，"无废城市"建设试点，国家规定了 4 个领域，威海市又增加了海洋经济绿色发展、绿色旅游发展两个"自选动作"，探索建设了"无废航区""无废景区"。还有蓝天保卫战，坚持每天必争、每微克必争、每环节必争，环境空气质量 4 项主要指标均居全省第一位，2019 年全市万元 GDP 能耗比 2018 年下降 4.17%，提前超额完成"十三五"能耗下降目标。

把"生态线"变成群众生活的"幸福线"。威海市作为沿海旅游城市，海岸线是生态文明建设的"主脉"，交通线是生态环境的"脸面"。为此，威海着力修复保护海岸线，打造千里"蓝色海湾"。拆：清理违法及影响生态的低效养殖 27 万亩，仅威海湾就拆除网箱、看护房等 2 万多个；修：修复受损海岸线 80 多公里，沙滩、湿地 1.2 万亩；保：建立荣成大天鹅、乳山塔岛湾等各类保护区 17 处；增：建设人工鱼礁 3 万多亩，国家级海洋牧场示范区 11 个，省级海洋牧场示范项目 31 个。以文旅为主题，打造 477 公里的东部环海路，宽阔的大道"三步一景、五步一画"，道路两旁康养、购物、游乐等设施场所点缀其间。现在，海岸线与环海路交相辉映、浑然一体，人们形容"千里海岸线、一幅山水画"，身临其境，仿佛"车在画中行，人在景中走"，成为全市人民和外来游客向往的地方。

把"生态圈"变成迈向小康的"增收圈"。抓生态就是抓民生，不仅要实现生态美，还要让群众生活富。文登区将昆嵛山周围开发成生态经济样板片区，仅举办樱桃节一项，每年就吸引游客 40 多万人次，带动周边 12 个村的群众增收 5000 多万元。开发着眼民生，保护同样想着民生。王家疃村是具有原生态特色的传统村落。为实现生态保护与增收致富互促共赢，镇政府把村内坡地流转出去，对村民养老、医疗、买房等给予相应补助，解除后顾之忧。同时，引进鸟类摄影基地、生态观光园等项目，将村子打造成远近有名的网红打卡地。这样的例子在威海不少。群众得到实惠，参与生态文明建设的积极性更高了。

把"生态链"变成产业转型的"动能链"。"生态本身就是经济"。每抓一项生态建设，威海市都深入谋划实现生态和发展"双赢"。千里海岸线"生态链"，就是"双赢"的一篇"力作"。当年打造这条"链"时，定位就是"一幅山水画、一条创新链、一个创业梦"。目前在这条"生态链"上，有 AAAA 级以上景区 9 处，海滨公园 17 处，海水浴场 8 处，2021 年底将建成高品质滨海步道 200 公里；有全国休闲渔业示范基地 21 处，省级休闲海钓基地 8 处；有省级旅游度假区 4 处，一大批康养文旅项目，各种国际国内体育赛事场所设施；有双岛湾科技城、海洋高新技术产业园、南海新区等一批高端产业园区，聚集着 400 多家高新技术企业。

生态建设"钱不会白花"。近年来，不仅威海城乡居民对生态文明建设的满意度高达 93.85%，外地也有越来越多的游客选择到威海感受生态建设"看得见的幸福"。威海接待游客年均增长 9.3%，旅游总收入年均增长 12.2%，市外迁入人口 3.6 万人。体育赛事也因绿水青山而大放异彩，以公园赛道为依托举办的国际马拉松赛、全国自行车邀请赛等重大赛事，产生了良好的社会效益和经济效益。

四、始终坚持文化为魂走内外兼修、文化文明之路

文化是民族的血脉、城市的灵魂，是人们的精神家园。全面小康，重要的不仅是物质层面的小康，也是文化文明层面的小康。威海市坚持经济与文化齐抓并举、物质与精神互促共进，着眼当前与长远，兼顾城市与乡村，做到服务标准化、供给亲民化、城乡一体化、区域特色化，让小康之美既美在生活改善、好山好水，也美在文化气质、文明风尚。2016 年、2017 年、2018 年，先

后实现全省四德工程建设示范县（区、市）、全国文明城市和全省文化强省建
设先进市县三个"全域一片红"。

以标准来提升，让公共文化服务转入规范化。订立标准，形成制度，公
共文化服务才有持续投入、可靠保障，文化小康才能常态长效、日久弥固。威
海市将标准规范嵌入公共文化服务体系建设运维之中，对有国家和省级标准
的场馆、事项，严格对标达标，市级群众艺术馆、图书馆、博物馆、美术馆
全部通过国家一级馆认证，并于 2017 年在全国率先通过国际标准质量体系
（ISO9001）认证。对国家和省级层面暂无标准的场馆、事项，创新订立标准规
范，比如，在全国率先制定推行城市书房建设规范、服务规范，让城市书房建
设管理进入标准化流程轨道，同时还将相关标准向省级和国家层面进行申报，
积极推动在更广范围应用，为更多群众提供标准化优质文化服务。

以需求为导向，让文化"惠"到群众家门口、心坎上。小康不小康，群众
实际受益说了算、实际感受是评判。威海始终坚持以群众需求为导向，既着力
解决"有"的问题，更积极解决"用"的问题，真正把"有"和"用"结合起
来，让城乡群众享受更加便捷、更合口味的文化生活。坚持文化设施建向基
层，在城区，按照每个一次性补贴 50 万元、每年补贴 5 万—10 万元标准建设
城市书房 40 处，投放共享书柜 25 处，10 分钟公共阅读服务圈基本建成；在镇
村，实现镇（街道）图书馆分馆、文化馆分馆以及行政村（社区）综合性文化
服务中心"三个 100%"全覆盖；在人流密集厂区周边以及海岛、林区等区域，
开通 14 辆"流动文化服务车"。坚持文化服务由群众决定，按照社会团体"出
单"、百姓"点单"、政府"买单"的工作思路，通过搭建统一的文化服务交易
平台、推行"谁的节目质量高、受邀数量多、谁获得补贴就多"奖补机制，市
县两级每年拿出 1000 万元，组织各社会文化企业和团体同台发布文化演出内
容，广大群众投票决定"选谁演、演什么"。随着群众成为文化服务的"落锤
人"，威海文化企业、团体迅速发展，涌现出文化企业和服务机构 3000 多家，
平均不到 5 个村庄就建有一支一定规模的文化演出队伍；高水平文化活动不断
推出、广受追捧，每年超过 1 万场次的"送戏下乡"演出场场爆满，"梦海剧
场""威高大剧院"等每年策划推出的 100 多场商业化精品剧作，上座率超过

82%；群众性文化活动热情空前高涨，一年四季，"5·23"歌咏会、"幸福威海"广场文艺演出、沙滩音乐会等文化活动目不暇接，从城市到农村人如涌、歌如潮。威海市获评全国"歌咏之城"，群众文化生活幸福指数 2018 年、2019 年连续两年保持全省第一。

以协调为引领，把城乡文明建设统起来、一体抓。"小康不小康，关键看老乡"。文明不文明，关键看村民。威海始终注重协调推进全域文明创建，对城乡文明建设一体规划、一体部署、一体推进。文明行为一体规范。2014—2015 年推进市民公约、村规民约进家庭，2017—2018 年相继出台禁止燃放烟花爆竹、文明养犬等规范性文件，2019 年以地方性法规形式出台实施《威海市文明行为促进条例》，对哪些行为要倡导、哪些行为要禁止作出细致规定，让城乡居民言行举止更加有章可循、有法可依。文化场所设施一体配套。新时代文明实践站（所）建设实现社区、农村全覆盖，儒学讲堂社区、农村建成率均达 100%，城乡群众都能就近接受教育、自我提高。实践活动一体设计。总体按照"每隔几年抓好几个小的文明行为养成、坚持不懈抓下去"思路，在城市策划开展"精致城市·文明市民"培育行动，在农村持续抓好乡村文明行动，在全社会以"君子之风·美德威海"建设融通推进优秀传统文化弘扬传承和核心价值观培育践行，通过接力推进"三不一礼让"文明行动、红白事简办以及创作传唱 14 首社会主义核心价值观组歌等群众喜闻乐见形式，推动文明建设由"外在行为"向"内在修养"拓展延伸。

以红色为底色，为城市注入红色胶东精气神。没有强大的精神特质，就没有真正的全面小康。威海始终谨记"红色基因就是要传承"指示精神，牢记"要警钟长鸣，铭记历史教训"殷切嘱托，把红色文化融入全面小康建设，用红色精神激发各界力量。唤醒红色资源，系统整合全市红色印迹和爱国主义教育基地，精心打造胶东（威海）党性教育基地，谋划打造全国首个以总体国家安全观为主题的教育培训基地，每年吸引 10 多万人次前来接受红色教育和国家安全教育。讲好红色故事，坚持不懈通过运用文学、影视、戏剧、舞蹈等各种形式，把威海红色胶东故事讲给更多人，舞台剧《寻梦威海》常态化演出，电影《天福山起义》、歌舞剧《烽火》、京剧《郭永怀》等在全国多地上演，

2019年2月26日晚红色舞剧《乳娘》在国家大剧院演出后，全国巡演30多场次，激起了威海各界浓浓的爱国情、报国志。比如，面对全国抗击新冠肺炎疫情医用物资紧缺情况，威高、迪尚两家企业联手合作，48小时搭建起一座全新防护服生产工厂，紧急完成国家调拨任务10万件，受到国务院表彰。大力发展红色文旅，将红色文化与休闲、健康、农业、体育等产业融合发展，打造出4条红色旅游精品线路，发展起一批红色旅游综合产业，有效促进了区域经济与文化融合发展。比如，所辖乳山市，近年来依托马石山、胶东育儿所，聘请专业团队对"两山""两河""两基地"区域及沿线46个村进行连片整治，让马石山、东尚山等一批在大山深处沉寂了几十年的小山村，通过开发红色体验项目，成为发展红色旅游的新亮点，迎来了一批又一批的游客踏访寻胜。周边群众通过发展民宿经济，日子过得一天更比一天好。2019年"十一"黄金周，有的村民一天挣了2000多元，抵得上地里辛苦"刨食"大半年的收入。在以群众幸福感指数为标准的"中国最具幸福感城市"评选中，威海跻身全国前五。

在威海，"全面小康社会"的精美绣作已全面完成、如期交付。接下来，威海将站在新的历史起点上，以习近平新时代中国特色社会主义思想为指导，按照以习近平同志为核心的党中央对新时代推进社会主义现代化建设作出的顶层设计，以习近平总书记关于"威海要向精致城市方向发展"的指示精神为总目标总方向总遵循，加快落实"两步走"战略安排，全力建设更具现代化的"精致城市·幸福威海"，向党中央、向习近平总书记、向省委以及全体威海人民再交一份高分满意答卷！

全面建成小康社会与中国城市发展

河北省廊坊市

在推进京津冀协同发展中迈出新步伐 加快建设经济强市、美丽廊坊坚实步伐

中共廊坊市委宣传部

按照全面建成小康社会"百城千县万村"调研活动安排，廊坊市委宣传部牵头，成立由市委研究室、市政府研究室、市发展改革委、市民政局、市统计局、市扶贫办、廊坊日报社等部门组成的调研组。8月以来，调研组以座谈汇报、实地考察、问卷调查形式进行了深入调研，梳理了廊坊全面建成小康社会的奋斗历程和工作成就。现将调研情况报告如下。

一、廊坊市全面建成小康社会指标体系完成情况及主要做法

从总体情况看，廊坊市全面建成小康社会综合指数逐年提高。2014 年小康综合指数 84.44%；2015 年为 90.89%；2016 年提高到 92.99%，高于全省 7.63 个百分点，居第三位；2017 年为 94.46%；2018 年为 94.97%。截至 2019 年底，廊坊全面建成小康社会综合指数达到 98.04%，比上年提高 3.07 个百分点，32 项指标中有 29 项达到或超过目标要求，在河北省处于上游水平，可确保 2020 年如期全面建成小康社会。

（一）贯彻落实党中央和省委、省政府重大决策部署态度坚决、及时到位

廊坊市坚持从特殊区位赋予的政治责任出发，对中央和省委关于协同发展、污染防治、信访维稳、脱贫攻坚等部署要求，第一时间传达学习，深入精

准研究举措，不折不扣推动落实，坚决当好河北首都政治"护城河"的排头兵。把高质量发展作为根本要求，先后召开市委常委会、全市推进高质量发展全面建成小康社会工作会议等，制定推动高质量发展的实施意见，出台做好"六稳"工作、落实"六保"任务和扩大内需、减税降费等政策措施，确保经济社会发展稳中求进。把协同发展作为最大机遇，围绕服务支持北京城市副中心、北京大兴国际机场及临空经济区、雄安新区规划建设，严格落实各项管控要求，加快规划体系编制，全力推进北三县与通州区一体化发展，全力做好保通航和临空经济区规划建设，全力搞好产业对接、功能承接，努力在服从服务中加快发展自己。把拱卫首都安全作为最大责任，千方百计解决信访问题，坚决落实"北京不能去、河北不能聚"要求；创新开展"五大智慧工程"，着力筑牢"智慧护城河"，切实把各类不安全隐患隔离在首都之外，努力以廊坊之稳拱卫首都安全。

（二）推动高质量发展注重搞好顶层设计、科学谋划布局

一是坚持规划先行。主动融入京津冀协同发展大局，完成北三县与通州区一体化发展"1＋5＋12"规划体系、北京大兴国际机场及临空经济区"1＋3＋13"规划体系，确保同步跟进实施。二是全力构建"3＋1"主导产业格局。重点发展新一代信息技术、高端装备制造、生物医药健康产业和临空经济，全力构建"3＋1"主导产业格局。新一代信息技术重点发展新型显示、大数据、通信终端设备、软件及信息技术服务4大领域；高端装备制造产业重点发展智能制造、航空航天、汽车及零部件、机械及成套设备等4大领域；生物医药健康产业重点发展生物医药生产、医疗辅材制造、医疗健康服务3大领域；临空经济重点发展航空服务保障、航空物流、高技术服务业和战略性新兴产业等。三是加快推进"7＋6"县域特色产业集群发展。以加速产业高质量发展为目标，优化提升三河汽车改装及零部件、香河家具、霸州都市休闲食品、霸州特色定制家具、文安人造板、大城绝热节能材料、大城红木7大传统特色县域产业集群，重点培育三河电子信息、三河生物医药和大健康、大厂影视文创、固安电子信息（新型显示）、固安航空航天零部件、永清服装创新设计6大新兴特色县域产业集群，推动产业优化升级。四是明确城市定位。进一步明确了与京津协同发展示范区、发展临空经济对外开放引领区、科技创新成果转化先行区、高端高新产业聚集区、京津走廊生态宜居城市"四区一城"的功能定位。同时，明确当好河北首都政治"护城河"排头兵、京津冀协同发展典范城市、北京非首都功能疏解重要承载地的发展定位，为经济社会高质量发展指明了方向、提供了遵循。

（三）推动工作落实强力精准、管用有效

一是创新落实机制。市委、市政府研究制定了重点经济工作党委书记第一责任人机制、领导干部包联重点企业、领导干部包联重点项目、重点项目拉练观摩、经济工作专班集中推进、精准招商、重点工作分口调度、定期排队通报晾晒、精细精准考核等9项机制。二是压实责任链条。将143项重点工作全部落实到具体市领导、牵头部门及相关责任部门，逐项建立台账，制定责任清单，明确完成时限。对投资百亿元以上重大项目，成立工作专班，明确专人负责，一对一建立问题清单和责任清单。三是精准指导工作。实施"一县一策"，对财政收入、工业投资、外资外贸等重点指标动态监控、过程管理，由市直部门与各县（市、区）主管领导直至党政一把手面对面对接，针对重点问题逐项制定解决措施。建立"企业服务包"，将企业需求和政府扶持政策集中打包，对企业实施一对一精准服务。四是强力破解难题。针对减排空间收窄、污染防治难度加大的情况，实施全天候、全覆盖执法夜查、晨查、突击检查，严厉打击超标排污、偷排偷放等环境违法行为。对各县和所有乡镇空气质量实行日排名，对问题频发、排名长期落后的严肃问责。

二、京津冀协同发展背景下全面建成小康社会的廊坊样本

党的十八大以来，在以习近平同志为核心的党中央坚强领导下，在省委、省政府的正确领导下，市委、市政府团结带领全市人民担当作为、拼搏竞进，为实现全面建成小康社会目标奠定了坚实基础。

（一）深入贯彻新发展理念，构建现代产业体系

廊坊市抢抓京津冀协同发展重大机遇，以新一代信息技术、高端装备制

造、生物医药健康和临空经济为抓手，以京津冀产业布局调整和产业链重构为契机，持续优化产业结构，三次产业结构由 2015 年的 8.3∶44.6∶47.1 调整为 2018 年的 6.3∶36.6∶57.1，三产比重居全省第二位，高质量发展态势显现。一是大力发展新一代信息技术产业。全市初步形成了以维信诺、京东方、固安鼎材、固安翌光等为龙头的新型显示产业集群；建成京津冀大数据创新应用中心，聚集了润泽国际信息港、中国联通（华北）云基地、华为廊坊云数据中心、京东云数据中心、中国移动数据中心等一大批大数据行业领军企业；新一代信息技术产业重点企业达到 109 家，实现营业收入 424 亿元，居河北省第一位。预计到 2020 年底，营业收入将达到 600 亿元以上，2022 年达到 800 亿元，2025 年达到 1000 亿元。二是大力发展高端装备制造业。全市产业增加值占 GDP 的 6%，行业税收占全部税收的 6.5%，年营业收入将达到 400 亿元左右，2022 年达到 600 亿元，2025 年达到 1000 亿元，形成千亿元产业规模。三是大力发展生物医药与健康产业。先后布局了北部地区以燕郊高新区、香河县为主要区域的生物医药和医疗器械产业集群；中部地区以廊坊经开区、固安高新区为主要载体的大健康产业集群；南部地区依托霸州、固安等地丰富地热资源的健康养生产业集群。2020 年，预计实现营业收入 200 亿元，2022 年达到 300 亿元，2025 年达到 450 亿元。四是大力发展临空经济上。坚持高起点谋划、高标准管控、高效率推进，2019 年 9 月以来，临空经济区先后举行了 12 场全球招商发布会，签约项目 53 个，集中开工项目 27 个，总投资 783 亿元。其中，临空金融大厦、河北航空运营基地、宏芯高性能国产化服务器制造等产业项目 12 个，总投资 214 亿元，年内完成投资 36.8 亿元，助推以产促城、以城兴产、产城融合。五是大力发展现代商贸物流。着眼把发展现代商贸物流业作为未来的重要支柱产业，加快现代商贸产业发展，推动永清云裳小镇、香河国际建材城等项目加快建设；加快电子商务产业发展，积极引进结算中心、区域总部和供应链类项目，总投资 324 亿元的京东电子商务产业集群等一批重大项目正在加快落地建设，2020 年全市电子商务网络零售额目标为 390 亿元，同比增长 20%；加快冷链物流产业发展，着力打造环京津 1 小时鲜活农产品物流配送圈，2020 年预计实现营业收入 300 亿元，2022 年达到 500 亿元，2025 年达到 800 亿元。

（二）以特色产业集群为引擎，推进县域经济高质量发展

聚焦县域产业基础，结合京津冀发展规划和未来产业发展定位，制定印发了《廊坊市县域特色产业振兴工作方案》，确立了"7＋6"重点产业集群发展重点，即优化提升三河高端装备制造、香河家具、霸州都市休闲食品、霸州特色定制家具、文安人造板、大城绝热节能材料、大城红木7大传统特色县域产业集群，重点培育三河电子信息、三河生物医药和大健康、大厂影视文创、固安电子信息（新型显示）、固安航空航天零部件、永清服装创新设计6大新兴特色县域产业集群。2019年，我市"7＋6"重点产业集群的营业收入总计达到984.8亿元，与2018年相比增长32%；产业集群营业收入占民营经济收入总量的11.5%，比2018年提高1.2个百分点，为全面建成小康社会打牢了县域基础。

（三）着眼"非贫困地区"实际，坚决打好脱贫防贫攻坚战

廊坊经济发展水平相对较高，贫困发生率低，没有贫困县、贫困村，但也面临着"户散人稀、重病残疾、易保难扶"的挑战。对此，市委、市政府严格按照"两不愁三保障"要求，坚持"精准扶贫精准脱贫"基本方略，党政一把手亲自安排部署调度，各地各部门上下联动、强力推进，精准实施产业就业帮扶、健康、助残、教育、社保兜底、危房改造"六大攻坚行动"。经过2018年、2019年两年奋战，全市1934户4829名建档立卡人口已全部实现脱贫退出，提前一年完成减贫任务，没有出现一户因病因灾返贫。一是全面落实"两不愁三保障"。2019—2020学年建档立卡家庭经济困难学生1008人全部享受资助政策，无辍学失学情况发生，疫情期间做到"停课不停学"；严格落实"基本医疗保险＋大病保险＋医疗救助"三重保障，健全完善补充医疗保险，实施了大病集中救治、先诊疗后付费、"一站式"结算、家庭医生签约服务、规范门诊慢病管理等有效措施；2018年10月，834户建档立卡户的住房安全问题已全部解决到位，提前完成省定任务；高氟水区域729户建档立卡户饮水安全全部达标，农村集中供水率100%，全部实现管道入户，供水保障率95%以上。二是精准做好产业就业帮扶。开展产业扶贫专项行动，确保每个建档立卡贫困户至少落实1项产业帮扶项目；开展就业扶贫专项行动，

逐户逐人分析未就业原因，有针对性采取措施保障稳定就业，目前全市有劳动能力和就业愿望的贫困劳动力 1672 人全部实现稳定就业；开展金融扶贫专项行动，落实银行"分片包干责任制"，累计发放扶贫小额信贷 135.45 万元，惠及建档立卡户 105 户；开展消费扶贫专项行动，做好贫困地区农副产品采购工作，截至 6 月底，全市各级预算单位使用预留份额已采购 299.57 万元，居全省首位。三是开展贫困残疾人帮扶行动。与实施"残疾人服务工程"紧密结合起来，扎实开展康复服务、辅具适配、就业培训、托养服务、家庭无障碍改造、残疾人和残疾人家庭子女大学生资助民心工程，项目优先满足符合条件且有需求的建档立卡贫困残疾人。截至目前，共有 40232 名建档立卡残疾人享受重度残疾人护理补贴，29838 名残疾人享受困难残疾人生活补贴，今年累计发放资金 1.55 亿元。四是改善建档立卡人口生活。户均帮扶措施达到 5.08 个，贫困群众的满意度和认可度不断提升；实施兜底保障建档立卡贫困户 1680 户 3580 人，户占比达到 87.23%，人占比达到 74.75%；农村低保平均保障标准达到每人每月 783 元，特困最低标准为每人每月 1096 元，全市农村低保特困标准位列全省第一。

（四）持续推进新型城镇化建设，城乡协调发展迈出新步伐

坚持城乡统筹，坚持以人为本，积极融入以首都为核心的世界级城市群建设，城镇空间布局日益完善，城市综合功能扩面提质。一是新型城镇化发展水平不断提升。积极稳妥推进户籍制度改革，有序推进农业转移人口市民化，促进城乡资源要素合理流动，加快形成城乡经济发展一体化的新格局，2019 年常住人口城镇化率达到 61.3%，4 年提高 6.3 个百分点，户籍人口城镇化率达到 49.9%，4 年提高 15.9 个百分点；城市管理水平不断提升，组织开展"深入一线查问题、补齐短板提品质"活动，共解决城市设施问题 1045 个；被列为国家智慧城市试点，在全省率先实施市县两级数字城管，主城区重点场所热点区域免费 Wi-Fi 全覆盖。二是做大做强中心城市。拉开主城区大框架，谋划实施"城市客厅"、公共服务设施与市政设施提升、花园城市建设、重点产业培育、城市道路优化等工程，进一步完善城市功能、提升城市品位；大力发展总部经济、楼宇经济、夜经济等城市经济，全面提升主城区辐射带动能力；

2019 年设立了"市长特别奖"，对全市民营经济纳税额前 5 名的企业，每家一次性奖励 1000 万元，共拿出 1.1 亿元对全市 392 家民营企业进行奖励，营造了尊商、重商的良好氛围。三是加快推进县城扩容提质。围绕公共服务、环境治理、市政设施、产业培育等重点领域和关键环节，推进县城公共服务均等化、生产生活环境宜居化、基础设施便利化、产业培育高端化。目前，所有县（市、区）全部财政收入均迈上 10 亿元台阶，6 个县（市）进入全省民营经济十强。大厂县获得国家级园林县城称号，文安县等 7 个县城被评为省级文明城。四是美丽乡村建设成绩卓著。出台《关于实施乡村振兴战略的意见》，104 个村庄被评为省级美丽乡村；持续改善农村基础设施水平，广泛开展农村垃圾集中清理行动，坚持不懈推进农村"厕所革命"，有序推进污水处理项目，提前一年基本完成农村人居环境三年整治任务；全力创建市级乡村振兴示范区 10 个，其中创建省级乡村振兴示范区 2 个，总投资规模 2.83 亿元。五是城乡基础设施和公共服务一体化有效提升。全市县城 20 公里范围内公交化运行率达到 62%，50% 以上的乡镇基本完成农村客运班线公交化改造；新改扩建主城区中小学和幼儿园 16 所、农村幼儿园 107 所，改善义务教育薄弱学校 504 所，标准化学校创建率达到 75%；建成基层综合文化服务中心 2000 个，城市社区和农村健身设施覆盖率分别达到 95% 和 80% 以上。六是文明城市创建工作成效明显。深入开展"三创四建"活动，组织动员全市干部群众参与全国文明城市创建，大力实施"六大围点攻坚"和"五大提升行动"，市民文明素质和城市文明程度明显提升。围绕公共服务、基础设施、污染治理、社会稳定等重点领域，扎实推进老旧小区改造、市政老旧管网改造、公共交通建设、城区停车场建设等 23 项民心工程。目前，棚户区和老旧小区改造全部开工，便民市场、社区养老机构和中小学、幼儿园建设等工程加快推进，主城区无物业小区管理问题得到有效解决，城区雨污分流工程、跨京沪铁路光明道上跨桥加快建设，广大群众的操心事、烦心事、揪心事得到有效解决。

（五）持续加强资源节约和环境保护，生态文明先行区建设取得新进展

始终把践行"绿水青山就是金山银山"理念摆在最突出位置，持续用力打好蓝天、碧水、净土保卫战，扎实推进生态环境保护和生态修复，与京津共筑

环首都生态屏障，生态文明建设工作取得积极成效。一是绿色经济体系不断完善，生态廊坊建设卓有成效。2019 年 6 月底，全市林地面积 326.41 万亩，森林覆盖率 33.86％，林木覆盖率 37.98％，2019 年 11 月，被授予"国家森林城市"称号；坚定不移推进转型升级，合理控制高耗能高排放行业增长规模和速度，积极构建绿色循环低碳现代产业体系，2020 年全市单位生产总值二氧化碳排放比 2015 年下降 20％；战略性新兴产业、现代服务业等产业高端化态势不断显现，生态高效农业和都市型现代农业发展态势良好。二是大气污染综合治理取得明显成效。出台《廊坊市大气污染防治十条严控措施》等政策措施，举全市之力向污染宣战，2018 年底，PM2.5 降至 52 微克 / 立方米，提前完成"十三五"规划目标；强力推进"煤替代"工程，累计完成"煤替代"100 余万户，散煤使用减少 200 余万吨，基本实现全市域散煤清零；深度推进"散乱污"企业综合整治，累计完成 13791 家"散乱污"企业完成整治，霸州新利、河北前进、安次洸远三家钢铁企业实现整体退出，累计化解炼钢产能 1052 万吨、炼铁产能 1130 万吨。三是生态修复工作取得重大进展。完善市、县、乡、村四级河长体系，对辖区内列入国家和省考核的 6 条重点河流开展深度治理，地表水劣 V 类控制比例、城市黑臭水体控制比例等水环境指标均达到考核要求，城市集中式饮用水水源水质达到或优于Ⅲ类比例为 100％；全面开展土壤污染调查、风险评估，建立疑似污染地块名单，对土壤环境重点监管企业名单实时更新和公布，大力推进矿山生态环境修复治理，完成 52 个废弃矿山治理任务，化肥农药使用量保持零增长。

（六）坚持尽心竭力惠民生，人民群众幸福指数持续提高

坚持以人民为中心的发展思想，高度关注疫情对民生的影响，加大保障和改善民生力度，让发展成果更多惠及人民群众。一是实施创业就业工程。落实就业优先要求，设立创业扶持资金，建立创业贷款担保基金补充机制，开展援企"稳岗护航"行动，全力保障高校毕业生、农民工、退役军人等重点群体就业。"十三五"期间，城镇新增就业人数累计 29 万人，2020 年城镇登记失业率可控制在 4％以内，保持全省最低。二是实施城乡居民收入提升工程。开展重点群体增收综合配套政策试点，健全最低工资标准正常调整机制，规范收入分配和劳动力市场秩序。2019 年城镇和农村居民人均可支配收入为 4.39 万元和 1.85 万元，4 年年均增长分别为 8.3% 和 8.8%，城乡居民收入水平始终保持全省前列。三是实施社保扩面提标工程。健全社会保障制度，继续提高企业和机关事业单位人员基本养老金，严格落实城乡低保等社会救助动态管理机制，切实做到应保必保、防止骗保。截至 2019 年，城镇居民基本养老保险参保人数 109 万人，年均增速 4.0%，城乡居民基本养老保险参保人数 219 万人，提前完成"十三五"规划目标。四是实施教育提质惠民工程。严格落实县（市、区）学校建设主体责任，优先发展教育事业，加大资金投入，改善办学条件，优化学校布局，着力解决好中小学幼儿园大班额等突出问题，推进义务教育优质均衡发展。2020 年，劳动人口平均受教育年限可达到 11.5 年。五是实施健康廊坊工程。提高医疗服务水平，加强现代医院管理制度、分级诊疗制度等制度落实，加快推进实施家庭医生签约服务。2017 年 8 月 26 日零时，12 家城市公立医院按时启动了药品零差率销售改革，实现了公立医院综合改革全覆盖，全市公立医院保持平稳运行。六是实施公共安全保障工程。深入开展信访矛盾化解攻坚行动，市县两级领导包联的信访积案全部化解。加强和创新社会治理，强力推进扫黑除恶专项斗争，狠抓安全生产和食药安全，"平安廊坊"建设取得新成效，社会大局保持和谐稳定。

（七）全面深化改革工作成效显著，各领域改革齐头并进

聚焦高质量发展的时代大势，扎实推进重点领域和关键环节各项改革，经济发展新动能持续壮大、新活力不断增强。一是"放管服"改革纵深推进。以"三深化三提升""三创四建"等活动为统揽，大力推进"放管服"和行政审批制度改革，着力打造一流营商环境。规范组建市、县两级行政审批局，市级划转承接审批事项 169 项，压减审批环节 77 项，推出当日办结事项 54 项、企业登记便利化 26 条等改革措施，平均提高审批效率 68%；全部取消 130 项市本级非行政许可审批事项，衔接取消下放行政审批事项 316 项；衔接落实省取消下放行政审批事项 32 项，全面实行"三十八证合一"，在全省率先实施跨部门"双随机、一公开"联合抽查，积极推行"互联网＋政务"在线审批模式，群众和企业满意度有了新提升。"多证合一、一照一码"全面实施，电子营业

执照全行业试行，工商前置许可审批事项减少 82.9%，市场主体由 14.4 万户增加到 26.9 万户。先后出台《大力支持工业和民营经济高质量发展的若干政策措施》《关于促进工业转型升级高质量发展的八项强化措施》等规范性文件，推出"39＋8"支持政策，拿出资金 4 亿多元，助力全市民营经济、实体经济高质量发展。二是各领域改革扎实推进。财税金融改革稳步实施，绩效预算制度逐步健全，全市挂牌上市企业由 8 家增加到 65 家。县级医药卫生体制改革扎实推进，香河县、大厂县、霸州市被省医改办评为"河北省县级公立医院综合改革示范县"，全市 8 个县（市）、19 家二级公立医院继续实行药品零差率销售改革。科技创新改革取得新进展，建立市级科技计划（专项、基金等）管理联席会议制度，对全市科技计划（专项、基金等）设置、实施方案、经费概算等进行统筹指导。户籍制度改革迈上新台阶，制定出台《廊坊市居住证实施办法（试行）》和《关于进一步深化户籍制度改革的意见（试行）》等政策，切实保障居住证持有人在廊坊享有的便利。生态文明体制改革实现新突破，研究制定水资源、湿地恢复与保护、农业面源污染防治、河流水体污染治理、生态补偿等地方性规章制度，建立健全重大环境事件和污染事故损害赔偿制度、自然资源资产产权制度，创新完善生态效益补偿制度体系。三是第一批全国中小城市综合改革试点取得阶段性成果。全面完成市县政府机构改革、党政机关公车改革，农业农村、供销社、国企、教育、文化等领域改革迈出新步伐。实施国家级试点 19 项、省级试点 30 项，充分发挥试点在改革全局中的示范带动作用。国家中小城市综合改革试点任务顺利完成，形成园区共建模式创新、土地弹性出让制度改革等 16 项改革成果；石保廊全面创新改革试验区扎实推进，开发区改革、收入分配制度改革等 7 项重点工作取得阶段性成果。

三、廊坊市全面建成小康社会带来的经验与启示

党的十八大以来，面对国内外发展环境和条件变化的影响，廊坊市加快

实施产业转型升级、着力推进京津冀协同发展、深入实施创新驱动、全面深化改革开放、守住生态底线等重大战略任务，稳步推进扶持就业创业、增加城乡居民收入、完善社保体系、提升教育质量等各项工作，确保如期全面建成小康社会。其间，积累了很多宝贵经验，对于新时代推进经济社会发展迈向新台阶具有重要启示意义。

（一）始终强化党的领导，坚决确保党中央和省、市委各项安排部署落实落地

如期实现全面建成小康社会目标，实现中华民族伟大复兴，关键在加强党的领导。在决胜全面小康的征程上，市委、市政府始终把加强党的全面领导贯穿各项工作全过程，自觉在思想上、政治上、行动上同以习近平同志为核心的党中央保持高度一致，切实提高党把方向、谋大局、定政策、促改革的能力和定力，为坚决夺取全面建成小康社会伟大胜利，奋力开创新时代加快建设经济强市、美丽廊坊新局面提供坚强保证。一是坚定不移地做到"两个维护"。习近平总书记对河北知之深、爱之切，党的十八大以来先后7次视察河北，多次发表重要讲话，对河北工作作出重要指示，使河北改革发展有了最根本的政治引领、最强大的思想武器和最重要的行动指南。决胜全面小康的关键时刻，全市上下进一步激发高度的政治自觉、思想自觉、行动自觉，切实把"两个维护"作为明确的政治准则和根本的政治要求，用决胜全面小康的工作实绩诠释感恩之心，用担当作为的实际成效回报习近平总书记的亲切关怀，用贯彻落实的自觉行动体现对以习近平同志为核心的党中央的绝对忠诚。二是着力推动党中央和省、市委各项决策部署落实落地。对党中央和省、市委各项决策部署，第一时间组织传达贯彻，深入精准谋划举措，迅速推进落地落实。特别是对北京大兴国际机场及临空经济区建设、北三县与通州区协同发展等国家重大历史性工程，对污染防治、信访维稳、脱贫攻坚等重大任务，坚决服从大局、全力以赴、扎实推进、务求实效。把高质量发展作为根本要求，多次召开市委全会、全市经济工作推进会、市委常委会等重要会议，制定出台《关于扎实推进高质量发展、加快全面建成小康社会的实施意见》等政策性文件，组织全市重点项目拉练观摩，大力推动经济发展质量变革、效率变革、动力变革。把协同

发展作为最大机遇，围绕服务支持北京城市副中心、北京大兴国际机场及临空经济区、雄安新区规划建设，严格落实各项管控要求，统筹规划体系编制，加快推进廊坊临空经济区规划建设和北三县与通州区协同发展，全力搞好产业对接、功能承接，努力在服从服务中加快发展自己。把拱卫首都安全作为最大责任，以廊坊之为、廊坊之稳确保首都之稳，坚决打造更加牢固的首都政治"护城河"。三是巩固发展风清气正、干事创业的良好政治生态。坚持党的全面领导，充分发挥市委总揽全局、协调各方作用。认真贯彻民主集中制，对"三重一大"问题坚持充分酝酿、深入讨论、集体议定，在事关廊坊发展的关键性问题上形成了一系列重要决策。坚持党领导立法、保证执法、支持司法、带头守法，扎实推进依法治市，法治廊坊建设步伐加快。

（二）始终坚持辩证思维，超前精准谋划经济社会发展的目标任务和重点工作

在新时代新形势下，面对新情况新问题新矛盾，只有学习掌握唯物辩证法的根本方法，不断增强辩证思维能力，才能提高驾驭复杂局面、处理复杂问题的本领，精准谋划全面建成小康社会的目标任务和重点工作。在具体工作实践中，市委、市政府正确处理好"四个关系"。一是正确处理好"稳"与"进"的关系。稳是前提和基础，进是过程和目标。我市始终坚持稳中求进，在坚决稳住经济基本盘、稳住社会大局的基础上，实现重点经济指标增比进位、协同发展深入推进、重点民生工作强势突破，推动经济社会发展向更高层次更高质量迈进。二是正确处理好"危"与"机"的关系。危和机同生并存，危中有机，克服了危即是机。市委、市政府善于化危为机，在积极应对挑战、化解矛盾风险中，寻找打开新局面的突破口、抓住培育新优势的关键点，不断激发新一轮发展的潜能和优势。特别是面对疫情对经济发展造成的严重冲击，市委、市政府顶住压力、攻坚克难，抓调度、强督导，抓帮扶、稳企业，抓项目、增投资，抓引导、促消费，抓收入、保民生，全力稳住经济基本盘，努力把疫情影响降到最低。2020年上半年，全市主要经济指标持续回升向好，在省重点关注的10项指标中，地区生产总值、服务业增加值、固定资产投资、社会消费品零售总额、进出口总值、实际利用外资等6项指标增速高于全省平均水平。

三是正确处理好"破"与"立"的关系。不破不立、破而后立。要坚决破旧立新，破除看摊守业思想、树立拼搏竞进意识，破除因循守旧思想、树立开拓创新意识，破除被动等靠思想、树立主动争取意识，破除畏首畏尾思想、树立敢于担当意识，奋力开创高质量发展新局面。四是正确处理好"近"与"远"的关系。凡事预则立，不预则废。要坚持远近结合，既要做好稳增长、促改革、调结构、惠民生、防风险各项工作，加快项目建设、加大投资力度，确保完成全年目标任务，又要谋划好打基础、利长远、增后劲的工作。例如，聚焦创新发展绿色发展高质量发展，第一产业抓现代都市型农业，第二产业抓特色产业集群，第三产业抓现代新兴服务业；聚焦服务支持国家重大历史性工程，抓北中南三大板块借势、错位、协同发展；聚焦全面建成小康社会，抓生态环境向好擦亮"京津乐道，绿色廊坊"名片，抓营商环境优化打造"投资廊坊，事事顺畅"品牌，抓城乡人居环境改善，实现"廊坊城乡，全面小康"目标。

（三）始终聚焦协同发展，在服从服务国家发展大局中推进廊坊的高质量发展

坚持以"服从服务，合作共赢"为原则，对标对表"国家大事"，在推动京津冀协同发展向着纵深的同时，廊坊高质量发展迈出坚实步伐，确保全面建成小康社会目标任务的如期完成。一是强化协同规划的顶层设计。北三县按照"四统一"的要求，全面落实《北京市通州区与河北省三河、大厂、香河三县市协同发展规划》，深入对接北京城市副中心，"1＋5＋12"规划体系已完成初步成果，有力促进城乡空间合理布局和土地资源的高效利用；按照北京大兴国际机场临空经济区总体规划，明确重点发展战略与目标，"1＋3＋13"规划体系取得初步成果，对于统筹城区空间格局与功能布局、提升城区宜居品质具有重要意义；出台全力服务支持雄安新区规划建设的决定和实施方案，开展南部板块顶层设计及雄安新区周边县（市）城乡总体规划编制工作，为强化新区周边区域管控和积极开展交通互联、生态修复等基础性工作奠定了坚实基础。二是不断完善区域立体化综合交通体系。轨道交通方面，新建9条线路分别为京霸城际、京唐铁路、京滨铁路、崇礼铁路、廊涿城际、城际铁路联络线、环北京城际廊坊至平谷段、固保城际和京石城际；公路交通方面，京台高速、密涿高速、京秦高速建成通车，新机场北线高速开工建设，纳入雄安新区专项规划的京德高速、京雄高速、荣乌高速新线等配套综合交通路网加速推进，燕潮大桥于 2019 年 3 月 29 日正式通车；通用机场方面，4 个通用机场列入省通用航空产业布局，其中三河、香河、安次 3 个通用机场已经开展前期工作。三是建立完善区域生态治理联防联动机制。实行最严格的环保制度，建立区域大气、水污染防治协作联动机制，与京津共筑环首都生态屏障，打造生态宜居高地。例如，与京津共同推动大运河、永定河、潮白河生态恢复，强化与白洋淀相连水域生态环境治理保护，谋划实施水生态修复工程，与雄安新区共同打造水脉相连、河清水碧、良性循环的生态水网；"平三蓟"生态文明先行示范区坚持创新区域联动模式，探索京津冀生态文明制度建设协同模式，不断完善河流、矿山、森林、大气等领域联防联治机制，做好示范区迎检工作并持之以恒地推进跨区域生态文明建设。四是推动共建一批产业园区助推经济发展。通过创新体制机制，争取政策共享，加强园区共建，全力推进北京新机场临空经济区、北京亦庄·永清高新技术产业开发区、中关村国家自主创新示范区固安高新技术产业园、三河与平谷共建通航产业基地等承载平台建设，与京津合作搭建一批产业合作平台，实现精准承接、共赢发展。

（四）始终围绕制度创新，在破立结合中建立和形成加快全面建成小康社会的制度规范

近年来，廊坊市在破立结合中创新突破，探索和完善了体制机制和制度规范，加快了全面建成小康社会的历史进程。一是健全责任落实机制。各级党委、政府切实担负起主体责任，党政一把手认真履行第一责任人责任，职能部门积极承担部门责任，各县（市、区）严格落实属地责任，各级领导干部谁主管谁负责、谁牵头谁协调，各负其责做好工作。例如，聚焦打赢打好精准脱贫攻坚战，全面落实四套班子成员包联制度，市委常委每人分包一个县（市、区），30 位市级领导直接包联贫困户，深入一线调研走访，帮助解决实际困难，层层传导压力，确保完成任务目标。二是健全协调调度制度。强化各层级之间、地方与部门之间、不同部门之间的协调，一级对一级负责、一级帮助一级解决问题，上级组织抓重点、解难题，下级组织主动担当、积极作为，职能部门加强指导、靠前服务，齐心协力抓好落实。2017 年至今，每年都召开全市生态环境保护工作会议、生态委领导小组会议和专项调度会议，与各县（市、区）和市直有关部门签订环保工作目标责任状，对全市生态环境保护工作年度目标任务细化分解，实施挂图作战、开展联防联治。三是健全精准推进机制。党政一把手负总责、亲自抓，既挂帅、又出征，加强指挥调度、深入一线推动，及时协调解决重大问题，一级带一级，推动各级领导干部把工作抓紧抓实抓到位。在争创全国文明城市工作中，市四套班子领导采取不打招呼、不预设路线的方式，深入主次干道、城建工程、背街小巷、老旧小区等重点部位督导检查，现场办公解决难点问题，为争创全国文明城市"查漏补缺"，推动解决了建筑垃圾堆积、城中村街道混乱等"老大难"问题，人民群众获得感、幸福感明显提升。四是健全绩效考核机制。把全面建成小康社会目标任务完成情况纳入领导班子绩效考核，充分发挥考核的"指挥棒"作用，奖优罚劣、激励鞭策。同时，建立全面建成小康社会进展情况定期通报和检查验收制度，对工作出色、实绩突出的单位进行通报表扬，对未完成进度要求的进行追责问责。例如，出台主要经济指标和重点项目建设精细精准考核办法，每月、每季对各县（市、区）、廊坊开发区进行督导、排队通报。仅 2020 年上半年，共研究任免市管干部 8 批 154 人，其中提拔任用 25 人、平职调整 78 人，真正把忠诚干净担当实干的干部选出来用起来。五是健全政策制度机制。根据全面建成小康社会指标实现程度，在巩固已实现成果的同时，突出强弱项、补短板，进一步健全完善政策制度机制，坚决确保如期高质量全面建成小康社会。例如，出台了《关于贯彻落实打赢脱贫攻坚战实现稳定脱贫可持续发展的实施意见》《关于建立健全脱贫防贫长效机制的实施意见》等文件，编印《脱贫攻坚政策文件汇编》5 册，内附 202 个文件资料，发放到全市扶贫系统，有力指导扶贫脱贫工作开展。六是健全宣传引导机制。坚持正确舆论导向，充分利用报纸、广播、电视、网络等宣传媒介，发挥融媒体作用，通过权威发布、专家解读等多种方式，对全面建成小康社会核心内涵、评价标准和标志性成果进行宣传讲解，及时宣传推广先进典型、实绩成效，积极营造共同推进高质量全面建成小康社会的良好氛围。

（五）始终坚持高点站位，切实把全省领先、全国一流作为矢志不渝的追求

一是各级干部勇于担当、积极作为。市委、市政府主要领导既挂帅又出征，带头挑最重的担子、啃最硬的骨头，带动各级干部担当担责、激情工作。始终坚持正确用人导向和工作导向，不断完善容错纠错机制，为担当者担当、为干事者撑腰。广大干部精神饱满、干劲十足，废寝忘食、夜以继日研究推动工作落实成为常态。二是牢固树立前列意识、争先意识。抢抓历史机遇、借势加快发展、全面建成小康，必须坚持高点站位，在提高标准上狠下功夫，把细致精致极致贯穿于工作始终。例如，廊坊坚持立足京津冀协同发展大局，坚持生态优先、绿色发展，积极打造京津冀生态环境支撑区和首都生态涵养区，着力建设平原森林城市，有力推动了全市生态环境的持续改善。同时，坚持事争一流、唯旗是夺，在制定发展规划、推动产业发展、做优营商环境、补齐民生短板等方面，事事敢为人先、处处走在前列，力争每项工作都做到全省领先、全国一流。三是驰而不息改进作风、狠抓落实。廊坊市坚持突出重点抓落实，深入学习贯彻习近平新时代中国特色社会主义思想和习近平总书记对河北工作重要批示指示精神，既立足现实破解难题、开创工作新局面，又着眼未来发展、抓好打基础利长远的战略性事业，以奋发有为的新姿态领跑新时代高质量发展；坚持健全责任制抓落实，将目标导向和问题导向相结合，建立工作台账，明确时间表、路线图、责任人，一级对一级负责，一级帮助一级解决问题；坚持改进领导作风抓落实，对议定的事项、看准的工作坚决干、马上办，以功成不必在我的精神将一张蓝图绘到底；坚持督查考核问责抓落实，聚焦重大问题，强化督导检查，强化考核问责，推动党中央和省、市委各项安排部署落实落地；坚持完善长效机制抓落实，严管和厚爱结合、激励和约束并重，营造出风清气正、干事创业的良好政治生态。

江西省吉安市

感恩奋进勇争先　笃定前行奔小康

中共江西省委宣传部

到 2020 年全面建成小康社会，是我们党向人民、向历史作出的庄严承诺，是 14 亿中国人民的共同期盼。习近平总书记多次强调，没有老区的全面小康，特别是没有老区贫困人口脱贫致富，是不完整的；决不能让老区贫困群众在全面建成小康社会进程中掉队。2016 年春节前夕，习近平总书记赴江西吉安、井冈山等地考察，让老区广大干部群众倍感温暖、倍感振奋。近年来，在党中央、国务院和江西省委、省政府的正确领导下，吉安广大干部群众把习近平总书记的殷殷嘱托转化为感恩奋进的强大动力和生动实践，努力在弘扬井冈山精神上走前列，在脱贫攻坚战中作示范、带好头，推动全面建成小康社会取得决定性进展。

按照中央宣传部统一部署，江西省委宣传部牵头组成联合课题组，深入吉安市、县、乡、村开展集中调研，学习汲取中宣部寻乌扶贫调研的唯实求真精神，研究思考革命老区决战脱贫攻坚、决胜全面小康的经验与启示，形成本调研报告。

一、"红、古、绿、金"四色交辉的赣中之城

吉安市位于江西中部，地处赣江中游，西靠罗霄山脉，与湖南相邻。现辖 2 区 10 县 1 市，面积 2.53 万平方公里，人口 540 万人。全境为原中央苏区县，原有国定贫困县 5 个，其中罗霄山集中连片特困县 4 个。吉安有中国革命摇篮

井冈山，有延绵千年的庐陵文化，有涵养山明水秀的优美生态，有蓬勃发展的良好态势，"红、古、绿、金"四色交相辉映、相得益彰。

（一）星火燎原的红色圣地

吉安是一块充满红色记忆的红土地，全市有革命遗址 973 处，占全省四分之一，其中国保 8 处、省保 112 处，国家级、省级爱国主义教育示范基地 16 处，全境被列入革命文物保护利用片区，是一座没有围墙的红色博物馆。我们党在井冈山创建了中国第一块农村革命根据地，点燃了中国革命的"星星之火"，开创了"农村包围城市、武装夺取政权"的中国革命胜利道路，锻造了跨越时空的井冈山精神。吉安人民为中国革命作出了巨大牺牲和卓越贡献，当年 18 万多群众投身革命，平均每 10 人就有 1 人参加红军，有名有姓的革命烈士近 5 万人，开国将军 147 位，占全国近十分之一。

（二）文章节义的古色望地

吉安自古以"三千进士冠华夏、文章节义写春秋"而享誉江南，素称"江南望郡""金庐陵"。唐宋至明清时期，吉安科举进士近 3000 名，其中状元 17 名，宰相 22 人，曾出现"一门三进士、隔河两宰相、五里三状元、十里九布政"的盛况。唐宋八大家之一欧阳修、民族英雄文天祥、大文豪杨万里、《永乐大典》主纂解缙等一批历史文化名人先后诞生在这里。历史上有"天下多举子，朝中半江西，翰林多吉安"的记载。厚重如斯的人文故郡，凝炼形成了"追求卓越、坚守气节"的庐陵文化精髓。

（三）山清水秀的绿色福地

苏东坡诗云："巍巍城郭阔，庐陵半苏州。"吉安气候温暖湿润，雨水充沛，年均降水 1500 毫米左右。境内以山地、丘陵为主，东南西三面环山，北为赣抚平原、中为吉泰盆地，赣江贯穿南北，形成"七山半水两分田，半分道路和庄园"和"一江春水向北流"的独特地貌。新中国成立后，吉安开始大面积植树造林。目前，全市森林覆盖率达 67.6%，其中井冈山高达 86%。林地面积达 2600 多万亩，活立木蓄积量达 6800 多万立方米，有 8 个国家级、16 个省级自然保护区和森林公园，是国内杉木、湿地松、毛竹、油茶等经济林重要产地，全境入选为"全国生态保护与建设示范区"。同时，坚持向环境污染宣战，打造百里赣江"最美岸线"，全市主要河流断面水质、大中型水库水质、饮用水源区水库水质达标率均达 100%，空气质量常年保持国家二类标准以上。"山水吉安"成为亮丽名片。

（四）日新月异的金色大地

新中国成立 70 余年来，吉安经济社会发生了翻天覆地的变化。改革开放以来，吉安解放思想、敢闯新路。特别是党的十八大以来，吉安持之以恒追求高质量跨越式可持续发展，先后荣获全国文明城市、中国优秀旅游城市、全国双拥模范城市、国家卫生城市、国家森林城市、国家园林城市、全国绿化模范城市、全国电子信息产业科技兴贸创新城市、全国新型工业化（电子信息）产业示范基地城市、外商投资最佳城市等称号。今年，吉安被国务院评为全国 10 个"促进工业稳增长和转型升级、实施技术改造成效明显"的城市之一。当前，吉安作为沿海腹地、内陆前沿，境内机场、高速公路、高铁四通八达，成为江西重要交通枢纽和中部通往沿海的"黄金走廊"。

二、决胜全面建成小康社会的吉安答卷

吉安是全国著名的革命老区。习近平总书记十分关心老区建设，牵挂老区人民，强调要"让老区人民都过上幸福美满的日子，确保老区人民同全国人民一道进入全面小康社会"。吉安市委、市政府认真贯彻落实习近平总书记重要讲话精神，按照省委、省政府的部署要求，切实把总书记对革命老区的关心关怀，转化为感恩奋进的强大动力，统筹推进经济建设、政治建设、文化建设、社会建设和生态文明建设，取得可喜成绩。根据《江西省全面建成小康社会统计监测方案》测算，2019 年吉安市全面建成小康社会实现程度为 92.9%，相比 2010 年提高 24.1 个百分点，平均每年提升 2.7 个百分点。"两个翻番"核心指标在 2017 年提前 3 年实现，2019 年经济总量继续扩大、居民收入稳步提高，发展成果更加巩固，根据现有数据初步判断，吉安市已基本实现全面建成小康社会目标（表1）。

表 1　吉安市全面建成小康社会 39 个监测指标完成情况表

	监测指标	单位	权重	目标值	2019 年	完成率（%）
一、经济发展（22.0）	1. 人均 GDP（2010 年不变价）	元	4	30004	34459	100
	2. 服务业增加值占 GDP 比重	%	2	≥ 45	44.4	98.7
	3. 常住人口城镇化率	%	2	≥ 60	52.5	87.5
	4. 互联网普及率指数					
	固定宽带家庭普及率	%	3	≥ 70	69.1	84.3
	移动宽带用户普及率			≥ 85	59.4	
	5. 全员劳动生产率	%	3	≥ 9.56	6.94	72.6
	6. 研究与试验发展经费投入强度	%	3	≥ 2.0	1.40	70
	7. 战略性新兴产业增加值占 GDP 比重	%	2	≥ 8	10.5	100
	8. 高新产业增加值占规模以上工业增加值比重	%	3	≥ 35	50.8	100
二、民主法治（12.0）	9. 基层民主参选率	%	3	≥ 93	94.4	100
	10. 每万人口拥有律师数	人	3	≥ 1.54	1.12	72.5
	11. 每万人口行政诉讼发案率	%	3	≤ 1	0.66	100
	12. 公众安全感指数	%	3	≥ 95	98.0	100
三、文化建设（12.0）	13. 文化及相关产业增加值占 GDP 比重	%	3	≥ 5	5.03	100
	14. 人均文化体育和传媒财政支出	元	3	≥ 200	133.08	66.5
	15. "三馆一站" 文化服务设施覆盖率	%	2	≥ 120	120.6	100
	16. 广播电视综合人口覆盖率	%	2	≥ 99	100	100
	17. 城乡居民文化娱乐服务支出占家庭消费支出比重	%	2	≥ 4.2	2.37	56.5

续表

监测指标	单位	权重	目标值	2019年	完成率（%）
18.城乡居民人均收入（2010年不变价）	元	4	≥25000	21772	87.1
19.失业率	%	2.5	≤6	2.98	100
20.城乡收入比	—	2.5	≤2.33	2.47	99.3
21.城乡居民家庭人均住房面积	平方米	2.5	≥44	52.07	100
22.公共交通服务指数					
每万人拥有公共交通车辆	辆/万人	2.5	≥14	25.2	100
行政村客运班车通达率	%		≥95	98.6	
23.平均预期寿命	岁	2.5	≥74.5	76.5	100
24.劳动年龄人口平均受教育年限	年	2	≥10.8	9.51	88.1
25.每千人口执业（助理）医师数	人	2.5	≥2.0	1.85	92.5
26.基本社会保险参保率指数					
基本养老保险参保率	%	4	≥90	93.2	100
城乡医保参保率			≥95	100	
27.农村贫困人口累计脱贫率（现行标准）	%	3	100	99.3	99.3
28.单位GDP生产安全事故死亡率（2010年不变价）	人/亿元	2	≤0.078	0.098	79.8
29.产品质量合格率	%	2	≥92	86.1	93.6
30.单位GDP建设用地使用面积（2010年不变价）	公顷/亿元	2	≤58	63.2	91.8
31.单位GDP用水量（2010年不变价）	立方米/万元	2	≤112	186.2	60.1
32.单位GDP能源消耗（2010年不变价）	吨标准煤/万元	3	≤0.456	0.327	100
33.非化石能源占一次能源消费比重	%	2	≥11	20	100

四、人民生活（32.0）— 对应第18至29项指标

五、资源环境（22.0）— 对应第30至33项指标

续表

监测指标		单位	权重	目标值	2019年	完成率（％）
五、资源环境（22.0）	34. 环境质量指数					
	县级及以上城市空气质量优良天数比率	％	4	≥ 85	91	100
	地表水达到或好于Ⅲ类水体比例	％		≥ 81	100	
	森林覆盖率	％		≥ 63	67.4	
	城市建成区绿地率	％		≥ 41	41.8	
	35. 污水集中处理指数					
	城市污水集中处理率	％	1.5	≥ 95	96.94	100
	县城污水集中处理率			≥ 85	88.72	
	36. 生活垃圾处理指数					
	城市生活垃圾无害化处理率	％	1.5	≥ 95	100	100
	对生活垃圾进行处理的行政村比例			≥ 90	100	
	37. 一般工业固体废物综合利用率	％	2	≥ 73	98.9	100
	38. 农村自来水普及率	％	2	≥ 80	82	100
	39. 农村卫生厕所普及率	％	2	≥ 85	91.67	100

资料来源：吉安市统计局。

　　从39个具体监测指标来看，多数指标完成情况较好，一半以上指标实现程度100％，三分之二以上指标实现程度90％以上，全面建成小康社会实现程度在全省7个一类设区市中排位靠前。

　　吉安在推进全面建成小康社会进程中，既抓思想引领又抓工作落地，既抓全面推动又抓关键突破，既抓补足短板又抓长远建设，明确思路，把准路径，勇于攻坚克难，善于开拓创新，以"钉钉子"精神做实做细做好各项工作，努力把全面建成小康社会的目标变成现实。

（一）铸新魂，弘扬跨越时空的井冈山精神

党的十八大以来，习近平总书记先后到西柏坡、延安、井冈山等革命圣地考察，对弘扬优良传统、传承红色基因作出重要指示，强调要把红色资源利用好，把红色传统发扬好，把红色基因传承好。吉安市委、市政府认真贯彻落实习近平总书记重要指示精神，把大力弘扬井冈山精神作为谋划推进各项工作的强大精神动力，持续教育干部群众深刻认识"红色政权来之不易、新中国来之不易、中国特色社会主义来之不易"，凝聚起走好新时代长征路的磅礴伟力。

在对标对表中明确"吉安任务"。吉安市牢记习近平总书记殷殷嘱托，明确把"在弘扬跨越时空的井冈山精神上走在前列"作为首要目标。市委常委会专题审议出台《关于弘扬跨越时空的井冈山精神走在前列的行动方案》，明确"讲好故事、紧贴实际、党员带头、发动群众、务求实效"五项方法，开展"深化学习、示范带动、效果检验"三大行动，做到"六纳入一追责"：即把弘扬井冈山精神情况纳入县乡高质量发展综合考评和市直单位绩效管理，纳入党建工作责任制，纳入党委（党组）意识形态工作责任制，纳入各级领导班子和领导干部年度考核，纳入领导干部年度述职，纳入干部的日常观察和使用考察；对工作不力、示范带动成效差的通报、约谈，对造成严重后果的追究责任，将弘扬井冈山精神的成效转化为推动事业发展、改进党员干部作风的实效，努力把吉安打造成"最讲党性、最讲政治、最讲忠诚"的地方。

在保护利用中践行"吉安行动"。吉安丰富的红色文化资源，凝结着中国革命的光荣历史，是红色文化的物质载体，是激发爱国热情、振奋民族精神的深厚滋养。吉安一方面大力推动《吉安市红色文化遗存保护条例》地方立法，将革命文物保护利用与城乡整体规划、传统村落保护、红色旅游开发、文化惠民工程一体谋划、一起打造、一同推进，走出了一条"苏区样板、吉安模式"的革命文物保护利用新路子。另一方面，积极探索红色教育培训新模式，充分利用井冈山深厚而独特的红色资源，推动红色教育培训标准化、规范化、制度化建设，首创集培训、参与、体验于一体的红色培训"井冈模式"，成功创建江西省红色教育培训地方标准。全市红色培训班次、培训学员数量近三年保持50%以上增长，居全国首位，成为全国红色培训领域的一面旗帜。

在传承弘扬中展示"吉安形象"。井冈山孕育了伟大的井冈山精神，是中国共产党人的精神家园。吉安市广大干部群众带头做井冈山精神的传承人、践行者，全市涌现出全国"最美奋斗者"毛秉华、全国优秀组工干部曾建、全国优秀志愿讲解员毛浩夫、新时代好少年余梓洋等一大批宣讲践行井冈山精神的先进个人和集体。2016 年，毛浩夫从英国留学回到井冈山，跟着爷爷毛秉华一起学习党史，成为一名"红色讲解员"。他利用自己的英文特长向来井冈山的外国游客介绍井冈山革命故事。2019 年 11 月，在"中国共产党的故事——习近平新时代中国特色社会主义思想在江西的实践"专题宣介会上，毛浩夫以"井冈山精神代代相传"为题，向来自 60 多个国家、50 多个政党约 350 名政党领导人和代表进行了故事分享，讲述了中国共产党人为人民谋幸福的故事，赢得了外国政要阵阵掌声。余梓洋是井冈山小学六年级学生，革命先烈、中共第一届湘赣边界特委常委、原宁冈县工农兵政府主席谢桂标烈士第四代传人。多年来，余梓洋在母亲和外公的言传身教下，坚定永远做红军传人、井冈山精神宣讲者的信念，常年穿着红军服在各景点义务宣讲，被称为"井冈山上小红军""井冈山上小百灵"。

（二）谋新篇，推动精准脱贫和乡村振兴

井冈山市 2017 年 2 月宣布在全国率先脱贫摘帽，成为全国贫困退出机制建立后首个脱贫摘帽贫困县。2019 年 4 月，吉安市 5 个国定贫困县、570 个贫困村全部摘帽退出，贫困人口由 2012 年底的 45.1 万人下降至 2020 年的 5764 人，贫困发生率由 11.5% 下降至 0.14%，落实了习近平总书记要求吉安"在脱贫攻坚中作示范、带好头"的嘱托。

决战决胜脱贫攻坚。吉安市紧扣完成脱贫攻坚目标任务时间要求，聚焦"两不愁三保障"突出问题，按照"核心是精准、关键在落实，实现高质量、确保可持续"要求，大力推行"三个到位、志智双扶、两表公开、两表认定"工作方法，坚持现行标准，既不降低，也不吊高胃口，探索实践了一系列脱贫攻坚的举措办法。吉安因地制宜推进产业扶贫，推行的一户一亩井冈蜜柚、一个鸡棚、一亩葡萄、一个劳动力进园区务工的"四个一"做法被习近平总书记评价为"比较扎实的扶贫脱贫路子"；2018 年国务院第五次大督查中，吉安市

产业扶贫经验做法受到国务院办公厅通报表扬。工作机制方面，率先在全省建立乡村扶贫工作站（室），实施"大村长制"，凝聚了攻坚合力。脱贫成效方面，井冈山市脱贫经验做法"以改革思维和创新办法推进精准脱贫"入选全国改革开放 40 年地方改革创新案例；2019 年央视春晚在井冈山设分会场，并在直播中多次展示井冈山市脱贫成果。

从严从实稳定脱贫。在脱贫攻坚取得决定性胜利之后，针对仍然存在由于某些原因导致少数群众生活困难的现象，特别是 2020 年上半年因遭受新冠肺炎疫情、洪涝灾害等因素影响，部分脱贫群众仍存在返贫问题，2020 年 4 月开始，吉安市在全省率先探索建立"遇困即扶"机制，坚持"快速及时、预防为先，精准聚焦、一事一策，分类认定、简化程序，动态管理、解困销号，群众主体、志智双扶"的基本原则，建立起"一套排查核准程序、一套应急救助办法、一套专项帮扶措施、一套保障措施体系"的"四个一套"救扶体系。"遇困即扶"机制加强了对不稳定脱贫户、边缘户的预警监测，有效防止脱贫人口返贫、边缘人口致贫。

扎实推进乡村振兴。随着消除"绝对贫困"工作的完成，吉安做好脱贫攻坚"后半篇文章"，按照产业兴旺、生态宜居、乡风文明、治理有效、生活富裕的总要求，推进全面脱贫与乡村振兴有机衔接。从调研看，吉安统筹推进脱贫攻坚与乡村振兴，通过龙头企业、合作社、能人带动等形式，将农户与产业发展紧密联结在一起，建立健全支持乡村振兴的政策体系，推动脱贫摘帽县区走向全面振兴、共同富裕。全市累计建成贫困村专业合作社 1326 个、扶贫车间 609 个、电商站点 473 个，85% 以上的贫困户加入合作组织，带动户均增收 1800 余元。同时，持续改善农村人居环境，培育树立文明乡风，推动农业全面升级、农村全面进步、农民全面发展。

（三）走新路，加快革命老区高质量发展

吉安市深入贯彻习近平总书记视察江西重要讲话精神，狠抓发展第一要务，推动吉安在激烈的区域竞争中实现"变道超车"。2019 年，全市地区生产总值 2085 亿元，为 2010 年的 2.89 倍，增速连续 27 个季度保持江西省"第一方阵"；全市城镇和农村居民人均可支配收入由 2010 年的 15547 元、5570 元增

长到 2019 年的 37543 元、15227 元，增幅居全省前列。特别是面对突如其来的新冠肺炎疫情，吉安市扎实做好"六稳"工作、落实"六保"任务，坚持疫情防控和经济社会发展两手抓并取得积极成效。2020 年上半年，半数以上主要经济指标增幅位居全省前三，其中出口总额增长连续 6 个月位居全省第一。

实施"工业强市、项目带动"战略。吉安市纵深推进工业强市核心战略，大力发展战略性新兴产业，着力构建以电子信息为首位产业，生物医药、先进制造、新型材料、绿色食品为主导产业，5G 应用、数字经济、智能制造等新业态多元并进的"1＋4＋N"产业体系。推动电子信息产业全链式发展，2019 年其主营业务收入超过 1400 亿元，成为产业发展的"领跑者"和工业升级的"强引擎"。2019 年，全市规模以上工业企业主营业务收入达 3389 亿元，战略性新兴产业增加值占规模以上工业企业比重达 23.7%。大力实施集群式项目满园扩园行动，以政策和考评引导主攻重大项目，实现省级园区 20 亿元项目、国家级开发区 50 亿元项目"全覆盖"。同时，大力实施龙头企业培育行动和企业上市"映山红行动"，3 家企业在境外上市，12 家企业新三板挂牌，436 家企业在区域股权交易市场挂牌。2019 年，辖区 10 个县（市、区）生产总值均超过 100 亿元，所有县（市、区）财政总收入均超过 10 亿元，井冈山经开区成功跻身"千亿园区"，吉安高新区营业收入突破 500 亿元，实现了农业大市向工业大市的转型。

实施"主轴驱动、区域协调"战略。吉安市在经济发展中突出京九高铁沿线这个主轴，在区域协调中聚焦苏区振兴发展战略，不断提升区域经济发展水平。高标准打造"四大板块"，把高铁新区、井冈山经开区、吉安高新区、井冈山农高区作为吉泰走廊的核心板块，辐射带动全市发展。充分发挥高铁新区在高铁沿线和城区建设中的龙头作用，井冈山经开区出口加工区获批升级为综合保税区，吉安高新区获批建设国家自主创新示范区，井冈山农业高新技术产业开发区获批国家级农高区。协同式展开产业布局，注重发挥高铁经济带辐射作用，统筹布局京九沿线电子信息产业带、商贸旅游产业带和现代农业示范带，推进三产协同发展。电子信息产业以吉泰走廊为重点，走廊区域 GDP 总量占全市比重达 54.65%；商贸旅游产业以高铁为枢纽，由南到北布局旅游综合集聚区；现代农业以井冈山农高区为引领，带动各地各类现代农业示范园区建设，做强富民产业，唱响井冈品牌，带动农民增收。

实施"改革攻坚、开放提升"战略。推动高质量跨越式发展，亟须通过改革开放释放内需潜力、激发市场活力。吉安市加快资源要素市场化配置改革，深化"放管服"、国资国企、财税金融、农业农村等重点领域改革，实施优化提升营商环境"十大行动"，市本级依申请类"最多跑一次"事项占比达93.8%。井冈山经济技术开发区统一管理南园井冈山经开区本部、吉州工业园、河东经济开发区、富滩工业园的"一区四园"改革，为全省首创。主动融入共建"一带一路"，积极参与长江经济带发展，深度对接粤港澳大湾区，深化与深圳和厦门的对接合作，推动老区和特区携手发展。开展"三请三回""三企入吉"活动，有力提升开放合作层次和产业转移承接能力。2020年上半年，进出口总值实现逆势上扬，同比增长96.9%，高出全国平均水平100.1个百分点。

（四）开新局，提升市域治理现代化水平

着力提升市域社会治理现代化水平，是全面建成小康社会的题中应有之义。吉安市牢记习近平总书记"推进社会治理创新"的重要要求，坚持系统治理、源头治理、综合治理，2019年获评"全国社会治安综合治理优秀市"，连续10年被评为"全省综治工作先进市"，连续7届获得全省"平安杯"，实现省级平安县市区全覆盖；2020年获批作为全国推进市域社会治理现代化试点工作第1期试点地区。

坚持系统治理，推进平安吉安建设提质增效。突出问题导向，破难题、补短板、强基础。全面实施"一县一品"品牌战略，打造各具特色的平安创建品牌亮点，涌现出井冈山市"红色治理"、永丰县"社会治理创新"、新干县"十户联创"、吉州区"人文社区、温馨家园"、青原区"和爱邻里"、吉水县"乡贤治理"等具有市域特点的社会治理新模式。推广城区"吉州格格"品牌，将党建、环保、公安、消防、安监、城管等各项工作职责整合落实到每个网格，打造"全要素网格"，提高基层治理成效。持续开展平安志愿者活动，全市组建平安志愿者队伍12万人，开展平安创建、维护公共安全、治安巡逻、交通劝导等7项志愿服务，2019年开展平安吉安志愿者活动近万次，列全省第一。

突出源头治理，着力消除社会不稳定因素。创新"枫桥经验"吉安实践，多元化解社会矛盾。抓好市、县矛盾纠纷联合调处中心和专业性、行业性调解平台，充分发挥基层党组织在矛盾纠纷化解中的核心作用，广泛发动群团组织、律师等社会力量参与，建立矛盾纠纷多元化解工作机制，实现各类矛盾纠纷"化有其途"。积极推广青原区"杨慧芝工作室"、吉水县"胡开生工作室"、泰和县"钟义灿说理说法室"等人民调解经验，打造以"调解能手"命名的品牌工作室。2019年，全市共排查矛盾纠纷6180件，化解5936件，化解率96.05%，实现一般问题不出村（社区），重大问题不出乡镇（街道），矛盾纠纷化解在基层，处置在萌芽状态。严格管控肇事肇祸等重点人群，在全市范围开展社会治安重点人员管控专项行动，落实"一人一策""一人一专班"管控机制，严防个人极端暴力犯罪案件发生。

强化综合治理，全面构建立体化防控体系。坚持聚焦重点，协调各方，形成合力，构建立体化治安防控体系。提质扩面建设"雪亮工程"，全市"天网"工程建设任务全面完成，各县（市、区）按照"每个行政村不少于5个探头，每个自然村不少于2个探头"的要求，加快农村公共区域、城乡结合部视频监控建设。在全市普遍开展"红袖标义务巡防"工程，组织群众开展多种形式的联户联防、邻里守护、看家护院等活动。全市"红袖标"队伍注册人数2.5万人、专职巡防队伍2300余人，"红袖标"成为守护平安吉安的一道亮丽风景。扎实推进"专项整治行动"，严厉打击黑恶势力犯罪、多发性侵财犯罪、涉众型经济犯罪等影响群众安全感的突出问题。针对群众反映比较强烈的交通秩序、吸毒、盗窃问题，在全市范围内开展专项行动，取得良好整治效果。

（五）展新貌，打造全国生态保护与建设示范区

吉安市深入践行"两山"理念，在绿色经济发展、体制机制改革创新、生态环境建养等方面进行全力探索，成功争创了"全国文明城市""国家卫生城市""全国生态保护与建设示范区"等多个"国字号"生态名片，全市森林覆盖率稳定在67%以上，空气质量优良天数比例为91%，主要河流考核断面水质优良率保持100%，迈出了打造美丽中国"江西样板"上走前列的坚实步伐。

高位推动、统筹谋划，生态文明理念全面贯彻。吉安市认真贯彻落实省

委、省政府"绿色崛起"战略，始终把"生态＋"理念贯穿经济社会发展全过程。全面强化组织保障，推动河（湖）长制、林长制、环委会工作体系不断健全，市、县"两会"连续 3 年听取审议生态文明建设工作报告，形成了纵向到底、横向到边、责任到人、统筹推进的工作局面。在全省率先创新出台生态环境保护责任规定、生态文明建设领域监督执纪问责等制度，生猪生态化养殖、森林和野生动植物资源保护等改革走在全国前列，形成了生态文明实践的"吉安经验"。

保护优先、修复为主，生态环境质量持续改善。吉安市全面统筹生产、生活、生态空间布局，完成生态环境保护、吉泰走廊区域生态保护等一批生态空间管控专项规划编制，全面划定生态保护红线管控区域，面积占全市的 20.11％，5 个国家重点生态功能县（市）完成了产业准入"负面清单"编制。启动了赣江中游库区"多规合一"改革试点，将 264 公里赣江中游干流全段纳入管控范围。突出念好"建、造、管"三字经，实施新一轮退耕还林、山水林田湖草生态修复等工程，近 5 年完成人工造林 200 余万亩，建设国家储备林基地突破 61 万亩，开创了国储林基地建设的"吉安模式"。深入开展"城市双修"工作、全市中心城区畅通"微循环"三年行动。突出城乡清净整洁，累计实施新农村建设点 22114 个，打造了一批"见山见水、记住乡愁"的美丽乡村示范带。

系统整顿、全域治理，污染防治攻坚扎实有力。开展"降坡封尘"行动，规范绿地降坡封尘实施标准。积极探索"精益环卫"新模式，推行"道路浮尘每平方米不超过 10 克、地面垃圾停留时间不超过 10 分钟"考核标准。开展"清河护河"行动，强化生活污水、工业污染等专项治理，全市 45 个规模以上入河排污口实现达标排放，全市生活污水集中处理率 91.25％。规范河道砂石"采、运、销"全过程统一管理，将 90 余座砂场清理压缩至 20 座以内。强化重点赣江流域综合治理，推进赣江两岸湿地公园、生态绿线、城区绿化联片成景，全力打造赣江最美岸线。狠抓土壤污染管控和修复，推动 21.17 万亩土地综合整治与生态修复。

转型升级、绿色发展，生态旅游产业规模不断壮大。吉安市严把项目引进、实施准入关，对环保可信度不高的项目不引进、不实施，坚决否决了一批

"两高一资"项目。全市"地条钢"持续实现零存在,2016 年以来关闭煤矿 26 家,
退出核定产能 119 万吨 / 年,全市单位 GDP 能耗指标值保持全省最低。同时,
大力推进井冈蜜柚、绿色大米、有机茶叶、有机蔬菜、特色竹木、特色药材
等 6 大富民产业发展,种植面积突破 200 万亩,稻虾(渔)综合种养 6.5 万亩,
林下经济作物种植面积 56.8 万亩,"三品一标"认证农业品牌共 298 个。深入
实施"全景吉安,全域旅游"战略,扎实推进 15 个旅游集聚区、20 个旅游特
色小镇、50 个旅游特色村、100 个民宿点建设。吉安市被评为"首批全国生态
旅游胜地""新时代·中国绿水青山最佳旅游名城","红色摇篮,山水吉安"
旅游品牌进一步唱响。

(六)迈新程,让老区人民过上更加幸福美好的生活

"让老区人民过上更加幸福美好的生活",是习近平总书记的牵挂。吉安
市坚持以人民为中心,全力抓好普惠性、基础性、兜底性民生建设,不断改善
民生福祉。

用心用情提升民心工程。坚持尽力而为、量力而行办好民生实事,实实
在在帮群众解难题、为群众增福祉、让群众享公平。近年来,吉安民生领域财
政支出占财政总支出比例均超 80%。开展城市功能与品质提升三年行动,打
通中心城区"断头路"111 条,新建公共停车场 14 个,新建改建菜市场 29 个,
棚户区改造 5.4 万套,群众生产生活更加便利。打响学前教育补齐短板、义务
教育巩固提升、高中教育普及发展、职业教育产教融合、高等教育争创一流
"五大攻坚战",普惠性学前教育覆盖率达 83.5%,214 个乡镇建有 218 所公办
幼儿园,义务教育巩固率达 97.85%,比省定标准 96% 高出了 1.85 个百分点。
推动养老保险精准扩面,城乡居民养老保险、基本医疗保险、大病保险实现全
覆盖,特别是居家和社区养老服务改革试点成效明显,10 个县(市、区)实
现特困失能人员集中照护。

常态长效推进德政工程。坚持"两手抓、两手都要硬",推动物质文明和
精神文明协调发展。在 2017 年首次创建、一举成功获得第五届"全国文明城
市"称号基础上,巩固提升、常态长效推进文明城市建设,组织动员全民广
泛参与"9+6"专项整治、"7+4"常态管理等系列行动,做到为民惠民靠民、

共建共享共治。深入实施文化惠民工程，加快新时代文明实践中心建设，广泛开展"奉献大爱·善行吉安"志愿服务活动，基本建成市、县、乡、村四级公共文化服务设施体系，形成城市 15 分钟、乡镇 30 分钟"公共文化服务圈"，国民综合阅读率达 82.3%。

抓细抓好实施健康工程。坚持把人民群众生命安全和身体健康放在首位，做强公办医院，支持各类民办医院健康发展，医疗卫生服务可及性、服务质量、服务效率和群众满意度明显提升，2019 年底每千常住人口拥有医疗卫生机构床位数 5.75 张，人均预期寿命进一步提高。尤其是面对突如其来的新冠肺炎疫情，吉安市迅速建立联防联动、群防群控机制，动员 1.1 万个基层党组织和 20 万名党员奋战在防控一线，234 个市、区直属单位全面进驻中心城区 758 个小区协助开展疫情防控。全力开展患者救治，最大程度提高检测率和治愈率，降低感染率和病亡率，全市累计确诊病例 22 例，无死亡病例，疫情防控走在全省前列。

全面建成小康社会，强调的不仅是"小康"，更加重要的也更难做到的是"全面"。吉安市全面建成小康社会取得重要战略成果，但也必须清醒看到，对照全面建成小康社会目标任务，对照乘势而上开启全面建设社会主义现代化国家新征程的更高要求，吉安还存在许多亟待破解的矛盾和短板，主要是：经济总量不大、人均 GDP 偏低，三次产业结构亟待优化，产业链条不够完善；科技创新能力较弱，金融、人才、技术等要素较为缺乏；就业、教育、医疗、公共卫生、住房、养老等民生领域存在不少弱项；等等。要破解这些难题，必须始终坚持以习近平新时代中国特色社会主义思想为指导，全面深化改革开放，积极培育新动能，不断推动经济社会高质量跨越式可持续发展。

三、革命老区全面小康的实践启示

习近平新时代中国特色社会主义思想是当代中国马克思主义、21 世纪马克思主义，为全面建成小康社会提供了实践论和方法论。吉安市在习近平新时代中国特色社会主义思想指引下，努力实现高质量跨越式可持续发展，走出了一条革命老区全面建成小康社会的新路子。

（一）坚持党对一切工作的领导，是实现全面小康的根本所在、关键所在

党的领导是中国特色社会主义最本质特征，是中国特色社会主义各项事业取得胜利的根本保证。习近平总书记始终把革命老区奔小康牵挂在心上，多次亲临老区考察调研，强调要加快老区发展步伐，做好老区扶贫开发工作。党中央、国务院不断加大对吉安等革命老区投入支持力度，先后出台《关于支持赣南等原中央苏区振兴发展的若干意见》《关于加大脱贫攻坚力度支持革命老区开发建设的指导意见》等政策文件，增加老区扶贫开发的财政资金投入和项目布局，安排中央部委、中央企业等单位定点开展帮扶，形成支持吉安发展的强大合力。同时，吉安坚决对标中央精神，发挥党的领导核心作用，集中本地资源力量投入脱贫攻坚，将有限财力向贫困地区倾斜、干部力量向扶贫一线聚集，全市党员干部基本上人人联系有贫困户、个个冲在工作第一线，确保全面小康路上一个不能少。吉安的实践告诉我们，全面建成小康社会必须始终坚持党的领导，切实发挥我国特有的政治优势和制度优势，不断增强党的政治领导力、思想引领力、群众组织力、社会号召力，确保中央政令畅通、决策落地生根。

（二）坚持以人民为中心的发展思想，是广大群众的利益所在、幸福所在

"不忘初心，方得始终。"坚持以人民为中心，是习近平总书记反复强调的价值立场。吉安把为民办事、为民造福作为最重要的政绩，坚持问政于民、问需于民、问计于民，聚焦关系群众切身利益的民生实事，一件接着一件办、一年接着一年干，民生投入逐年增加。同时，尊重人民群众的主体地位，特别是在精准扶贫工作中，注重志智双扶，把对贫困户的生活补贴更多地转变为产业奖补，把单纯的送钱送物更多地转变为送技术送信息，加强贫困群众技能培训，扶持其就近务工、自主创业。吉安有劳动力的贫困户基本上通过就业实现了脱贫，不少贫困户还通过种植养殖、开办农家乐等自主创业，实现了发家致富。吉安的实践启示我们，全面建成小康社会必须坚持把最广大人民的根本利益放在首位，不断提升人民群众的获得感幸福感安全感。同时，全面建成小康社会也是亿万人民群众自己的事业，只有更加尊重人民群众的主体地位，更加充分激发人民群众的无穷创造，经济社会发展才能拥有持久动力，中国特色社会主义事业才能不断开创新局面。

（三）坚持以改革创新为引领，是革命老区焕发生机的动力所在、活力所在

改革开放是大踏步赶上时代的重要法宝，是坚持和发展中国特色社会主义的必由之路，是决定当代中国命运的关键一招，也是决定实现"两个一百年"奋斗目标、实现中华民族伟大复兴的关键一招。吉安面对革命老区、罗霄山脉集中连片贫困地区等先天不足，没有悲观泄气，不等不靠，坚持向改革要动力，紧扣"区域先行、市场先导、管理放权、机制放活"的改革主线，进一步解放思想，敢想敢试，敢破敢立，既对表落实上级改革工作部署，又敢闯新路创出吉安改革特色，持续推进"五位一体"的改革创新，被《中国改革报》誉为改革创新的"吉安样板"。通过改革创新，激发了全市干事创业的活力，改革创新真正成为吉安打赢全面脱贫攻坚战、实现全面小康的动力之源。吉安的实践告诉我们，改革创新是中华民族源远流长的精神财富，是时代精神的核心，是一个国家一个地区发展进步的不竭动力，实现中华民族伟大复兴必须把改革创新不断引向深入。

（四）坚持打造共建共治共享的社会治理格局，是和谐稳定的制度所在、优势所在

人民安居乐业、国家长治久安，离不开共建共治共享的社会治理，打造共建共治共享的社会治理格局，是适应形势变化、提升社会治理水平的必然要求。吉安市认真贯彻党的十九届四中全会精神，以市域社会治理现代化试点工作为抓手，着力健全十大体制机制，实施基层基础十大工程，开展维护社会稳定6大专项行动，着力加强基层综治中心实体化建设，深化拓展网格化服务管理，推动资源、服务、管理向基层延伸，特别是弘扬新时代"枫桥经验"，完善以调解为基础的矛盾纠纷多元化解体系，让更多的主体参与社会治理、更加多元的方式实现社会治理，打造共建共治共享的社会治理格局，让全市社会治理格局更加清晰、效能更加彰显、优势更加明显。吉安的实践告诉我们，全面建成小康社会必须围绕推进国家治理体系和治理能力现代化，完善党委领导、政府负责、社会协同、公众参与、法治保障的社会治理体制，强化政府治理和社会调节、居民自治的良性互动，不断提高社会治理社会化、法治化、智能化、专业化水平。

（五）坚持筑牢红色基因的根基纽带，是感恩奋进的力量所在、源泉所在

跨越时空的井冈山精神，是中国共产党的宝贵精神财富，更是吉安实现全面小康绿色崛起的力量源泉。作为井冈山精神诞生地的吉安老区，红色遗存多，爱国主义教育示范基地多，红色文化底蕴深厚。吉安大力实施"红色基因代代传"工程，开设泰和"名嘴讲堂"、永新"将军讲堂"，组织红色讲解员、红领巾小小讲解员等，向广大干部群众宣传井冈山精神，大力开展党员干部红色培训，探索深化红色培训"井冈模式"，让井冈山精神内化于心、外化于形，不断转化为推动老区振兴发展、改善民生福祉的强大动力。吉安的实践告诉我们，全面建成小康社会必须大力弘扬包括红色革命文化在内的社会主义先进文化，大力传承红色基因，筑牢理想信念的坚定基石，广泛凝聚强大精神力量，充分激发人民群众感恩奋进的内生动力。

全面建成小康社会不是终点，而是新生活、新奋斗的起点。站在"两个一百年"交汇的历史时刻，吉安市坚持以习近平新时代中国特色社会主义思想为指导，弘扬跨越时空的井冈山精神，以"十四五"规划编制实施为新的抓手，聚焦高质量全面建成小康社会，努力打造内陆双向高水平开放拓展区、革命老区高质量开放发展示范区、赣粤产业对接合作先行示范区、全国红色文化交流合作样板区，在启航第二个百年奋斗目标的新征程上，让老区人民生活越来越幸福！

全面建成小康社会与中国城市发展

河南省信阳市

大别山革命老区的特色脱贫路

中共信阳市委宣传部

信阳市位于河南省南部，属大别山革命老区，辖 8 县 2 区，其中 6 个县（潢川县、固始县、淮滨县、光山县、商城县、新县）为国家扶贫开发工作重点县，2 个县为省定贫困县，2 个区也有大量贫困人口，是国家精准扶贫综合改革试点市，是省"三山一滩"扶贫开发重点地区，是全省唯一一个所辖县均为贫困县的省辖市。党的十八大以来，以习近平同志为核心的党中央坚持以人民为中心的发展思想，站在全面建成小康社会、实现中华民族伟大复兴中国梦的战略高度，发出了打赢脱贫攻坚战的伟大号召。脱贫攻坚战打响以来，河南省信阳市深入贯彻落实习近平总书记精准扶贫方略，坚持以脱贫攻坚为统揽，以提升脱贫质量为导向，下足"绣花"功夫，做实精准文章，走出了一条大别山革命老区的特色扶贫路，脱贫攻坚工作扎实稳步推进、成效明显。为了认真总结打赢脱贫攻坚战的成就经验，信阳市开展了专题调研，现就有关情况报告如下。

一、脱贫路上变化大

2019 年 9 月，习近平总书记在视察河南深入信阳革命老区时提出了"要把革命老区建设得更好，让老区人民过上更好生活"的殷殷重托。脱贫攻坚战打响以来，信阳市始终坚持把提高人民群众的生产生活水平作为扶贫攻坚的出发点和落脚点，初步取得了脱贫攻坚战的阶段性胜利。

（一）从减贫成效看，贫困对象大幅减少

2013 年底，全市建档立卡贫困村 920 个，贫困户 21.7 万户，贫困人口 78.3 万人，贫困发生率高达 10.88%。2014—2019 年的 6 年间累积脱贫 80.7 万人，贫困发生率降至 2019 年底的 0.46%。2020 年 2 月 28 日，河南省政府召开新闻发布会宣布淮滨县等 14 个贫困县正式脱贫。至此，信阳市所辖 8 个贫困县全部实现脱贫摘帽，920 个贫困村全部退出贫困序列，全市未脱贫人口剩余 3.3 万人。

（二）从工作质量看，整体水平不断提升

"两率一度"方面，信阳市加强贫困人口动态管理，建立贫困人口即时识别纳入机制、脱贫户对标审核机制，进一步提高了贫困人口识别和退出精准度。省年度脱贫攻坚成效考核第三方评估抽查显示，信阳市贫困人口识别准确率、退出准确率均达 100%，因村因户帮扶工作群众综合满意度为 99.22%。收入方面，统计数据显示，2019 年，农村居民人均可支配收入 14010 元，增长 9.9%。"三保障"方面，"两不愁"问题基本得到解决，"三保障"水平明显提升。精准施策方面，根据省年度脱贫攻坚成效考核第三方评估反馈，政策项目落实到位率、产业扶持措施落实到位率、群众满意度占比、项目覆盖对象满意度均高于全省平均水平。

（三）从工作亮点看，信阳实践得到广泛认可

出台打赢脱贫攻坚战三年行动计划，明确 2018—2020 年脱贫攻坚时间表和路线图，形成了打好"四场硬仗"、开展"六大行动"、实施"四项工程"、聚焦"三个重点"攻坚路径，建立健全督查巡查推进机制，形成了清晰明确的脱贫攻坚组织、推进、保障机制。2019 年 9 月，习近平总书记到信阳视察调研，对信阳市脱贫攻坚工作给予充分肯定。中央和省委领导同志先后到信阳调研指导。2019 年，全国农村危房改造脱贫攻坚工作推进会、全国交通运输脱贫攻坚暨贫困地区建制村通客车工作现场会、全国全域旅游工作推进会、第五届全国民宿大会、全国森林城市建设座谈会先后在信阳市召开。2019 年度省级脱贫成效考核进入全省第一方阵。2018 年，信阳市有两人荣获全国脱贫攻坚奖。

2018 年、2019 年两年信阳市共有 13 人荣获全省脱贫攻坚奖。《人民日报》头版以"支部建在链上，产业连成一片"为标题报道了信阳市抓党建促脱贫攻坚的探索实践。

二、脱贫路上信心足

脱贫靠苦干，致富靠实干，信阳市始终坚持把脱贫攻坚作为头等大事和第一民生工程来抓，担当作为，敢于创新，筑起了全力赢得脱贫攻坚胜利的六条"康庄大道"，增强了全社会脱贫致富奔小康的信心和决心。

（一）突出责任落实，走好"合力攻坚路"

1. 科学谋划部署

信阳市建立脱贫攻坚力量动员机制，在市、县、乡三级设立脱贫攻坚指挥部，村级设立脱贫攻坚作战室，形成了四级脱贫攻坚指挥作战体系。在全面梳理贫困现状，弄清基础优势，找出困难短板的基础上，出具具有信阳特色的脱贫路径分析报告，出台《信阳市打赢脱贫攻坚战行动方案》《信阳市脱贫攻坚六项任务》《信阳市打赢脱贫攻坚战三年行动计划》等政策性文件，确定分期分批到 2019 年实现全部脱贫的整体目标。

2. 强化责任担当

信阳市始终坚持以脱贫攻坚统揽经济社会发展全局，在组织编制行业部门规划时，优先安排扶贫项目、优先保障扶贫资金、优先对接扶贫工作、优先落实扶贫措施，形成抓脱贫促发展、抓发展促脱贫的良好氛围。坚持四级书记一齐抓，全市 36 位市级领导干部分包联系 9 个县区 39 个贫困村，市直121 个单位定点结对帮扶全市 121 个贫困村，中央、省、市、县派出 1016 名党员干部任驻村第一书记或工作队员，形成了"第一书记当代表、单位做后盾、单位一把手负总责、党员干部共同参与"的工作机制。完善脱贫攻坚责任体系，强化市、县、乡、村落实责任，各级行业部门扶贫责任和各级定点帮扶责任，驻村第一书记和驻村工作队具体责任，督查巡查组、作风提升督

导组督促、巡查、指导责任等，层层传导压力，形成了职责清晰、合力攻坚
的责任体系。

案 例 1

第一书记深耕科技扶贫路

2015年8月至2018年2月，河南省科技厅中小企业办主任陶曼晞赴
光山县罗陈乡周湾村担任驻村第一书记。按照精准扶贫的工作要求，在
派出单位的大力支持下，她发挥科技优势，积极推进新技术、新品种和
传统产业相结合，改变传统耕作方式，推广水稻"籼改粳"、蔬菜种植和
水产养殖项目，覆盖全村134户贫困户，同时推广"抛"专利技术，使劳
动效率提高了7—8倍，实现了增产增效。她动员群众利用村内的荒山荒
坡发展桑蚕产业，建成桑园200余亩，公共养蚕场地1500平方米，有10
余户贫困户投入桑蚕产业，并带动务工70余人，每亩年效益达到4000元
以上。驻村两年，她整合各类发展资金1300万元，为周湾村近期整体脱
贫、远期"脱贫不返贫"打下了坚实基础。2017年入选全国脱贫攻坚奖
候选人。

---

3. 深入督导推进

充分发挥脱贫攻坚作风提升巡回督查、工作常规督查作用，改进督查方
式，以暗访为主，兼以交叉互查、联合督查等方式，2020年以来，对24个脱
贫攻坚行业部门进行了年度专项督查，下发提醒函、交办函、督办函29件，
交办整改问题17类28项158条。按时完成脱贫攻坚专项政治巡察，有效促进
了工作落实。按照"十个一律"要求，结合"查弱项、补短板、促提升"专项
行动，深入开展"大排查、大走访、大整改"活动，调动县、乡、村三级脱贫
攻坚力量，对建档立卡贫困户、边缘易致贫户逐户走访排查。截至2020年5
月29日，全市共排查发现问题58条5638处，已完成整改56条5635处，整
改率为99.9%。

（二）突出利民增收，走好"产业带动路"

1. 抓转移就业促增收

外向转移——转向外地务工创业。贯彻《河南省转移就业脱贫实施方案》，按照"六个一批"就业途径，发挥政府在群众就业创业中的牵线搭桥作用，采取就业培训、职业介绍、现金奖励等措施，多渠道引导促进贫困群众外出就业创业。特别是在新冠肺炎疫情防控期间，信阳市集中采取"健康状况有监测、复产用工有保障、劳务输出有组织、就地就业有帮扶、信息系统可追溯"的"四有一可"模式，全力推动农民工安全有序返岗务工。截至2020年6月底，累计组织专车专列专机5832次，有组织劳务输出13.3万人。农村劳动力新增转移就业3.3万人，完成省定年度目标任务的86%；农村劳动力转移就业规模达219万人。

案例 2

职教扶贫——给钱给物，不如给技术

2016年以来，罗山县把提升农民素质作为脱贫攻坚的重要环节，大力开展"职教扶贫"。该县以高标准建设的县职教中心为依托，县财政累计投入资金1000余万元，向全县建档立卡贫困户免费开展精准技能培训并发放小额补贴。除组织贫困户到县职教中心参加脱产学习外，还"送教下乡"，给村民发放培训"菜单"，内容包括种植类、养殖类、技工类和服务类等专业知识，老百姓"点菜"后再组织相关领域的专家前往授课。同时，注重与企业对接，向企业定向输送受过专业技能培训的人手，让贫困户实现对口就业。

内向转移——转入城镇创业就业。依托产业集聚区、商务中心区，打造县域转移就业主平台。同时，积极引导外出务工人员返乡创业，带动就业，打通外出务工和返乡创业的双向通道。截至2020年7月底，全市返乡创业人员累计达15.1万人，累计创办各类经营主体10.3万多个，带动了95.2万名农村劳动力就近就业。

案例 3

"雁南飞"到"凤还巢"

2012 年，新县田铺乡田铺大塆的韩光莹在韩国一家造船厂打工，家乡如火如荼的建设以及政府对返乡创业青年的各项优惠政策，激发了他回乡创业的念头。2016 年，他回乡投入 20 多万元，把年久失修的老房子修葺一新，取名"老家寒舍"，发展民宿产业，通过网上销售，年收入 10 多万元。在韩光莹的带动下，10 余户乡亲开办民宿。韩光莹张罗成立合作社，避免拉客、宰客，村头建立游客中心，统一承接订单、登记结算。如今，新县每年返乡创业人数达 1000 人以上，并呈逐年增长趋势，昔日"雁南飞"，如今"凤还巢"。

就地转移——转向网络就地就业。2019 年 9 月，习近平在信阳考察调研时强调："要积极发展农村电子商务和快递业务，拓宽农产品销售渠道，增加农民收入"。信阳市立足区位和交通优势，实施"电商四进工程"，全面构建政府、高校、协会、企业"四位一体"的电商人才孵化培训机制，在天猫、淘宝、苏宁、京东、供销 e 家等平台上线企业达 4300 多家，优质农特产网销走俏。2020 年上半年，全市电商交易额 45.9 亿元，其中农村产品网络零售额 39 亿元，带动创业就业贫困户 150 余人，开展电商培训 8276 人，其中贫困户 211 人。各县区建立各类农产品销售专区 39 个，销售金额 3543 万元，覆盖建档立卡贫困户 1.4 万人。

案例 4

小鼠标"催生"大平台

浉河区返乡青年陈鹏，2015 年在信阳毛尖的主产区董家河镇注册成立信阳茶天下电子商务公司，并创建了信阳毛尖的首家电商平台——毛尖茶网，搭建全国消费者直通茶农的销售平台，还在董家河镇、浉河港镇、东双河镇、新县八里畈镇等信阳毛尖的主产区开设驻乡办事处，贴身服务广大茶农，2015年当年就网销干茶1000余万元。

2. 抓特色产业促增收

习近平总书记在信阳视察调研时指出："要把农民组织起来，面向市场，推广'公司＋农户'模式，建立利益联动机制，让各方共同受益。"2016年以来，信阳市根据各县区在脱贫攻坚的实践探索，总结经验，及时推出"粮油产业＋基地＋贫困户""特色产业＋园区＋贫困户""龙头企业＋合作社＋贫困户""美丽乡村＋合作社＋贫困户""农村电商＋技能培训＋贫困户""公益产业＋公益岗位＋贫困户""易地搬迁＋产业培育＋贫困户""本土资源＋平台支持＋贫困户"等"多彩田园"产业扶贫八种模式，并以脱贫攻坚指挥部令的形式，向全市推广。各地结合实际，发挥资源优势，以"多彩田园"产业扶贫示范基地建设为抓手，培强了茶叶、油茶、"稻渔共作"、农村电商等一批特色产业，建成示范基地1952个，累计带动贫困户9.4万户，带动贫困人口30.2万人，带动贫困村860个，覆盖率93.5％。

案例 5

一片芽芽助脱贫

文新茶叶有限责任公司所在的浉河区，是信阳毛尖主产区，拥有茶园60万亩。近年来，文新公司有针对性地实施产业带动"三种模式"：一是"园区＋贫困户"模式，利用加工园和科技园，提供产业生产岗位3000多个，其中吸收贫困户1862人就业；二是"基地＋贫困户"模式，利用"文新茶村"旅游项目，先后带动近千名贫困劳动力就业；三是"合作社＋贫困户"模式，对贫困户种茶实行补贴，以每亩5400元至8000元不等的标准，使茶农直接获益达1900多万元。据统计，截至2019年底，信阳市茶园面积达213.8万亩，茶叶总产量达7.2万吨，总产值达122亿元。茶叶从业人员达 120 万人，茶农人均年收入超过 6000 元。全市 300 多家茶叶龙头企业和茶叶专业合作社参与茶产业扶贫工作，带动 3.5 万建档立卡贫困户约 10 万人脱贫。

案 例 6

光山油茶的"好路子"

光山县的地形以丘岗和浅山区居多，适宜种植油茶树。过去很多村民选择外出务工，上万亩丘岗地不是种植效益不高，就是被荒弃。近年来，在退耕还林政策的支持下，光山县开始大力发展油茶产业，很多年轻人返乡创业。

村民陈世法是第一批回家乡创业的，他承包了近 3 万亩荒山荒坡，发展油茶产业，打造司马光油茶园。如今，司马光油茶园油茶种植面积达到 2.7 万亩，覆盖了 6 个村 41 个村民组，年产值近亿元，带动就业 2000 多人，帮扶 1831 名贫困人口，人均年增收 2800 元。

如今，光山县已种植油茶 22.7 万亩，油茶、茶叶、花木、杂果主要林地面积达 66.5 万亩，全县林木覆盖率达到 45.85%，优良的水生态成就了"光山蓝"和长寿之乡的美名。2019 年 9 月，习近平总书记在光山县视察调研时指出："利用荒山推广油茶种植，既促进了群众就近就业，带动了群众脱贫致富，又改善了生态环境，一举多得。""要坚持走绿色发展的路子，推广新技术，发展深加工，把油茶业做优做大，努力实现经济发展、农民增收、生态良好。"

案 例 7

一水两用一田双收

2016 年以来，潢川县大力推广"种绿色稻，养生态虾"的稻虾共生模式，采用"科技＋龙头企业＋合作社＋基地＋农户"的经营方式，打造"稻乡虾"和"虾乡稻"两个品牌，促进农业优化升级。潢川县建立了"稻虾共作"生产档案，定期举办培训班、学习班，邀请省市水产专家传授养殖户急需的技术；潢川县水产部门牵头建立了一支小龙虾专业科技服务队伍，深入田间地头进行培训指导。2017年以来，该县共举办"稻虾共作"技术培训26期，培训农民3000多人次，现场技术指导5000多人次。目前，潢川县小龙虾养殖规模已由2016年底的不足2万亩发展到现在的12万亩，全县小龙虾产业从业人员达到2000多名，已建成集苗种繁育、生态养殖、加工出口、精深加工于一体的小龙虾产业链条。

案例8

种植中药医"穷"病

2014年，羚锐集团投资组建了信阳羚锐生态农业有限公司，立足于大别山丰富的中药材资源，以制药产业为依托，在新县浒湾乡建立了集中药材科研试验、示范种植、养殖于一体的示范基地，通过土地流转，使贫困户每户年增收2400元；基地吸纳贫困户进入就业，可为贫困户年人均增收5000元。同时，基地采用"特色产业+园区+贫困户"的模式，建设了2000亩羚锐中药材种植示范园区，带动周边9个乡镇28家合作社1295户贫困户种植颠茄、丹参等中药材，每户增收5000元以上。

案例9

弱筋小麦的强劲生机

信阳市淮滨县借助弱筋小麦种植区位优势，以"产业化"的战略布局让弱筋小麦业焕发了生机与活力。该县培育的金豫南、富贵粮油、麦德隆等 8 家上规模食品加工企业，采取"龙头企业＋基地＋合作社＋农户"的模式，种植优质弱筋小麦，覆盖 44 个贫困村，年增收 1100 多万元，3 万多贫困人口摆脱了贫困。同时，带动一、二、三产业融合发展，催生和吸引了 32 家低筋面粉、烘焙食品加工龙头企业落户，形成以弱筋小麦为"头雁"，以"面粉—面点—休闲食品"和"白酒—包装—印刷—运输"两条产业链为两侧编队的"雁阵"发展布局，建成食品面粉生产线近 70 条，年总产量近 120 万吨，总产值超 30 亿元。

3. 抓生态扶贫促增收

习近平总书记视察河南深入信阳革命老区时指出："依托丰富的红色文化资源和绿色生态资源发展乡村旅游，搞活了农村经济，是振兴乡村的好做法"。同时他强调："发展乡村旅游不要搞大拆大建，要因地制宜、因势利导，把传统村落改造好、保护好"。信阳市立足于"一红一绿"两大优势，围绕发展绿色生态游、红色文化游、美丽乡村游，把绿水青山变成金山银山。全市乡村旅游景点全年参观游客达 1780 余万人次，综合性收入超过 80 亿元，15 万人从事乡村旅游经营，累计 4.08 万贫困人口在直接或间接参与旅游经营中脱了贫。

案 例 10

从省级贫困村到最美休闲村的蝶变

郝堂村是河南省信阳市平桥区的一个丘陵山区村，村域面积 20 余平方公里，耕地面积不足 2000 亩，户不过千。由于没有突出的发展优势，曾长期是省级贫困村。2012 年，郝堂村被列为信阳市农村改革发展综合改革试验点，该村喊出"不挖山、不砍树、不填塘、不扒房"的口号，推行传统村庄改造。完成改造后，该村立足优势，发展特色乡村旅游，先后被评为"中国最美休闲乡村""全国生态文化村""第三批全国特色景观旅游名村"等。2019 年接待游客 60 万人次，年营业收入超 3000 万元。2009 年还是省级贫困村的郝堂，如今其村民人均年收入已超过 2 万元。

4.抓复工复产促增收

2020 年，为克服新冠肺炎疫情对脱贫攻坚工作的影响，信阳市在抓好疫情防控工作的前提下，全力抓好企业复工复产，确保脱贫户不因疫情原因返贫。该市出台《关于做好工业企业复工复产工作的指导意见》《关于应对新冠肺炎疫情支持企业共渡难关的若干政策意见》《关于应对疫情影响支持工业企业平稳健康发展的若干政策意见》，及时推出办理复工企业用工证明、个人健康申报证明及通行证的办法，"点对点"解决初期复工企业员工返岗难问题。统一发放通行证，由用工企业为员工上下班提供专车服务，让员工出了家门进车门，下了车门进厂门，"门对门"解决员工通勤难问题。推行政务云服务平台，引导银行业机构紧盯重点工程项目、产业链核心企业，全力支持稳定增长，"面对面"解决企业流资难问题。对 152 户产业链核心企业提供日常资金周转支持，对 94 户产业链上游企业提供融资支持，对 29 户产业链下游企业提供融资支持，为 369 个省市重点项目提供授信支持 36.9 亿元。通过市域内持证通行和协助本地企业与外地上下游企业对接等方式，"厂对厂"解决复工复产企业原辅料、零部件和产品销售的运输难问题。2020 年 4 月至 7 月，全市 1145 家规模以上工业企业复工率始终稳定在 99% 以上，全市规模以上企业用工总人数为 18.75 万人，达到 2019 年底用工总人数（18.16 万人）的 103.2%，重点企业用工情况恢复较好。

（三）突出自主脱贫，走好"志智双扶路"

习近平总书记在信阳考察调研时指出："脱贫攻坚既要扶智也要扶志，既要输血更要造血，建立造血机制，增强致富内生动力，防止返贫。要发扬自力更生、自强不息的精神，不仅要脱贫，而且要致富，继续在致富路上奔跑，走向更加富裕的美好生活。"信阳市制定扶贫扶志行动方案，强化农村道德、文明乡风、农村文化"三项建设"，进一步完善帮扶政策、村规民约和奖惩机制，激励脱贫志气。

1.提志气，增强脱贫致富信心

信阳市坚持以思想建设为基础，采取"百姓宣讲直通车"等方式，通过戏曲、快板、小品等群众喜闻乐见的形式，加强对习近平新时代中国特色社会主义思想的学习教育、对扶贫政策的宣传解读、对先进典型的宣传推介。组织开展十星级文明户、好媳妇、脱贫致富户等先进典型评选表彰，进一步增强贫困户的脱贫致富信心，激发贫困户内生动力，变"要我脱贫"为"我要脱贫"。

案 例 11

"脱贫之星" 老杨

杨长太是光山县文殊乡东岳村村民，2012年返乡创业的他投入全部积蓄租来30亩土地种植花卉苗木，2014年，创业失败又遭遇车祸的他被认定为贫困户。在乡政府及驻村第一书记的帮助支持下，他创办四方景家庭农场，流转土地1500余亩，建成了苗木花卉种植基地、有机茶园、稻虾共作基地等，带动50多户贫困户就业增收。2017年，杨长太被评为全县的"脱贫之星"。2019年，习近平总书记到光山县视察调研时，他的脱贫事迹得到了总书记的肯定。

2.增底气，提高脱贫致富能力

为深入开展送文化、送科技、送健康、送服务下乡活动，统筹整合农村文化资源，强化农村文化阵地建设，全市建档立卡贫困村全部建成综合文化服务中心。坚持"志智双扶"，提高农民的文化水平和科技致富能力，通过科技振兴、文化振兴促进乡村振兴，让贫困群众既"富口袋"又"富脑袋"，增强群众脱贫致富的底气，进一步提高贫困群众自力更生的脱贫能力。

案 例 12

家门口享受 "文化大餐"

为了丰富农村精神文化生活，潢川县整合资金3000多万元，按照贫困村文化有阵地、有活动、有队伍、有经费、有机制、有效果、广播村村响、电视户户通"六有一响一通"的文化惠民扶贫总思路，实现村级综合性文化服务广场全覆盖。

潢川县还积极鼓励各帮扶驻村干部、第一书记下村入户，开展村文化设施设备使用培训，管好用活现有资源。同时，发挥乡镇文化站的指导和协作作用，帮助各贫困村结合实际，组建1—2支文艺队伍，采取创编小品、相声、歌舞、群口快板等群众喜闻乐见的文艺活动形式，让健康积极的文化种子在农村生根发芽，让村民足不出村就能享受丰盛的文化大餐。2017年底至2018年初，全县272个行政村中200多个村都组织了村级文化演出。

3. 扬正气，优化脱贫致富氛围

大力培育和践行社会主义核心价值观，统筹推进农村经济社会发展和农村精神文明建设，推广建立"爱心美德超市"，打破了部分贫困群众的惰性期待思想，变"钱物送上门"为"劳动能挣钱"。开展社会主义核心价值观宣教活动，鼓励群众自力更生、孝老敬亲，摒弃陈规陋习，全市有171个乡镇2181个村推进孝善敬老活动，1046个村设立孝善基金，受益老人总数11万人，其中建档立卡贫困老人数4.9万人。

案 例 13

弯柳树村的嬗变

2012年前的息县弯柳树村没有一条水泥路，雨雪天泥泞难行，村民出村困难。村子到处被垃圾包围，打麻将成风，不赡养老人、纠纷斗殴不断，村民麻木冷漠、懒惰散乱，村班子近乎瘫痪。

2012年10月，宋瑞作为第一书记被派往驻村扶贫。为了解决弯柳树村长期形成的"等、靠、要、懒、怨"难题，她引进中华优秀传统文化学习项目，培育村民核心价值观，从改变人心入手，扶贫先扶心扶志。2013年11月，宋瑞在村里开设了"道德讲堂"，为村民上了第一课"学习《弟子规》，共享幸福人生"。这让每一个村民懂得：要想彻底脱贫、致富、小康，首先需要做一个"勤劳、孝顺、爱国、敬业、诚信、友善"的好村民。2014年初，宋瑞通过给企业讲课，动员社会力量参与扶贫，在弯柳树村头建起了一个一次可容纳200人听课的"中华道德大讲堂"。每周按时开课，讲解"婆媳道""夫妻道""生财道""幸福人生"等内容。宋瑞还组织村民成立了村义工团，每天义务打扫、运送垃圾，维护村内卫生，彻底解决了"垃圾围村"问题。

弯柳树村人心净化、回归道德，吸引了8家企业来弯柳树投资兴业。随着来村参观人数的增加，宋瑞开始培育弯柳树村以德孝文化为主题的培训产业和乡村文化旅游产业，成立了孝爱文化传播公司，连续三年举办"中华青少年德孝感恩乡村夏令营"，先后接待游客6000余人次，创收60余万元。她还组织成立了村民歌舞团和"传德孝 感党恩 奔小康 圆梦想"宣讲团，唱响爱国爱党正能量，多次受邀到北京、重庆等地演出，好评如潮。

（四）突出解贫济困，走好"兜底保障路"

1. 教育扶贫"拔穷根"

信阳市一方面抓整体教育提升，实施农村中小学校"全面改薄"，加强农村教师队伍建设，推动义务教育均衡发展；另一方面抓贫困学生精准帮扶，通过发放助学贷款、减免住宿费、发放生活补贴等措施，最大限度减少教育负担，阻断贫困代际传递。在教育保障上建立了县、乡、村控辍责任机制，全市义务教育阶段净入学率达到全省平均水平。建立从学前教育到高等教育各学段全覆盖资助体系，2016年至2019年，全市累计发放资助资金13.9亿元，资助家庭经济困难学生144.8万人次；为10.5万人次学生办理生源地信用助学贷款，发放贷款7.7亿元。

案 例 14

平桥区免费午餐"2＋2模式"

"平桥区免费午餐2＋2教育扶贫"项目由共青团区委牵头，区教体局负责实施，区青年志愿者协会监管，由中国社会福利基金会和平桥区政府共同出资，按照每人每天2元钱的"平桥区2＋2模式"标准进行。

"免费午餐2＋2"，即中国社会福利基金会"免费午餐"基金负责品牌推广和管理，筹集开餐学校的厨房设备、厨师工资和师生每人午餐2元的餐费，平桥区政府提供学校厨房的硬件装修、相关监管政策的支持和学校师生每人午餐2元的餐费，达到每人每餐4元的标准，共同承担项目小学的"免费午餐"资金。截至目前，平桥区"免费午餐"开餐学校18所，服务师生累计1万人次。

2. 医疗保障"脱穷境"

信阳市推行健康扶贫"3＋2＋N"（基本医保、大病保险、困难群众大病补充医疗保险、医疗救助、贫困人口第五道医疗保障线＋各地补充救助政策）医疗保障模式，全市县级及以下医疗机构普遍实行"先诊疗后付费"和"一站式"结算，全市农村贫困人口慢性病人口签约8.1万人，签约率达100%，最大限度减少因病致贫、因病返贫。脱贫攻坚工作开展以来，全市共计利用涉农整合资金2.38亿余元，已建成中医院馆130所，基本实现了每个乡镇有1所政府举办的乡镇卫生院，贫困村标准化村卫生室覆盖率达100%。截至2020年7月底，全市未脱贫人口县域内住院平均报销比为94.4%、县域内就诊率为96.2%，全市未脱贫人口大病患者3135人全部得到救治，未脱贫人口家庭医生签约率100%。

案 例 15

医改开良方　健康助脱贫

2018年7月，息县探索开展医共体建设，与郑州大学一附院等8家三甲医院合作，平均每天有 12 名专家在息县坐诊，既把患者留在县内、减轻负担，又把先进的诊疗技术、精细化管理理念、优质的服务意识留了下来，提高了本地医院、医生的接诊能力。在与三甲医院建立医联体的基础上，息县探索推进公立医院改革，成立两个医疗健康服务集团，实施行政、人员、财务、业务、绩效、药械、信息"七统一"管理，推动县、乡、村医疗技术互联互通，有效提高医护人员诊疗服务能力和水平。

同时，息县还全面推行"先诊疗后付费"工作，纳入支付方式改革的病种 9 年间增长了十数倍，基本涵盖了常见病和多发病，减轻了患者经济负担。积极推动医防康养结合，以家庭医生签约服务为抓手，分类设计 32 个个性化签约服务包，城镇和农村居民签约率分别达 60% 和 90% 以上。建立全民健康信息平台，实现就诊信息"一网联通"，医疗健康服务"一网通办"，群众在家门口即可享受到健康服务。

2019 年 5 月，息县公立医院综合改革被国务院办公厅激励通报，奖励 500 万元，成为叫响全国县域医改的"信阳名片"；8 月 29 日，息县被国家卫健委列入紧密型县域医疗卫生共同体建设试点县名单。

3. 易地搬迁"挪穷窝"

信阳市对居住在深山荒芜区、地质灾害区、生态保护（脆弱）区，"一方水土养活不了一方人"地区的贫困家庭，实施易地扶贫搬迁。"十三五"期间，全市共搬迁建档立卡贫困人口 12233 户 37725 人，建设集中安置点 222 个，圆满完成搬迁任务。按照"危房不住人、住人无危房"原则，落实农村危房改造认定标准和信息公示要求，全面核准农村危房底数，持续加大危改力度，实现贫困户住房安全评定全覆盖，确保 4 类重点对象等危房户改造全部清零。2016 年至 2019 年全市完成了 57819 户的 4 类重点对象农村危房改造。

案 例 16

搬入新居谋新路

潢川县仁和镇连岗村地处山岗，陵多田少，过去村民居住分散，"喊一声听得见，走起来要半天"，许多村民面临着行路难、吃水难、上学难、就医难、适龄青年找对象难"五难"问题。2018 年，该村易地扶贫搬迁安置小区二期工程正式启用，23 户 77 名贫困群众喜迁新居。安置点项目总投资 452 万元，建成面积 1925 平方米，村庄建设达到道路硬化、村容净化、"四旁"绿化、庭院美化、居室亮化的目标。当地政府不仅在安置小区房间里铺上了地板砖、刷上了仿瓷涂料、安装了吊顶，而且组织当地企业为扶贫搬迁贫困户爱心捐款 40 万元，还为 23 户贫困户每家配备了沙发、茶几、床、电视机等。

为确保每个搬迁户搬得出、稳得住、可发展、能致富，该县通过农旅"联姻"，带动农业从单一的生产功能向休闲观光、农事体验、生态保护、文化传承等多功能拓展，将搬迁安置点打造成"宜居、宜业、宜游"的美丽新村，实现新房、新村、新景、新产业、新发展目标，走出了一条"依靠美丽乡村建设带动产业投资，依靠产业投资推动美丽乡村建设"的科学发展之路。

4. 兜底保障"解穷忧"

信阳市先后出台了低保、特困人员救助供养、医疗救助、临时救助、残疾人"两项补贴"、困境儿童保障、农村留守儿童关爱保护等一系列兜底保障脱贫政策，实现了救助制度与扶贫开发政策的"无缝对接"和对困难群体的"应救尽救"。2020 年，信阳市将农村低保标准由 4260 元提高到 4560 元，农村特困人员基本生活标准按最低生活保障标准的 1.3 倍确定，由现行的 5538 元提高到 5928 元。各级财政部门将城乡困难群众基本生活救助资金列入本级预算，统筹上级补助资金，确保资金按时足额发放。切实做好"病残""孤老""弱小"等特殊群体兜底保障，将全市未脱贫建档立卡户中符合社会救助兜底保障条件的 1.25 万户 2.6 万人全部纳入政策兜底保障。截至 7 月底，残疾人两补资金累计发放 1.01 亿元，惠及两补对象 20.5 万人，完成 602 户建档立卡重度残疾人家庭无障碍改造，任务完成率达 481%。

案例 17

新县探索农村居家养老新模式

为有效解决农村"三留守"问题，2019 年 6 月，信阳市民政局出资近 300 万元援建了新县箭厂河乡"三留守"服务中心，将全村 60 周岁以上留守老人纳入服务对象。中心利用地缘亲情优势，就近聘请 8 名品行优秀的留守妇女为孝心护理员，通过居家养老服务系统和手机 APP，提供助洁、助餐、助行、助医、理发、精神慰藉、送生日蛋糕 7 项居家养老服务。同时，还成立"小红星儿童关爱中心"，将留守老人的照顾、留守妇女的增收、留守儿童的教育融合在一起，探索了一条乡村善治之路。

（五）突出巩固成果，走好"基础建设路"

1. 在水利设施上

信阳市大力发展民生水利，持续实施农村饮水安全巩固提升工程。"十三五"以来，全市农村饮水安全工程共投入资金 13.58 亿元，受益人口 409.7 万人，其中贫困人口 45.3 万人。全面开展农村饮用山泉水和自备水源水质检测工作，及时修复损毁的农村饮水安全设施，确保了全市农村现有安全饮水设施管理规范、运转正常。

案例 18

大别山革命老区引淮供水灌溉工程

河南省大别山革命老区引淮供水灌溉工程是国家、省、市规划的

"十三五"重大水利项目,也是全国重点水利扶贫项目、全国 2019 年重点推进的 12 个水利项目,全省 2019 年"四水同治"十大水利工程之一。该工程以城市供水和农田灌溉为主,项目区涉及息县、淮滨和潢川三县。工程总投资 50.2 亿元,其中,息县枢纽工程 22.73 亿元,息县城市供水工程 1.68 亿元,农业灌溉工程 23.67 亿元。项目实施后,经济和社会效益十分明显,受益人口达 126 万人(贫困人口数为 9.3 万人),年平均经济效益 5.9 亿元。

2.在交通设施上

按照"外通内联、通村畅乡、客车到村、安全便捷"要求,突出抓好通路、通车、通邮等各项工作。2016 年以来,信阳市续建和新开工交通项目累计完成投资 175 亿元。其中,完成农村公路新改建里程 8130.9 公里,完成危桥改造 30725.5 延米,全市农村客运新增线路 136 条、新增村村通公交车 301 辆。全市 920 个贫困村全部达到了贫困村通路通车退出标准,2893 个村民委员会通硬化路和通客车比率均达到 100%。同时不断提升农村公路建管养运水平,推动农村公路高质量发展。

案例 19

"一元公交"通民心

为打通群众出行的"最后一公里",2017 年,潢川县探索"一元公交"村村通客车模式,采取"政府+企业"的运作方式,县政府与恒大客运公司签订了 8 年购买社会服务合同。恒大客运公司投入 600 万元新购置客车 41 辆,遴选 47 名驾驶人员,参与"一元公交"营运,县政府建立政府补贴长效机制,通过测算确定每月单车财政补贴标准,由县财政对通村客车亏损部分进行补贴。通村客车主要负责村到村、村到乡镇段畅通,与城乡班车互不冲突,无缝对接,实现真通实达,村村开通。

3.在电力设施上

抢抓国家实施"十三五"新一轮农村电网改造升级重大机遇，"十三五"期间，信阳电网建设总投资超过86亿元。其中，2016—2019年，全市投入贫困县电网改造建设资金48.1亿元。至2018年底，全市村村通动力电100%、户户通电100%，8个贫困县实现电网脱贫。截至目前，全市县域配变户均配变容量2.0千伏安，供电可靠性99.8%，农网综合电压合格率99.9%。

4.在发展集体经济上

集体经济是农村经济的重要组成部分，是促进农业增效、农民增收、农村富裕的物质基础。信阳市实施村级集体经济发展三年行动，先后整合资金11.7亿元，选取1569个村作为试点，大力扶持新型村级集体经济发展。坚持因村制宜、一村一策，全面盘活集体资源性资产，重点培育了10个市级示范村和50个县级示范村。目前，全市有集体经济收入的村达到2776个，占总数的96.6%，其中年收入5万元以上的村1120个，占比35.9%。

（六）突出基层堡垒，走好"党建引领路"

习近平总书记在信阳视察调研时指出："脱贫攻坚是一项深得人民拥护的民心工程。党的政策再好，也靠大家去落实。要把基层党组织建设成为坚强战斗堡垒，把党中央提出的重大任务转化为基层的具体工作，抓牢、抓实、抓出成效。"信阳市始终坚持抓好党建促脱贫，充分发挥基层党组织和广大党员干部在脱贫攻坚中的战斗堡垒和先锋模范作用。

1.发挥基层支部"桥头堡"作用

大力实施"严乡强村育新计划"，开展软弱涣散村党组织整顿，排查出软弱涣散村党组织148个，其中贫困村31个。坚持一村一策，采取"四个一"措施，即1名县处级领导联村、1名乡镇领导班子成员包村、1名第一书记驻村、1个县直单位结对，有针对性开展集中整治，推动化解矛盾、解决问题。2019年底，148个软弱涣散村全部整顿完毕。发挥党建引领作用，把支部建在产业链上，依托"党支部＋合作社＋农户""党支部＋龙头企业＋基地＋农户"等链条，促进产业发展和农民脱贫致富，为脱贫攻坚打造"红色引擎"。

案 例 20

支部联建力拔穷根

　　新县大地茶业公司所在的八里畈镇长岗村，曾是有名的"软弱涣散村"，村"两委"长期租房办公，党组织基本处于半瘫痪状态，贫困发生率超过 20%。2014 年，新县国税局对口帮扶长岗村，选派 1 名同志作为该村支部书记助理，协助驻村第一书记工作，帮助完善党员组织生活各项制度，以支部联建为纽带积极推动脱贫攻坚。2016 年，新县国税局积极组织协调，与村"两委"一起整合项目资金，依托大地茶叶公司，打造 1000 亩生态茶文化体验园，带动 70 户村民就地实现脱贫。同时，联合开展一系列党员活动，唤醒党员的身份意识。2017 年 7 月，已有 3 名党员的大地茶业公司成立了党支部，公司以支部为堡垒，通过"支部＋企业＋基地＋农户"的产业化发展模式，每年可直接带动农户 2000 户，增加农民年收入总额达 2000 万元。

2. 发挥支部书记"领头雁"作用

　　加强带头人队伍建设，注重从新型农业经营主体骨干、外出务工经商成功人士、返乡大中专毕业生、复员退伍军人、乡村医生等群体中发现识别优秀人才，及时选配进入村"两委"班子。畅通"上升通道"，从村支书中招录乡镇公务员和事业单位工作人员 141 名。实施"春苗行动"，为每个村储备 2—3 名 45 岁以下村级后备力量。2018 年村"两委"换届，全市 6650 名村级后备干部中有 1829 人进入村"两委"班子，其中 305 人走上村党组织书记岗位，村党组织书记的年龄结构、知识结构明显改善。

3. 发挥共产党员"先锋队"作用

　　加强对党员的教育管理，实施"三个培养"，即把产业发展带头人培养成党员，把党员培养成产业发展带头人，把党员产业发展带头人培养为村干部，引导党员干部群众立足工作实际，发挥先锋模范作用，在脱贫攻坚行动中当好引路人。近年来，累计举办"三个培养"示范培训班 24 期，培训新型农业经营主体骨干、农业职业经理人、新型职业农民等 4069 人。组织党员主动与贫困户结对，全市 ×× 名机关党员干部对口帮扶贫困户 ×× 名，积极开展送温暖、送政策、送技术、送信息等服务活动，帮助贫困户尽快脱贫致富。

4.发挥乡贤能人"调解员"作用

充分激发乡贤能人回报家乡的社会责任感，实施"金桥工程"，引导外出成功人士和乡贤能人"结穷亲""解矛盾""强基础"，为脱贫攻坚贡献力量。

案 例 21

选聘"名誉村长"助力脱贫攻坚

商城县围绕破解乡村治理难题，探索建立从乡贤能人中选聘"名誉村长"制度，走出了一条村民自治、有效治理的新路径。"名誉村长"采取自下而上逐级推荐、乡聘村用的办法，受聘的"名誉村长"管理在村、工作在村，实行一年一考核，一年一聘任，不占用村"两委"职数，不计工作报酬。"名誉村长"主要负责协助村级党组织解决脱贫攻坚、乡村振兴等"大"事，群信群访、缠访闹访等"难"事，邻里纠纷、家族矛盾等"闲"事。自推行"名誉村长"制度以来，商城县共选聘"名誉村长"374 名，先后协助各村解决邻里纠纷、家族矛盾 355 起；吸引外出人员返乡创业投资 2 亿多元，发展规模产业示范基地 56 个，带动贫困户就业 150 户 260 人，实现 75 户贫困户年户均增收 2600 元。

三、脱贫路上启示多

习近平总书记在视察河南深入信阳革命老区时指出："贫困帽子摘了，攻坚精神不能放松。追求美好生活，是永恒的主题，是永远的进行时。"信阳市在脱贫攻坚工作中探索的实践经验，既为持续巩固脱贫攻坚成果指明了方向，也为全面建成小康社会，实现与乡村振兴的有效衔接提供了启示。

（一）唱响红色，激活内生动力，是信阳能够打赢脱贫攻坚战的精神引擎

信阳是大别山革命老区，大别山精神代代相传，曾创造了"28 年红旗不倒"的奇迹，红色基因已深深融入人民的血脉，坚定不移跟党走的信念已深深扎根于群众。"信阳实践"告诉我们，打赢脱贫攻坚战，必须坚持以红色为引领，筑牢党员干部群众的思想根基。一是要全面加强党的领导。深入学习贯彻习近平新时代中国特色社会主义思想，切实把习近平总书记关于脱贫攻坚的重要论述和指示精神落到实处，引导广大党员干部听党话、跟党走、为党谋，自觉把思想和行动统一到打赢脱贫攻坚战的具体实践中来。二是要全面加强党的组织建设。坚持党的群众路线，选优配强基层党组织领导班子，整顿软弱涣散党组织，落实党员组织生活各项制度，提高贫困村党组织的凝聚力、战斗力，抓好党建促脱贫。三是要大力弘扬红色传统。坚持把扶贫与扶志、扶智相结合，唱响红色主题曲，大力弘扬社会主义核心价值观，加强政策宣讲、形势宣传和典型选树，坚持用身边事和身边的变化教育身边人，引导贫困户破除"等、靠、要"思想，摒弃陈规陋习，变"要我脱贫"为"我要脱贫"。要加强职业技能培训，做到授人以鱼更要授人以渔，增强贫困群众干事创业本领，进一步坚定贫困户脱贫的信心和决心，激发贫困户脱贫致富的内生动力。

（二）放大绿色，选准脱贫产业，是信阳能够打赢脱贫攻坚战的内在驱动

发展产业是实现脱贫的根本之策。信阳市有着得天独厚的生态禀赋，生态是信阳的最大优势、最大财富、最大品牌。信阳市立足实际，大力发展茶叶、油茶、稻虾共养等产业，开办家庭农场，实施"多彩田园"，发展红色旅游，让绿色发展成为脱贫的主旋律，让绿色发展成为脱贫的主路径。"信阳实践"告诉我们，在脱贫攻坚伟大进程中，只有放大绿色，持之以恒抓生态，才能加快绿色发展，打好"四张牌"，才能变生态优势为信阳人民的脱贫优势，变生态产业为信阳人民的脱贫产业，让绿水青山真正成为金山银山。一是要坚持"规划先行"。立足实际，选准脱贫产业，加强脱贫产业发展的统筹指导，科学制定产业发展规划和专项政策，走好绿色发展的路子。二是要坚持"市场思维"。处理好利用本地资源与培育特色产业之间的关系，推进山水生态、休闲度假、健康养生、红色教育等业态竞相发展。要围绕第三产业做特色文章，推进产业结构优化升级，构建绿色低碳循环发展的产业体系。三是要坚持"活力为要"。坚持走规模化发展之路，着力打造绿色产业集群，发挥龙头企业和农民专业合作组织的辐射带动作用，破除"散、乱、小"的产业发展模式，提高产业发展活力。四是要坚持"品牌为魂"。把文化和产业发展有机融合起来，着力打造知名地域产业品牌，提升产品的品牌附加值和产业的文化含量，推动经济效益、社会效益、生态效益有机统一。

（三）突出特色，创新扶贫方法，是信阳能够打赢脱贫攻坚战的科学路径

特色是发展力，特色是竞争力。特色之要，在于精准。扶贫不能因为发展心切而盲目蛮干，不能"一刀切"，必须把握当地特色，尊重群众意愿，做到因地制宜，宜农则农、宜林则林、宜商则商、宜游则游，创新工作方法，抓出特色，抓出亮点。"信阳实践"告诉我们，只有在特色优势上下功夫，在提挡升级上做文章，突出精准扶贫，找准自己的突破口，实现效益最大化，才能使脱贫的路子越走越宽广，真正实现稳定脱贫、高质量脱贫。一是要突出精准帮扶。要紧扣精准脱贫工作要求，在严格落实贫困户识别"六个精准"工作措施的基础上，坚持因地制宜、因村施策、因户施策，统筹推进"转扶搬保救"五条路径。二是要突出发展特色。要紧紧围绕当地有什么、贫困户会什么、合作社能干成什么，大力实施"多彩田园"产业扶贫示范工程，探索多渠道、多样化的精准扶贫路径。三是要突出方式创新。要树立创新思维，立足本地实际情况，深入一线调查研究，寻求破解制约本地发展难题的措施，通过创新扶贫方式和扶贫机制，大胆尝试，多措并举，在实践中进一步放大扶贫措施的社会效应。

（四）擦亮底色，着力改善民生，是信阳能够打赢脱贫攻坚战的重要支撑

脱贫攻坚是最大的民生工程，保障和改善民生决定着全面建成小康社会的底气成色，是我们谋划各项工作的出发点和落脚点。信阳市始终把保障和改善民生紧紧抓在手上，谋民生之利、办民生之事、解民生之忧，夯实了脱贫攻坚的基础，增强了贫困群众脱贫致富的信心。"信阳实践"告诉我们，只有及时回应群众的利益诉求，有效解决各种民生难题，让群众切身感受到政策的红利、身边的变化，才能凝聚成打赢脱贫攻坚战的强大动力和生机活力。一是要

落实各项惠民政策。要紧盯"两不愁三保障"，以特殊贫困群体为重点，集中精力抓好各项普惠性、基础性、兜底性民生政策的落实，实现贫困群众幼有所育、学有所教、病有所医、老有所养、住有所居、弱有所扶。二是要加强基础设施建设。要持续加大基础设施建设投入，积极整合各相关部门资金和涉农资金，加快补齐与群众生产生活息息相关的水、电、路、信等基础设施建设短板，完善科技、教育、文化、卫生等农村公共服务场所建设，进一步改善农村发展条件。三是要发展壮大集体经济。要找准村集体经济发展与扶贫攻坚的结合点，通过把资产资源整合起来、农民组织起来、产业发展起来，实现资源变资产、资金变股金、村民变社民，推进村集体经济由输血型向造血型转变，增强发展后劲。

（五）永葆本色，激发干部活力，是信阳能够打赢脱贫攻坚战的根本保障

村看村户看户，群众看的是干部。在打赢脱贫攻坚战的进程中，信阳市党员干部永葆一心为民的本色，发扬焦裕禄那种"亲劲、拼劲、韧劲"的"三股劲"精神，一头扎到群众中去，与贫困群众干在一起吃住在一起，赢得了群众信赖，增强了贫困群众脱贫的信心。"信阳实践"告诉我们，无论干什么工作，只有永葆全心全意为人民服务的政治本色，才能激发干部干事创业的活力，增强群众战胜困难的信心，打赢脱贫攻坚的总攻之仗。一是要严格落实扶贫责任。要坚持以脱贫攻坚统揽经济社会发展全局，完善市、县、乡、村四级责任体系，压实"四级书记"责任，形成上下联动、齐抓共管的工作机制。要大力开展督查巡查，强化扶贫领域执纪问责，确保脱贫成效经得起历史和实践检验。二是要引导社会共同参与。要精准选派帮扶力量，坚持严管与厚爱相结合，充分发挥党员干部生力军作用，着力建立健全政府主导、群众主体、单位帮扶、党员带头、社会参与的大扶贫工作格局，凝聚强大帮扶合力。三是要坚持走好群众路线。坚持深入基层、深入群众，带着感情做群众工作，着力传党音、听民声、解民难，帮助群众出实策、鼓实劲、办实事，真正为群众解决实际问题，用实际行动赢得民心，带领群众脱贫致富。

（调研组成员：曹新博、钱长锟、熊光阳、李小波）

湖北省武汉市

加快疫后重振　决胜全面小康

中共武汉市委宣传部

2020 年对武汉来说是极不平凡的一年，作为全国疫情最重、管控时间最长的城市，突如其来的新冠肺炎疫情对经济社会发展造成巨大冲击，给如期全面建成小康社会带来巨大考验。在习近平总书记亲自指挥、亲自部署下，在中央指导组、国务院联络组和省委、省政府科学指导和关心支持下，经过艰苦卓绝的斗争，武汉保卫战取得决定性成果，为全国乃至世界抗疫提供了"武汉样本"。按照党中央、国务院统一部署，武汉统筹推进常态化疫情防控和经济社会发展，全面系统重塑城市治理体系，加快推进疫后重振，努力在危机中育新机、于变局中开新局，推动经济社会快速复苏，重新迈上决胜全面建成小康社会快车道。

一、历程与成就：决胜全面小康

党的十八大以来，武汉紧盯全面建成小康社会目标任务，统筹抓好各方面工作，经济社会平稳健康发展。习近平总书记先后 4 次视察湖北武汉，提出"四个着力""四个切实"的重要要求。2020 年 3 月 10 日，习近平总书记亲临武汉抗疫一线，看望慰问医护人员和干部群众，深情寄语武汉"一定能够彻底战胜疫情，一定能够浴火重生，一定能够创造新时代更加辉煌的业绩"，要求武汉"探索超大城市现代化治理新路子"。武汉坚决贯彻落实习近平总书记重要讲话和重要指示批示精神，统筹推进"五位一体"总体布局、协调推进"四个全面"战略布局，坚持新发展理念，加快创新驱动发展，深入实施脱贫攻坚，着力保障改善民生，推进城市治理体系和治理能力现代化，全面建成小康社会步履坚定。

精准脱贫率先实现。 2018 年，提前两年完成脱贫攻坚目标任务，86115 名贫困人口全部脱贫销号，271 个贫困村全部脱贫出列，基本结束了农村存在绝对贫困人口的历史。2019 年以来，建立稳定脱贫长效机制，巩固脱贫攻坚成果，推动乡村振兴与精准脱贫深度融合，"三乡工程"成为全国乡村振兴的一面旗帜。

"两个翻番"提前完成。 分别于 2016 年、2017 年、2018 年，实现农村居民收入、城镇居民收入、地区生产总值比 2010 年翻一番以上。2019 年，农村常住居民人均可支配收入 24776 元、城镇常住居民人均可支配收入 51706 元、地区生产总值 16223.21 亿元，分别是 2010 年的 2.64 倍、2.45 倍、2.91 倍。

产业发展优势明显。 光电子信息、汽车及零部件、生物医药及医疗器械等产业集群快速壮大。集成电路、新型显示器件、下一代信息网络、生物医药入选国家首批战略性新兴产业集群。存储器、商业航天、网络安全人才与创新、新能源与智能网联汽车四个国家产业新基地和大健康产业基地建设全面推进。

创新创业活力迸发。 东湖国家自主创新示范区知识创造和技术创新能力位列全国第二。率先实施"城市合伙人"计划，首创"大学＋"发展模式，推进"四大资智聚汉工程"，探索"科教培养人才、人才引领创新、创新驱动发展"新路径。获 2019 年度国家科学技术奖 26 项，排名副省级城市第四。

"放管服"改革走在前列。 全面实施市场准入负面清单制度，建成四级政务服务"一张网"。首推"电子证照卡包"，率先实施公安政务服务"全网办"，集中取消 25 类 91 项证明材料。率先推行"四十五证合一"改革，营商环境位列全国前十、中西部第一。

社会治理扎实推进。 连续两次荣获全国综治最高奖"长安杯"。探索形成微治理工作新模式，拓展网格化服务管理，确保"民呼我应"改革落地见效。

实施基层治理系列改革举措，党建引领打造"红色物业"，构建社区共建共治共享新格局。荣获中国智慧城市建设创新示范奖。

文化强市建设精彩纷呈。公共文化服务体系不断完善，"戏曲进校园"全覆盖，博物馆每十万人拥有量在全国名列前茅，荣获"2019 年度中国十佳数字阅读城市"，入选世界设计之都，蝉联全国文明城市称号。武汉杂技节、琴台音乐节、斗鱼直播节、武汉之夏等品牌活动提挡升级，成功举办第七届世界军人运动会，武汉文化、武汉故事吸引世界目光。

生态环境品质大幅提升。首创国内长江断面水质考核奖惩和生态补偿机制，海绵城市建设稳步推进，建成东湖绿道 101.98 公里，入选联合国人居署中国改善城市公共空间示范项目。成功举办第十届中国国际园林博览会，武汉园博园、青山江滩获得 C40 城市奖，戴家湖公园获中国人居环境范例奖。

2019 年 11 月，第三方机构竞争力智库和中国信息协会信用专业委员会在京联合发布《中国城市全面建成小康社会监测报告 2019》，报告从经济发展、人民生活、文化建设、生态环境、社会治理五个方面，对 50 项指标进行监测，公布了"2019 中国地级市全面小康指数前 100 名（含副省级市）"，武汉名列第 19 位，并被评为全面建成小康社会优秀城市。

二、实践与探索：加快疫后重振

2020 年是全面建成小康社会的决胜之年，面对突如其来的疫情，武汉人民"识大体、顾大局"，"封一座城，护一国人"，坚决按下"暂停键"，经济受到严重冲击。统计显示，较上年同期，一季度规模以上工业增加值下降 39.7%，固定资产投资下降 81.6%，GDP 下降 40.5%，经济下滑前所未有。为加快推进疫后重振，武汉召开市委十三届九次全会，出台《关于贯彻落实党的十九届四中全会精神加快推进超大城市治理现代化的决定》，切实做好"六稳""六保"工作，坚决打赢疫后"经济发展战""社会稳定战""民生保障战"，生产生活秩序加快恢复，二季度经济实现逆势反弹、单季打平，经济社会发展呈现持续恢复的良好态势。

（一）全力打赢"经济发展战"，推动高质量发展

全民核酸检测重启安全武汉，全力以"复"回归"烟火气"。5月，武汉在全市范围内集中开展全民核酸检测 1142 万人次，检测结果显示"5 个没有"：没有发现一例确诊病例、无症状感染者没有一例转确诊、密切接触者没有一例阳性、病毒培养没有一例活病毒、14 万个环境样本没有一例阳性，武汉从疫情"风暴眼"回归到院士、专家眼中的"全国最安全城市"。武汉持续做好常态化疫情防控，做到"晴天不忘带雨伞、一手撑伞一手干活"，努力形成疫情防控和经济社会发展中长期协调机制。

当前的武汉，经济社会秩序加速恢复。地铁人流量明显增长，汉街日均销售额比检测前提升 122%，大、中学生逐步复学复课，全市 1326 个续建亿元以上项目复工率、复岗率均达 100%。为进一步拉动消费，加快经济复苏，市政府通过微信、支付宝、美团等平台分批次投放 5 亿元武汉消费券，拉动消费金额超 50 亿元。加速文旅重启，全市 A 级旅游景区向全国游客免门票开放，对市内外游客发放 200 万张免费旅游惠民券，推动旅游市场回暖，有效带动客流加速回升。8 月 21 日，武汉天河机场旅客吞吐量达 6.02 万人次，恢复至去年同期水平的九成左右。

搭上国家政策快车，帮扶企业"再出发"。落实习近平总书记指示，中央和国家部委在武汉最艰难的时期"搭把手、拉一把"，给予"一揽子"支持政策。为让政策早落地、早见效、早受益，武汉从财政税收、金融信贷、投资外贸等方面，将"一揽子"支持政策细化为 97 项措施。编制完成推进经济重振、健康重塑、社区重治、智慧重树的《武汉市疫后重振规划（三年行动规划）》，制定"疫后重振作战图"。针对停工停产停业带来的企业经营困境，发布实施《武汉市支持企业复工复产促进稳定发展若干政策措施》《关于支持小微企业招人留才的若干措施》，创设 1000 亿元纾困专项资金、20 亿元政府担保基金、20 亿元中小微企业贷款风险补偿资金，推广"301"金融贷款模式，成立武汉融资担保公司，全力扶持中小微企业尽快走出困境。市

税务局出台系列硬举措提升企业和市民办税便利度，半年 7000 余户纳税人延期申报缴税。截至 8 月 21 日，24.56 万户企业完成销售开票，较上年增长 10.85%；解封以来，日均新登记市场主体 840 户，与去年基本持平。加快推进重大项目建设，稳定经济基本盘，不断扩大有效投资，国家存储器基地二期开工建设、天河机场改扩建项目加快推进，华为鲲鹏创新生态中心投入使用，积极争取国家支持将武汉纳入全国 5G 商用重点城市，谋划布局更多 5G 建设项目。截至 8 月 21 日，新开工亿元以上重大项目 381 个、总投资 6945.6 亿元。

"店小二＋武汉云"，优化武汉发展环境。5 月 6 日，召开全市主动作为快干实干奋力夺取疫情防控和经济社会发展双胜利动员大会。完善干部联系服务企业机制，市委常委带头当好服务企业"店小二"。制定实施改进营商环境"27条"，推动政务服务"五减五通"，促进"一网通办、一城同办"。新设市投资促进中心，探索提供全链条、全周期、全方位的金牌"店小二"式投资促进服务。8 月 7 日，工业和信息化部网站发布的第三方试评估报告显示，武汉中小企业发展环境全国排名前三。

开启"云对接"平台，创新招商引资和项目建设模式，线上与线下、"引进来"与"走出去"招商活动同时发力，上半年"云招商"签约总金额超 5000亿元，"云招商"央企专场、粤港澳大湾区专场招商活动、中国品牌节年会、亚布力论坛武汉特别峰会、知名民企湖北行等高端会展暨线下招商活动密集举办。武汉解封后 200 多家世界五百强、中国五百强企业密集来汉或线上洽谈合作，沿江高铁总部、迈瑞医疗全球第二总部、霍尼韦尔新兴市场中国总部等相继落户，全国数字经济百强企业四成在汉布局，截至 7 月底实际到位资金 4829.5 亿元，充分显示了企业界对武汉的信心。

"光芯屏端网云智"协同发展，开启创新驱动发展新格局。大力提升自主创新能力，加快建设东湖实验室、武汉光电国家研究中心、国家信息光电子创新中心等国家级创新平台建设，完善参与大科学计划和大科学工程机制，努力突破集成电路、操作系统等"卡脖子"关键核心技术，打造一批"国之重器"。新冠肺炎疫情暴发以来，全球首款新冠灭活疫苗、全球首款 128 层

QLC 闪存芯片、全国首款自主研发 L4 级 5G 自动驾驶汽车在汉研发成功，国内首条柔性折叠显示屏生产线在武汉华星光电迈向达产。加快新旧动能转换，着力培育光芯屏端网、汽车制造与服务、生命健康三大万亿级产业集群。出台《武汉市突破性发展数字经济实施方案》和《武汉市促进线上经济发展实施方案》，计划用 3 年时间，使全市数字经济增加值占 GDP 比重超过 50%，创建国家数字经济创新发展试验区，建成全国数字经济一线城市。加快建设国家新一代人工智能创新发展试验区，突破性发展 5G、物联网、工业互联网等新型基础设施，打造"一芯、两网、四大应用场景"的发展格局，探索形成人工智能赋能城市高质量发展的新模式。制定实施院士引领高端产业发展计划，抢占未来产业、高端产业制高点。大力发展工研院等"四不像"新型研发机构，试点赋予科研人员职务科技成果使用权或长期使用权。上半年，全市技术合同成交额 347.3 亿元、占全省比重达 64.5%，全市高新技术产业增加值占 GDP 比重达到预期指标，市级以上各类创新平台达 1760 家，居全国同类城市前列。

（二）全力打赢"社会稳定战"，探索超大城市现代化治理新路子

*解民忧、促和谐，打造"平安武汉"升级版。*积极化解疫后综合征，制定《"化积案、解民忧、促和谐"活动方案》，市领导和各区、市直各单位主要负责人带头包案，要求到 2020 年底，全市历史遗留的信访积案和疫后新发信访案件全部依法办结。出台《关于加快推进市域社会治理现代化开创平安武汉建设新局面的实施意见》，着力打造共建共治共享社会治理格局。深化"领导干部大接访""万名警察进社区""千名律师进社区"等工作模式，深入推进"雪亮工程"视频监控建设联网应用和"智慧平安小区"建设。织密城市应急处置网络，健全市区街道（乡镇）三级应急综合指挥平台，完善突发事件应急处置机制，健全多种储备方式协调统一的应急物资保障体系。面对历史少见的汛情，及时启动"二级响应、一级战备"，实现江河不决堤、湖库不溃坝、城市不内涝、人民群众生命安全不受损失的预期目标。

*探索"医防融合"，打造公共卫生应急管理体系"武汉样板"。*针对疫情

暴露出的短板，在总结疫情期间公共卫生应急防控和医疗救治经验的基础上，出台《关于加强公共卫生应急管理体系建设的实施意见》，探索建立疾病预防与治疗一体化机制。创设"公共卫生总师"和"首席公共卫生专家"，为公共卫生体系建设提供人才保障。强化基层医疗卫生机构疫情防控"基层哨点"职能，构筑公共卫生应急防控的第一道防线。建立以市疾控中心为核心、区疾控中心为枢纽、社区卫生服务中心公共卫生为网底的紧密型疾病预防控制三级网络。强化"医防融合"建设，建立疾控机构和医疗机构人员通、信息通、资源通和监督监管相互制约的机制，完善疾控机构与医疗机构人员轮训机制，促进临床素养和公共卫生素养双提升。将市金银潭医院和市肺科医院作为市疾控中心的临床基地，实现防治一体化。完善重大疫情风险评估预警机制，健全重大疫情救助体系，建立中心城区 10 分钟、新城区 12 分钟医疗急救圈，加快建设同济医院国家重点公共卫生事件医学中心、协和医院质子医学中心，在 4 个新城区新建 4 家平战结合传染病医院，打造国内一流、国际先进的公共卫生应急管理体系和国家公共卫生安全标杆城市。针对因疫情造成的市民心理创伤，将社会心理服务纳入城乡基本公共卫生服务体系，建立市区心理人才库，完善社会心理服务体系和心理危机干预机制，加强疫后市民心理疏导和人文关怀。

党建引领强社区，"加薪升职"提待遇。针对疫情期间暴露出的基层防控力量薄弱、社区工作者压力大待遇低等问题，出台《武汉市社区工作者管理办法》，健全社区工作者职业体系，开展社区党组织书记事业岗位管理试点，建立四岗 18 级等级序列，大幅提高社区工作者待遇，初步测算，改革后的社区工作者年人均应发报酬增幅将达 86.3%。积极探索城市社区治理新模式，研究出台"1＋N"政策文件（"1"是指《关于深化新时代党建引领加强基层社会治理的实施意见》；"N"是指党员干部下沉社区、社区书记岗位管理、深化街道管理体制改革和志愿服务等政策文件），着力构建党建引领下的社会治理体系。

加快智慧城市建设，打造中部数字治理"第一城"。应"疫"而生的"武汉战疫"健康码精准助力疫情防控，有力推进城市解封和复工复产，成功入选中国十大社会经济类数字化转型成功案例。全力打造城市"超级大脑"，努力形成城市运行"一网统管"、政务服务"一网通办"和社会诉求"一键回应"。加快城市数字治理多领域推进和全面覆盖，今年夏季防汛期间，全市超 6 万个视频监控探头采集防汛排涝信息，实现数字化、科学化防汛。探索"智慧桥梁系统"，加强桥梁安全维护，便于及时报警和排查隐患。8 月18 日，中国经济信息社、中国信息协会和中国城市规划设计研究院联合发布的《中国城市数字治理报告（2020）》显示，武汉位列全国第五，领跑中西部城市。

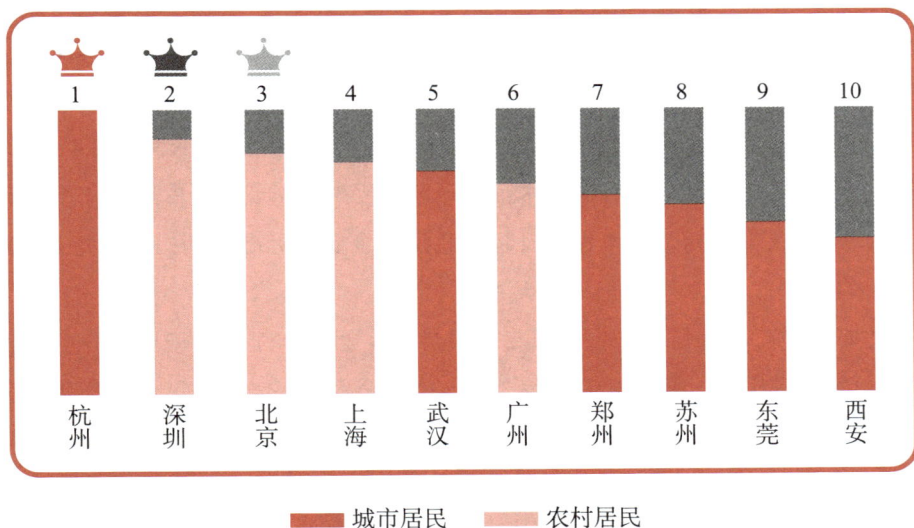

图 1　中国城市数字治理排名

（三）全力打赢"民生保障战"，不断提高市民获得感、幸福感

健全精准扶贫长效机制，巩固拓展脱贫成效。加强对受疫情影响较重的贫困村、贫困人口的精准帮扶，发放一次性生活补贴 339 万元，物资补助4440 万元，临时价格补贴 1.72 亿元，强化贫困人口动态监测，切实防止因疫返贫致贫。上半年，各结对帮扶单位和驻村工作队为驻点村捐赠资金、各类物资（折价）976 万元，帮助销售农产品价值 653 万元，协调联系外出务工 2327

人。持续开展"光彩行"活动，积极引导民营企业创新推广农村电商扶贫模式，鼓励民营企业等社会力量采取"以购代捐""以买代帮"等方式采购贫困地区产品和服务，市级、区级认定扶贫产品总价值约 10.19 亿元，已销售 1.43 亿元。探索优化企业帮扶方式，进一步引导发挥民营企业在产业扶贫中的重要作用，提升项目辐射带动脱贫增收效益。截至 7 月底，全市计划实施扶贫项目 1334 个，涉及投资总额 5.19 亿元（不含涉农统筹资金），已开（复）工 1234 个，开（复）工率为 92.5%。

关爱困难群体，兜底生活保障。加强困难群众临时救助，及时将因患新冠肺炎导致基本生活陷入困境的家庭和个人，以及灵活务工人员纳入临时救助范围，并发放临时性救助金。对低保对象、特困人员、重度残疾人、孤儿、留守老人、留守儿童等特殊困难群体，按照城市人员不低于 500 元、农村人员不低于 300 元的标准，给予生活物资救助。上半年，累计发放低保金 8.4 亿元，投入资金 2 亿元救助特殊困难群体。上半年，暂缓开展现有低保对象年度核查工作，延长保障时间。自 4 月 1 日起，武汉城乡低保标准分别提高至每月 830 元、680 元。

"云招聘"助力稳就业，栽得梧桐引凤来。加快构建有利于更充分更高质量就业的促进机制，努力打造覆盖全民、贯穿全程、辐射全城、便捷高效的全方位公共就业服务体系，有效缓解疫情带来的就业难题。出台"1＋4＋N""一揽子"就业政策，积极打造"云招聘"线上就业平台，累计上线招聘企业 9000 多家，截至 7 月底，全市城镇新增就业 9.26 万人，城镇登记失业率控制在 2.63%。着力稳定企业就业岗位，共帮助 196 家"三必需"（保障生产疫情防控用品必需、保障公共事业运行必需、保障群众生活必需）企业解决新增用工 4215 人。提出 10 项具体举措，最大限度促进农村劳动力就地就近就业创业。积极开发公益性岗位，强化困难群体就业兜底，着力做好就业困难人员就业援助和就业扶贫工作，截至 7 月底，全市共帮扶就业困难人员实现就业 1.5 万人，全市外出务工贫困劳动力达 2.27 万人。出台 22 项举措，吸引 12 万大学生在汉创业就业。8 月初，21 世纪经济研究院发布城市高校毕业生吸引力排名，武汉在全国 17 座万亿 GDP 城市中排名第三。

表1　17座万亿GDP城市高校生吸引力排行

城市	本专科在校生数量（万人）	GDP增速（%）	全体居民人均可支配收入（元）	全年城镇新增就业人数（万人）
广州市	115.30	6.80	65052（城市居民）	33.73
郑州市	107.90	6.50	35942	11.50
武汉市	100.69	7.40	46010	24.25
成都市	86.90	7.80	45878（城镇居民）	26.40
重庆市	83.49	6.30	28920	75.16
南京市	73.54	7.80	57630	32.52
长沙市	66.59	8.10	55211（城镇居民）	14.77
北京市	58.60	6.10	67756	35.10
天津市	53.94	4.80	42404	50.17
上海市	52.63	6.00	69442	58.91
杭州市	44.70	6.80	59261	34.00
青岛市	36.60	6.50	45452	75.10
苏州市	24.90	5.60	60109	17.32
宁波市	20.60	6.80	56982	25.40
佛山市	12.99	6.90	54043	8.66
无锡市	11.14	6.70	54847	15.42
深圳市	9.22	6.70	62522.4	16.03

打造"15分钟生活圈"，高品质生活近在咫尺。加快构建均衡普惠、人人可及的基本公共服务体系，推进教育优质化、均衡化发展，完善养老服务体系，发展普惠性婴幼儿照护，健全住房保障体系。深入推进农贸市场标准化改造、公益普惠性幼儿园和中小学新改扩建以及老旧小区改造，着力打造"15分钟生活圈""12分钟文体圈""20分钟公共活动圈"。把创建国家生态园林城市、国际湿地城市与疫后重振相结合，建成100座"口袋公园"，在遇到重大自然灾害时，用于临时搭建救灾帐篷、分发救灾物资等，让市民在享受更多绿色福利的同时，还能得到"家门口"的应急防护。

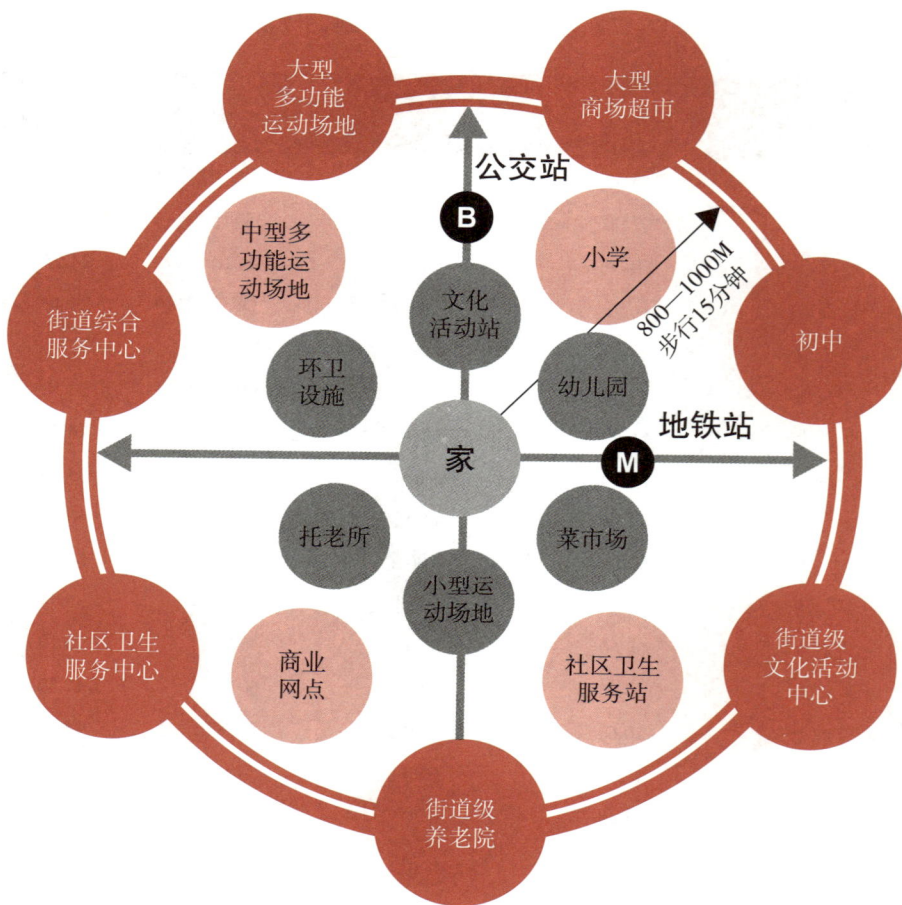

大型多功能运动场地

大型商场超市

公交站

中型多功能运动场地

B

小学

800—1000M
步行15分钟

街道综合服务中心

文化活动站

环卫设施

幼儿园

初中

地铁站

家

M

托老所

菜市场

小型运动场地

社区卫生服务中心

商业网点

社区卫生服务站

街道级文化活动中心

街道级养老院

图2 15分钟生活圈

三、启示与展望：迈向现代化强市建设新征程

武汉是一座英雄的城市，经历过辛亥炮火、抗日烽烟、特大洪水等无数考验，今年作为全国战"疫"主战场，武汉再次迸发出"狭路相逢勇者胜""不破楼兰终不还"的英雄气概，危中求机、谋变图强、浴火重生，带给我们许多感悟和体会。

始终坚持党的集中统一领导，铸牢城市发展之"魂"。习近平总书记指出："防控工作取得的成效，再次彰显了中国共产党领导和中国特色社会主义制度的显著优势。"世界卫生组织总干事谭德塞高度评价我国的防控工作，认为中方行动速度之快、规模之大，世所罕见，展现出中国速度、中国规模，这是中国的制度优势。武汉抗疫实践证明，始终坚持党的集中统一领导，是我们战胜一切困难和风险的"定海神针"。我们必须创新和完善党的领导制度体系，加强基层党建引领，把党的领导制度优势转化为城市治理优势，为我们彻底战胜疫情、全面建成小康社会、加快现代化强市建设提供根本保证。

始终坚持发展第一要务，夯实城市发展之"基"。回顾艰苦卓绝的抗疫历程，雄厚的综合国力、强大的经济实力，是我们战胜疫情的有力支撑。实现疫后重振，是武汉保卫战的重要组成部分，是中国经济发展韧性和潜力的缩影，在世界上具有风向标意义。我们必须紧紧扭住发展第一要务不放松，厚植发展优势，提升发展能级，优化营商环境，大力发展数字经济、线上经济，以高质量发展夯实城市发展之"基"。正如习近平总书记所说，湖北经济长期向好的基本面没有改变，多年积累的综合优势没有改变，在国家和区域发展中的重要地位没有改变。武汉必将不负厚望，如期全面建成小康社会，坚定迈向现代化强市建设新征程。

始终坚持以人民为中心的发展思想，坚守城市发展之"本"。坚持以人民为中心的发展思想，体现了党的理想信念、性质宗旨、初心使命，也是对党的奋斗历程和实践经验的深刻总结。我们必须坚持人民至上，紧紧依靠人民、不断造福人民、牢牢植根人民，并落实到各项决策部署和实际工作之中。疫情期间，武汉时刻把人民的生命安全和身体健康放在第一位，不计代价免费救治患者生命。疫后重振，武汉始终兜住民生底线，千方百计保障居民生活，全力帮扶困难群众。有效的疫情防控和生活保障，让武汉人民有了实实在在的安全感。只有一切为了人民，才能得到人民的拥护和支持；只有充分发挥人民群众的积极性、主动性、创造性，才能凝聚起上下同心、砥砺奋进的强大力量，战胜一切艰难险阻，在新时代创造新的更大奇迹。

始终坚持推进市域治理现代化，织密社会治理之"网"。"一流城市要有一流治理"，针对疫情中暴露出的城市治理短板，武汉痛定思痛，把查漏洞、补短板、强弱项作为当前工作的重中之重，将城市视为生命体、有机体，秉持敬畏之心，坚持把全周期管理理念贯穿到城市治理全过程，织密城市应急处置网、公共卫生防护网、基层社会治理网、矛盾风险化解网、城市精细管理网，构建符合超大城市发展规律的治理体系。在科学化、精细化、智能化上下功夫，依托大数据、云计算、人工智能等手段，让城市变得更"聪明"，以绣花般的细心、耐心、巧心，绣出城市品质和品牌。

"雄关漫道真如铁，而今迈步从头越"，经受新冠肺炎疫情严峻考验的武汉，既面临现代化、国际化进程中的重大挑战，同时也被赋予独特的发展机遇和历史使命。武汉将进一步弘扬伟大抗疫精神，以超常规的思路和举措，决胜全面建成小康社会，高起点开启现代化强市建设新征程，为加快建设国家中心城市和国际化大都市奠定坚实基础！

全面建成小康社会与中国城市发展

湖南省湘西土家族苗族自治州

牢记习近平总书记殷切嘱托
高质量打赢精准脱贫攻坚战
——首倡之地担起首倡之责的"湘西路径"

中共湖南省委宣传部

中共湘西土家族苗族自治州委

　　摆脱贫困，共同富裕，是人类社会古往今来的美好向往，更是社会主义的本质要求，一代又一代中国共产党人为实现这一目标进行了艰辛的探索。特别是自 2013 年 11 月 3 日，习近平总书记视察十八洞村作出"实事求是、因地制宜、分类指导、精准扶贫"重要指示以来，一场具有划时代意义的精准扶贫脱贫攻坚战在全国打响，以习近平同志为核心的党中央带领全国各族人民，以非凡的意志和智慧，展开中国反贫困斗争伟大决战的新时代画卷，为世界减贫贡献了中国智慧、提供了中国方案。

　　"时代是出卷人，我们是答卷人，人民是阅卷人。"6 年多来，湘西州牢记习近平总书记殷切嘱托，按照中央决策和湖南省委部署，坚持把脱贫攻坚作为头等大事和第一民生来抓，以精准扶贫脱贫"十项工程"为抓手，以十八洞村为样板，积极探索可复制可推广的精准扶贫好路子，取得了脱贫攻坚的决定性胜利。全州贫困人口由 2013 年的 65.78 万人减少到 2019 年底的 1.57 万人，贫困发生率由 31.93% 下降至 0.65%，农村居民人均可支配收入由 4229 元增加到 10046 元，省级贫困县市吉首市于 2017 年脱贫摘帽，7 个深度贫困县 2019 年全部脱贫摘帽。这 6 年多，是湘西州减贫人口最多、农村面貌变化最大、群众增收最快和最有获得感的时期。

一、坚持"五个始终"，切实担起首倡之责、彰显首倡之为

脱贫是全面小康的重中之重，决战脱贫攻坚是决胜全面小康的底线任务。只有敢于"决战"，才能赢得"决胜"。6 年多来，湘西州作为习近平总书记精准扶贫重要论述首倡地，倍感使命光荣、责任重大，自觉扛起精准扶贫首倡地的政治责任，下定决心、排除万难，不负重托、不辱使命，一个一个环节推进、一个一个堡垒攻克，以"五个始终"担首倡之责，行首倡之为，建首倡之功，确保脱贫攻坚成效经得起历史和人民检验。

（一）始终不忘殷切嘱托，提高政治站位

2013 年 11 月 3 日，习近平总书记在湘西州视察时作出"精准扶贫"重要指示，提出"不栽盆景，不搭风景"，"不能搞特殊化，但不能没有变化"，"探索可复制、可推广的脱贫经验"等殷切希望，6 年多来先后对湘西州脱贫攻坚工作作出 5 次重要指示批示。湘西人民不忘嘱托、感恩奋进，坚持把学习贯彻习近平总书记关于扶贫工作重要论述和重要指示批示摆在首位，及时跟进学，全面系统学，融会贯通学。通过党委（党组）中心组学习、集中轮训、召开州县乡村四级干部视频会议、印发宣传手册、走村串寨宣讲等方式，认真组织全州各级党组织和广大干部群众学深悟透精神实质和实践要领，不断增强向以习近平同志为核心的党中央看齐的思想自觉和行动自觉，树牢为民思想，掌握方式方法，增强实践本领，坚决防止和解决贯彻落实中的"温差""落差""偏差"问题，做到脱贫工作更务实、脱贫过程更扎实、脱贫结果更真实，确保全州脱贫攻坚事业始终沿着正确方向前进。

（二）始终强化党委领导，压实各级责任

遵照习近平总书记关于"加强党对脱贫攻坚工作的全面领导，建立各负其责、各司其职的责任体系"等指示要求，按照省委统一安排部署，湘西州委连续 7 年出台精准扶贫脱贫"一号文件"，不断完善脱贫攻坚目标、责任、政策、

投入、考核和监督体系。坚持书记抓、抓书记，参照湖南省相关联点制度推行"州级领导联县包乡、县级领导联乡包村""州县直单位包村、党员干部结对帮户"等制度，实行驻村帮扶、结对帮扶全覆盖，加强济南市与湘西州东西部扶贫协作、省辖 6 市对口扶持、中直单位定点扶贫和社会扶贫工作，形成了州县乡村四级书记带头抓、全州上下齐心干、社会各界同参与的脱贫攻坚大格局。据统计，州县组织部门派出 5995 名优秀干部，组成 1742 个工作队，对 1110 个贫困村和 632 个有贫困人口的非贫困村（社区）实行"一村一队"全覆盖，各级党员干部 5.96 万人结对 16.5 万户贫困户，实现精准帮扶全覆盖。将近 3 年新录用的 1776 名州县直单位工作人员全部下派到贫困村锻炼。整合 540 名科技人才组建特色产业专家服务团和 10 个科技特色产业团到脱贫一线服务。动员 1200 多家企业、商会参与精准扶贫"千企联村"行动，引导两新组织结对帮扶 452 个贫困村。先后派出 5 万多名党员干部、社会人士结对帮扶 19 万多户建档立卡贫困户。近两年来，济南市援助湘西州财政资金 6.69 亿元，实施援建项目 257 个，组建扶贫协作产业联盟，40 家企业落地湘西，建设扶贫车间 119 个，两地互派挂职干部 116 人、专业技术人才 1730 人，带动 24 万多贫困人口脱贫。

（三）始终坚持分类指导，实施"十项工程"

遵照习近平总书记"五个一批"指示要求，紧扣"两不愁三保障"目标，因地因人因事定制帮扶政策措施，大力实施"发展生产脱贫工程""乡村旅游脱贫工程""转移就业脱贫工程""易地搬迁脱贫工程""教育发展脱贫工程""医疗救助帮扶工程""生态补偿脱贫工程""社会保障兜底工程""基础设施配套工程""公共服务保障工程"等精准扶贫脱贫"十项工程"，确保帮到点上、扶到根上。全州三分之二的贫困人口通过发展生产实现增收脱贫，农村劳动力转移就业稳定在 80 万人以上，其中贫困劳动力 23 万人以上；每年资助建档立卡贫困家庭学生 14 万人左右，不让一名贫困家庭学生因贫失学辍学；抓实安全住房保障，9.59 万人告别危房破房历史；农村贫困人口县域内住院报销比例 87% 左右，有效防止因病致贫返贫。实施发展生产脱贫工程，累计投入产业扶贫资金 13.18 亿元，建设特色产业基地 390 多亩，形成茶叶、油茶、柑橘、猕猴桃、中药材、烟叶、蔬菜、特色养殖等八大特色产业。采取入股、订单、劳务租赁、托管等形式，推进资源变资产、资金变股金、农民变股东，50.88 万贫困人口与新型经营主体形成利益联结，带动 76.8%的贫困人口脱贫，86%的贫困村集体经济收入在 5 万元以上。实施生态补偿脱贫工程，2019 年新增生态护林员 1003 人，建档立卡贫困户生态护林员达 4221 人，每人每年补贴 1 万元，累计带动 2.3 万多人脱贫。实施乡村旅游脱贫工程。开发两条生态文化村镇旅游精品线，打造六大村落集群，保护开发 300 多个特色村寨，打造花垣县十八洞村、凤凰县竹山村、永顺县老司城村、古丈县墨戎苗寨夯吾苗寨、龙山县惹巴拉村等一批乡村旅游景点，带动 9.4 万人脱贫。

表 1　湘西州易地扶贫搬迁情况统计表

基本情况					建档立卡户人口安置情况											
									分散安置							
建档立卡户数	建档立卡人数	同步搬迁户数	同步搬迁人数	集中安置点个数	集中安置户数	集中安置人数	分散安置户数	分散安置人数	自建住房人数	自购住房人数	投亲靠友人数		县城安置人数	乡镇安置人数	农村安置人数
19775	81815	341	1448	161	15639	63917	4136	17898	14948	2950	0		19971	40305	21539

表 2　湘西州易地扶贫搬迁后续扶持情况

法定劳动力人口	建档立卡人口脱贫发展（精准帮扶到人到户，选择一种主要方式，不重复统计）（人）						精准帮扶（%）	就业扶持				社区治理				
	发展特色农林业	发展劳务经济	发展现代服务业	资产收益扶贫	社会保障兜底	其他		县内就业（就近就业）		县外务工	接受劳动技能培训	建立社区管理机构			建立基层党组织	
								总人数	公益岗位（个）	人数	人数	应建数量（个）	已建		数量（个）	党员人数
													数量（个）	服务人口		
44246	20069	28703	1793	14898	5630	7685	100	12090	1820	19657	13542	132	132	66391	53	780

表3 湘西州转移就业脱贫工程相关情况统计

年度	新增农村贫困劳动力转移就业（人）	农村贫困劳动力培训（人）	"两后生"培训（人）	扶贫车间（累计）（个）	累计带动脱贫户数（万户）
2016	15010	—	2099	—	6.3
2017	12627	5019	1530	5	—
2018	10464	5656	1352	33	7.5
2019	7368	6925	1388	211	6.5
合计	45469	17589	6369		

（四）始终突出精准发力，促进"五个结合"

遵照习近平总书记"六个精准"指示要求，把十八洞村探索形成的"五个结合"有效做法在全州推广，确保脱贫实效经得起历史和人民检验。坚持在扶贫动态管理上不搞笼而统之，注重公开透明与群众认可相结合；坚持在内生动力激发上不搞空洞说教，注重典型引路与正向激励相结合；坚持在发展扶贫产业上不搞大包大揽，注重统筹布局与因地制宜相结合；坚持在基础设施建设上不搞大拆大建，注重留住乡愁与实用美观相结合；坚持在攻坚力量统筹上不搞孤军作战，注重发挥基层党组织战斗堡垒作用与党员干部先锋模范作用相结合，把十八洞村探索形成的"党建引领、互助五兴"（学习互助兴思想、绿色互助兴家园、生产互助兴产业、乡风互助兴文明、邻里互助兴和谐）基层治理模式在全州推行落实，不断增强村级党组织战斗力。据统计，"党建引领、互助五兴"活动开展以来，全州共组建互助小组9.6万个，成立积分超市806个，形成了1567个农村党支部、4500多个党小组与52.9万名农村群众有机对接，农户参与覆盖面达87.39%，治理效能得到进一步激发。5万多名农村党员围绕精准扶贫承诺事项11万多件。6000多名农村党员领办创办致富项目1700多个，带动20多万名农村群众在家门口创业致富。

（五）始终注重脱贫质量，做到"四防两严"

遵照习近平总书记"脱真贫、真脱贫"指示要求，着力防庸、防急、防散、防虚，严格扶贫对象动态管理和项目资金管理，严肃群众纪律、工作纪律和财经纪律。严格落实驻村帮扶"三个一"（干部一月一走访、问题一月一清零、情况一月一报告）制度，大力推行结对帮扶"六看六查"（看产业就业、住房安全、水电保障、厨房、卧室、环境卫生，查基本信息、存折流水、教育保障、医疗保障、残疾人保障、家庭收入）工作法，聚焦"两不愁三保障"短板弱项扎实开展脱贫攻坚问题"三大清零"（以户清零、以事清零、以村清零）行动，始终严防扶贫领域"五个风险"（严防产业扶贫失败、易地扶贫搬迁稳不住、已脱贫人口返贫、扶贫项目工程质量安全不达标及资金使用不精准、涉贫信访引发社会不稳定），持续推进扶贫领域作风及腐败问题专项治理，确保脱贫工作更务实、脱贫过程更扎实、脱贫结果更真实。建立问题整改常态化机制，对上级交办、自查发现和群众反映的问题及时改、全面改，提高群众满意度。

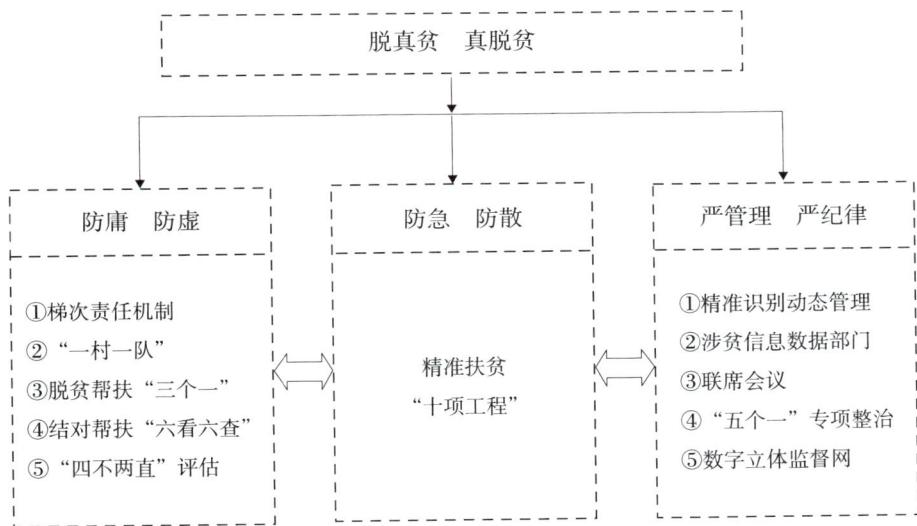

图1　"四防两严"解读

二、坚持"五力齐驱"，切实拔除贫困穷根、攻克贫困堡垒

6年多来，湘西州以腊尔山、吕洞山两大片区为主战场，实施州、县、乡、村四级联动，突出"五力"齐驱，做到规划、政策、资源、力量、项目、建设六个统筹，全力攻克贫中之贫、困中之困。两个片区分别累计脱贫2.19万人、

1.68 万人，贫困村全部出列，贫困发生率分别从 2013 年的 40%、34.4%下降到 2019 年的 0.96%、0.62%，为全省贫困地区特别是高寒山区脱贫攻坚探索出了一条可复制、可推广的脱贫发展路子。

（一）突出党建引领，提升基层组织力

由州委主要领导负责联系指导腊尔山片区脱贫攻坚，州政府两届主要负责同志接续联系指导吕洞山片区。突出抓好村党组织书记、致富带头人队伍建设，把党小组建在产业链上，把党员和群众结成利益共同体，做到脱贫攻坚推进到哪里，党的领导就跟进到哪里，让党的旗帜在脱贫攻坚战场上高高飘扬。据资料显示，全州 42 个农业产业园，221 个千亩以上的茶叶、柑橘、猕猴桃等基地、专业合作社均成立了党组织。9097 个农村网格全部成立党小组。精选 1200 多名优秀党员干部担任贫困村"第一书记"。对有产业发展条件的 1701 个行政村全部建立贫困户产业发展指导员制度，选聘 2465 名技术人员担任产业扶贫指导员。年均轮训贫困村（社区）党组织书记 2200 多人次，年均轮训基层党务工作者、村支"两委"委员、第一书记、党员致富带头人、集体经济组织负责人等扶贫党员干部 1 万多人次。累计提拔重用成绩突出的扶贫队员和第一书记 412 名。同时，对工作不力的单位、个人进行问责，问责单位 122 个，免职调整干部 34 名，"召回"驻村干部 31 名。

（二）突出补齐短板，积蓄发展后发力

坚持把基础设施建设作为脱贫攻坚的重要支撑，通过实施基础设施配套和公共服务保障工程，全面抓好"五通五有"基础设施建设，村村通上致富路、连上宽带网，户户喝上安全水、用上放心电，村寨容貌发生历史性变化。湘西州已建成农村公路通畅工程 2310 公里，提质改造完成 1003 公里，共计 3313 公里，总投资 11.2 亿元，惠及 2926 个自然村 466641 人。全州完成危桥改造 634 座，安保工程 5769 公里，实现县县通二级公路、乡乡通沥青公路，村村道路硬化。着力解决农村居民安全饮水问题，2014 年至 2019 年，共投资 16.453 亿元，兴建农村供水工程 3049 处，累计解决 236.6 万农村居民饮水安全问题，实现所有行政村和所有贫困人口安全饮水全覆盖。加大农村电网改造升级工程，2016 年至 2019 年，共完成农村电网改造工程 187 个村，完成农村电

网升级工程 624 个村。目前网改率达 100%，全部实现城乡同网同价。着力实施信息网络建设工程，投入资金 63618 元，新建农村 4G 基站 9808 个，铁塔新建和改造站址 828 个，农村 4G 覆盖率达 100%，农村宽带覆盖率达 100%。实施村村通广播工程，投入资金 4184.21 万元，建设县市广播中心 8 个，乡镇街道广播站 113 个，建制村广播室 1961 个；投入资金 1680 万元，建设 8 个县市级、115 个乡镇（街道）级、1787 个村（社区）级广播播控平台，建设农村广播接收点 6268 个，布设喇叭 15300 个，IP 音柱 1358 个。投入资金 1524.24 万元，建设卫星设备安装数达 52200 个。新建村综合文化服务中心 1567 个，乡村文体活动中心覆盖率达 100%。现在，全州已实现"村村通宽带""村村通广播""户户通卫星""村村有文体活动中心"等目标任务。

表4　2013—2019 年湘西自治州农村公路建设成效

年度	项目名称	里程（公里）	标准	总投资（万元）	惠及村寨（自然村）（个）	惠及人数
	合计	6777		435099	6287	857700
2013	通畅工程	1440	4.5 米混凝土路面	111058	1302	155162
2014	通畅工程	1604	4.5 米混凝土路面	138794	1405	156741
2015	通畅工程	706	4.5 米混凝土路面	74203	654	79156
2016	提质改造	407	加宽 1 米至 1.5 米	10175	200	36486
2017	提质改造	248	加宽 1 米至 1.5 米	6944	85	9561
2018	提质改造	255	加宽 1 米至 1.5 米	7395	1183	130130
	自然村通水泥路	1204	3.5 米混凝土路面	48160		
2019	提质改造	181	加宽 1 米至 1.5 米	5430	728	80254
	自然村通水泥路	732	3.5 米混凝土路面	32940		

（三）突出增产增收，提升产业支撑力

按照"宜农则农、宜工则工、宜商则商、宜游则游"原则，坚持短平快与中长期相兼顾、新特优相搭配、一、二、三产业相融合，做大特色产业、做活乡村旅游、做实利益联结，产业发展实现历史性跨越。

表5 2019年湘西州八大特色产业带动贫困户脱贫情况统计

县市名称	产业带动合计		茶叶		油茶		柑橘		猕猴桃	
	户数	人数	户数	人数	户数	人数	户数	人数	户数	人数
吉首	14200	54008	2224	8451	475	1805	1598	6072	220	882
泸溪	27504	115644	39	180	1786	7541	2568	10701	51	245
凤凰	49769	202065	1742	7046	8416	35688	3008	11430	4212	16000
花垣	55212	245367	10430	46328	3688	15860	1292	4786	2930	12600
古丈	22599	89794	6147	23670	3806	15175	1378	5117	378	1545
保靖	67828	268200	4800	18000	8078	30696	7000	27500	396	1786
永顺	65659	270525	2403	9135	18700	72000	2848	11220	8000	35000
龙山	41794	137971	2162	8959	5951	25619	2505	7944	0	0
合计	344565	1383574	29947	121769	50900	204384	22197	84770	16187	68058

县市名称	烟叶		中药材		蔬菜		养殖业		其他产业	
	户数	人数	户数	人数	户数	人数	户数	人数	户数	人数
吉首	51	194	197	749	2243	8526	7128	27086	64	243
泸溪	49	217	1067	4457	4831	20496	9700	40482	7413	31325
凤凰	244	1252	2706	10282	11002	39509	13558	58866	4881	21992
花垣	4576	19680	2494	10728	8113	34899	16298	76418	5391	24068
古丈	617	2573	1098	4559	1658	6012	5281	21886	2236	9257
保靖	127	514	189	852	14039	56153	17485	69940	15714	62759
永顺	689	2558	568	2158	1668	6334	19000	75000	11783	57120
龙山	246	984	3850	15000	2680	10720	8800	23945	15600	44800
合计	6599	27972	12169	48785	46234	182649	97250	393623	63082	251564

（四）突出政策落实，强化民生保障力

聚焦"两不愁三保障"目标，重点针对因房、因病、因学等致贫原因，构建"安居网""健康网""教育网""兜底网"，贫困户都实现了住有所居、病有所医、学有所教、弱有所扶。2019 年，湘西州农村低保对象 68958 户 156484 人，保障标准 3927 元/年，人均 207 元/月，累计支出保障金 39566.6 万元；农村特困人员 12666 人，每人基本生活保障标准 4800 元/年以上，累计发放特困供养资金 8451.8 万元；累计临时救助对象 11230 人次，发放临时救助资金 934.65 万元。坚持做足做优教育文章。全州现有农村学校 801 所，农村在校学生 189725 人，占全州总数的 38.6%，其中幼儿园 496 所 45462 人，小学 180 所 105142 人，初中 46 所，九年一贯制学校 75 所，完全中学 4 所，初中生 36130 人，高中生 2991 人。着力完善农村基础教育经费保障机制，累计投入 60 多亿元改善办学条件，投入 20.29 亿元实施农村义务教育改革，有力保障义务教育工作顺利进行，全州农村小学入学率达 100%，小学升学率达 100%，农村初中升学率达

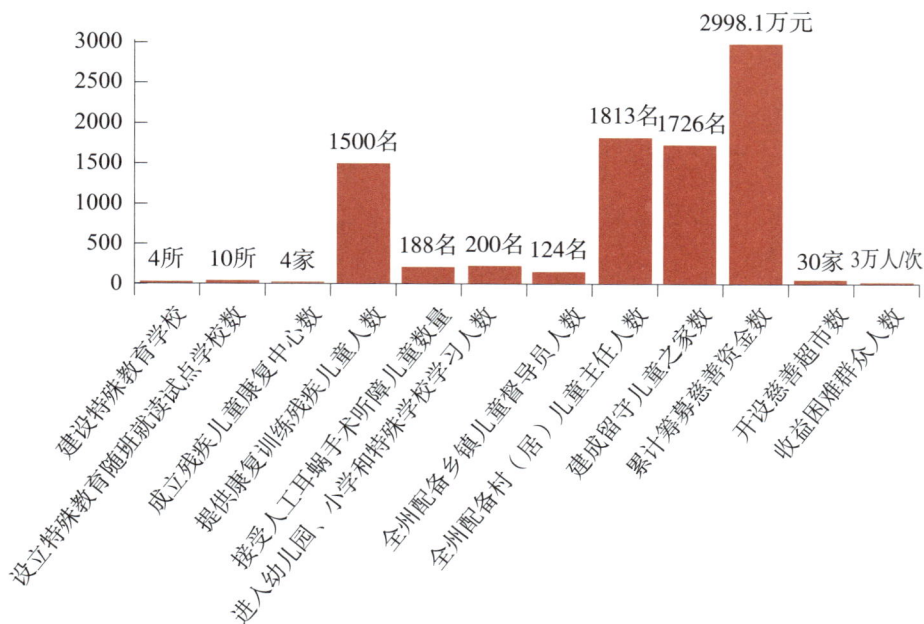

图 2　2013—2019 年湘西州关爱留守儿童项目成效

88.3%，农村小学年巩固率达 100%，农村初中生年巩固率达 97.3%。特别是加大对贫困生的资助力度，累计发放贫困生资助资金 17.1 亿元，每年惠及学生 18 万多人，其中建档立卡家庭子女 14 万多人，实现了应助尽助、应免尽免，不让一个贫困家庭子女因经济问题失学。同时，大力提高农村教师待遇，设立农村教师人才津贴，农村中小学教师均享受 300 元至 1200 元不等的农村教师人才津贴和 200 元至 500 元不等的乡镇工作补贴，所有边远村小、教学点人才津贴均为每人每月 1200 元。积极开展"关爱贫困孤儿开学，相约 99 公益日"募捐活动，近年来累计筹募资金 2992.1 万元，筹募物资 790 多万元，开设慈善超市 30 多家，受益困难群众 3 万多人次。

（五）突出志智双扶，激发群众内生力

广泛发动群众、组织群众、宣传群众，加强思想引导和感恩教育，注重挖掘自力更生、自主脱贫的先进典型，用身边事教育身边人。2019 年，湘西州评选出 800 名"自力更生脱贫群众"先进典型。广大贫困群众逐渐意识到幸福生活是奋斗出来的，是靠勤劳的双手创造出来的，实现了从"熬日子"到"奔日子"的转变，激发了脱贫致富的内生动力，群众精气神焕发历史性活力。

表6　2016—2019 年湘西州创业致富带头人培训情况

年度	2016	2017	2018	2019
人数	1530	2248	1721	1812

表7　2016—2019 年湘西州"雨露计划"职业学历教育补助统计

单位：元

季度	2016 年春季	2016 年秋季	2017 年春季	2017 年秋季	2018 年春季	2018 年秋季	2019 年春季	2019 年秋季
湘西州	2545	4164	11259	16105	15556	17568	17198	20045

三、坚持"六个带动"，切实发展可支撑产业、探索可推广模式

产业一子落，农村全盘活。6年多来，湘西州始终把发展产业作为贫困群众稳定增收可持续脱贫的根本之策，通过"六个带动"培育壮大当家产业，为稳定脱贫提供硬核支撑。

（一）探索特色化产业发展带动模式

秉持特色立足、特色取胜，充分发挥绿色、生态、有机、富硒等独特优势，围绕建设自然山水大画园、民族风情大观园、绿色产品大庄园、休闲旅游大乐园、和谐宜居大家园的总愿景，统筹谋划全州农业特色产业扩面提质发展。先后出台《关于加快农业特色产业提质增效的意见》《关于支持贫困人口发展产业稳定脱贫的意见》等文件，着力推进构建与地域自然资源匹配、与种养习惯适宜、与生态环境适应的产业体系，形成州域有主导产业、县市有支柱产业、乡村有主打产品的发展格局。截至目前，全州茶叶、油茶、烟叶、柑橘、猕猴桃、蔬菜、中药材和养殖业八大特色农业基地，达到450万亩左右，湘西州获评中国有机茶之乡、中国黄金茶之乡、中国猕猴桃之乡、中国百合之乡、中国椪柑之乡等殊荣。据统计，2019年，全州特色农业总面积达432万亩，其中茶叶48.7万亩、年产量1.16万吨、年产值24.19亿元，柑橘97.34万亩、年产量48.4万吨、年产值10.2亿元，猕猴桃19.65万亩、年产量21.13万吨、年产值6.5亿元，蔬菜85.5万亩、年产量85.6万吨、年产值20.5亿元，中药材32.36万亩、年产量19.29万吨、年产值17.8亿元，百合8.51万亩、年产量8.56万吨、年产值8.51亿元，油茶107万亩、年产值20.65亿元，烟叶14.06万亩、年产量27万担、年产值3.95亿元，时鲜水果18.77万亩、年产值4.79亿元，水产养殖面积合计6.9万亩、年产量19084吨。粮食生产保持稳定，播种面积245.32万亩，年总产量85.13万吨。古丈县持续用力发展茶叶产业，总面积达17万亩，人均拥有茶园1.5亩，2019年茶叶综合产值达11亿元，被评为"全国茶叶百强县"。保靖吕洞山高寒片区将黄金茶作为脱贫致富的主打产业，制定系列开发扶持措施，种植面积由2013年

的 2.5 万亩增至目前的 10 万亩，茶业综合产值达 8 亿元，带动 1.5 万余名贫困人口增收脱贫。

表 8　2014—2019 年湘西州产业扶持资金投入情况

单位：万元

项目名称　年度	2014	2015	2016	2017	2018	2019	合计
投入产业扶贫	36295.67	44608.25	71507.12	68055.31	62697.92	88527.59	371691.86
投入产业基础设施	2841.64	9218.55	10512.22	25463.52	18888.72	42372.10	109296.75
其他基础设施	2776.00	8970.76	9953.84	9462.72	37090.08	22678.72	90932.12

（二）探索实施园区化开发带动模式

以县域片区为单元建设万亩精品园，以乡镇村为单元建设千亩标准园，以村组为单元建设百亩示范园，形成扇形扩张、带状拓展的开发格局。目前，全州建设融合示范区 16 个、国园综合体 9 个、万亩精品园 24 个、千亩标准园 316 个、百亩示范园 2306 个。有单个产业上万亩的乡镇 59 个、上千亩的村 587 个。全州三分之二以上的贫困人口通过产业带动实现增收脱贫，45 万贫困人口实现产业收益。永顺县成功入选国家现代农业产业园，以花垣县为核心区的湘西农业科技园区晋升为国家级农业科技园区，吸引 50 家龙头企业入驻，吸纳 2.3 万农民就近就业，带动贫困人口 3.4 万人，每年直接增收 2.2 亿元。

（三）探索新型经营主体带动模式

坚持党政引导、市场主体，大力培育龙头企业、合作社、家庭农场、能人大户等新型经营主体，通过"公司＋合作社＋农户""合作社＋基地＋农户"等形式，采取直接帮扶、委托帮扶、合作帮扶、股份帮扶等模式，与 11.8 万户近 50 万贫困人口建立利益联结机制。目前，全州农业产业化龙头企业达 938 家，营业收入达 110 亿元以上，农民专业合作社 7232 个，家庭农场 2289 个，做到一个特色产业至少有一个以上龙头企业带动，每个贫困户有 1 个以上增收项目，每个村创办 1 个以上农民专业合作社，每个乡镇创办 5 个左右州级以上示范社。全州有 723 个贫困村实现龙头企业带动，占贫困村总数的 65.51%。80% 的村集体经济收入达 5 万元以上。花垣县引导县内 100 多家工矿企业转型发展，采取"保底收益＋股份合作"等模式，走出了一条"矿业转农业、黑色变绿色、老板带老乡"的新路子。永顺县引进沃康油业科技公司，大力发展优质油茶产业，总面积达 45 万亩，带动农户 5 万户 18.1 万人脱贫致富，其中贫困户 1.5 万户 5.6 万人。

（四）探索依托景区景点带动模式

实施乡村旅游脱贫工程，采用景区带村、能人带户，跨村联合、产业融合，"公司＋农户""合作社＋农户""双带双合双加"旅游扶贫模式，推进"土家探源"和"神秘苗乡"两条生态文化村镇游精品线以及 300 个特色村寨保护开发，评定了 68 个乡村旅游纪念品、50 家星级乡村旅游区（点）和 30 家特色民宿，评选出 28 种"湘西有礼"旅游商品，推动旅游与农业、文化等深度融合，实现了村寨变景点，村民变股民、变旅游从业者，打造了花垣十八洞、古丈墨戎苗寨、凤凰竹山等一批乡村游"网红地"，累计带动 10.2 万人脱贫。2019 年，全州乡村旅游接待游客 1503.74 万人次，实现旅游收入 56.06 亿元。凤凰县以凤凰古城为核心，重点打造 3 条乡村游精品线路，县旅发公司与 40 个村签订旅游资源保护有偿协议，每年给每村 5 万元作为集体经济收入，通过公益性岗位安置、景区就业安置、文艺表演安置、旅游项目用工带动、旅游商品开发带动、旅游服务就业带动"六个一批"，带动 3 万名贫困人口脱贫，占全县脱贫人口的三分之一以上。花垣县十八洞村以乡村旅游为主导，形成特色种养、苗绣、山泉水等多业并举的发展局面，村民人均纯收入由 2013 年的 1668 元增加到 2019 年的 14668 元，村集体经济收入达到 126 万元，先后荣获全国乡村旅游示范村、全国文明村等殊荣。

（五）探索依靠科技创新带动模式

坚持质量立农、科技兴农、品牌强农，用好州农科院、州林科院、湘西职院和吉首大学等院校的科研资源，加强与湖南农大、湖南省茶叶研究所等合作，选育和引进了"黄金茶 2 号""金梅""纽荷尔"等名优品种，培育打造了古丈毛尖茶、保靖黄金茶、湘西黄金茶、龙山百合、湘西柑橘、湘西猕猴桃、里耶脐橙等一批"叫得响、有市场"的特色农产品品牌，全州"三品一标"农产品认证达 117 个，"三品一标"农产品认证面积 28 万多亩，总产值 47 亿多元。在产业链延伸和附加值提升上，坚持对标一流、接轨国际，突出抓好特色优势产业的生产加工和技术研发。比如，在猕猴桃精深加工上，开发了果王素、果汁、果籽饼干等 30 多个产品，综合利用率高达 90% 以上。在茶叶开发上，立足做优绿茶，加力发展红茶、黑茶、白茶，做好全产业链文章。大力推进"互联网＋农业"，开办农村电商村级站点 1229 个，1110 个贫困村实现全覆盖。开展"县长直播带货""网红营销"等活动，全州黄金茶、毛尖茶、猕猴桃等特色农产品搭上电商"快车"，成为"网红"产品，2019 年全州农村电商实现销售收入近 10 亿元。

（六）探索深化农村改革带动模式

大力推进农村"三权"分置和"三变"改革，鼓励和引导农民合理有序流转土地，盘活存量土地，切实让农村资源活起来。龙山县五官村推动"三变"改革，实行"村社合一"，成立种植养殖专业合作社，组织引导全村 292 户村民以林权、土地承包权流转等形式加入合作社，发展经济收益高的中药材产业，2018 年实现整村脱贫退出，2019 年村集体经济收入突破 30 万元、村民人均纯收入超过 8000 元。深化财政支农方式改革，建立完善"多个管道进水，一个龙头出水"的资金整合投入机制。2016 年以来，每年整合涉农资金 30 亿元左右。实施金融扶贫专项行动，为符合条件的贫困户发展产业提供扶贫小额信贷，累计发放扶贫再贷款 96.95 亿元，带动 2.23 万余户贫困户创业增收。

四、坚持"四条路径"，切实升级菖蒲塘脱贫攻坚样板、打造乡村振兴样本

菖蒲塘是湘西州一个典型的干旱村，山多田少，贫困程度深。2013 年 11 月 3 日，习近平总书记在凤凰县菖蒲塘村视察时，作出"依靠科技，开拓市场，做大做优水果产业，加快脱贫致富步伐"的重要指示。6 年多来，我们把菖蒲

塘村作为样板，推进脱贫攻坚与乡村振兴有机衔接改革试点工作，菖蒲塘村走上了以产业兴旺带动脱贫致富、支撑乡村振兴的快车道。该村 2016 年实现整村脱贫，人均可支配收入由 2013 年的 6121 元增加至 2019 年的 23419 元，先后被评为湖南省新农村建设示范村、美丽乡村建设示范村、休闲农业集聚发展示范村和先进基层党组织，成为从"精准扶贫"迈向"乡村振兴"的先行军。

（一）党建引"路"，打造以水果为主导的脱贫产业

突出"党建引领、互助五兴"，发挥党员"头雁效应"，结合村里实际，引导村民改变传统种植观念，坚定走发展水果产业的道路。把党组织建在产业链上，积极推行"互助五兴"试点和积分制管理，使村党组织犹如"吸铁石"，将党员、群众紧紧地吸在了一起，激活了群众致富动力。习近平总书记视察后，菖蒲塘的水果名气更大了，这里成为远近闻名的"水果之乡"。2019 年，全村水果产出 1657.4 万斤，产值 2656.4 万元，带动人均增收 8750 元以上，走出一条"水果种植立业、产业企业共生、一、二、三产业融合发展"的新路子。

（二）科技指"路"，建立以品牌为支撑的产业链条

突出科技的传帮带，依靠省州科技特派员科技扶贫，借助湖南农业大学、吉首大学等高校科技力量，为菖蒲塘村果农传送技术、释疑解惑，指导全村水果产业发展，让全村水果产业发展少走了弯路，规避了风险，并逐渐走向健康发展道路。突出科技人才带动，全村有省级科技示范户 2 户、州级科技示范户 1 户、县级科技示范户 10 户，中级农技师 21 名、初级农技师 48 名。突出精深加工带动，提高"菖蒲塘水果"的附加值和品牌影响力。突出新型营销方式带动，充分利用"互联网＋"模式，积极拓展农产品销售渠道，2019 年全村通过电商平台销售水果占到总产量的 30% 以上，形成了线上线下产销一条龙。

（三）市场铺"路"，推进以小康为目标的发展战略

在确定以水果为主导产业的发展方向以后，菖蒲塘便把目光锁定在市场和消费者需求上，根据市场供需关系及时调整水果种植，把控市场脉搏，聚焦市场供需关系，不断调整优化产业结构，改良品种，做到"人无我有、人有我优、人有我转"，始终让菖蒲塘村水果产业围着市场转，确保了菖蒲塘村的水

果有较好的销售渠道，使该村产业立于不败之地并实现可持续发展。

（四）文明兴"路"，实现脱贫与乡村振兴有效衔接

菖蒲塘村作为凤凰县新时代文明实践工作的试点村，坚持以新时代文明实践工作为抓手，成立了菖蒲塘村新时代文明实践站，组建党员志愿服务队、猕猴桃志愿服务队、蜜柚志愿服务队等八支志愿服务队，开展各类志愿服务活动；深入践行绿色发展理念，大力开展美丽乡村示范创建，努力打造"山清水秀、乡风文明、和谐共生"的生态宜居大家园。推进"生态宜居"工程，形成了画上墙、绿上房、沟种花、荒种树的宜居环境；推进"环境净化"工程，采取"户分拣、组收集、村处理"等模式，治理"脏、乱、差"现象；推进"乡风文明"工程，成立红白理事会、道德评议会、村民理事会，开展"最美平安家庭""十佳致富能手"等评选活动；推进"便民惠民"工程，实现义务教育、社会保障、"一门式"公共服务、安全饮水、危房改造、通组道路"六个全覆盖"。

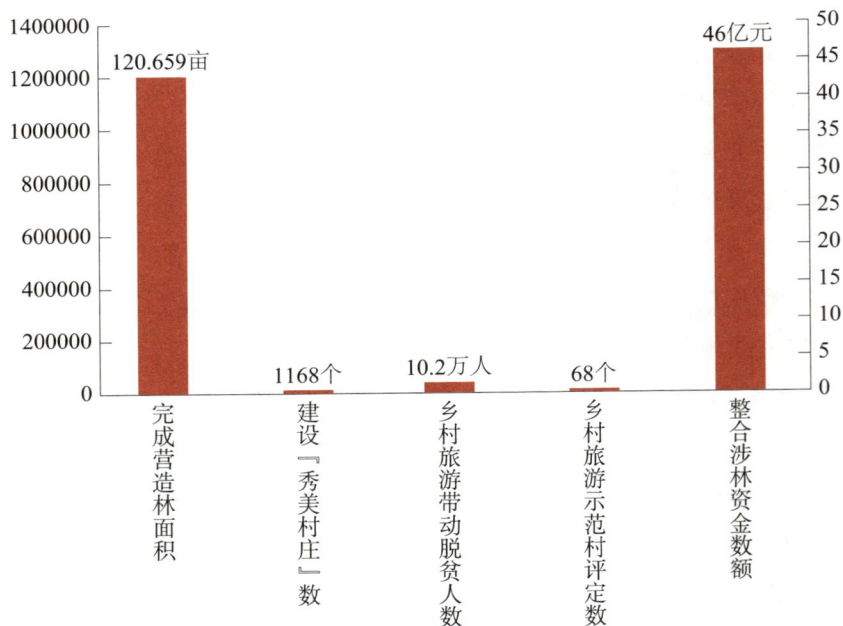

图 3　2016—2019 年湘西州"秀美生态村庄"建设成效

在菖蒲塘样板的示范带动下，湘西州以花垣县十八洞村、泸溪县马王溪村、凤凰县竹山村、永顺县科皮村、龙山县捞车村、吉首市隘口村、古丈县龙鼻嘴村、保靖县黄金村等为代表的一大批村在顺利实现脱贫后，正向着乡村振兴的道路不断前行，湘西州整体实现乡村振兴的美好画卷正徐徐展开。

6 年多时间，饱含感恩，充满力量，在湘西州历史长河中留下了灿烂的印记。20 世纪 60 年代初，以龙山县洛塔乡群众为代表的湘西人民曾经以"自力更生，艰苦奋斗，一不怕苦，二不怕死"的精神，战天坑、堵阴河，打隧洞、开渠道，建成水利工程 211 处，新开梯田 4600 多亩，由吃统销粮变为每年向国家交售公粮 150 万斤以上，成为湖南省的"农业学大寨"榜样和全国"农业学大寨"著名的六个典型之一，受到周恩来总理的高度赞扬。半个世纪后，在脱贫攻坚的伟大实践中，湘西人民认真贯彻习近平总书记的指示要求，继续发扬不屈不挠、顽强拼搏、艰苦创业的精神力量，彻底摆脱千百年的绝对贫困，走上全面小康幸福大道，从中也获得了一些有益的经验启示，概括起来就是"四个必须"。

必须学深悟透笃用新思想，把准前进方向。打赢打好脱贫攻坚战，思想认识是第一位的。习近平总书记关于精准扶贫的重要论述，是马克思主义反贫困理论的最新成果，是习近平新时代中国特色社会主义思想的重要组成部分，既是方向指南又是方法指导，必须认真领会贯穿其中的坚定执政初心和鲜明人民立场，深入理解贯穿其中的正确认识论和科学方法论，把精准基本方略体现到工作谋划、对象识别、政策落实、项目推进、作风保障等方面，把脱贫攻坚放在区域发展大格局中统筹，为在下一步实施乡村振兴中推动更高质量发展和更高层次跨越打好基础。

必须围绕精准精细发力，提升质量水平。脱贫攻坚越往后难度越大，越要精准施策，下足"绣花"功夫，既要确保"打赢"的进度，又要保证"打好"的质量。必须按照习近平总书记"把提高脱贫质量放在首位"的指示，坚持精准扶贫、精准脱贫基本方略，结合实施乡村振兴战略，着力在贫困户增收上下功夫，做好兴产业、置家业、增就业"三业"文章，发展小养殖、小庭院、小作坊、小买卖"四小经济"，搞好劳务培训、对口输出，增加贫困户股金、薪金、租金收入，抓实社会保障兜底工作，织牢社会保障兜底网，确保脱贫攻坚不留"锅底"，确保扶贫扶到"点子上""根子上"，扶到老百姓的心坎上。

必须集中优势啃下硬骨头，汇聚内力合力。扶贫开发是全党全社会的共同责任，要动员和凝聚全社会力量广泛参与。必须按照习近平总书记"尽锐出战"的指示，建立健全政策体系、责任体系、制度体系、工作体系和社会动员体系，组织农技、医务、教师"三支队伍"下乡开展脱贫服务，推动各级领导精力更集中、乡镇责任更明确、部门作为更积极、驻村队员更尽职、村组干部更细心、群众脱贫更主动，动员方方面面力量一鼓作气、顽强作战，决战决胜，为开启农业农村现代化新征程奠定坚实基础。

必须持续推进作风大转变，确保最大实效。无限的过去都以现在为归宿，无限的未来都以现在为起点。经过6年多的奋斗，湘西州进入高质量精准脱贫的巩固提升期。这个阶段，最重要的是防松懈、防滑坡。"脱贫攻坚越到最后时刻越要响鼓重锤，决不能搞急功近利、虚假政绩的东西。"这是习近平总书记对脱贫攻坚工作的严肃要求。全面小康的目标越近，越要点燃奋斗激情；攻坚克难的任务越重，越要发起最后冲锋，确保以实干实绩向党和人民交出一份满意的脱贫答卷。

打赢打好脱贫攻坚战，一切都充满着蓬勃的力量，一切都孕育着无尽的希望。湘西州干部群众将紧密团结在以习近平同志为核心的党中央周围，攻坚克难、顽强奋斗，以高质量如期完成脱贫攻坚任务的实际成效践行初心使命，为建设美丽、开放、幸福新湘西贡献力量，为实现中华民族伟大复兴的中国梦添砖加瓦。

（调研组成员：张宏森、叶红专、廖良辉、涂碧波、彭延敏、
肖世辉、李成晚、钟克文、张合顺、喻阳）

甘肃省甘南藏族自治州

生态文明小康村　绽放高原幸福梦

中共甘肃省委宣传部

中共甘南藏族自治州委

　　甘肃省甘南藏族自治州认真学习贯彻习近平新时代中国特色社会主义思想，全面落实中央方针政策和省委、省政府绿色发展崛起的决策部署，立足州情实际，以生态文明建设为统揽，以环境综合治理为重点，以自然村为基本单元，深度融合脱贫攻坚、全面小康、乡村振兴、美丽乡村、民族团结、社会治理、基层建设等要素，积极探索创新农牧村发展新模式，大力推进生态文明小康村建设。经过5年多的探索与实践，甘南藏区农牧村面貌焕然一新，农牧民生产生活条件明显改善，进入了以生态文明建设引领经济发展、社会和谐的新阶段。

一、甘南藏族自治州生态文明小康村建设主要成效

　　甘南州地处青藏高原和黄土高原的过渡地带，是全国10个藏族自治州之一，属甘青川三省交界地区，素有"青藏之窗"和"青藏门户"之称，在维护藏区稳定和国家生态安全方面具有不可替代的战略地位。"十三五"以来，甘南州牢固树立"绿水青山就是金山银山"的发展理念，有力有序推进生态文明小康村建设，促进藏区经济社会持续健康发展。

（一）生态文明思想深入人心

甘南州生态文明小康村建设最直接最突出的成效就是让生态环保理念深入人心。在生态文明小康村建设过程中，甘南州紧紧抓住"人"这个核心，以环境的整治促进人的素质提升，干部群众的环保观念、文明意识和进取精神全面增强，党群干群关系更加融洽和谐。在调研过程中，无论是实地走访的小康村和农牧民家庭，还是接触到的市、县、乡、村干部，都树立了生态优先、绿色发展的思想观念，体现出努力保护和美化环境的高度自觉。

从各级干部看，真心拥护生态文明小康村建设的决策部署，自觉把这项工作当作为民服务、锻炼能力、改进作风的现实检验，展示出良好精神状态。从农牧民群众看，非常赞同生态文明小康村建设政策。通过小康村建设，农牧民住进了宽敞明亮的房子，喝上了自来水，洗上了热水澡，用上了卫生厕所，在生活质量提升的过程中逐步破除了积弊陋习、树立了现代文明观念，热爱家乡、共建家园的主人翁精神充分焕发。

甘南州实现了 4.5 万平方公里青山绿水大草原"全域无垃圾"目标，城乡面貌发生了彻底改观、景区环境有了大幅提升、全民公德意识和文明素养有了显著提高，营造了整洁、亮丽、文明的宜游宜居宜业环境，"全域无垃圾"已成为甘南在甘肃乃至全国的"金字招牌"。

（二）小康村建设卓有成效

甘南州坚持尽力而为、量力而行，在"十三五"期间共建设 1300 多个生态文明小康村，其中旅游专业村 300 个。在反复调查研究、多方征求意见的基础上，制定了生态文明小康村"965356"建设标准，并大力贯彻落实。在公共财政十分有限的情况下，连续追加投资，2016 年以来每年投入 30 亿元以上资金大力支持生态文明小康村建设（图 1）。

经过 5 年多的努力，甘南州基础设施达到"九化"，即住房安全舒适化、道路便捷畅通化、街道场地明亮化、村庄绿色生态化、村内村外干净化、公共环境优美化、用水洁净安全化、用能清洁低碳化、通信网络入户化；公共服务具备"六有"，即有村卫生室、有乡村舞台、有便民服务网点、有电子商

（单位：亿元）   （单位：个数）

图1　2015—2019年甘南州生态文明小康村数量和建设资金投入

务平台、有较为完备的教学设施、有村级综合服务中心；富民产业实现"五提高"，即提高特色产业规模化程度、提高产业多元化发展能力、提高旅游专业村品牌影响力、提高专业合作社运作水平、提高农牧民培训覆盖面；区域环境落实"三整治"，即整治违章建筑、整治河塘沟渠、整治农村土地；卫生治理实行"五集中"，即生活垃圾集中填埋、建筑材料集中堆放、广告标语集中设置、生活污水集中处理、畜禽粪便集中存放；社会管理体现"六个好"，即村级机构健全、组织建设好，邻里关系和睦、村风民风好，保障体系完善、公益服务好，村民自治规范、民俗传承好，综合治理达标、社会治安好，创建工作示范、民族团结好。

2019年，甘南州实现整体脱贫，城镇居民和农牧民人均可支配收入分别达到26592元、8437元，比2014年的16421元、4589元分别增长61.9%、83.6%，农牧民收入增速明显高于城镇居民收入增速，也明显高于全省农民收入增速（图2）。同时，通过生态文明小康村和民族团结示范村建设深入融合，全州信访总量、矛盾纠纷大幅下降，形成了各族群众和睦相处、团结互助、仁爱友善、尊老爱幼、文明向上的社会环境。

（三）脱贫攻坚成绩硕果累累

甘南州是四省藏区脱贫攻坚重点片区，也是甘肃省脱贫攻坚的主战场之

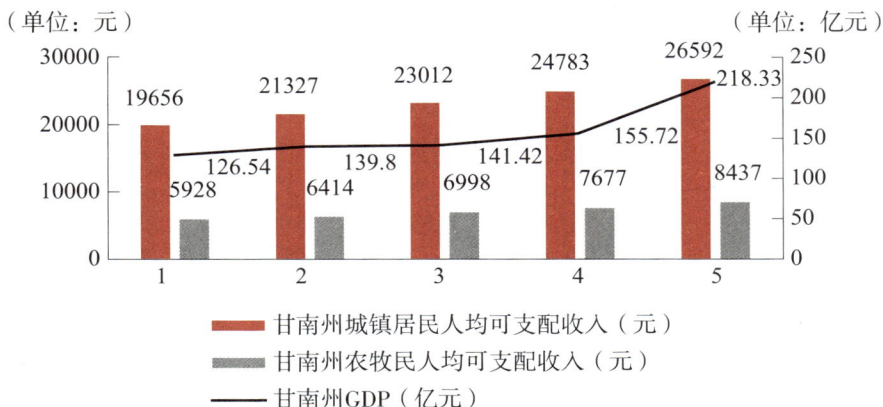

（单位：元）　　　　　　　　　　　　　　　　　　　　　　　　（单位：亿元）

图2　2019年甘南州国内生产总值和城乡居民人均可支配收入

一。面对打赢打好藏区脱贫攻坚战的艰巨使命，甘南州把建设生态文明小康村作为精准脱贫的主抓手，围绕"两不愁三保障"，整合各类资金，推动实施"十大脱贫工程"。2019年，甘南退出贫困村107个，减少贫困人口1.88万人，贫困发生率由2014年的22.26％下降到0.5％（图3）。合作、碌曲、玛曲、夏河、卓尼、迭部6县市脱贫成果得到巩固提升，临潭、舟曲两县整县脱贫摘帽通过验收，甘南提前一年实现整体脱贫目标，彻底消除了绝对贫困问题。

为了有效巩固脱贫成果，保证贫困群众稳定脱贫。甘南州在生态文明小康村建设选点布局时，最大限度把贫困村纳入建设范围，共覆盖贫困村875个、贫困户2.66万户、贫困人口11.17万人，分别占全州54.5％、24.4％、22.8％，使生态文明小康村建设与脱贫攻坚深度融合，大大助推了脱贫攻坚进程。例如，夏河县文曲村过去是典型的贫困村，几乎没有草场等生产资料，通过实施生态文明小康村建设，不仅在较短时间内甩掉贫困帽子，而且快速向全面小康迈进。

（四）民族团结局面不断巩固

甘南州是全国30个少数民族自治州之一，总人口74.23万人，有藏、汉、回、土、蒙等24个民族。随着生态文明小康村建设的深入，维护藏区

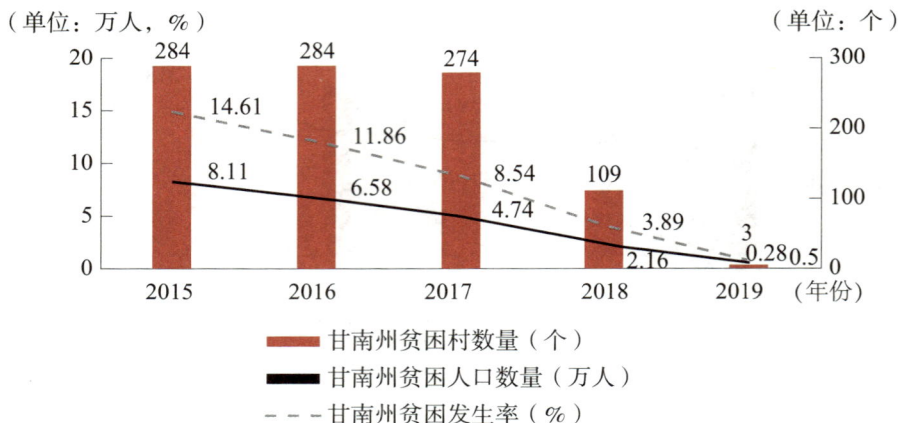

（单位：万人，％）　　　　　　　　　　　　　　　　　　　（单位：个）

图3　2015—2019年甘南州贫困村数量、贫困人口数量和贫困发生率

和谐稳定的根基更加牢固。越来越多的农牧民群众改变了过去封闭落后的生存状态，生产生活方式日趋现代化，经营起了民宿和农家乐、牧家乐、藏家乐。在汉藏混居的小康村，各民族和睦相处、平等相待、共同致富，形成了水乳交融的民族关系。2017年甘南州成功创建"全国民族团结示范州"。

在生产生活条件不断改善的基础上，甘南州农牧村公共服务水平大幅提升。教育、医疗、文化、社保等民生事业快速发展，民族团结进步创建进村组活动深入推进，村民自治、德治、法治工作有效开展，营造了稳定和谐、公道清明的乡村社会环境。目前，人口规模500人以上的小康村全部新建了幼儿园，学前儿童入园率达到100%，富余劳动力持证率达到60%以上，输转率达到90%以上，配套建设了一批乡村舞台、文化广场，群众的文化水平和文明程度明显提高，党和政府的威信日益增强，藏区长治久安的支撑更加坚实有力。

二、甘南藏族自治州生态文明小康村建设具体实践

生态文明小康村建设，是甘南州一场深层次变革。为了保证建设成效，甘南州树立和强化系统思维，统筹推进整体规划，大力实施生态工程，分

类建设美丽乡村，夯实乡村振兴基础，确保生态文明小康村建设有力有序推进。

（一）规划先行，紧密结合州情实际

甘南州委、州政府坚持以新发展理念为引领，经过深入调查研究，紧密结合州情实际，把奋力实现绿色发展崛起作为重大战略选择，把生态文明小康村建设作为重要载体抓手。通过融合社会主义新农村、美丽乡村、旅游专业村、脱贫致富村的目标要求，将生态文明建设与农牧村综合建设有机结合，使之成为促进农牧村发展、维护农牧村稳定的治本之策。

甘南州以全面建成小康社会为总目标，以"生态良好、生产发展、生活宽裕、环境优美、管理民主、和谐稳定"为总要求，以改善农牧村基本生产生活条件、基本公共服务条件、基本社会保障条件为重点，以加强村级组织建设和依法治村为保障，以保护和发展少数民族特色村镇为亮点，高质量编制《甘南州"十三五"生态文明小康村建设规划》。按照"一村一规划、一村一方案"原则，统筹产业扶持、脱贫攻坚、文化建设、村庄建设、旅游开发、环境保护治理，结合村情合理安排项目和资金，顺应民意确定建设内容，做到一次规划、一步到位、适度超前。

（二）定位精准，大力实施生态工程

在生态文明小康村建设实践中，甘南州在试点试行中逐渐完善思路和举措，提出了实施"生态人居、生态经济、生态环境、生态文化"四大工程。既保证普惠性又突出特色性，既注重标准化又突出差异化。

一是生态人居工程。推进农牧村危旧房和村貌特色化改造，完善道路、供水、排水、防洪、供电、消防等基础设施。建设综合性文化体育休闲场所、幼儿园、卫生室等公共服务设施，提高新农合、老年人、残疾人、贫困户保障水平。二是生态经济工程。聚力打造"两大首位产业"，现代农牧业发展方面，大力发展牛羊育肥、牦牛藏羊繁育、奶牛养殖、特色种植、林产品精深加工等产业；乡村旅游业发展方面，坚持"一村一品""一家一特"，集中连片发展"农牧林家乐"，引导鼓励和支持农牧民发展休闲、度假等乡村旅游新业态。三是生态环境工程。实施新一轮退耕还林还草、农牧村土地综合整治，加大水污染防治和水生态保护力度，推广新型能源利用，努力构建清洁、高效的能源体系，推进村落实施庭院、路旁、荒山荒坡绿化，开展以脏乱差治理、人畜分离、垃圾污水处理为主要内容的环境整治。四是生态文化工程。开展尊重自然、保护自然、顺应自然、人与自然和谐相处的生态文明教育，广泛宣传绿色、低碳、环保的生态理念，树立现代文明生活新风尚。

2015年，甘南州在甘肃率先启动了全域无垃圾专项治理，向各类顽疾和陋习宣战，开展全民参与的环境革命，有力助推了生态文明小康村建设。先后出台了《关于抢占绿色崛起制高点打造环境革命升级版纵深推进城乡环境综合整治的意见》等系列文件，《甘南州城乡环境卫生综合治理条例》等地方法规，从顶层设计到措施制定，保证了整治成效。截至2019年底，甘南州有城乡保洁人员8317人，垃圾收运车辆1468辆，垃圾收集点（箱）12204处，有效打造了全域无垃圾的"生态名片"（图4）。

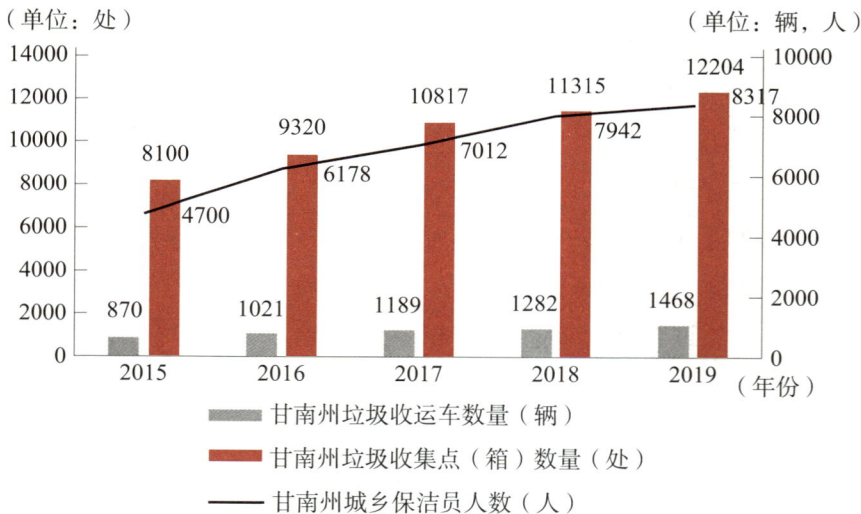

图4 2015—2019年甘南州城乡保洁人员数量及垃圾收运车、垃圾收集点（箱）数量

（三）因地制宜，分类建设美丽乡村

甘南州坚持以实现农牧民脱贫增收为核心，以环境整治为抓手，突出资源禀赋和产业现状，因地制宜，着力打造生态体验型、特色产业型、休闲度假

型、民俗文化型、红色旅游型等五大类生态文明小康村，使生态文明小康村成为一个精品景区，使甘南成为一个全域旅游大景区。近 5 年来，甘南州旅游人次持续攀升，旅游收入明显增加。2019 年，全州旅游人次达到 1447 万人，旅游收入突破 74 亿元（图 5）。

图 5　2015—2019 年甘南州旅游人次和旅游收入

　　五大类型生态文明小康村都有明确的建设标准，取得了积极的成效。一是生态体验型。对自然生态条件好的村，依托草原、森林、河流、田园、自然风光等，大力建设生态体验村。例如，素有"进藏第一村"之称的夏河县曲奥乡香告村，以休闲、度假、观光、美食、康养、娱乐、采风、婚拍为主打，累计投资 3117.5 万元，大力发展生态旅游产业。注册成立集体所有的甘南美丽香告第一村生态旅游有限公司，2019 年实现旅游综合收入 160 余万元。

　　二是特色产业型。对有一定产业基础条件，适宜发展绿色种植、特色养殖、特需品加工的村，着重引导发展优势产业，建设特色产业村。例如，卓尼县木耳镇力赛村，得益于环境改善和乡村旅游，走出了一条"生态＋旅游＋服务业"的脱贫致富新路子，村里从两家农藏家乐起步，发展到 57 户人家几乎家家办起了农藏家乐，由村农藏家乐协会对饭菜质量、价格、环境卫生、从业服务等进行统一管理，主打家门口原生态菜品，吸引四面八方慕名而来的游客挤满农藏家乐，形成了金字招牌效应。2019 年，全村生态旅游服务业收入超过 3500 万元，农牧民人均可支配收入达到 5.6 万元以上。

三是休闲度假型。对气候良好、景观优美、特色餐饮、住宿洁净、交通便捷的村，依托综合优势，建设休闲度假村。例如，临潭县冶力关镇池沟村，依托得天独厚的旅游资源，整合项目资金 4300 万元、易地搬迁资金 2400 万元，进行一体化风貌改造，打造了集生态观光、文化体验、旅游服务、人文居住等多功能于一体的文旅新村，被国际权威旅游杂志评选为一生要去的 50 个地方之一。

四是民俗文化型。对具有浓厚民族文化特色和丰富民俗民情传统的村，突出文化资源和民俗风情，打造民俗文化村。例如，舟曲县曲瓦乡岭坝村，挖掘村庄历史遗址、风土人情、风俗习惯等文化元素，全力打造舟曲楹联文化、非物质文化遗产、苯教文献、东山转灯、国学文化论坛"五张文化名片"，被称为藏东高原幽谷的"国学村"。

五是红色旅游型。对有革命历史纪念意义和革命传统教育意义遗迹遗存、红色文化悠久厚重的村，着力挖掘红色历史文化，打造红色旅游村。例如，迭部县达拉乡高吉村，按照"举红打绿兴旅"的思路，将红色资源和自然风景深度融合，依托俄界会议遗址、藏寨风貌、生态资源，擦亮"俄界"旅游品牌，打造"幸福路""鹿鸣山居""俄界会议"旧址等特色景点。

（四）助力脱贫夯实，乡村振兴基础

甘南州把生态文明小康村建设同精准脱贫、全面小康有机衔接起来，把实现"两不愁三保障"作为基本要求，把生态文明小康村建设作为脱贫攻坚的"提升工程"。通过精准聚焦建档立卡的 284 个贫困村和 12.8 万人，兼顾贫困人口较多的非贫困村，紧紧围绕贫困村整体提升和产业扶贫，加大财政投入、金融扶贫、生态扶贫、项目布局、易地搬迁、人才支持、社会帮扶 7 个方面的支持，着力解决因病、因残、兜底、饮水、住房、教育、就业、设施、土地 9 个方面的问题，推动生态文明小康村建设与脱贫攻坚有机结合。

甘南州把生态文明小康村建设作为人居环境整治的"基础工程"，通过开展全域无垃圾示范区创建，着力打造生态、生活、健康、改革、发展、旅游、开放、小康、法治、廉洁"十大环境"，推动甘南州全域面貌发生了根本改观。生态环境的改善和提升，进一步焕发了甘南生态旅游、乡村旅游、红色旅游的动力活力，一大批旅游专业村快速兴起，群众得到了实实在在的生态红利。

三、甘南藏族自治州生态文明小康村建设经验启示

甘南州坚持以习近平新时代中国特色社会主义思想为指导，全力建设生态文明小康村，为甘肃推进脱贫攻坚与乡村振兴有效衔接，坚定不移走以生态优先、绿色发展为导向的高质量发展路子，树立了标杆和样板。甘南州建设生态文明小康村的各项实践，符合中央精神和藏区发展实际，引领和推动藏区农牧村生产方式、生活方式和发展方式发生了深刻改变，助力甘南走上了生态优先、文明富裕、民族团结、和谐稳定的现代化之路。

（一）重视生态文明建设的标杆

甘南州地处青藏高原和黄土高原的过渡地带，是国家生态主体功能区和生态安全屏障，也是国家首批生态文明先行示范区。生态是甘南最大的底色，是甘南可持续发展的"第一财富"。甘南州坚持以习近平生态文明思想为指引，坚定贯彻"绿水青山就是金山银山"的发展理念，以生态文明小康村建设为抓手，深刻回答"生态如何惠民、如何利民、如何为民"的绿色发展之问。

生态文明小康村建设启动以来，甘南州从培植生态理念抓起，联合清华大学人文学院编撰了面向不同群体的《甘南州生态文明教育读本》（藏汉双语）丛书，分层次对全州党政干部、农牧民群众、中小学生进行生态文明教育，使生态文明理念深入人心。通过全方位宣传引领，以生态环境不断好转的实践充分证明重视生态文明建设的长远效益。近年来，生态文明小康村建设成绩充分表明，甘南州已经树立了重视生态文明并实现卓有成效保护成果的标杆。

（二）协调生态保护与经济发展的典型

甘南州把生态环境保护放在首要位置，像保护眼睛一样保护生态环境。坚持大保护、不搞大开发，统筹山水林田湖草一体化保护和修复，对湿地、绿

地、林地适度开发、"留白"建设，推动甘南由"经济跟跑者"向"生态领跑者"转变，全面奏响了绿色发展的最强音，拓展了在发展中保护、在保护中发展的实践路径。

甘南州实施了生态经济工程，把发展生态农牧业、乡村旅游业和商贸流通服务业作为主导方向，牧区重点发展牦牛、藏羊、奶牛养殖等产业，农区重点发展中藏药、高原夏菜、林下经济等产业，同时大力发展以生态旅游、红色旅游、文化旅游为重点的乡村旅游业，农牧村休闲、度假、观光等旅游业态成为藏区新名片。甘南州将经济发展与生态保护有效衔接起来，是践行保护中发展、发展中保护的可持续发展观的典型。

（三）社会和谐民族团结的模范

甘南州生态文明小康村的建设实践，得到了各级干部的真心赞同，得到了农牧民群众的大力拥护。干部为民服务、改进作风的工作能力得到了改进和提升，农牧民现代文明观念、内生动力得到了转变和加强。在创新社会治理方面，探索创建"基层党建＋文明村庄＋和谐寺庙＋十户联防"的模式，形成了工作协同、功能集成、上下贯通、高效联动的基层社会治理"甘南模式"。形成了"农村没有空心化，村庄没有凋敝化，家庭没有空巢化"的农村治理成效，具有积极示范效应。

甘南州把建设生态文明小康村作为维护藏区长治久安的治本之策，从解决农牧民吃水难、行路难、上学难、看病难等一系列民生问题入手。按照组织建设好、村风民风好、公益服务好、民俗传承好、社会治安好、民族团结好的"六个好"要求，推动重心下移、力量下沉，推进基层治理和服务民生能力提升。各项举措得到了各族群众广泛认同，甘南州被国家民委命名为"全国民族团结进步创建示范州"，碌曲县尕海乡的尕秀村、合作市的知合玛村被命名为"全国民族团结进步创建示范单位"。

（四）欠发达地区转型发展的样板

长期以来，受自然、地理、历史等因素制约，西部地区社会发展速度慢，基础设施建设滞后，整体属生态脆弱区、灾害频发区、经济塌陷区、连片贫困区、稳定敏感区，保护与发展矛盾突出，面临着繁重的经济发展与社会建设任

务。甘南州作为甘肃的重要市州之一，所面临的转型发展压力，一定程度上也
反映了西部地区面临的共性问题。

甘南州通过把国家生态保护和建设大局与自身可持续发展的实际紧密结
合，创新性地提出建设生态文明小康村。通过主要资金围绕"生态"聚集、主
要成果围绕"文明"聚焦、主要力量围绕"小康"聚合，致力于促进农牧村绿
色发展和可持续发展。生态文明小康村建设不仅成为甘南州脱贫致富奔小康最
生动、最有效的实践载体，也成为欠发达地区实现转型发展的样板，对于西部
地区具有重要借鉴价值和启示意义。

四、甘南藏族自治州生态文明小康村建设政策建议

甘南州生态文明小康村建设，有效回应了广大农牧民对美好生活的向往，
为甘南实现绿色发展蹚出了一条可行的路子，也为各地践行习近平新时代中国
特色社会主义思想提供了有益的启示和借鉴。为了更好地学习借鉴甘南州生态
文明小康村建设经验，进一步应对生态文明小康村建设过程中的困难与挑战，
提出以下建议。

（一）创新生态文明小康村建设体制机制，支持生态文明小康村建设不断升级

建议国家、甘肃省、甘南州在政策、资金、人才上继续给予生态文明小
康村建设大力支持。小康村建设平均投资需 1000 万元左右，资金来源由中央
预算内资金（藏区专项）、地方政府债券、整合资金和群众自筹等构成。目前
地方财政困难，信贷资金融资受限，群众自筹能力弱，小康村建设面临着巨大
的资金缺口。

建议甘肃省协同甘南州积极向国家发展改革委等有关部委汇报衔接，争
取"十四五"时期国家给予甘南州的藏区专项资金保留延续并加大补助力度，
支持甘南彻底完成生态文明小康村建设剩余目标。同时，建议甘南州多渠道筹
措资金，引入民营资本，参与小康村建设。

2020 年是"十三五"收官之年，按照规划和实施步骤，甘南州剩余 1500

多个生态文明小康村将在"十四五"时期全部建成。建议延续《甘南州"十三五"生态文明小康村建设规划》的总基调，编制好"十四五"规划，根据发展建设中遇到的困难、压力等问题，做好顶层设计，不断提高规划的准确性和科学性。

（二）融合多方力量，积极打造甘南国家级"高原生态公园"

甘南州 90% 以上国土面积属于国家生态功能限制开发区和禁止开发区，是世界保存最完整的自然湿地之一。甘南州是黄河上游重要的水源涵养补给区，被称为"黄河蓄水池"，尤其是黄河玛曲段径流量，占黄河源区总径流量的 58% 以上。同时，甘南自然资源丰富、价值巨大，据 2016 年中科院地理科学研究所研究评估，甘南州水、林木、草场、耕地等可再生自然资源创造的自然资源资产总值（绿色 GDP）每年达 443 亿元，约为甘南州现有 GDP 的两倍。

建议紧盯黄河流域生态保护和高质量发展、国家公园试点建设等重大战略，以甘南州为主体，凝聚多方力量支持甘南全域建设国家生态公园，争取中央资金支持甘南探索完善综合生态补偿机制，开展设立黄河上游生态保护与修复治理基金，将生活在禁止开发区和限制开发区的农牧民转为管护人员，提高生态补助报酬，建立碳汇、水权、排污权交易试点等工作。充分挖掘物质文化遗产资源，保护传统工艺，宣传乡村文化特色，打造乡村旅游文化品牌，加快建设具有旅游功能的生态文明小康村。

（三）统筹谋划先行先试，探索乡村振兴新模式

甘南州把建设生态文明小康村作为脱贫攻坚的主抓手，提前一年实现整体脱贫目标，彻底消除了绝对贫困问题。为全面打赢精准脱贫攻坚战，积累了丰富的方法和宝贵的经验。同时，甘南州把生态文明小康村建设同乡村振兴有机衔接起来，通过人居环境整治、全域无垃圾示范区创建等一系列生态保护工程，推动甘南州面貌发生了根本改变，有力夯实了乡村振兴基础。

建议在甘南州谋划先行先试方案，积极探索乡村振兴"甘南经验"。坚持先立项、再规划、后建设的发展思路，高标准编制乡村振兴规划，合理确定村庄建设布局、功能定位和发展方向，完善住房、道路、用水、用能、通信、卫生等服务，使乡村振兴扎实有序推进。制定基础设施、公共服务、主导产

业、人居环境、社会管理等方面建设标准，为乡村振兴积累典型建设经验。加大人才培养和引进力度，培育乡村振兴与文化旅游领域的专业人才和管理人才。

（四）总结生态文明小康村建设成效，推广"甘南经验"

甘南州生态文明小康村建设既是甘南全州上下、各族群众奋发有为的缩影，也是甘肃省各地学习借鉴的标杆，更是全国藏区发展的样板。甘南州生态文明小康村建设，是党中央"依法治藏、长期建藏、富民兴藏、凝聚人心、夯实基础"新时期藏区工作总方针在甘南大地上的生动实践，创造了可学可鉴的宝贵经验。在打赢脱贫攻坚战、全面建成小康社会、实现第一个百年奋斗目标的历史交汇期，建议总结甘南实践、推广甘南经验，提高甘南在西部乃至全国的影响力和美誉度。

习近平总书记在致生态文明贵阳国际论坛 2013 年年会的信中强调："走向生态文明新时代，建设美丽中国，是实现中华民族伟大复兴的中国梦的重要内容。"生态文明小康村建设的"甘南实践"，探索出了一条欠发达地区生态保护和经济建设协调发展之路，成绩来之不易。

（调研组成员：扎西草、李琼琳、杨庆云、徐锦涛、尤学军、

扎西加措、石凯平）

全面建成小康社会与中国城市发展

贵州省毕节市

多党合作助推脱贫攻坚的生动实践

中共贵州省宣传部

贵州省生态文明研究会

针对历史上西部乃至整个中国"贫中之贫、困中之困"典型的毕节市，国务院于 1988 年 6 月批准建立毕节"开发扶贫、生态建设"试验区，在探索以开发扶贫促进生态建设、以生态建设促进开发扶贫的发展与生态同步推进路径的基础上，逐步开展多党合作助推脱贫攻坚的生动实践。全国政协、中央统战部、各民主党派中央和全国工商联携手合作，发挥各自优势，以多种方式参与、支持试验区建设，落实"多党合作、同心共建"的特色实践，充分展示中国政党制度的独特优势，深刻揭示执政党与参政党长期共存、互相监督、肝胆相照、荣辱与共的政治关系内涵，耀眼呈现执政党与参政党团结合作、共谋发展的生动实践，创造了统一战线围绕中心、服务大局的成功范例。

一、多党合作帮扶毕节的辉煌历程

（一）毕节试验区的形成与多党助力搭建

1985 年春夏之交，新华社记者刘子富深入毕节调研，写作内参《赫章县有一万二千多户农民断粮，少数民族十分困难却无一人埋怨国家》（新华社《国内动态清样》1985 年第 1278 期），其中凸显毕节贫困状况的内容，引起时任中共中央政治局委员、中央书记处书记习仲勋同志关注并作出重要批示。1985

年 7 月，履新贵州省委书记仅 3 天的胡锦涛同志便根据习仲勋同志重要批示精神，深入赫章县调研并提出建立"毕节开发扶贫、生态建设试验区"的战略构想。1987 年 10 月，中央统战部在贵阳召开八省（区）智力支边座谈会，各民主党派中央和全国工商联就建立智力支边固定联系制度达成共识。

1988 年 3 月，胡锦涛同志主持召开贵州省委常委会（扩大）会议，决定向党中央、国务院提交建立毕节试验区的报告。同年 4 月，胡锦涛同志代表贵州省委、省政府邀请各民主党派中央、全国工商联负责同志在北京座谈，介绍建立毕节试验区的设想，请求中央智力支边协调小组指导毕节改革试验。同年 5 月，中央统战部、各民主党派中央、全国工商联派出赴黔工作组，对毕节进行长达 13 天的考察调研，并向党和国家有关领导同志作了汇报。同年 6 月，国务院批准建立贵州省毕节"开发扶贫、生态建设"试验区。1989 年 1 月，省委、省政府召开会议，将毕节试验区主题明确为"开发扶贫、生态建设、人口控制"，开启扶贫治理的实践新征程。

（二）中央领导关心关怀与多党合作推进

毕节试验区批准建立后的 32 年来，78 位党和国家领导人 42 次作出重要批示，30 余人次深入毕节视察调研，给予试验区极大关怀和鼓励。江泽民同志专门深入试验区视察指导，胡锦涛同志多次踏上亲自精心培植的土地。近年来特别是党的十八大以来，以习近平同志为核心的党中央，对毕节试验区改革发展、脱贫攻坚高度重视。习近平总书记对毕节试验区建设作出 3 次重要指示批示，6 次在重要讲话中对试验区提出要求；李克强总理作出 3 次重要批示，要求有关部门加大对毕节试验区可持续发展的支持力度。2018 年 7 月 18 日，在毕节脱贫攻坚进入决战决胜的关键时期，习近平总书记专门作出重要指示，强调统一战线要在党的领导下继续支持毕节试验区改革发展，在坚持和发展中国特色社会主义实践中不断发挥好中国共产党领导的多党合作的制度优势。习近平总书记的重要指示，对"建设什么样的试验区，怎样建设试验区"以及多党合作后续帮扶标定了时代方位、提出了总体要求、作出了战略谋划、指明了方法路径、描绘了美好蓝图。

（三）多党合作助力贫困治理的生动实践历程

多党合作带来的持续有效强力帮扶，为毕节跨越发展、脱贫攻坚不断注入强劲外部动力，激发试验区群众不竭的内生动力，帮扶持续时间之长、倾注感情之深、参与范围之广、支持力度之大，在多党合作历史上值得大书特书。总体而言，多党合作的历程可大致分为探索起步、持续推进、跨越提升和开启新征程四个阶段。

1. 探索起步阶段——从 1988 年 6 月毕节试验区建立到 1994 年 4 月

该阶段主要呈现各民主党派和全国工商联在多党合作中发挥政治优势并落实智力支边活动，积极参与基层经济社会建设的"试验尝试"和"探索起步"。

1989 年 9 月成立的"支援贵州毕节试验区规划实施专家顾问组"，围绕"出思路、帮协调、搞联络、抓服务"，与时俱进推进系列富有成效工作。钱伟长教授、厉以宁教授、常近时教授等历届顾问组组长或总顾问均多次赴毕节考察指导工作，充分发挥各自优势，为试验区建设呼吁、呐喊，促成国家政策和重大项目向毕节试验区倾斜支持，为试验区跨越发展作出突出贡献。

2. 持续推进阶段——从 1994 年"八七扶贫攻坚计划"实施到 2009 年 4 月

该阶段主要呈现各民主党派和全国工商联注重帮助提升扶贫的造血功能和自我发展能力，帮助破解发展瓶颈、培植主导产业，特别是立足毕节资源禀赋和潜力，就能源、电力、交通等重大项目建设开展预研和调查论证准备，促成有关重大基础设施建设和重大开发项目落户毕节，奠定试验区步入工业化进程的基础。

1994 年 4 月，党中央、国务院决定组织实施"八七扶贫攻坚计划"，要求各民主党派和全国工商联继续发挥人才众多、技术密集、联系广泛的优势，进一步开展科技扶贫和智力开发，帮助贫困地区培训人才、推广技术、沟通信息、发展经济技术合作。各民主党派和全国工商联积极响应党中央、国务院号召，纷纷与毕节试验区 8 个县（市）建立定点帮扶关系，全面参与毕节试验区贫困治理实践。

3. 跨越提升阶段——从 2009 年 4 月毕节试验区建设座谈会召开到 2018 年 7 月

该阶段主要呈现各民主党派和全国工商联参与试验区建设实践步入系统化、规范化、项目化轨道，实现从集中力量帮助解决温饱向稳定解决温饱并走向富裕，从遏制自然生态恶化向经济社会发展与生态环境保护良性循环，从主要控制人口增长向控制人口数量与提高人口质量并重的几个转变，铸就享誉全国的五大"同心工程"（同心助推发展、同心智力支持、同心改善民生、同心生态建设、同心示范带动），形成独具多党合作特色的扶贫开发模式。

2009 年 4 月，各民主党派中央、全国工商联参与毕节试验区建设座谈会和支持毕节试验区建设工作研讨会召开后，多党合作参与毕节试验区建设的广度和深度得到较大拓展，服务改革发展的内容更加具体、形式更加多样，并形成常态化推进机制。2014 年 5 月 15 日，习近平总书记对毕节试验区工作作出重要批示，强调"希望试验区进一步深化改革，锐意创新，埋头苦干，同心攻坚，努力实现人口、经济与资源环境协调发展，为贫困地区全面建成小康社会闯出一条新路子，同时也在多党合作服务改革发展实践中探索新经验"。在习近平总书记重要批示精神的指引下，多党合作参与毕节贫困治理、服务试验区改革发展的站位更高、思路更明确、措施更有力。

4. 开启新征程阶段——2018 年 7 月毕节试验区建设座谈会召开至今

该阶段主要呈现各民主党派和全国工商联对贫困治理的支撑，开启从"试验区"到贯彻新发展理念"示范区"的新征程。

2018 年 7 月 19 日，统一战线参与毕节试验区建设座谈会在毕节市召开，习近平总书记作出重要指示，强调"统一战线要在党的领导下继续支持毕节试验区改革发展，在坚持和发展中国特色社会主义实践中不断发挥好中国共产党领导的多党合作的制度优势"。会议的召开，再次为多党合作参与毕节试验区建设提供了强大动力，指引统一战线在中国共产党的领导下，在毕节试验区这片热土上，着力推动绿色发展、人力资源开发、体制机制创新，开启多党合作服务改革发展、推动从"试验区"到贯彻新发展理念"示范区"的新征程。

二、同心助推众志成城创业绩

地处全国 14 个集中连片特困地区乌蒙山区腹地的毕节，在国家两代领导人的关心关爱下，在贵州省委、省政府支持下，在统一战线的 32 年风雨兼程、砥砺奋进、倾力帮扶下，通过试验区 937 万各族人民的艰苦奋斗，即将撕掉千百年的绝对贫困标签，与全国同步建成小康社会。历史上"苦甲天下"的毕节，已是沧桑巨变，成为令人向往的热土。

（一）沧桑巨变"数"说毕节

32 年大跨越。经济实力明显增强：地区生产总值从 1988 年的 23.40 亿元，增加到 2019 年的 1901.36 亿元；脱贫攻坚战绩凸显：贫困发生率从 1988 年的 57.3%，下降到 2019 年的 1.54%。贫困人口从 1988 年的 312.20 万人，减少到 2019 年的 12.53 万人，截至 2019 年累计减少贫困人口 662.97 万人。生态建设成效显著：森林覆盖率从 1988 年的 14.9%，提升到 2019 年的 57.0%；农村常住居民人均可支配收入从 1988 年的 795 元，增加到 2019 年的 10364 元。在试验区 8 个县（区）中，金沙县、黔西县、大方县、七星关区、织金县等 5 个县（区）实现脱贫摘帽，开启乡村振兴新征程；威宁县、赫章县、纳雍县 2020年上半年，已进入脱贫摘帽倒计时。交通基础设施建设大跨越，2013 年国务院批准《深入推进毕节试验区改革发展规划》，毕节交通迎来了发展的春天：2013 年 6 月，飞雄机场正式通航，毕节走进了"云上交通"的航空时代；2015年 10 月，国家级高速公路——厦蓉高速织金至纳雍段正式通车，毕节实现了县县通高速；2019 年，成贵铁路通车，试验区进入高铁时代。32 年来，试验区在新型城镇化建设、改革开放、社会民生事业等领域也同样取得长足进展。

（二）矢志不渝 32 载谱春秋

巨大成就的取得，离不开统一战线 32 年来的矢志不渝的辛勤奉献。统一战线始终把探索贫困山区科学发展之路作为历史责任，把参与毕节试验区建设作为重要事业，心系毕节的情怀始终不变，奉献毕节的追求始终不渝，共助毕节的行动始终不懈，发挥渠道畅通、人才荟萃、联系面广、资源富集

图 1　2010—2019 年毕节试验区农村常住居民人均可支配收入和同比增速

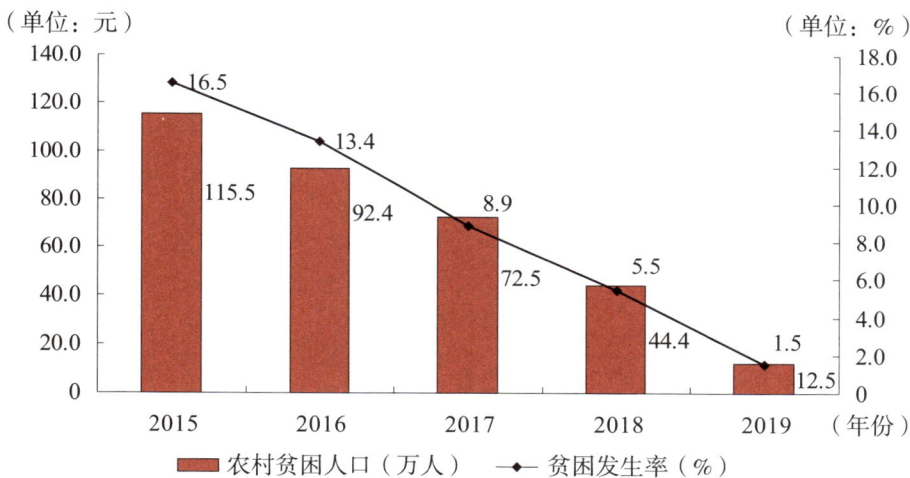

图 2　2015—2019 年毕节试验区贫困人口和贫困发生率

注：图1、图2数据来源于历年《贵州统计年鉴》、《2020年贵州领导干部手册》。

等优势倾情参与支持，成为毕节试验区建立、改革、发展的重要推动者、见证者、参与者、建设者，助推毕节试验区实现了"人民生活从普遍贫困到基本小康、生态环境从不断恶化到明显改善的跨越"。截至 2018 年，中央统战部、各民主党派中央、全国工商联副部级以上领导同志 312 人次深入毕节试验区考察指导工作，组织 1056 批 9256 人次专家、学者、企业家赴毕节试验区视察指导、考察投资，新改扩建各类学校 200 多所，援建乡镇卫生院、村级卫生室 200 多个。特别是 2009 年"4.14"会议以来，实施帮扶项目 1520 项，协调投入资金 13.05 亿元（不含国家部委项目），培训各类人才 33.36 万余人次，资助贫困学生 11925 名，协调企业投资签约项目 353 个，签约金额达 4222 亿元。

围绕衔接乡村振兴，建设新发展理念示范区。2019 年，中央统战部、各民主党派中央、全国工商联聚焦精准扶贫，全方位、多形式助力试验区脱贫攻坚。年初计划实施帮扶项目 171 个，全年实际实施帮扶项目 434 个，是年初计划数的 2.54 倍。直接或协调各级统一战线投入帮扶资金 24863.64 万元，培训各类人才 37758 人次，为贫困群众免费实施各类手术 237 例，义诊 5653 名，资助贫困学生 5747 名。有效助力全市脱贫攻坚工作，2019 年全市减少贫困人口 32 万人，贫困发生率下降到 1.54%。

截至 2020 年 7 月，统一战线计划在毕实施帮扶项目 32 个，年度计划帮扶项目已启动实施 73 个，其中，完成 37 个。新增帮扶项目 143 个（含民革中央单独下达纳雍县帮扶项目 44 个），其中，完成 107 个（含民革中央单独下达纳雍县帮扶项目 32 个），正在实施 36 个。

三、彰显独特优势多措并举聚焦脱贫

（一）高位推动，构建多党派帮扶格局

中央统战部、各民主党派中央、全国工商联领导同志先后亲临毕节考察指导。党和国家领导人先后深入试验区调研考察，指导脱贫攻坚工作。全国统一战线 52 位副部级以上领导先后 70 次到毕节试验区开展调研帮扶活动，推动统一战线参与脱贫攻坚工作更加务实、更加精准。中央统战部始终高度重视毕节试验区脱贫攻坚工作，始终发挥着牵头抓总、统筹协调的重要核心作用，通过建立机制、搭建平台，团结引领全国广大统一战线同心同德、同心同向、同心同行参与毕节试验区脱贫攻坚工作。

发挥定点联系帮扶制度优势，集中力量推动毕节试验区脱贫攻坚工作。

脱贫攻坚战打响以来，中央统战部延续已有的定点帮扶制度，明确毕节试验区各县、区的脱贫攻坚帮扶定点责任。中央统战部、台盟中央帮扶赫章县；民革中央帮扶纳雍县；民盟中央、致公党帮扶现七星关区；民建中央帮扶黔西县；民进中央帮扶金沙县；农工党中央帮扶大方县；九三学社中央帮扶威宁县；全国工商联帮扶织金县；中华职教社帮扶金海湖新区。为发挥优势凝聚力量，落实脱贫攻坚责任，建立统一战线参与脱贫攻坚联席会议制度，由中央统战部、各民主党派中央、全国工商联、无党派人士、贵州省有关方面参加的统一战线参与脱贫攻坚联席会议，对帮扶工作进行交流、协调和部署。中央统战部牵头建立了北京、天津、河北、辽宁、上海、江苏、浙江、福建、山东、广东等东部 10 省市统一战线参与试验区脱贫攻坚工作机制，推动东部发达地区的先发优势与试验区脱贫攻坚需求有效对接，形成东部发达地区 10 省市参与试验区脱贫攻坚交流合作、共谋发展的良好局面。

（二）精准发力，解决"三保障"突出问题

一是聚力教育扶贫拔穷根。民进中央"同心·彩虹行动"、九三学社中央"同心树人"、台盟中央"筑梦师者"等活动，帮助试验区培训教师 9403 名，培训学生 23639 名。2019 年，统一战线投入资金 36.74 万元，用于完善教学基础设施建设。中央统战部光彩事业中心协调万科集团投入 1000 万元援建赫章县平山二小，投入 500 万元用于建设赫章县实验中学光彩综合楼；民革中央协调捐资 277.67 万元，帮助纳雍县中小学改善教学环境；民建会员企业中天金融集团捐资 1 亿元为赫章县结构乡修建学校、卫生院综合体项目继续推进；农工党中央协调捐资 496.46 万元，援建大方县两所小学、1 所幼儿园。

二是聚焦医疗扶贫除穷困。协调投入资金改善医疗基础设施，积极组织开展医疗培训和义诊活动，联系推动医疗合作共建。开展"民盟名医大讲堂"，农工党中央"同心助医工程""精准医疗爱心行动""同心全科医生特岗人才计划"，致公党中央"致福送诊"，九三学社中央"亮康行动"等医疗扶贫活动，为试验区培训医务人员 2916 名，开展医疗义诊 5653 人次，实施免费手术 237 例，为困难群众提供医疗服务，提升基层医护人员专业水平。协调投入资金 1496.26 万元，改善试验区乡村医疗卫生条件，完善医疗设施。

三是同心村示范送安居。中央统战部协调统一战线筹措资金4000万元支持毕节试验区开展9个"同心新村"建设后，为示范区开展危房改造树立了样本，促进毕节试验区"住房安全保障"工作的深入开展，全面带动了乡村人居环境建设。建成后的9个"同心新村"环境优美、面貌一新，如同9朵盛开在黔西北大地上的"同心"之花，展示出试验区新农村建设欣欣向荣的发展气象。

（三）示范引领，做活扶贫产业稳增收

一是先试后引，科学决策，筑牢扶贫产业基础。为破解农村产业选择不精准的问题，农工党中央在大方县的产业扶贫中先试验可行性，在小规模引进示范带动，探索出科学选择扶贫产业的新路子。北京华麟合众科技有限公司投资引进"金圆"猕猴桃专利品种在理化乡试种，江苏盱眙恒旭科技有限公司引进盱眙小龙虾品种在羊场镇试养。试种试养成功后，经过行业部门的专业技术鉴定，确定猕猴桃和小龙虾产品各项指标均符合或高于行业标准，再作为重点产业在全县进行种植、养殖。北京华麟合众科技有限公司在理化乡发展高标准猕猴桃种植基地1033亩，带动理化乡全乡发展猕猴桃种植10000余亩，推动成立"理化乡长春村为民种植专业合作社"。江苏盱眙恒旭科技有限公司打造"乌蒙山泉小龙虾"品牌，成立了以小龙虾养殖为主业的"羊场镇新田村集体经济专业合作社"。

二是消费扶贫，产销对接，提升利益联结长效性。农工党中央通过联引企业订单收购、积极发动消费支持、搭建网络平台销售等方式，助力农特产品销售。动员农工党党员购买农特产品，陈竺主席带头购买大方猕猴桃，农工党中央机关食堂长期购买羊场镇新田村土鸡，目前已动员农工党党员采购了20多万元的农产品。联引企业搭建"乌蒙农商城"等网络销售平台帮助销售360多万元的农特产品。指导建立"定薪取酬、定比分配、定股分红"的"三定分配"利益保障机制，通过联引企业，与当地农民签订长期用工合同，确定工资待遇；与乡村签订分配协议，确定贫困户分配比例；与合作社签订股权合同，确定村集体的利润分红，充分保障产业经营主体、村集体及农民的利益，形成长期共存、合作共赢的利益联结长效机制。羊场镇新田村通过异地发展小龙虾

产业，在做大村集体经济的同时，带动新田村 184 户 570 名建档立卡贫困户获得利益联结分红，带动本镇陇公村、朱仲河村 108 户群众通过土地流转、就地务工增收受益。

（四）智志双扶，激发战胜贫困自信心

一是干部挂职，充实基层队伍。为加强联系，直接为毕节试验区建设提供智力支持，中央统战部将毕节作为统一战线挂职锻炼基地，共选派 123 名优秀年轻干部到毕节市、县、乡、村挂职。挂职干部在直接参与试验区建设的工作中，注重调查研究，加强信息反馈，强化工作沟通，推动项目落地，落实试验区脱贫攻坚"三落实"责任。

二是党派助力，加强基层党建。坚持"帮忙不添乱，到位不越位"的原则，严格按照"党委领导、党派助力"的要求，通过选派干部挂职，联引企业注资村合作社，开展民主监督等方式，助力基层党组织"做给群众看，带着群众干，帮着群众赚"，全面提升基层党组织引领农村产业发展的能力和水平。农工党等民主党派中央，建立帮扶项目民主监督组，定期开展民主监督，提出意见建议，真正形成党委领导、党派助力的农村产业革命新格局。

三是聚焦培训，提升脱贫智力。围绕发展产业和增加就业，积极组织开展人才培训，提升试验区各级干部群众理论水平和业务能力。同时，选派优秀干部赴毕挂职，搭建直通桥梁，助推试验区科学发展。2019 年，中央统战部组织开展"中国统一战线新时代理论政策宣传直通车暨毕节试验区统战干部综合能力提升培训班"、定点帮扶县基层干部培训班、少数民族干部培训班等，帮助毕节试验区培训干部 207 名；民革中央结合纳雍发展产业和推动就业需求，帮助培训农技人员 331 名；民建中央帮助黔西县培训乡村致富带头人 420 名；民进中央组织金沙县农业农村局 14 名分子检测人员进行专业培训。统一战线选派 21 名优秀干部到毕节市、县、乡、村挂职帮扶，促进试验区所需和统一战线所能的精准对接，畅通信息渠道，帮扶成效显著。

四是工学结合，创新培训模式。坚持"贴近生产、实在管用"的原则，创新培训模式，在引种试验的过程中，采取"以工代训、工学结合"的方式

对当地农民进行培训，实现了农民"就业学习"两不误、"增技增收"双促进的目标。在猕猴桃引种试验过程中，北京华麟合众科技有限公司招聘当地农民全程参与，通过实操教学和现场指导相结合，对每项技术进行逐项突破，把农民变成了产业工人。采取"承租反包"的方式，对猕猴桃基地进行长期管理。

五是授人以渔，提升脱贫信心。围绕农村产业发展技术服务不专业的问题，协调有关部门和单位组建基地技术服务和远程咨询专家服务团队，重大技术问题现场点穴问诊，常规问题提供远程咨询服务。在猕猴桃、小龙虾、天麻、冬荪等产业发展的关键技术环节和重要时间节点，组织专家深入基地"把脉问诊"就地指导；在生产过程中，随时通过微信、电话等方式远程咨询专家服务团队，及时获得帮助，解决遇到的困难和问题。构建起"直通、高效、专业、全面"的技术服务体系，形成"问题就地攻关、技术远程指导、成果就地转化"的技术服务新格局。

六是聚焦公益，特困帮扶暖民心。协调统一战线各级组织开展公益扶贫，投入资金3749.78万元助力公共设施建设，开展走访慰问送温暖活动，捐赠各类物资解决困难群众生活所需。中央统战部协调金辉集团捐资80万元，援建赫章县铁匠乡处卓桥；联引中国纺织工业联合会、纺织之光科技教育基金会、中国扶贫基金会联系，向赫章捐赠价值256.52万元的衣物。民革贵州省委协调投入1000万元实施玉龙坝镇农村公路提质改造项目，投入280.60万元实施排洪沟渠治理项目；民建中央中华思源基金会捐资100万元援建黔西县新仁乡群益村文化广场；农工党贵州省委协调投入1000万元支持大方县实施农村人居环境综合整治项目，开展慰问活动，发放慰问金、助学金等共计178.48万元，资助贫困户1797名，资助贫困学生859名；全国工商联筹资4906.50万元支持织金县基础设施建设和产业发展。

（五）补齐短板，落实重点项目强基础

一是高位推动招商引资。全国统一战线充分发挥联系广泛的优势，积极组织协调、搭建平台，助力招商引资。2019年，全国统一战线帮助引进招商引资项目共计31个，总签约金额150.24亿元。特别是民革中央在贵阳举办的民革企业助力贵州产业招商发展大会，直接促成全省签约 49 个项目，签约投资 985.02 亿元，其中，毕节签约项目 28 个，总签约金额 150.06 亿元。

二是高位推动重大项目。全国统一战线始终关心支持毕节试验区改革发展，积极为毕节争取国家重大工程、重点项目建设，助推试验区经济社会发展。全国工商联协调国家发展改革委投资 90 亿元建设织金电厂。2019 年，台盟中央协调推动国家林草局批复毕节市国家储备林项目建设方案，项目营造林规模 280 万亩，项目总投资 242 亿元。目前，项目已进入国家财政部 PPP 项目库。协调推动国家能源局批复同意将贵州威赫 66 万千瓦高硫无烟煤发电项目列为国家电力示范项目，直接投资 56 亿元。

四、建设新发展理念示范区再出发

（一）"7·18"指示激发新动力

2018 年 7 月 18 日，在建设毕节试验区三十周年座谈会之际，习近平总书记对毕节试验区建设作出重要指示，要求毕节试验区"确保按时打赢脱贫攻坚战，努力建设成为贯彻新发展理念的示范区"。给予统一战线以充分肯定："在这一过程中，统一战线广泛参与、倾力相助，作出了重要贡献"。7 月 19 日，统一战线参与毕节试验区建设座谈会在贵州省毕节市召开，中央领导出席并讲话。强调，30 年来，统一战线成员对毕节试验区倾注了深厚感情，做了大量卓有成效的帮扶工作，为试验区建设贡献了智慧和力量，丰富了多党合作的实践形式，彰显了中国新型政党制度的优越性，再一次对统一战线帮扶毕节取得的成就给予充分肯定。

习近平总书记的重要指示，对新时代毕节试验区的改革发展作出科学定位，对试验区各项工作提出明确要求、作出整体部署，为处于发展关键期的毕节试验区继续前进指明了方向，成为统一战线建设示范区的巨大动力。习近平总书记还强调："统一战线要在党的领导下继续支持毕节试验区改革发展，在坚持和发展中国特色社会主义实践中不断发挥好中国共产党领导的多党合作的制度优势。"这更加激励统一战线发扬光荣传统、用好宝贵经验，继续与毕节人民一道同心共建、接续奋斗，努力把毕节试验区建设成贯彻新发展理念的示范区，创造毕节更加美好的明天。

（二）落实新发展理念，规划引领示范区建设

为贯彻习近平总书记"7·18"指示，按照"努力把毕节试验区建设成为贯彻新发展理念的示范区"的要求。统一战线以新发展理念为指引，加大帮扶力度，提升帮扶速度，帮扶的质量效益更加明显提升。统一战线，齐心协力贯彻五大发展理念，推动试验区向示范区建设。民进中央出台《关于支持毕节试验区夯实贯彻新发展理念示范区建设的意见》，继续推进"同心彩虹行动"项目，统筹长期规划和工作计划。民建中央率先推动编制全省首个县级规划——《黔西县建设贯彻新发展理念示范区中长期规划（2019—2035 年)》。农工党中央率先推动编制全省首个乡镇级规划——《大方县凤山乡建设贯彻新发展理念示范区规划纲要（2019—2035 年)》。其他民主党派中央也先后制定推进示范区建设的工作计划。

（三）衔接乡村振兴，脱贫不脱钩

"毕节不脱贫，统战不脱钩；毕节脱了贫，统战不断线。"这是统一战线各民主党派、全国工商联的基本共识。实施乡村振兴战略是党的十九大作出的重大战略部署，是新时代做好"三农"工作的总抓手。统一战线，按照"产业兴旺、生态宜居、乡风文明、治理有效、生活富裕"的总要求，聚焦"产业兴旺"，纵深推进农村产业革命，以产业发展的根本性变革带动乡村的全面振兴，为建设成为贯彻新发展理念示范区奠定坚实基础。开展示范区建设以来，围绕全力打造"乌蒙山宝·毕节珍好"农特产品品牌。统一战线在毕节"55441111"[发展 500 万亩马铃薯、500 万头畜（牛单位）、400 万亩特色经果林、400 万亩蔬菜、100 万亩中药材、100 万亩茶叶、100 万亩皂角、100 万亩刺梨] 农业特色产业提升工程中持续发力，促进农业高质量发展。积极支持毕节试验区做大做强茶叶、蔬菜、辣椒、食用菌、马铃薯、水果、中药材、核桃（油茶）、刺梨、皂角、生态畜牧、生态渔业 12 个特色产业。

五、统一战线多党合作经验与启示

32 年来，统一战线参与毕节试验区建设的生动实践，创造了中国共产党领导的多党合作推进贫困地区改革发展的成功范例，丰富了新时期多党合作的实践形式，取得的经验弥足珍贵，创造的精神财富影响深远。

（一）坚持党的领导，充分发挥统一战线的作用和我国新型政党制度的优势，是推进我国改革发展和社会主义现代化建设的强大动力

32 年来，统一战线参与毕节试验区建设形成了全方位、立体化、多层次的格局。中央统战部发挥党总揽全局、协调各方的作用，牵头建立健全统一战线参与支持毕节试验区建设工作联席会议制度，各民主党派中央、全国工商联建立了定点帮扶制度并成立了专家顾问组，直接推进了毕节改革试验和经济社会发展。毕节试验区的生动实践表明，充分发挥统一战线的作用、中国共产党领导的多党合作和政治协商制度的优势，是推进我国经济社会发展的强大动力。要牢牢把握发展这个根本任务，进一步建立和完善多党合作和政治协商在实践层面开展的体制机制，把统一战线和各民主党派的智慧力量凝聚起来共同推动经济发展和社会进步。各民主党派内汇集了大批专家学者、人才济济，全国工商联汇集了广泛的社会资源。要为他们干事创业提供更大的舞台，这既是发展社会主义民主政治的本质要求，也是推进我国经济社会发展的现实需要。

（二）聚集毕节助力脱贫攻坚是民主党派、工商联锻炼队伍、加强自身建设、彰显优势的有效途径

参与毕节试验区建设，为民主党派提供了一个全面加强自身建设的契机。一是增进了对贫困群众的感情，增强了参政为民的情怀。各民主党派和专家顾问组在参与毕节试验区建设过程中将工作重心下沉，注入了诸多的辛劳和汗水。他们亲身经历和目睹了我国深度贫困地区的生产生活状况，加深了对国情民情的认识和了解，与贫困群众建立了深厚的感情，激发了他们参政为民的政治情怀。二是提高了参政议政的水平。参与毕节试验区建设进一步深化丰富了民主党派参政议政的内容和方式。32 年来，毕节试验区各届领导班子与专家顾问组召开的座谈会累计达 50 多次。这些民主座谈会，丰富了社会主义协商民主的基层实践形式，在实践中拓宽了民主党派参政议政的途径和渠道，对于促进毕节试验区的科学决策和经济社会发展作出了贡献。实践证明，服务社会的实践活动是民主党派参政议政一项重要的基础性工作，是提高参政议政水平的有效载体。三是促进了各民主党派自身的组织建设。在参与毕节试验区建设的 32 年中，毕节试验区的统一战线和多党合作事业蓬勃发展。目前，毕节市已经建立七个民主党派市级组织和台盟支部，在民主党派中央帮扶的定点县建立了相应的民主党派县级组织，提升了民主党派基层组织建设的质量水平。

（三）多党合作助力毕节脱贫攻坚是中国特色政党制度在基层的生动体现

毕节试验区从成立伊始，就得到了各民主党派中央的积极支持，开创了各民主党派中央共同参与一个地区建设的先河。32 年来，各民主党派中央全力参与和服务毕节试验区的改革发展，重视的程度之高，投入的感情之深，支持的力度之大，持续的时间之久，在全国是独一无二的，毕节试验区也被誉为"多党合作的示范区"。在各民主党派的大力支持下，毕节试验区的经济、政治、社会、文化、生态文明发展得到有力的推进，取得了卓著的成效。过去，民主党派参政议政主要有两个特点：一是集中在高层；二是集中在政治参与。这一参与模式在中国政党制度形成以来为集中全国力量致力于社会主义建设，取得较好的成效，成为"中国模式"的重要组成部分。但是在基层，参政议政的力度存在递减现象，也就是所谓的"上热中温下凉"，各民主党派参与毕节试验区的建设，有效地破解了这一难题。毕节试验区成立之初，各民主党派通过成立专家顾问组的方式对毕节的发展建言献策，提供智力支持。随着实践探索的深入推进，这种理论献策指导无法满足毕节试验区经济社会发展的需要，在党中央的亲自关切下，各民主党派深感毕节加快发展的迫切性，于是深入实地调查研究，在为毕节试验区建言献策基础上利用党派自身优势上传下达、派出专业人员亲自参与毕节试验区建设，在实践中推进"定点帮扶"，不仅仅是经济上的单纯扶贫，还积极"扶智"，从教育医疗文化、产业化发展、社会综合治理等方面，直接推动毕节试验区综合跨越式赶超发展。

（四）多党合作助力毕节脱贫攻坚是重要的创新实践

毕节试验区用事实丰富了中国特色社会主义民主政治的内涵。事实证明，体制机制的创新，制度化运行能更好地推动社会的发展，上层建筑和经济基础能更好地相互促进。正如民进中央领导在统一战线参与毕节试验区建设座谈会上所说：统一战线参与试验区建设的成功实践，丰富了多党合作的内涵，拓展了多党合作的内容与形式，展示了中国多党合作制度的优越性和强大生命力。

一是参政途径的创新。毕节试验区 32 年的实践，各民主党派在毕节从以往的"议事"走向"战场"。深入调研不仅仅是为了提建议，而是整合社会资源，从理论和实践上指导毕节的发展，其调研不仅仅局限在经济领域、不仅仅是项目立项、不仅仅是取得经济增长率，还包括战略性规划、项目的后续跟踪、综合评估、后续效应等，这种亲自参与建设的成就感较好地体现了中国共产党和各民主党派共同致力于社会主义建设的"结构多元、目标一致"，实现"凝聚共识、凝聚智慧、凝聚力量"，集中力量发展，助推毕节脱贫。

二是参与机制的创新。毕节试验区成立之初，各民主党派成立专家顾问组，制定工作条例，明确专家顾问组的工作职责、方式、程序，把智力支持和参政议政、政治协商结合起来。此后，在专家顾问组基础上建立联席会议机制，实施定期会议制度、通报制度和联络员制度以及中央统战部、贵州省委统战部、毕节市委统战部三级联动机制，同时扩大横向影响，使毕节试验区成为改革扶贫发展、同步攻坚小康的联动明星，通过制度化、程序化、规范化的安排和集中意见、建议，既推动了决策的科学化和民主化，避免了效率低下，又保障了人民群众的利益，加强人民当家作主的制度建设，使民主政治在基层展现出鲜活的生命力。

三是参与路径的创新。过去各民主党派参政主要体现在参加国家政权、参与国家大政方针的政治协商。为了试验区更好更快发展，各民主党派亲自派出干部到试验区挂职，这比过去的单纯调研更加深入实际；同时派出高级别的专家学者到基层一线调研指导，积极为试验区培训人才，这为试验区发展观念更新起到较大的改进作用，可以说这就是一个试验区人民了解外部发展的"窗口",也是各民主党派了解基层民情的"窗口"。多党合作参与毕节试验区建设,实际上是理论指导下的实践,实践又促进理论发展。

(五) 多党合作助推毕节脱贫攻坚,深化形成了执政党和参政党同心思想

思想上同心同德、目标上同心同向、行动上同心同行的"同心思想",形成助推毕节改革发展的"同心品牌"软实力。"同心"已成为毕节试验区人民的政治共识,深层次而又形象地总结了中国共产党和各民主党派的深情厚谊,有事多商量、有事好商量、有事会商量,共同把我国社会主义政党制度坚持好、发展好、完善好。这是 32 年风雨同舟的历史性总结,深刻而又形象地体现了"长期共存、互相监督、肝胆相照、荣辱与共"的十六字方针。让我们更加坚定:中国共产党领导的多党合作和政治协商制度是唯一适合中国的政党制度。多党合作毕节实践证明,中国新型政党制度在中国基层有着强大的生命力,充分展示了中国政治制度的优越性。多党合作再发力推动毕节改革发展的深入推进,必将助推毕节试验区与全国同步决胜全面小康,开启社会主义现代化新征程。

(调研组成员:朱明生、但文红、杨达、肖波、郝芳、吴艳阳)

全面建成小康社会与中国城市发展

吉林省白城市

昔日"八百里瀚海"
今朝幸福鱼米之乡

——百城市推动河湖连通生态建设

中共吉林省委宣传部

2015 年 7 月，习近平总书记在吉林调研时指出："你们在实践中探索实施的河湖连通工程，既解决了缺水问题，又美化了城乡环境，要坚持下去。"2018 年 9 月，习近平总书记到吉林考察查干湖生态保护情况，专门听取了关于西部河湖连通工程总体情况的汇报。2020 年 7 月，习近平总书记到吉林考察时再次强调："要统筹山水林田湖草系统治理，实施好西部河湖连通、东部天然林保护、中部黑土地保护等重大生态工程。"

党和国家领导人为什么如此高度重视和关心"河湖连通"工程？它的战略意义和作用在哪里？这项工程目前的进展情况如何？带着这些疑问，我们结合开展全面建成小康社会"百城百县百村"调研活动，成立专门调研组走进吉林西部的白城市，深入了解在这片土地上展开的"河湖连通"工程和生态环境建设情况，从中寻找答案。

吉林省西部"河湖连通"工程是 2011 年中央"一号文件"确立的国家重大水利发展战略，是国家支持东北振兴的重大举措之一。在推进这一重大战略进程中，吉林省在全国率先"破题"，将它作为改善西部生态环境、稳步实现粮食增产的重点工程全力推动。河湖连通工程是首个以恢复和改善区域生态环境为目的的重大生态水利工程，是吉林省在保护修复生态环境领域具有革命性和突破性的水利工程，是国家 172 项重大节水供水工程。

白城市河湖连通工程作为吉林省西部河湖连通工程骨干工程和重要组成部分，工程建设迫在眉睫。历史上的白城江河交错、湖泊泡塘星罗棋布。白城市 8 条较大河流，径流总量约 230 亿立方米；27 座大中小型水库，总库容 18 亿立方米；700 多个自然泡塘，可蓄水量 14 亿立方米。

然而 20 世纪 90 年代以后，特别是在 1998 年之后的几年，白城连年干旱少雨，水资源时空分布不均，多数年份的 1—6 月几乎没有有效降水过程，致使严重的春旱连接严重的夏旱发生。干旱缺水不仅严重影响着人们的正常生活，制约着社会经济的发展，而且加剧了生态环境的恶化。

2000 年以来，白城市 8 条较大河流有 7 条连续 12 年断流，水库蓄水量不足 2 亿立方米；水资源严重匮乏，白城市仅有 23.32 亿立方米，约占全省的 6%，地下水可开采资源量仅为 15.9 亿立方米。白城市人均水资源量 1166 立方米，仅占全国人均水资源量的 53%，吉林省人均占有量的 76%，已接近世界公认的 1000 立方米的贫水线；耕地亩均水资源量 202 立方米，仅占全国平均值的 14%。曾经"优"于水的白城，在经济社会发展过程中不得不面临"忧"于水的尴尬。

面对整体脆弱的生态环境，吉林人民时不我待。2013 年 6 月，时任省长的巴音朝鲁在西部生态经济区规划座谈会上，正式提出启动西部河湖连通工程。2013 年，白城市在全省率先开始河湖连通工程建设。工程主要是利用自然水系和兴修的水利工程，通过采取提水、引水、分水方式，把汛期嫩江、洮儿河、霍林河的富余洪水资源存蓄到天然湖泡和湿地当中，使其形成网络纵横、星罗棋布的水系网络。工程建设初期，白城人民在省委、省政府和市委、市政府的领导下科学规划、统筹推进；在工程建设过程中，敢为人先、大胆尝试；在工程初见成效后，思虑长远、继续埋头苦干，展现了白城人民敢想敢试的奋斗精神和舍我其谁的担当精神。

河湖连通，连通的是各条水系，畅通的是各条河湖，改善的是生态环境，夯实的是幸福指数，让人们看到：白城，已越来越好。短短 5 年的时间，吉林西部已经成为中国湖泊密度最大的湖区之一。大小泡沼遍地，湖泊星罗棋布。

借势"引嫩入白"，霍林河、洮儿河等河流呈向心式汇集，生态环境恢复到 20 世纪 50 年代 70% 的水平，白城大地再现一幅河湖互济、草茂粮丰、鱼兴牧旺、碧水蓝天、人水和谐的美好生态画卷。

一、白城市河湖连通工程总体情况

（一）白城市河湖连通工程概况

2017 年 10 月 27 日，水利部批复该工程，批复概算总投资 33.38 亿元。其中白城地区 20.04 亿元，加之 2013 年至 2016 年白城市实施的河湖连通应急工程投资 6.5 亿元，白城市河湖连通工程总投资达到 26.54 亿元。

2013—2016 年，白城市累计投资 6.5 亿元，连通水库泡塘 60 个。2017 年，国家开始下达资金后，完成了剩余的 64 个水库泡塘连通建设，使白城市 124 个泡塘全部达到蓄水条件，完成投资 5.6 亿元。

2018 年度，白城市继续实施和完善了 64 个骨干工程配套设施建设，累计完成投资 5.09 亿元，完成综合工程量 65.49 万立方米。2019 年度，白城市继续推进工程达标建设，完成渠道治理 35.41 公里，水工建筑物 80 个，累计完成投资 2.4 亿元。

2020 年，计划完成投资 1.1 亿元，现已完成 1500 万元，工程主要建设内容为完成新建珠山泵站、续建大屯泄水泵站工程以及完成渠道治理 11 公里，工程计划于 2020 年底全部完工。

（二）规划连通水库泡塘情况

吉林省西部河湖连通工程共规划连通水库湖泡 203 个，规划白城市连通的水库泡塘数量为 124 个，其中，大安市 25 个分别为：它拉红泡、大岗子泡、牛心套保水库、新荒泡、平安水库、前连家泡、黑鱼湖、小西米泡、杨磨坊水库、月亮泡、龙泉泡、蛤蟆泡、王焕泡、两家子泡、玉龙湖、龙沼东南泡、大架山东泡、大肚子泡、姜科泡、榆树东泡、五间房水库、八一水库、东升水库、同新泡、兴隆泡；洮南市 28 个分别为：泉眼泡水库、二龙泡子、四海泡水库、小香海泡、创业水库、洮南市北湖、架子台水库、石灰窑水库、盐铺水库、马场九连泡（光荣泡）、马场水库洮府泡、二龙苇场泡、二龙渔场泡、白石岭水库、马场水库、湖苍沟水库、桂花塘、水产良种场泡、南湖、宝贝坑泡、硝泡子、永胜窝棚泡、农牧场泡、张窝堡泡、东安泡、南洮南站泡、张家泡、县马场泡；镇赉县 45 个分别为：莫莫格泡、鹅头泡、太平山泡、大屯泡、乌兰昭泡子、高棉泡、火烧泡、卧卜泡、杨戏法泡子、南湖生态园、防腐厂泡、龙凤泡、苇子沟泡、五家子水库、群英水库、王围子泡、头道泡、盛家围子泡、六家子泡、四粮库泡、元宝吐泡、珠山泡、大户拉泡、金边湖水库、明泡子、黑鱼泡、棉西泡、乌拉草泡、三家子泡、大雁泡、索龙泡、三门王家泡、格力吐泡、套什吐泡、蒙古索口泡、东后不台泡、西后不台泡、洋沙泡、少力泡、哈尔挠泡、英台后沟泡、那什吐泡、宝山泡、丹岱渔场泡、鲍家泡；通榆县 16 个分别为：向海水库、兴隆水库、胜利水库、粮丰村渔场泡、四海水库、付老文泡、向海村保护区泡、四井子林场泡、张臣泡、绿水湖、红旗泡、司机泡、神榆湖、大肚泡、大官泡、三王泡；洮北区 10 个分别为：鹤鸣湖、镇西大队泡、东湖、白城牧场十二泡、镇西张家窑泡、西葛莲泡、团结水库、白城牧场东泡、新月牙湖、东葛连泡，占全省连通泡塘总数 203 个的 61.1%。

（三）河湖连通工程主体工程——镇赉片区情况

镇赉县部分总投资为 5.3 亿元（含应急单项工程），占总投资的 17% 左右。工程指导思想是引蓄为主，蓄泄结合，兴水利、除水害，造福人民，恢复生态。主要规划为四个引蓄水板块：一是以二龙涛河、引嫩入白骨干工程、灌区退水为水源规划的泡塘引蓄水工程；二是利用五家子灌区退水为水源规划的城市湿地补水工程；三是利用洮儿河为水源规划的引洮蓄水工程；四是依托嫩江规划的嫩江引蓄水工程。一个泄水板块："两排两泄"的连通工程板块。镇赉县实施了 6 项应急工程，完成投资 2.39 亿元。一是镇赉县城市周边湿地湖泡应急工程。完成省级资金 2843 万元。二是镇赉县白鹤湖应急泄水工程，完成省级资金 940 万元。三是镇赉县河湖泡塘连通水源综合利用工程，工程实施后形成蓄水面积 31.71 平方千米，完成省级资金 1500 万元。四是莫莫格湿地应急补水工程，完成省级资金 6500 万元。五是分布式光伏发电工程，每年可为湖泡供水 5000 万立方米，完成省级资金 2850 万元。六是白沙滩灌区老泵站改造工程，已经投入运行，完成省级资金 9300 万元。

工程建设情况：

吉林西部供水工程计划工期为 3 年，镇赉县河湖连通工程目前按 11 个施工标段进行实施（镇赉县本级 5 个，引嫩入白 6 个），工程投资近 3 亿元。工程于 2017 年 9 月末全面开工建设，主要建设内容为渠系土方、衬砌工程、泵站工程等，截至目前完成投资近 1.5 亿元。

1. 镇赉县本级主要建设内容

修建渠道总长 36.358 千米，其中现有扩建、复建渠道 1.961 千米，新建渠道 7.466 千米，渠道衬砌 26.931 千米。新建水闸 12 座，新建路下涵 4 座、新建农道桥 1 座、新建泵站工程。总投资 13891.7892 万元。

目前完成渠道开挖整形 26.393 公里，完成脚槽混凝土 26.393 公里、石笼 4.3 公里，完成混凝土浇筑 15040.94 立方米，完成土方开挖回填等 77 万立方米，完成石方（指石笼砌筑）12675 立方米，完成生态板块铺设 26.284 公里（合 17.3131 万平方米），完成水闸 11 座、路下涵 10 座，新建农道桥 1 座。

第五标段完成泵站基础开挖土方量 4.3 万立方米，完成换基混砂 1600 立方米，完成主厂房底板建筑，完成进口水平段底板建筑，完成进口水平段挡墙底板建筑，完成混凝土 1207 立方米，完成钢筋绑扎 256 吨。

截至目前，完成投资 7494 万元。其中，一标完成 1090 万元；二标完成 2600 万元；三标完成 1630 万元；四标完成 1774 万元；五标完成 400 万元。

2. 引嫩入白管理局工程施工建设进展情况

莫莫格补水渠道（一、二、三标）：完成渠道开挖整形 17.62 千米，完成脚槽混凝土、压顶混凝土 17.62 千米，完成混凝土浇筑 7263 立方米，完成土方开挖回填等 8.2 万立方米，完成生态板块铺设 17.62 千米（合 21.36 万平方米）。

引嫩入白总干渠（四、五标）：完成渠底开挖整形 18.4 千米，完成土方开挖回填等 4.84 万立方米，完成渠底衬砌 18.4 千米，现浇 pp 纤维混凝土 16.65 万平方米；砂砾石路面：完成 49 千米（合 12.24 万平方米），土方开挖回填 2.5

万立方米，其中 49＋141—49＋249、1＋700—4＋390（合计 2798 米）由于存在原建筑物及路面过窄无法建设，其余路段已全部施工完成。五标建筑物大户拉泡渠首闸、王围子补水闸已完工。完成泵站 1 座，完成总投资 11344 万元。

（四）附属工程——白城市海绵城市建设

白城市作为东北地区唯一一个第一批海绵城市建设试点城市，承担着为整个北方广大严寒区域探索提供海绵城市建设经验的试点任务。经过全市上下三年的艰苦努力，现已建设改造 116 个建筑与小区、58 条道路、13 个公园广场、48 条污水管网（总长度 19.5 公里）、37 条雨水管网（总长度 11.5 公里）、3 条河道沟渠（总长度 5.8 公里）、两条道路生态沟渠径流行泄通道等 277 项工程，全面完成试点任务，兑现了既有"面子"更有"里子"的建设初衷。

海绵城市建设期间，除了按照国家海绵试点建设基本要求之外，白城市根据自身实际情况，因地制宜，在顶层设计上，创造性地采取了以下三种做法。

第一，创新采取了"海绵城市＋老城改造"的建设模式。白城市抓住国家海绵城市建设试点之机，将老城改造与海绵城市有机融合，创新了"海绵城市＋老城改造"的白城建设模式。即在试点区 22 平方公里（其中，老城区 12.4 平方公里，新城区 9.6 平方公里）基础上，借助海绵城市试点建设，启动了总投资 68 亿元，包括 16 大类 469 项，涵盖白城老城区和生态新区共 38 平方公里的老城区综合提升改造工程。采取市区联动、全民参与的办法，整合"三供一业升级、海绵公园生态产品营造、易涝点消除、拆墙透绿"主体工程，在改造过程中率先实施"街区制"建设，营造"老城变新城、小区变花园"的生态宜居环境。

第二，创新建立健全了规划建设管理全过程保障制度。一是建立组织。成立了白城市委、市政府主要领导任双组长的专项领导小组，并设立了能够为项目前期、征收、招投标等工程建设所有环节提供技术指导的 11 个专家小组，同步设立 1 个综合总协调办公室，形成"11＋1"的组织工作模式。二是出台政策。以政府名义的形式发布《白城市雨水径流排放管理规定》，出台《白城市海绵城市规划管理规定》等 29 项制度文件，在规划两证一书审批、施工图审查、施工许可、竣工验收各个环节明确了各部门职责、办事流程、技术审查要件。依据政策文件，中心城区内占地面积 1 万平方米及以上新、改、扩建设项目一律按照海绵城市要求和指标进行规划设计、建设实施。三是成立机构。经白城市编办批准专门成立了"白城市海绵城市建设服务中心"，该单位为全额拨款的事业单位，编制 11 人，其中行政管理岗位编制 2 名，专业技术岗位编制 9 名，全面保障了海绵城市建设实施和后期的持续发展。

第三，创新运维监管机制。为了保障海绵城市建设成果，建立长效机制，经市政府同意，成立了"白城市政府和社会资本合作项目服务中心"（简称"PPP 服务中心"），主要职责是对海绵城市 PPP 项目运维情况进行绩效考核，并按效付费。同时，为让城市基础设施常用常新，将海绵城市 PPP 以外的项目，按照区域打包，实施 TOT 模式运维。考虑到项目繁多，创新实施了"三长制度"，即在住建系统选择中层干部及相关专业人员 197 人，担任"园长""路长""区长"，分别对建筑小区、公园广场、道路及管网等相关工程进行常态化巡查责任包保，每周至少巡查两次，将巡查问题报送 PPP 服务中心，由 PPP 服务中心按问题清单，划分责任，依据责任落实转办、督办。

二、展现明显成效，白城生态环境发生可喜变化

昔日的白城，十年九旱、风沙漫天，却又年年防洪；如今的白城，引水为赢、因水而兴、渔胜牧旺、草茂粮丰。

从河湖连通工程启动实施以来，吉林西部萎缩的湿地、湖泡正在得到恢复，生态脆弱的局面得到扭转，呈现可喜变化，主要可概括为"三增三减"。

一是蓄水能力增强，珍稀鸟类增多；沙化面积减少，盐碱规模缩小。"湿地好不好，关键看水鸟。"从 2013 年河湖连通工程实施以来，白城市共增加可蓄水能力 2.5 亿立方米，改善和恢复湿地面积 640 平方公里，恢复草原、芦苇面积 105 万亩。洮南市四海泡、泉眼泡昔日尘土飞扬的景象不见了，通榆县兴隆、胜利两座中型水库结束了连续 12 年的干枯历史，天鹅、丹顶鹤等珍稀鸟

类又陆续来此繁衍生息。在莫莫格湿地，白鹤栖息数量由原来的500多只增加到现在的3800多只，占全球白鹤的95%，以及向海、牛心套堡世界A级湿地往日如诗如画的美景又得以再现。

河湖连通工程实施后，全市连通了144个泡塘，增加了湖泊水库泡塘的蓄水量，白城市水面最大时增加到180万亩，基本恢复到138万亩历史最大养殖水面，2015年，月亮泡水库冬捕实现了一网捕鱼40多万斤的该库单网捕鱼历史纪录。全市水产品产量逐年增长，由2013年的3.22万吨到2019年的4.72万吨，增加了1.5万吨。养殖户的收入也逐年增长。

生态环境的持续改善，为白城乃至吉林省生态安全建起了巨大的绿色生态防护屏障，有效锁住了风沙、盐碱肆虐的脚步，为白城乃至吉林省生态安全提供了可靠的保障。白城市荒漠化土地面积由过去的1598.6万亩减少到1042万亩。

白城市湿地修复保护以河湖连通、盐碱地治理、退耕还湿、芦苇湿地修复等工程为重点，全面加强湿地修复保护。目前全市自然湿地面积525万亩，人工湿地（含稻田）308万亩。近年来，白城市政府先后荣获了国家国土绿化突出贡献单位、十年绿化美化吉林大地先进市、全国绿化模范城市等殊荣。

二是灌溉面积增多，粮食连年增产；风沙天气减少，干旱程度减弱。根据观测数据显示，2013年白城市实施河湖连通工程以来，全市地下水最高时平均上涨了1.02米，约1.5万农田井得以恢复灌溉能力。增加农田灌溉水量近5.5亿立方米，2013年到2019年全市粮食连续7年获得大丰收，产量呈逐年提高趋势。

白城市充分利用引嫩入白、大安灌区、洮儿河灌区等地上水资源和吉林省西部土地开发整理新增盐碱耕地，通过企业主导、政府推动，提高优质品种种植面积，创建水稻名优品牌，加强优质水稻基地建设，全市水稻种植面积从2013年的196.3万亩增长到现在的315.7万亩，成为全省水田第一大市。镇赉县水稻种植面积达到145万亩，成为全省水田第一大县。全市水稻综合机械化水平达到了100%，基本上实现了全程机械化，在全省处于领先地位。裕丰米业"好雨"牌、益海嘉里"金龙鱼"牌商标成为中国驰名商标，在国内市场有较高的知名度。白城市金谷米业有限公司生产的"广源金谷"牌白城弱碱地大米被指定为 2016 年 G20 杭州峰会的食用米。

从降水量上看，白城市历史上全市多年平均降水量为 383.8 毫米，河湖连通工程实施后，年降水量有了明显改善，近 3 年平均降水量为 430.6 毫米，比多年平均降水量 383.8 毫米多 46.8 毫米，地下水位抬高 1 米左右，有效缓解了西部地区水资源短缺现状。从天气状况看，几年来白城风沙天气明显减少，风沙强度明显减弱，空气优良天数占全年监测总天数的 93.7%。

三是水量供应增效，发展模式增多；洪水威胁减少，防汛压力减小。河湖连通工程的实施也促进了稻渔种养增收工程实施。从 2012 年开始实施"稻渔种养增收工程"，至 2019 年，全市累计实施"稻渔种养增收工程"144.5 万亩，占全省稻渔综合种养的半壁江山。稻渔综合种养技术作为一种具有稳粮、促渔、增效、提质、生态等多方面功能的现代农业发展新模式，白城市进行了大力推广，形成适合白城市的稻渔种养增收模式，并逐步扩大推广应用规模，实现"一水两用、一地双收、稳粮增效、稻渔双赢"的综合效益。2020 年，全市稻渔综合种养面积达到 32.5 万亩，平均每亩综合增效预计 1000 元以上。

镇赉县南湖、洮南市北湖、白城市运河、白城生态新区鹤鸣湖连通蓄水都得到了当地百姓的普遍认可，这些城市水系景点已成为当地群众早晚休闲娱乐的最佳选择，现在都已成为亲水平台的典范。河湖连通工程实施对向海、莫莫格两大湿地生态环境的改善更加明显，渔兴牧旺、碧水蓝天、如诗如画的自然美景得以再现，慕名而来的游客越来越多，特别是自驾游、家庭游明显增多，近两年，旅游人数每年增幅都在 30% 左右。

过去的白城市在当地人口中是"晴天扬土、雨天看海"，一方面是水匮乏，一方面是水成灾。而在河湖连通工程建设过程中，白城市被列为全国"海绵城市"试点城市之一。在试点建设中，白城市打造出了三个"全国第一"——首批由中央财政支持的国家海绵城市试点区域建设任务，全国第一个全面完工的试点城市；全国第一个从海绵城市建设全生命周期视角，完成完整经验模式总结的试点城市；全国第一个由国家级出版社，以本版图书方式正式出版城市案例，且国内外公开发行的试点城市。白城市运用多项创新技术以及

"海绵城市＋老城改造"的创新做法，顺利通过强降雨考验，让急匆匆的雨水变害为宝，在"深呼吸"与"大循环"中构建绿色生态新城，取得了老城变新城、小区变花园、百姓点赞的建设成效。

2019 年 4 月，白城市顺利通过了财政部、住建部、水利部终期绩效考核，在第一批 16 个海绵试点城市考核中成绩优秀，成为获得国家 1.2 亿元奖补资金的 6 个城市之一，同时，白城市成为住建部择优选取做后期雨水监测评估仅有的 3 个示范城市之一。

2013 年汛期，白城市境内嫩江和洮儿河发生了自 1998 年以来的最大洪水，在调度洪水过程中，充分利用河湖连通工程分蓄洮儿河洪水 2.6 亿立方米，有效地减轻了月亮泡水库 6 号坝的防汛抗洪压力，发挥了重要的防灾减灾功能。

三、白城市河湖连通工程的生态效益

一是河湖连通效益显著。白城市共增加可蓄水能力 3 亿立方米，改善和恢复湿地面积 640 平方公里，恢复草原、芦苇面积 105 万亩。同时，全市地下水最高时上涨了 1.02 米，约 1.5 万农田井得以恢复灌溉能力，增加农田灌溉水量近 5.5 亿立方米。全市粮食连续数年获得大丰收，产量呈现逐年增长的趋势。白城绿了、美了，风沙天气少了，生态环境变好了，实现了几代人的梦想。白城运河为运河沿线 15 万亩水田和 20 万亩旱田提供了灌溉水源；生态新区形成了以鹤鸣湖为中心的"一湖、三岛、九桥、多点"的亲水平台；洮南形成了以北湖为中心的园林式生态走廊；镇赉形成了以南湖为中心的"七湖连珠"环城水系景观。

二是水生态文明建设成果丰硕。2014 年 6 月，白城市成功入选全国水生态文明建设试点城市。通过连续 3 年的努力，实施完成了包括河湖连通、防洪除涝、最严格的水资源管理等 9 大指标体系中的 37 项工程、27 项建设指标、5 个示范项目建设，累计完成投资 92 亿元，实现了水生态文明建设总体目标，形成了独具特色的"河湖泡沼互济，草原湿地相映，开源节流并举，多元联通创共建"的水生态文明建设模式。2018 年 12 月 25 日，白城市水生态文明城市建设试点通过行政验收。

三是"引察济向"应急生态补水顺利完成。2020 年 4 月实施了"引察济向"工作，依托河湖连通工程，补水规模达到 8500 万立方米，预计可向湿地提供 5000 万—6000 万立方米生态水量，按水深 0.3 米计算，向海核心区水面面积已由补水前 180 平方公里增加到 250 平方公里。对保护区内的白鹳、大鸨、黄榆等生物种群起到非常大的生态改善作用，有效缓解了向海自然保护区泡沼萎缩、湿地干涸趋势，在一定程度上调节了向海湿地的局地自然小气候，起到湿润空气、压沙、抑碱、抑制虫害发生的作用。目前，补水工作已经接近尾声，完全实现了河湖连通工程原来设计要实现的生态涵养蓄水和实地修复补水的目标。

四是实现环境综合改善。鹤鸣湖公园景观工程项目位于白城新城区，是白城市河湖连通工程的重要组成部分，也是生态新区海绵城市的范例工程，通过河湖连通工程，引洮儿河水进入鹤鸣湖，同时依托白城市河湖连通生态湿地水系连通工程以引嫩入白为备用水源，为鹤鸣湖等 3 个城市湿地每年补水 300 万立方米，实现生态补水。同时又兼顾农业灌溉，为洮儿河灌区辐射的近 28 万亩水田灌溉，保证了粮食安全，可以说是一举多得，也成为充分体现河湖连通工程综合改善的成功案例。

五是生态旅游成效显现。向海、莫莫格、嫩江湾"美在天然、贵在原始"的湿地风貌，碧草连天、广袤无垠的草原美景得以重现。东方白鹳、野生丹顶鹤等珍稀物种重新回归，白鹤、天鹅繁衍栖息数量大幅增加。国内外游客慕名而来，近两年旅游人数增幅都在 30% 左右。

四、进一步加强河湖连通工程建设的几点建议

一是建立稳定的引水、调水机制。河湖连通工程实施完成以后，涉及河与河之间，水库与水库之间，水库与泡塘之间的引水、调水问题，目前尚未建立稳定的引调水机制。亟须研究制定水资源调度方案，统筹考虑生态保护、工

农业生产、渔业生产、旅游开发用水需求，合理确定调度方案，最大限度地发挥河湖连通工程作用。

二是进一步完善运行管护机制。规划连通的水库泡塘以往处于自己管自己的状态，人员和养护经费捉襟见肘。河湖连通工程实施后亟须建立稳定、长效的管护机制，才能最大限度地发挥工程效益。制定完善工程运行管护方案，进一步加强河湖连通后续管理工作，落实人员、编制和经费，确保河湖连通工程建成后能够发挥最大的效益。

三是加强统筹谋划，确保综合开发利用的科学性和完整性。不断推进河湖连通综合开发利用的科学性研究，科学合理地确定水库泡塘所承载的功能及产业开发方向，实施综合开发利用，实现生态功能、社会功能、经济功能同步协调发展。

四是强化河湖连通精神的引领作用。河湖连通工程，展现出了新时代白城人民敢想敢试的奋斗精神和舍我其谁的担当精神。这一奋斗精神和担当精神充分体现了民族精神和新时代核心价值观。要不断推进河湖连通精神对经济社会发展、生态文明建设以及乡村振兴的促进和引领作用，进一步推进幸福、美好吉林建设。

（调研组成员：曲万友、姜忠孝、王文炳、孙雁、李晓晨、姚勃）

全面建成小康社会与中国城市发展

陕西省商洛市

脱贫攻坚的商洛实践

中共商洛市委宣传部

在决胜全面建成小康社会、决战脱贫攻坚之年，在统筹推进新冠肺炎疫情防控和经济社会发展工作的关键时刻，4月20日至23日，习近平总书记到陕西考察，第一站就到商洛市，在商洛发展历史上具有划时代意义。

习近平总书记十分牵挂商洛老区人民，先后深入柞水县秦岭牛背梁国家级自然保护区、小岭镇金米村，与当地干部群众亲切交谈，了解秦岭生态保护和脱贫攻坚工作情况，并点赞商洛将"小木耳办成了大产业"。行走中、言语间满是谆谆教诲和殷殷重托，为商洛决胜全面小康、决战脱贫攻坚举旗定向、加油鼓劲、凝聚人心。

习近平总书记的巨大关怀是最大的政治鞭策、思想鞭策和精神鞭策。商洛干部群众倍感温暖、倍感振奋、倍感自豪、备受鼓舞、倍增干劲，决心学深悟透习近平总书记来陕考察重要讲话和重要指示精神，把习近平总书记在商洛考察途中的重要要求铭记在心，变激动为行动、化感恩为报恩，以万众一心加油干、越是艰险越向前的"拧劲儿"背水一战，不获全胜决不收兵，努力谱写商洛新时代追赶超越新篇章。

一、商洛历史沿革与发展概况

商洛，地处秦岭东段南麓、陕西省东南部，素有"八山一水一分田"之称，下辖 6 县 1 区都属于革命老区，其中 5 个县属深度贫困县。就全省而言，商洛是"面积大市""人口小市""财政弱区""贫困重地"。总面积 1.93 万平方公里，占全省总面积的 9.4%，在秦岭山系中面积最大，约占秦岭陕西段的五分之一。总人口 253 万人，占全省 11 个地市的 6.6%，仅是西安的五分之一。2015 年，商洛 GDP 总量占全省的比重为 3.4%，地方财政收入仅占全省的 1.1%。有建档立卡贫困村 701 个，其中深度贫困村 175 个，占到全省的 36.3%；有建档立卡贫困人口 17.34 万户 57.63 万人，贫困面大、贫困人口多、贫困程度深，是全国少有、陕西唯一的集中连片特困地区，也是全省脱贫任务最艰巨的地级市。

商洛的发展史，就是一部与贫困作斗争的奋斗史。新中国成立以来，在党的坚强领导下，商洛人民矢志艰苦奋斗、团结砥砺奋进，取得了从一穷二白、百废待兴，到基本解决贫困人口温饱问题的巨大成就。20 世纪 90 年代开始，商洛确立了以扶贫开发总揽农村工作全局的方针，拉开了扶贫攻坚的序幕，成功地打响了一场又一场扶贫战役，如期实现了"八七扶贫攻坚目标"。曾首创小额信贷、农村最低生活保障制度和扶贫开发政策"两项制度"衔接、"双包双促"精准扶贫等经验在全国全省推广。特别是党的十八大以来，全市上下深入学习贯彻习近平新时代中国特色社会主义思想，紧扣"追赶超越"定位和"五个扎实"要求，坚持以脱贫攻坚统揽经济社会发展全局，全面落实"五新"战略，接力打好精准脱贫、现代工业、特色农业、全域旅游、新型城镇化"五个战役"，贫困群众"两不愁三保障"目标逐步实现，经济总量持续扩大，产业结构日趋优化，民生福祉显著改善。到 2019 年，商洛累计实现 56.11 万贫困人口脱贫、701 个贫困村退出、7 县区全部摘帽，贫困发生率降到 1.03%。全市生产总值达到 837.21 亿元，是 1949 年的 2325 倍，比 2012 年增加 398.21 亿元，年均增长 10.4%；固定资产投资年均增长 18.9%，财政总收入年均增长 2.9%；城乡居民人均可支配收入年均分别增长 7.8% 和 11.2%。一座生态美、活力足、产业强的美丽山城正在快速崛起。

二、啃下深度贫困"硬骨头"

习近平总书记在深度贫困地区脱贫攻坚座谈会上强调，脱贫攻坚本来就是一场硬仗，深度贫困地区脱贫攻坚更是这场硬仗中的硬仗，必须给予更加集中的支持，采取更加有效的举措，开展更加有力的工作。商洛全市上下始终不断提高政治站位，扛起时代赋予的神圣使命，立下"军令状"，以苦为荣，以苦为幸，一路披荆斩棘，带领老百姓一步步走上幸福的康庄大道。

（一）坚决贯彻落实习近平总书记关于扶贫工作重要论述

习近平总书记关于扶贫工作重要论述阐明了脱贫攻坚工作的方向性、战略性、根本性问题，贯穿了精准扶贫、精准脱贫的基本方略，彰显了我们党全心全意为人民服务的根本宗旨，为打赢脱贫攻坚战提供了重要认识论和方法论上的指导，更加坚定了我们打赢脱贫攻坚战的信心和决心。

提高政治站位，扛起历史使命。中央部署脱贫攻坚战以来，商洛市坚持把习近平总书记关于扶贫工作的重要论述以及中央和省脱贫攻坚重大决策部署作为市委理论学习中心组理论学习的重要内容，对习近平总书记关于脱贫攻坚的重要讲话和重要指示批示精神，第一时间传达学习，深刻领会精神实质，准确掌握"一个总目标""两个确保""三个着力""五个一批""六个精准"等具体要求，自觉把脱贫攻坚作为增强"四个意识"、践行"两个维护"的具体行动，主动担负起脱贫攻坚的政治责任。

建立"三个体系"，优化顶层架构。全面落实"五级书记抓脱贫"要求，实行"四级书记"担责、分管领导主抓、班子成员协抓，层层签订脱贫攻坚责任书，明确市县镇村工作职责，形成了纵向到底、横向到边的责任体系。市成立了由市委主要领导任组长的脱贫攻坚领导小组，县区成立工作团，镇办成立工作组，村社成立工作队，逐户确定包扶干部，建立了"市县镇村户"五级脱贫攻坚组织体系。按照"一个规划引领、一个实施意见抓总、九个实战办法支撑"的思路，围绕"两不愁三保障"和脱贫退出标准，制定脱贫攻坚实施规划、实施意见和产业发展、易地搬迁等9个配套办法，形成"2＋9"

精准施策政策体系。

从严落实主体责任，务求落实落细。严格落实"市县抓落实"要求，制定完善脱贫攻坚责任制《实施细则》、脱贫攻坚工作成效《考核办法》、脱贫攻坚督查巡查工作《实施办法》，实行"拿着帽子摘帽子"。市县区党政主要负责同志认真履行"第一责任人"职责，亲力亲为、以身作则、现场办公、一线督导；分管领导主动担责，指导行业部门推进脱贫攻坚，定期深入包抓区域调研指导，形成了全市上下同欲抓脱贫、干群一心促攻坚的良好局面。

（二）用"绣花"功夫提升脱贫攻坚实效

习近平总书记指出，加快推进深度贫困地区脱贫攻坚，要按照党中央统一部署，坚持精准扶贫、精准脱贫基本方略。商洛市保持战略定力，贯彻精准方略，在精准施策上出实招，在精准推进上下实功，在精准落地上见实效，切实做到扶贫工作务实、脱贫过程扎实、脱贫结果真实。

精准识别，瞄准靶向。坚持扶贫先识贫，把贫困人口、贫困程度、致贫原因、脱贫能力、发展需求等问题搞清楚、弄明白，每年进行"回头看"，逐村逐户开展核查，有进有出，动态管理，把稳定脱贫的人标注出去，把遗落遗留的人纳入进来，做到底数清、情况明，切实扣好脱贫攻坚的"第一粒扣子"。

"户分三类"，对症下药。抓住劳动能力这一最关键的生产要素，探索推行"户分三类、精准帮扶"工作机制，根据贫困户家庭现状、致贫原因、发展潜能、变化趋势等因素，把贫困户划分为有劳动能力户、弱劳动能力户、无劳动能力户三大类，实行一户一策、一人一法，切实将帮扶措施精准到户到人到项目，扶到了点上、扶到了根上、扶到了关键处，使识别和帮扶更加精准、资源分配和政策扶持更加合理。针对"一方水土养活不了一方人"的实际，积极稳妥推进建档立卡贫困人口易地搬迁脱贫，解决好自发移民、劳务移民历史遗留问题，做到搬得出、稳得住、管得好、逐步能致富。"十三五"期间，全市实施易地扶贫搬迁 4.98 万户 19.45 万人，建集中安置点 256 个，危房改造 1162 户。

"三带一创"，拔掉穷根。把发展脱贫产业作为稳定脱贫的关键和基础，抓住推进农业供给侧结构性改革机遇，立足现有产业基础，用好特有资源禀赋，推动菌果药畜"4＋X"特色产业发展，让贫困群众在发展产业中收获"真金白银"。紧扣农业产业化、资金资本化、扶贫精准化，积极探索以龙头企业带动、合作社带动、产业大户带动和创新金融扶贫为主要内容的"三带一创"产业精准扶贫路子，加快贫困群众增收脱贫步伐。国务院扶贫办《扶贫信息》刊发《陕西商洛"三带一创"推进产业扶贫》，国务院领导批示：这样的方式有利于稳定脱贫，值得总结推广。

近 5 年，全市龙头企业带动模式已拓展到 7 区县 123 家龙头企业，建成现代农业园区 122 个。采取"政府（扶贫开发公司）＋市场经营主体（区县供销社、产业园区、专业合作社、产业协会、各类企业）＋贫困户"的模式，将扶贫产业园区、专业合作社等和贫困户结成利益共同体，成立农民专业合作社 1800 个，以核桃、板栗、中药材、食用菌等特色农业为载体的专业合作社已成为产业扶贫的主力军。依托农村创业能人和产业大户的带动作用，推行"政府（扶贫开发公司）＋能人产业大户＋贫困户"模式，全市发展各类产业大户 4387 户，带动 1.5 万户贫困户融入产业脱贫大军。由区县财政出资或整合涉农资金，为贫困户、专业合作社、龙头企业等提供贴息贷款，累计撬动信贷资金 22 亿元，为 4.4 万贫困户投放贴息贷款 4.29 亿元，支持龙头企业和现代农业园区发展，扶持专业合作社及家庭农场 937 个，带动贫困户 4.3 万户。

精准对人，应扶尽扶。针对不同贫困群体，"十三五"期间，大力实施教育扶贫、健康扶贫、就业扶贫、低保兜底扶贫，提高贫困县区基本公共服务水平，解决好因病因灾因学返贫问题，降低返贫率。义务教育方面，全市下拨各类资助资金 1.86 亿元，精准资助贫困学生 35.86 万人次，1.8 万名教师结对帮扶 7.5 万名建档立卡贫困学生。医疗保障方面，建立"基本医保＋大病保险＋民政救助＋政府专项救助＋其他方式"的"4＋X"组合式、多层次保障体系，建档立卡贫困人口参加基本医疗和大病保险 57.63 万人，参保率达到 100％。扎实开展线上"春风行动"，368 个复工扶贫车间吸纳就业人口 8812 人，设置扶贫公益岗位 4.98 万个，贫困劳动力返岗务工 26.88 万人。兜底保障方面，保障农村低保保障对象 4.3 万户 11.1 万人、农村特困供养人员 1.8 万人，累计发放资金 5 亿元；临时救助 5.8 万人次，支出救助资金 5801.09 万元。安全饮水方面，项目完工通水 276 处，完成排查补短项目 427 个，累计投资 2.07 亿元，解决安全饮水 33.89 万人。

（三）用攻坚战的方法攻克贫困堡垒

习近平总书记强调，脱贫攻坚本来就是一场硬仗，而深度贫困地区脱贫攻坚是这场硬仗中的硬仗。当前，脱贫攻坚已经到了攻坚拔寨的冲刺阶段，必须用打攻坚战的办法，以超常规的力度，才能啃下深度贫困"硬骨头"，实现脱贫攻坚目标。

党建引领"攻"。深入推进抓党建促脱贫攻坚，创新开展"党旗引领脱贫路"主题实践活动，推动各级党组织、广大党员干部转变工作作风，奋力脱贫攻坚，全市涌现出李长庆、郭琴等一批先进典型。探索推行"党支部＋'三变'改革＋集体经济＋贫困户"党建领航脱贫攻坚模式，充分发挥村级党组织堡垒作用，鼓励支持党员带头创办领办合作社、致富项目，促进党建与脱贫攻坚深度融合。实施堡垒强基、头雁培育、先锋引领、聚力攻坚"四大行动"，实现党建与脱贫攻坚的有机融合。"党旗引领脱贫路"主题实践活动入选《2019 汉江流域组织工作优秀案例》。

驻村帮扶"助"。中央 6 个定点扶贫部门、省级 94 个帮扶单位、市县 1244 个党政机关、企事业单位派驻 1233 个驻村工作队，结对帮扶贫困村 701 个、非贫困村 424 个，共有 5.5 万名党政机关、企事业单位干部职工参与贫困户结对帮扶。中央、省、市、县四级帮扶力量，累计投入帮扶资金 1.35 亿元，协调引进各类帮扶资金 1.52 亿元，带动 20 余万贫困人口实现稳定增收。各级驻村帮扶单位签订帮扶责任书，严明驻村工作纪律，落实驻村工作制度，规范"四支队伍"日常管理，确保干部驻村更驻心。市县农业、科技部门选派科技特派员 277 人、选拔推荐"三区"人才 123 人，赴 701 个贫困村开展科技扶贫，创新探索"公司＋基地＋科技＋农户"扶贫模式，走出了一条利益共赢共享的脱贫产业发展之路。以科技人才为主体的"三联三帮三带"科技扶贫"商洛模式"得到国家科技部领导的高度评价，要求在全国推广。

宁商协作"带"。南京支援商洛，先富带动后富，建立"1＋8＋X"宁商扶贫协作对接合作机制，形成了优势互补、长期合作、聚焦扶贫、实现共赢的良好局面。2017 年以来,累计争取苏陕扶贫协作资金 16.1 亿元,扶持产业发展和就业扶贫、贫困村基础设施和公共服务、村集体经济发展、消费扶贫、易地扶贫搬迁小区公共服务与社区工厂、人才交流和劳务协作七大类项目共500 个。南京市各对口区援助商洛市七县区财政帮扶资金 1.5 亿元,社会帮扶资金 6633 万元,57 家江苏企业来商投资 20 多亿元,带动 3.1 万贫困人口稳定增收。持续深化宁商消费扶贫协作,促进"商产入宁",累计销售商洛特色农产品 8000 多万元。完善劳务输出对接机制,组织专场招聘会 200 多场次,培训贫困人口 5000 多人次,帮助七县区贫困人口到江苏结对地区就业 2650余人,实现就近就地就业 4300 余人。利用国企合力团、校地合作、医疗资源下沉的优势,积极与商洛"三大帮扶体系"深入合作,形成"3＋X"全方位帮扶体系。

消费扶贫"破"。长期以来,农产品信息不畅、销售渠道单一、经营分散,导致农产品滞销,已成为制约扶贫产业发展、贫困人口脱贫的关键因素。商洛市致力于破解扶贫产品销售难题,在全省率先出台《关于大力开展消费扶贫实施方案》,成功举办消费扶贫暨产销对接会,成立市级消费扶贫协会,规范扶贫产品认定,在城区、集镇、旅游景点及市内外大型商场建立扶贫超市、专柜245 个,建成电商服务站点 507 个。利用互联网媒体直播、微信公众号和现场云推送,开展"四支队伍"及农村电商网络直播营销培训 12 万人次。大力推行扶贫超市直销、帮扶单位促销、宁商协作帮销、社会力量带销等"产业＋消费"扶贫模式,拓宽扶贫产品销售渠道,一大批农特产品"走"出大山。

(四)用苦干实干的劲头创造幸福美好生活

习近平总书记指出,扶贫要同扶智、扶志结合起来,智和志就是内力、内因。打赢脱贫攻坚战,不仅要解决物质贫困还要解决志气贫困、思想贫困问题,引导贫困群众树立"宁愿苦干、不愿苦熬"的思想,依靠自己力量办自己受益的事。

强化脱贫思想引领。以理论政策为先导,建强队伍、灵活形式、创新载体,推动脱贫攻坚政策深入人心,为贫困群众打下强心剂。选调政治素质强、政策理论水平高、表达能力好的党员干部、专家教授、驻村工作队员等组建理论政策宣讲专家库。充分运用各级新时代文明实践中心、道德讲堂等平台，采取"理论政策＋"形式，开展脱贫攻坚常态化宣讲。创新推出"农民课堂""院落扶志汇""广场舞前10分钟"等活动载体，让贫困群众在教学相长、寓教于乐中一扫"等靠要"思想。其中，以"驻村干部讲帮扶措施、贫困户评帮扶成效，镇村组干部讲履职情况、干部群众评工作成效，贫困户讲脱贫情况、'四支队伍'评内生动力"为主要内容的"扶贫脱贫互讲互评"活动，被国务院扶贫办评为脱贫攻坚典型案例。

激发脱贫内生动力。创新实施精神脱贫"四扶五风六化"主题行动，推动贫困群众发展生产和务工经商的基本技能培育，采用生产奖补、劳务补助、以工代赈等机制，调动贫困群众的积极性、主动性、创造性；举办先进事迹报告会、"脱贫攻坚在行动"文艺汇演等，定期评选表彰致富先进典型，引导群众变"要我脱贫"为"我要脱贫"；实行贫困户脱贫激励措施，设立劳动换积分、积分换商品模式的"爱心超市"，树立劳动致富、脱贫光荣的鲜明导向；开展移风易俗专项整治、贫困户评星定级，弘扬遵德守礼、勤劳节俭、科技致富、敬老孝老的社会新风。商洛"四扶五风六化"主题行动助推物质精神双脱贫的经验做法受到省委领导批示肯定。

发展壮大集体经济。出台《关于发展壮大农村集体经济的实施意见》，制定农村集体经济财务管理办法、收益分配指导意见等配套文件，探索出产业发展驱动、资产经营驱动、资本投资驱动、公共服务驱动等发展模式，1234个村成立集体经济组织，实现所有贫困村全覆盖。探索实践"党支部＋股份经济合作社＋公司""三位一体"带贫兴农模式，通过组织共建、收益共享、风险共担，有效激活农村经济、壮大集体经济，夯实了贫困群众稳定增收基础，得到九三学社中央民主监督调研组充分肯定。

三、跑好全面建成小康社会"最后一公里"

久困于穷，冀以小康。过上全面的小康生活，这个穿越无数苦难与辉煌的梦想，商洛人民今天已经触手可及，面对时艰，必须坚持不懈跑好"最后一公里"。

（一）巩固拓展脱贫攻坚成果

2020年4月，习近平总书记在商洛市柞水县小岭镇金米村，叮嘱我们，"脱贫摘帽不是终点，而是新生活、新奋斗的起点。一定要抓好脱贫攻坚，巩固好脱贫成效"。勉励乡亲们把脱贫作为奔向更加美好新生活的新起点，再接再厉，继续奋斗，让日子越过越红火！

商洛市坚持一手抓年度减贫任务完成，一手抓往年脱贫成果巩固，聚焦已退出村和已脱贫户，以产业发展、稳定就业、基础设施及公共服务、教育医疗、人居环境综合整治、扶志扶智、驻村帮扶、防返贫机制建立为重点，开展督促检查，通报存在问题，限期进行整改，有效防止返贫。

扎实开展"三排查三清零"百日冲刺行动。发挥党政一把手共同担任组长的"双组长制"优势，出台暗访检查、派驻督战、倒查问责"三项制度"，构建定期通报、移交反馈、联动调度、跟踪督办、提醒约谈、成果运用"六大机制"，建立七个常委分片包抓责任制，探索形成"2367"工作法。组建联合督查专班、执纪问责专班，加大督查督战和追责问责力度。公布"两不愁三保障"突出问题线索征集电话，广泛收集问题，及时研究解决。开展常态化督导督办，并派出暗访组核实突出问题，采取约谈、通报等方式催改督改，问责问效。

坚持问题导向抓整改。把各级巡视、考核、督查、审计等发现的问题全部纳入整改范围，专题召开会议研究部署，逐一制定《整改方案》，夯实工作责任，分类建立整改清单及台账，坚持"一个问题、一名责任领导、一套整改措施、一抓到底"的"四个一"整改工作机制。各级问题整改任务实行"提级审核"制度，村级镇审、镇级县审、县级和市直部门由市级抽审销号的工作机制，确保整改任务高质量完成。同时，跟踪回访各级反馈问题和历史遗留问题的整改实效，对"屡查屡犯"的问题实行挂牌督导，一件一件核、一个一个查，确保各类问题限期得到整改，力促工作提质量、上水平。

注重建章立制防返贫。出台《巩固脱贫攻坚成果建立防止返贫机制的实施意见》《关于建立防返贫动态监测帮扶机制的实施方案》，加强对已退出村、已脱贫户和易致贫户的跟踪管理，明确监测对象、监测内容、监测主体、监测程序及监测周期，重点对脱贫监测户、边缘户、因祸因灾因病等导致收入骤减或支出骤增等情况进行动态监测，定期统计上报，有效遏制返贫和新增贫困现象。重视解决脱贫退出后续问题，专题研究农村公共基础设施管护和扶贫领域风险防控工作，创新实施农村公共基础设施"353"管理机制，即有人管、有钱管、有机制管；明确管护范围、明确管护权属、明确管护标准、明确管护资金、明确管护责任；专业管护、市场管护、自主管护，有效解决"重建轻管、权责分离"问题，得到省市领导充分肯定，在全省推广学习。

（二）加快补齐全面小康短板

商洛是国家南水北调中线水源涵养区，承担着确保"一泓清水永续北上"的政治责任。近年来，全市上下牢固树立、全面践行"两山"理念，坚持做绿色发展的坚定践行者、推动者。但是，经济发展历史欠账大、不平衡不充分、开放程度不高、经济外向度偏低，民生保障任务艰巨等现实问题始终困扰着商洛发展。蹚出一条经济发展和生态文明相辅相成的振兴之路，提升人民福祉、实现全面小康，是商洛各届领导班子矢志不移的目标追求和使命任务。

2020年4月，习近平总书记来陕考察，发表的重要讲话、作出的重要指示，既是对全省工作整体性、普遍性的最新要求，也包含着对商洛工作特殊性、具体性的直接要求，为商洛补齐短板、建成小康提供了根本遵循。

新目标开启新征程，新要求激发新动力。 当前和今后一个时期，商洛将把奋力谱写陕西新时代追赶超越新篇章总体目标和五项要求作为新时代各项工作的鲜明主题和突出主线，落实到全面建成小康社会全过程，挖掘生态、区位、资源、文化"四大潜能"，探索生态优市、实业强市、文旅活市、城镇兴市"四条路径"，培育特色农业、大健康、大旅游、新材料"四大产业增长极"，形成近接"两群"、远承"两圈"、融入"两带"的"三大开放格局"，构建现代化经济体系，努力在脱贫攻坚工作中展现新气象、实现新作为。

补短板、强优势，实现脱贫与振兴有效衔接。 对标贫困退出标准，加大交通、水利、能源等领域投资力度，加速补齐农村基础设施和公共服务短板弱项。坚持种养结合、长短结合、三产融合，聚力发展特色农业、新兴产业、乡村旅游、加工业四大扶贫主导产业，不断深化"三带一创"产业精准扶贫模式，充分用好"国家农产品质量安全市"金字招牌，持续做大做强菌果药畜特色扶贫产业体系。积极策划实施一批支撑性强、带动作用明显的农业农村项目，走好绿色循环之路。

以生态持续好转兑现美好生活增量。深入开展违法违规用地、建设、采矿、采砂和破坏生态环境问题专项整治，严格落实"河长制"，推动垃圾就地分类处置，减少固体废物对生态环境的危害，确保商洛天更蓝、山更绿、水更清。坚持治乱、治脏、治污同步治理，清洁家园、清洁水源、清洁田园、清洁能源同步建设，推进山水林田湖草一体化治理，持续改善生态环境质量。加强民生保障和社会建设，千方百计稳就业，兑现好返、降、补等一系列援企稳岗政策，扶持激发创业活力，发挥创业带动就业的倍增效应。

（三）集中优势兵力打歼灭战

短板问题往往是最深层最困难的问题，全面建成小康社会，必须聚焦短板、精准攻坚。习近平总书记指出，要坚持目标不变、靶心不散，防止松懈、防止滑坡，鼓足干劲、尽锐出战，集中优势兵力打攻坚战。

抓基层组织，提升群众组织力。动态优化村级"两委"班子，扎实开展"两委"班子成员"回头看"和"大起底"，联审村级干部1.04万名，排查清理99人。抓好贫困村党员发展和后备力量建设，为贫困村储备后备力量2162人。精准整顿软弱涣散村党组织，全市研判确定软弱涣散整顿村128个，高标准整顿提升41个。采取任前审批、定期调度、通报约谈等措施，大幅度推进村"两委"正职"一肩挑"，实现"一肩挑"村999个，占村总数的89.6%。建立党组织书记联系党支部工作制度，健全软弱涣散党组织整顿长效机制，清理空壳支部16个，市级命名标准化示范村31个，市级达标村占78.7%。

抓队伍建设，提升社会号召力。深入开展以"把党支部建在产业园区、带动产业发展，把党小组建在产业链上、带动增收致富，把扶贫车间建在易地扶贫搬迁点上、带动就地就业"为主要内容的"三建三带"活动，构建抓党建促产业、促就业、促脱贫、促振兴的发展新格局，在易地搬迁点设立党组织204

个，规范化党群服务中心 126 个。实行县委区委书记领办 5 件实事硬事，出台决战决胜脱贫攻坚 8 条措施、市级驻村帮扶 9 条规定、驻村帮扶工作与年度考核结果和评优树模挂钩办法，建立村级"小微权力"清单制度，把权力和责任晒在阳光下。

抓制度机制，提升干部执行力。以履行脱贫攻坚主体责任为重点，对 7 县（区）党政班子、市县（区）扶贫局领导班子及相关领导干部进行专项研判，提出使用和优化配备的建议。注重在脱贫攻坚主战场考察识别锻炼干部，建立干部调整任用与脱贫攻坚成效挂钩机制，运用"三项机制"提拔重用脱贫攻坚一线干部 85 人。完善党内激励、关怀和帮扶机制，市县共设立党内关爱帮扶专项资金 400 万元。

（四）为决战决胜保驾护航

党的领导是中国特色社会主义制度的最大优势，是决胜全面建成小康社会的根本保证。习近平总书记强调，各级党委和政府要认真履行主体责任，各级领导干部要咬定目标、真抓实干，团结带领广大人民群众不懈奋斗。

推进从严治党，强化组织保障。坚持把党的政治建设摆在首位，教育引导党员干部增强"四个意识"、坚定"四个自信"、做到"两个维护"。举办全市领导干部深入学习贯彻习近平总书记来陕考察重要讲话和重要指示精神专题学习班 5 期，组建"送学上门"小分队 470 个，开展宣传宣讲、以考促学 2180 余场次，实现党员干部学习培训全覆盖。组织开展"转作风、夯责任、抓落实、促发展"作风建设专项整治，健全部署、协调、督办、整改、问责和总结 6 个闭环责任链条，建立重点工作"周报、月评、季赛、年考"机制，在全市形成作风大转变、效能大提升、发展大提速的良好态势。跟进脱贫攻坚专项整治，列出"三类清单"，实施月督查、月汇报，推动整改销号 4456 个，解决实际问题 4770 个，市县健全完善制度机制 159 项。

整治人居环境，打造生态宜居。制定《商洛市贯彻落实〈陕西省深入学习浙江"千万工程"经验扎实推进农村人居环境整治的实施意见〉的具体措施的通知》和商洛市农村"厕所革命"、生活垃圾治理、基础设施建设和村容村貌提升、生活污水治理、村庄规划工作、农业生产废弃物资源化利用 6 个专项行动计划，推动农业废弃物资源化利用显著提升。集中开展村庄清洁行动，累计出动人力 10.8 万人次、清运车辆 1.25 万台次，清理农村生活垃圾 2.4 万吨，村庄环境"脏乱差"问题得到有效解决。启动实施"厕所革命"整村推进示范村 97 个，完成农村改厕 6.1 万座。规模养殖场粪污资源化利用率达到 94.23%，农作物秸秆综合利用率达到 83.7%。

降低疫情影响，助力复工复产。制定疫情防控战时"十条措施"，建立临时党支部 553 个，划分党员责任区 7607 个，组建党员突击队 2164 支，动员 1.4 万名在职党员进社区报到服务。紧盯疫情形势变化，抢抓复工复产机遇，开通外出务工绿色通道，组织协调务工"专车专列"，免费提供就业信息和"点对点"返岗输送服务，确保农民工安全健康有序返岗。针对涉农企业遇到的运销受阻、资金紧张等难题，及时推动将饲料、农资、养殖、屠宰加工和水产品加工等骨干企业纳入疫情防控重点保障企业名单，为企业提供专项再贷款、优惠再贷款、延期还本付息等政策支持，有 32 家企业获得金融机构授信 9.4 亿元。

四、启示与思考

商洛作为全国典型的深度贫困地区，其在脱贫攻坚的伟大实践中积累了许多宝贵经验，给我们以有益启示。

（一）党的领导是核心

脱贫攻坚，加强领导是根本。坚持发挥各级党委总揽全局、协调各方的作用，落实脱贫攻坚一把手负责制，省市县乡村五级书记一起抓，为脱贫攻坚提供了坚强的政治保证。实践证明，新中国成立 70 年来尤其是党的十八大以来，正是因为有中国共产党这个坚强的领导核心，中国人民和中华民族才迎来了从站起来、富起来到强起来的伟大飞跃。党政军民学，东西南北中，党是领导一切的。

在当代中国，坚持党的领导核心地位是马克思主义政党治国理政的根本前提，是应对前进道路上必然会出现的各种风险挑战的"定海神针"，也是党和国家各项事业赢得主动、赢得优势、赢得未来的政治保障。对于商洛而言，我们要始终同以习近平同志为核心的党中央保持高度一致，对国之大者心中有数，旗帜鲜明讲政治，深刻吸取秦岭违建别墅问题教训，当好秦岭生态卫士，搞好黄河流域生态保护，打好污染防治攻坚战，以风清气正的政治生态，呵护山清水秀的自然生态，营造和谐有序的社会生态。

（二）精准方略是法宝

脱贫攻坚，精准是要义。坚持精准扶贫、精准脱贫，坚持"六个精准"，因村因户因人施策，找准痛点、难点、重点，对症下药、精准滴灌、靶向治疗，真正扶到点上、扶到根上，解决了扶持谁、谁来扶、怎么扶、如何退问题，确保扶真贫、真扶贫，脱真贫、真脱贫。实践证明，天下大事，必作于细。精准方略是一种科学的思维方法和务实管用的工作方法，是做好一切具体工作的法宝。习近平总书记在改革发展稳定、内政外交国防等各方面都强调要"精准"，要求我们，在工作中必须要注重培养和善于运用精准思维，将精准方略贯穿于想问题、作决策和办事情的全过程。

当前，中国特色社会主义进入新时代，新事物、新问题、新矛盾不断出现，更需要各级党员干部自觉培养精准思维习惯，运用精准方略精细操作，解决各种矛盾问题，奋力推动经济社会实现高质量发展。对于商洛而言，我们要坚定信心、保持定力，抓住用好新时代推进西部大开发形成新格局、黄河流域生态保护和高质量发展上升为国家战略等重大战略机遇，因势利导、统筹谋划、精准施策，在解决经济发展历史欠账大、不平衡不充分等突出问题上出实招硬招，为实现商洛高质量发展注入强大动力。

（三）发动群众是关键

脱贫攻坚，群众是主体。坚持依靠人民群众，充分调动贫困群众积极性、主动性、创造性，坚持扶贫和扶志、扶智相结合，正确处理外部帮扶和贫困群众自身努力关系，培育贫困群众自力更生的脱贫意识，培养贫困群众发展生产和务工经商技能，组织、引导、支持贫困群众用自己辛勤劳动实现脱贫致富，用人民群众的内生动力支撑脱贫攻坚。实践证明，只有充分尊重人民群众的主体性、充分发挥人民群众的主体作用，党领导的各项事业才能从胜利走向胜利。

为推进中国特色社会主义事业，全面建成小康社会，实现"两个一百年"奋斗目标，必须将党的全部工作置于群众期盼之中。习近平总书记强调，"人民对美好生活的向往，就是我们的奋斗目标"。对于商洛而言，我们要坚持以人民为中心的发展思想，决战脱贫攻坚，多渠道促进就业创业，优先发展教育事业，加强多层次社保体系建设，完善重大疫情防控救治体系，加强和创新社会治理，加大文物保护力度，培育社会主义核心价值观，加强公共文化产品和服务供给，保证人民平等参与、平等发展权利，使改革发展成果更多更公平惠及全体人民，朝着实现全体人民共同富裕的目标稳步前进。

（四）从严从实是基础

脱贫攻坚，必须从严从实、真抓实干，才能保证脱贫成效经得起历史、实践和人民的检验。坚持把全面从严治党要求贯穿脱贫攻坚工作全过程和各环节，实施经常性的督查巡查和最严格的考核评估，坚决杜绝形式主义官僚主义，确保扶贫工作务实、脱贫过程扎实、脱贫结果真实。实践证明，坚持全面从严治党，是不断净化政治生态、应对风险挑战、推动事业发展、交出满意答卷的根基和保障。

面对当前疫情防控、经济社会发展、决胜脱贫攻坚等工作时间紧、任务重、压力大的客观实际，需要各级党员干部将从严治党责任铭于心、践于行、持于恒。对于商洛而言，我们要切实落实全面从严治党主体责任，把全面从严治党的要求落实到党的建设全过程，坚持不懈用延安精神教育广大党员、干部，用延安精神净化政治生态。特别是要传承好商洛老区精神，持续深化"转作风、夯责任、抓落实、促发展"专项整治，为打赢疫情防控战、决战全面建成小康社会、决胜脱贫攻坚提供最强大纪律保障。

（五）各方参与是保障

脱贫攻坚，不仅是贫困地区的事，也是全社会的事。只有更加广泛、更加有效地动员和凝聚各方面力量，构建专项扶贫、行业扶贫、社会扶贫"三位一体"大扶贫格局，调动各方面积极性，引领市场、社会协同发力，才能形成脱贫攻坚的强大合力。实践证明，人心齐，泰山移。广泛动员群众、组织群众、凝聚群众是中国特色社会主义制度的显著优势，也是新中国成立以来推动我国各项事业发展进步的一条成功经验。

新时代要有新气象新作为，需要进一步发挥我国社会主义制度优势，形成社会主义市场经济条件下集中力量办大事的新机制，切实将这一制度优势转化为治理效能，确保中国航船行稳致远。对于商洛而言，我们要更好地发挥党委总揽全局、协调各方的领导核心作用，最大限度调动一切积极因素和各方力量，汲取群众智慧和力量，汇聚全社会强大合力，围绕推进国家治理体系和治理能力现代化全面深化改革，以开放促改革、促发展、促创新，着力破解商洛开放程度不高、经济外向度偏低难题，深度融入共建"一带一路"大格局，促进创新要素、生产要素、资源要素在商洛高效聚集、充分涌流。

（调研组成员：乌生龙、巩文超、周烨明）

全面建成小康社会与中国城市发展

四川省凉山彝族自治州

索玛花开幸福来

中共四川省委宣传部

四川日报社

2020 年 8 月，中共四川省委宣传部、四川日报调研组（以下简称"调研组"）依托长期驻扎凉山开展脱贫攻坚采访报道的"凉山战报"报道组，结合日常采访了解，通过走访省市相关部门单位、召开干群座谈会、进村入户走访等形式，开展此次精准脱贫攻坚重点课题调研，实现了对凉山州 11 个贫困县的全覆盖。在此基础上，调研组经认真讨论研究，形成本报告。

一、特殊"战势"——凉山彝区是影响四川乃至全国夺取脱贫攻坚全面胜利的控制性因素，是四川脱贫攻坚的重中之重

（一）基本情况

凉山彝族自治州位于四川省西南部，是全国最大的彝族聚居区、四川民族类别和少数民族人口最多的地区、从奴隶社会"一步跨千年"直接进入社会主义社会的"直过区"，也是全国"三区三州"深度贫困地区和 14 个集中连片特困地区之一，为四川省脱贫攻坚"四大片区"重要组成部分。凉山州贫困量大、面广、程度深，除安宁河谷 6 县市外，其余 11 个民族聚居县均为深度贫困县，集中连片贫困地区达 4.16 万平方公里，不少贫困群众长期居住在低矮破旧的石板房、茅草房，甚至没有厕所、人畜共居，处于"土豆＋荞馍＋酸

菜"的低水平温饱状态。

截至 2013 年底，凉山全州共有建档立卡贫困人口 21.5 万户 97.5 万人、贫困村 2072 个。深度贫困与恶劣自然条件、薄弱基础设施、落后思想观念、突出社会问题在此相互交织，除了一般性贫困问题外，愚、病、毒、超生、控辍保学、自发搬迁等特殊问题交织叠加，导致脱贫攻坚形势严峻复杂、任务艰巨繁重，是典型的贫中之贫、困中之困、坚中之坚。

（二）领导关怀

党的十八大以来，习近平总书记多次对凉山脱贫攻坚作出重要指示，深刻指出："彝族兄弟对中国革命是有重要贡献的，要继续加强政策支持，加大工作力度，确保彝区与全国全省同步实现全面小康"，强调四川要"把连片特困地区作为主战场，把稳定解决扶贫对象温饱、尽快实现脱贫致富作为重要任务，着力解决深度贫困问题，尽快改变贫困地区面貌"，要求四川"继续把彝区藏区脱贫攻坚作为重中之重"。特别是 2018 年春节前夕，习近平总书记深入大凉山腹地昭觉县看望慰问贫困群众，揭开锅盖察民情，围坐火塘拉家常，强调"无论这块硬骨头有多硬都必须啃下，无论这场攻坚战有多难都必须打赢，全面小康路上不能忘记每一个民族、每一个家庭"，明确要求四川把提高脱贫质量放在首位，聚焦深度贫困地区，将脱贫攻坚战进行到底。在 2019 年新年贺词中，习近平总书记还深切牵挂看望过的吉好也求等彝族贫困群众。

调研组梳理发现，脱贫攻坚战打响以来，先后有 33 位党和国家领导人亲临凉山视察调研脱贫攻坚，有的分别两进凉山，为凉山脱贫攻坚把脉问诊、指向明路。中央还专门安排广东省佛山市扶贫协作凉山州、浙江省扶贫协作木里县，中央有关部委对凉山脱贫攻坚也给予大力支持。

这些都充分说明，凉山彝区是党中央高度重视的攻坚战场，凉山彝族群众脱贫奔小康始终是习近平总书记最为牵挂的事情之一，充分说明凉山能否打赢脱贫攻坚战，不仅关系到几百万凉山各族人民的福祉，也关系到全省乃至全国全面建成小康社会的大局。

（三）重大进展

牢记习近平总书记嘱托，结合四川实际，四川省委作出"凉山彝区是影响全省乃至全国夺取脱贫攻坚全面胜利的控制性因素"的总体判断，把凉山作为全省脱贫攻坚的重中之重和决胜之地，按照中央部署，尽锐出战，精准发力，推动凉山脱贫攻坚取得阶段性重大成效。

截至 2019 年底，凉山全州累计减贫 80.5 万人、退出贫困村 1772 个，贫困发生率降至 4%，雷波、甘洛、盐源、木里等 4 个贫困县成功摘帽。截至 2020 年 8 月底，凉山易地搬迁配套设施建设、住房和饮水安全扫尾工程任务已全部完成，现在进入查漏补缺、迎接摘帽验收阶段，总体进度符合预期，收官之战取得阶段性重大成效，彝族同胞生活、彝区发展面貌正在发生深刻变化，贫困群众获得感、幸福感全面提升。

二、超常"战略"——四川以最大决心、最实举措、最严标准、最有力行动，举全省之力坚决攻克凉山深度贫困堡垒

四川省委、省政府深入贯彻党的十九大部署和习近平总书记对四川工作系列重要指示精神，特别是坚定不移打赢脱贫攻坚战等重要要求，把脱贫攻坚作为最大的政治责任、最大的民生工程、最大的发展机遇，尤其是把凉山彝区脱贫攻坚摆在重中之重的位置，以更加自觉的态度、更加坚决的行动，坚决啃下凉山彝区脱贫攻坚这块"最硬骨头"。

在专门实施大小凉山彝区"十项扶贫工程"和 2016 年制定支持彝区脱贫攻坚 17 条具体措施的基础上，2018 年 6 月，四川在凉山召开省综合帮扶凉山州打赢脱贫攻坚战动员大会，随后制定一系列超常政策举措，进一步动员全省上下、各个方面，以最大决心、最实举措、最严标准、最有力行动，坚决攻克凉山深度贫困堡垒，确保如期完成脱贫任务，与全国全省同步全面建成小康社会。

（一）重视程度前所未有

2018 年 4 月，四川省委书记到四川工作后，赴市州调研的第一站便是凉山州。截至 2020 年 8 月下旬，省委书记已 15 次赴凉山调研。习近平总书记在重庆主持召开解决"两不愁三保障"突出问题座谈会后，省委书记还专程到全省贫困发生率最高的金阳县、布拖县蹲点调研，形成《凉山脱贫攻坚调查》，聚焦突出问题补短补差，对凉山收官阶段工作研判部署。多位受访者表示，省委主要领导对一个市州脱贫攻坚调研如此频繁，并明确一位省委常委主抓凉山州脱贫攻坚工作，此外，综合帮扶动员大会以电视电话会议和州电视台直播的方式一直开到乡、村，约 30 万人听会，形式和规模也前所未有，这些都充分凸显出省委、省政府对凉山脱贫攻坚前所未有的重视程度。

（二）支持政策前所未有

2018 年以来，四川出台《关于精准施策综合帮扶全面打赢凉山州脱贫攻坚战的意见》，明确了产业就业、教育发展等 12 个方面 34 条特殊支持政策，如明确 11 个县的增减挂钩可不受指标规模限制，予以指标单列，且州内其余县节余指标可在省域范围内调剂使用，收益由凉山州统筹用于脱贫攻坚，极具政策含金量。随后，又出台《关于深入落实综合帮扶凉山州脱贫攻坚政策的若干工作措施》，明确了 16 条具体工作措施，全面打通"最后一公里"，这些政策支持力度前所未有。同时，四川还明确全省新增财政扶贫资金主要投放到凉山，3 年新增扶贫资金超 200 亿元。调研组走访的四川省财政厅最新统计显示，截至 2020 年 7 月底，已实际为凉山新增扶贫资金 282 亿元，超出计划金额逾 40%。

（三）投入力量前所未有

四川专门制定《凉山州脱贫攻坚综合帮扶工作队选派管理实施方案》，2018 年新选派 3500 多名帮扶干部，加上原来的帮扶干部共 5700 多名，分赴凉山 11 个深度贫困县"一县一队"开展综合帮扶，实现每县 1 名副书记或副县长和 1 名发展改革局、财政局、人社局、卫生计生局、扶贫移民局副局长"6个1"挂职帮扶全覆盖，并常驻彝区乡村统筹推进治贫、治愚、治毒、治病、治超以及控辍保学、移风易俗、基层组织建设等重点工作。调研组走访凉山州扶贫开发局了解到，截至 2020 年 8 月底，中央和省州县有关部门及省外对口帮扶单位选派到凉山各类挂职干部人才达 1 万余人，力量之强、覆盖范围和涉及领域之广前所未有。"凉山战报"报道组在采访中也了解到，综合帮扶队员中仅夫妻就有 26 对。喜德县红莫镇特合村第一书记刘某带着患病的七旬老母亲驻村，一边照顾母亲，一边参与扶贫，老母亲也成为村里编外"帮扶队员"。这些都是帮扶队员扎根大凉山的生动写照，正是他们的无怨无悔、拼搏实干，最终以点滴奉献汇聚成啃下凉山贫困"硬骨头"的磅礴力量。

（四）督战问责前所未有

近年来，四川从省里到凉山基础层层下军令状，层层签订脱贫攻坚责任书，坚持"省负总责、市县抓落实"的工作机制，坚持五级书记一起抓的攻坚体系，并以超常督战问责持续压紧压实凉山脱贫攻坚责任。以 2020 年为例，全省 7 个未摘帽县、300 个未退出村全部在凉山，20.3 万未脱贫人口有 87% 在凉山。为此，四川对凉山 7 县、300 个村以决战之势挂牌督战，7 县分别由省领导牵头督战，省直有关部门分别组成工作专班，围绕最突出的易地扶贫搬迁、饮水安全等方面问题常驻指导。工作专班既是督战队也是战斗队，与当地干部群众一起发现问题、研究问题、解决问题。省直部门和基层目标同向、责任共担，相关任务不完成，工作专班不撤离；任务完成不好，所在地方和基层要问责，省直主管部门也要被问责。凉山州级领导至少每半月督战一次，县级领导至少每 10 天督战一次，乡镇领导至少每周督战三次。对 1.02 万个帮扶单位、8.2 万余名帮扶责任人实行记实管理，同时，明确 25 个工作滞后乡镇县级联系领导兼任乡党委第一书记，撤换不称职乡镇主要领导 50 名、驻村第一书记 70 名。省水利厅驻越西县安全饮水工作专班 6 人天天下乡，挨个"扫村"揪问题，针对村民家中断水、引水管网损坏得不到解决等问题，从村民家顺藤摸瓜，有时候一走就是几公里，牵来饮水管，引来自来水。截至 6 月底，凉山各级督战作战力量发现并帮助整改问题 4114 个，7 个挂牌县 19747 户 96886 人安全住房建设作战任务全部完成；"三保障"和饮水安全问题已实现清零，贫困劳动力外出务工 12.61 万人。

三、精准战术——聚焦"两不愁三保障",发扬川人传承千年的蜀绣技艺,狠下脱贫攻坚"绣花"功夫

(一)重点发力"三保障",下足功夫精细"绣花"

"两不愁三保障"是贫困人口脱贫的基本要求和核心指标。在吃穿不愁已基本解决的情况下,四川重点围绕凉山彝区"三保障"问题发力,将住房安全作为脱贫最直观的标志、最紧要的任务,把教育扶贫作为阻断贫困代际传递的根本,同时着力解决好基本医疗有保障这个贫困群众最关心的问题。

在住房安全方面,凉山统筹抓好易地搬迁、彝家新寨、藏区新居、对口援建、农村危房改造、地质灾害避险搬迁等项目,大力推进农村"厕所革命",同步完善厨房、圈舍等功能配套。调研组从凉山州扶贫开发局了解到,截至2020年8月底,全州已累计完成新建安全住房19.5万套,其中易地扶贫搬迁住房7.4万套,彝家新寨住房建设9.8万套,藏区新居、地质灾害避险搬迁等2.3万套。全州所有贫困户安全住房保障率已达100%。

其中,易地扶贫搬迁是脱贫攻坚头号工程。四川搬迁规模居全国第二,搬迁人口占全国十分之一强。在"十三五"规划基础上,国家新增20万搬迁指标,全部用于凉山州建档立卡贫困人口,全州易地扶贫搬迁群众占全省总数的25.7%。但凉山夏季雨水多、冬季冰冻期长等因素导致有效施工期短,时间紧、任务重是最大困难。2020年,四川全省易地扶贫搬迁任务全部在凉山。四川对凉山易地扶贫搬迁工作开展挂牌督战,组建工作专班在美姑、金阳、布拖、昭觉4个任务大县蹲点作战,建立跨区域协调、多部门联动的综合调度机制,开设建材运输绿色通道,协调解决项目用工、技术指导、建材供应问题,进度和效率明显加快,以确保新增20万套住房任务全部按时完工、如期交房。2020年6月底,按照中央和四川省统一要求,包括凉山在内易地搬迁配套设施建设、住房和饮水安全扫尾工程任务已全部完成。

今年来,凉山贫困群众从"一方水土养不活一方人"的地方搬迁至美丽新家园的喜讯不断。5月13日,凉山州昭觉县支尔莫乡阿土列尔村(即"悬崖村")

84 户贫困群众陆续搬进县城大型集中安置点，该安置点共安置全县 92 个边远山村的 1.8 万多人。6 月 21 日，四川最后一个建成的安置点——布拖县城集中安置点分房，26 个乡镇、100 个行政村的 14230 名村民将开启新生活。调研组走访了解到，今年 70 岁的"悬崖村"村民阿子日哈某分到一间 50 平方米的房子，水电齐全，还领到了床、柜子等家具，卫生间装上了浴霸。美姑县牛牛坝乡集中安置点配套建有幼儿园和中学，贫困户沙马曲古的孩子们再也不用走几个小时山路上学了。

产业就业方面，四川省委、省政府和凉山州委、州政府始终把产业富民作为凉山贫困群众脱贫的治本之策，将就业作为贫困群众增收的最有效手段。调研组在凉山州农业农村局了解到，近年来，凉山坚持多元化、差异化发展，突出地方特色优势，宜种则种、宜养则养，大力发展培育高山蔬菜、中药材基地、特色生态养殖基地、产业加工园区等。同时，坚持长短结合、因地制宜，大力发展以核桃为主的"1＋X"生态林业、"果薯蔬草药"农牧业，推动贫困人口稳定脱贫。2016 年以来，累计建成生态林业产业基地 1422 万亩、水果 163.6 万亩、马铃薯 239.2 万亩、蔬菜 141 万亩、药材 10.4 万亩，户均有经果林 5 亩以上，有集体经济的村增加到 3509 个。同时，大力实施好贫困家庭技能培训和就业促进扶贫专项工作，从 2018 年开始对外出务工建档立卡贫困户劳动力实行就业稳岗补助和交通补贴，州外省内务工 6 个月以上、月收入 1500 元以上的，每人给予一次性 500 元补助；省外务工 6 个月以上、月收入 2000 元以上的，每人给予一次性 1000 元补助，由政府集中组织到广东佛山务工建档立卡贫困户，由政府统一解决交通费，并享受稳岗政策补助。2020 年上半年，全州输出就业农村剩余劳动力 93.16 万人，其中建档立卡贫困劳动力 14.18 万人。同时，还开发保洁、绿化、道路养护、护林员等公益性岗位累计达 24308 个，全部用于困难群众就地就近就业，岗位补贴标准增至 550 元 / 月；将无业可扶、无力脱贫的特殊困难群众全部纳入低保，实现应保尽保，建档立卡贫困户低保兜底累计达 8.6 万户 28.03 万人。

对于易地扶贫搬迁贫困群众来说，搬得出，还要稳得住、能致富，关键还是靠产业和就业。2020 年 8 月 17 日，调研组在昭觉最大的易地扶贫搬迁安置点沐恩邸社区了解到，28 岁的古比金来莫靠着在社区彝绣培训班 2 个月的集中培训，成为"绣娘"，绣了 10 个香包，当日领到了人生第一笔 612 元"工资"。不只是彝绣班，该社区多间空房已被设置成了电工、焊工、砌筑、家政服务、种植养殖等各类培训班的教室，两个多月来，累计培训 1500 余人次，联动周边扶贫产业园、多个大型企业，帮助村民外出务工，或在家附近就业上岗，目前已形成了劳务输出、就近就业、公益性岗位（贫困户兜底）三种方式。在凉山，越来越多的贫困群众通过挪穷窝、换穷业，斩断穷根后，奔上致富新路。在昭觉县城的 5 个易地扶贫搬迁安置点，目前已经解决就业 3600 多人。

教育医疗方面，调研组从凉山教育和医疗卫生部门了解到，凉山全面实施 15 年免费教育，探索实行"八包"和"六长"责任制，落实辍学学生劝返、登记和书面报告制度，统筹解决超生儿童入户上学问题，截至 2020 年 8 月底，已累计改扩建寄宿制学校 374 所，抓好"9＋3"免费教育计划，累计招收 22658 名州内学生到内地职业技术学校就读。凉山学生与内地学生也逐步融合，精神面貌发生了根本的变化，基础知识学习、专业技能水平取得了长足进步。其中，如四川德阳黄许职中的毛拉哈演讲的作品《大山的孩子》荣获全国一等奖，在教育部总结座谈会上代表全国 283 万名参赛选手现场发言，成都汽车职业技术学校的田娜荣获全省汽车营销比赛一等奖，均得益于"9＋3"免费教育计划。同时，凉山还在全省率先实施"一村一幼"教育试点，积极推进免费午餐项目，为每个幼教点选聘 2 名辅导员开展"学前学普"教育。目前，全州开办"一村一幼"村级幼教点 3069 个，招收幼儿 12.85 万人。

医疗卫生方面，实施公共卫生保障行动，全覆盖建立贫困人口健康档案，常住贫困人口家庭医生签约服务率达 100%；全面落实"两保三救助三基金""十免四补助""八个 100%"等政策，贫困人口患者在县域内住院和慢性病门诊维持治疗医疗费用个人支付占比控制在 5% 以内。

（二）创新政策措施，亮出"川派"脱贫绝技

在认真落实好中央脱贫攻坚相关政策和举措基础上，四川发扬传承千年的蜀绣技艺，在全国率先探索"四川扶贫"公益品牌打造、"学前学会普通话"行动试点、创新扶贫开发激励机制、"两不愁三保障"、"回头看"大排查、旅

游扶贫专项债券等创新举措，尤其是针对凉山贫困难点，量身定制或重点倾斜一系列具有凉山彝区特色的脱贫"绣花"功夫。

如启动"学前学会普通话"行动试点。2018年5月，国务院扶贫办、教育部和四川省委、省政府在凉山启动"学前学会普通话"行动试点，以此作为阻断贫困代际传递、打赢脱贫攻坚硬仗的重要举措。截至2020年8月底，行动已覆盖全州3895个幼儿园（幼教点），惠及29.96万名学前儿童。具体而言，凉山州内幼儿园和幼教点的数量和覆盖范围显著增加，学前教育的设施设备更完善，教师接受了多轮线上和线下培训，兼顾普通话普及和民族地区特点的自编教辅用书及幼儿绘本投入使用。调研组在昭觉县尼地乡七里坝社了解到，该幼教点辅导员、28岁的俄尔日且很羡慕自己的学生，学生们除了拥有崭新的校舍，最重要的是可以和大山外的访客用普通话交流。这在俄尔日且的童年时候几乎是难以想象。那时候，他小学毕业后才能听懂普通话，因为听不懂老师的话，所以提不起兴趣读书，他的不少同龄人连初中都没有读完。俄尔日且发现，掌握普通话的孩子们变得更开朗活泼了，5岁的土比尔作刚入学时总爱低着头、经常哭，心里充满胆怯，现在课堂上发言踊跃，还很喜欢扮演"小老师"。"学前学会普通话"行动不仅给凉山贫困孩子带来自信心，也提高了他们的学习成绩。调研组在喜德县冕山镇新桥小学了解到，该校这一届一年级单科成绩提高了20分以上，这不只是个案。2019年12月，中国扶贫志愿服务促进会委托中国传媒大学，对试点阶段的凉山州学前学普儿童进入小学一年级后语言发展水平进行了抽样测评，合格率为99.03%。"学前学会普通话"成为凉山彝区贫困孩子实现义务教育有保障的第一课，迈好了不让彝族儿童输在起跑线上的第一步。

如为有效破解农产品与市场对接不畅、流通成本高、产业扶贫"丰产不丰收"等瓶颈问题，四川在全国率先制定出台《关于创新扶贫产品销售体系促进精准脱贫的意见》，首创"四川扶贫"公益性集体商标标识，截至2020年7月29日，包括凉山在内的21个市州2717家企业5831个产品使用该商标。四川积极推动"四川扶贫"产品进市场、进商超、进网络、进社区、进机关、进院校、进高速等，助力贫困户增收。依托"四川扶贫"商标，凉山创新开展"以购代捐"扶贫活动，组织引导全州各级各部门、广大干部职工、爱心企业和社会扶贫人士，与贫困村和贫困群众签订农产品购销协议，以适度高于市场的价格，直接从帮扶联系村、贫困户购买农副产品，有效解决农民与市场对接"最后一公里"难题，帮助贫困群众解决销售难题，直接提高收入，有效增强贫困群众发展生产的内生动力，确保持续增收、稳定脱贫。调研组从凉山州商务局了解到，2020 年 5 月，凉山组织 7 个未摘帽县在成都举办"2020 年推进凉山州消费扶贫'以购代捐'活动"，7 县负责人现场推介，40 余家定点帮扶单位、企业现场签约采购扶贫产品协议金额近 4000 万元。同时，推动农村电商激励县陕西省眉县与越西县，都江堰市、蒲江县与凉山州 7 个未摘帽县结对，在商品互换、市场共享、人员培训等方面精准帮扶，加强直播电商、网红带货等新零售模式运用。5 月 27 日，在布拖县开展"云上天府"扶贫直播行动之"云上布拖"大型直播带货活动，效果显著。6 月 30 日，组织 7 个未摘帽县开展"万商云川·彝品 i 购"凉山深度贫困县电商直播消费扶贫活动。7 月 16 日"佛凉协作、云上优选"消费扶贫活动周启动，拼多多线上助力、爱心企业线下认购，近 1000 万网友观看直播，115 万消费者在拼多多直播间关注下单。通过引导建立消费扶贫新机制，凉山为消费扶贫绑上新引擎，让贫困地区优质农产品迈上出山进城的快车道。截至目前，州内外党政机关企事业单位等社会各界 970 个法人单位，采购凉山州 17 县市 2000 多个贫困村 70 多种农副产品，累计采购金额 6 亿多元，采购均价高出市场均价约 8.2%，受益贫困户 10 多万户 41 万多人。

（三）综合施治特殊难题，加快凉山彝区现代文明进程

四川省委、省政府还综合施策解决凉山脱贫攻坚特殊难题，持续铁腕禁毒、有效防艾，扎实抓好控辍保学、移风易俗和自发搬迁贫困户帮扶等工作，加快推动凉山彝区经济发展和现代文明进程。凉山州委、州政府综合施策，治穷、治毒、治病、治超生"四治"并举，在省和国家"五个一批"扶贫计划基础上，新增治毒治病、移风易俗"两个一批"。

如持续高压铁腕禁毒。凉山持续开展堵源截流、破案攻坚、重点整治和专项打击行动。调研组了解到，仅 2020 年上半年，凉山就破获毒品案件 59

件，惩处 137 人，外流贩毒人员同比下降 88%，查获凉山籍复吸人员同比下降 76.6%、新发现凉山籍吸毒人员同比下降 76.9%。凉山还颁布施行《凉山州禁毒条例》，实施"索玛花工程"和"三戒三管"闭环式戒毒模式，创新推行"支部＋协会＋家支""十户联保"等禁毒模式，强化禁吸戒治管控力度，13834 名贫困户吸毒人员实现全员收治。

如抓好自发搬迁群众脱贫难题。长期以来，凉山自发搬迁群众面临迁出地"管不了"，迁入地"管不好"的两不管局面，曾一度成为"扶贫盲区"，而迁入地和迁出地都曾有"甩包袱"思想。四川认真贯彻落实习近平总书记和汪洋主席重要批示要求，从 2018 年 4 月开始，凉山以迁入地为主体，对全州自发搬迁人口全面摸底，最后精准识别自发搬迁贫困人口 6652 户 3.14 万人，制定并实施《关于进一步加快推进凉山自发搬迁贫困人口精准扶贫精准脱贫工作的指导意见》，13 个省直部门分别制定户籍、教育、医疗等实施方案并精准落实，涉及住房建设、户籍迁移、教育保障、社会保障、社会治理等多个方面，加快消除扶贫盲区。凉山将这部分贫困群众全部纳入"七个一批"，全面落实精准帮扶措施。截至 2020 年 8 月底，凉山已有 2.1 万余名自发搬迁贫困人口实现脱贫，剩余 1 万余人计划今年脱贫。

调研组在西昌市巴汝镇俩谷村了解到，从雷波自发搬迁过来的贫困户吉勒拉格在老家的帮助下，建起了新家，厨房、冲水厕所、淋浴间等功能用房配套齐全。在凉山，自发搬迁贫困户建房任务交给迁出县统筹实施，以迁出地补贴一部分、村民自筹一部分的方式解决资金问题，而通水通电、入户道路等配套项目，则由迁入地负责实施。截至 2020 年 8 月底，凉山计划今年脱贫摘帽的 2071 户自发搬迁贫困户安全住房建设已全面完成。各项公共服务也在跟进。调研组走访凉山州扶贫开发局了解到，自发搬迁群众子女可享受与迁入地户籍人口同等的义务教育政策和教育扶贫政策，2020 年已有近 4 万名自发搬迁户子女实现就地就近入学，还可享受同等医疗保障服务和健康扶贫政策。此外，凉山州还全覆盖建立自发搬迁群众聚居区流动党员党组织，党建引领基层治理能力水平提升。"不请自来"的贫困客人正在变成安居乐业的主人。

如移风易俗。此前的凉山彝区，由于社会发育程度低，存在许多落后观念和陈规陋习，比如老人去世要杀几十头甚至上百头牛，结婚送一份彩礼有的高达几十万元，可谓走了一位老人还几代人情、娶一位媳妇背下一身债务，高价彩礼、薄养厚葬、相互攀比给群众造成巨大负担。脱贫攻坚战打响以来，四川省委、省政府和凉山州委、州政府始终把移风易俗作为转变群众思想观念，激发脱贫攻坚内生动力的重要载体，坚持扶贫和扶智、扶志相结合，"看得见的贫困"与"看不见的贫困"、"物质脱贫"与"精神脱贫"一起抓。2013年以来，凉山先后开展了"板凳工程""现代健康文明新生活"行动，破旧立新，向千年陈规陋习宣战，着力解决彝区群众思想因循守旧、观念落后等突出问题。向贫困群众赠送彝家新居"六件套"，建设集体公共浴室，创新开展了"小手拉大手"和"三建四改五洗"（建庭院、入户路、沼气池，改水、厨、厕、圈，洗脸、洗手、洗脚、洗澡、洗衣服）等系列活动，引导群众从饮食起居到衣食住行，养成好习惯、形成好风气。2017年4月，凉山成立"四好"创建领导小组，制定印发《凉山州"四好"创建活动实施方案》，持续深化"四好"村和"四好文明家庭"创建。通过村规民约，成立"红白理事会""乡贤理事会"等方式，推进婚丧嫁娶高额彩礼和铺张浪费问题集中整治，限定杀猪宰牛数量，引导彝族群众摒弃攀比心理，减少生活中的铺张浪费，推进婚育新风、厚养薄葬观念逐步形成，群众自身财富积累意识增强。如今，凉山每个村都制定了村规民约，倡导新风气新生活，喜事新办、丧事简办正成为习惯。

调研组在昭觉县昭美社区易地扶贫搬迁安置点发现，两个多月前刚从高山上搬下来的村民，在小区晒太阳时已自觉带上板凳。社区临时党支部书记介绍，社区采取"笨办法＋巧办法"推动移风易俗，组织干部到36栋楼包栋包户示范，并召集村民大会制定20条居民公约，详细规定奖惩措施，还选出楼长进行自治监督，后续还将定期公示风俗红黑榜。

高价婚姻、厚葬薄养观念也在凉山悄然改变。调研组走访了凉山多地了解到，金阳县丙底乡打古洛村推行"遏制婚丧事宜高额礼金和铺张浪费之风十不准"，包括要求婚嫁彩礼不准超过6万元、丧事杀牛数量原则控制在5头以内和不准以乔迁新居、子女满月、升学参军、女童换裙、老人过寿等名义大操大办收受礼品礼金等。雷波县西宁镇试点推行婚嫁彩礼统一管理，设定最高限额。普格县修建民俗文化集中餐饮坝子，在统一的场地办酒席，杜绝铺张浪费、攀比之风。2019 年底，甘洛县玉田镇赤福村贫困户阿衣古哈莫和邻村小伙木卡尔布结婚，按照以前，毕业于四川省彝文学校、当幼教点辅导员的阿衣古哈莫彩礼至少得三四十万元，但这次只有 8800 元彩礼，婚宴也没有大堆坨坨肉和啤酒。阿衣古哈莫的嫁衣也是妈妈亲手缝制的。在阿衣古哈莫看来，这是最美的"婚纱"。在凉山，类似的移风易俗故事越来越多，贫困群众的精气神发生了明显变化，正加速实现从"要我脱贫"向"我要脱贫"转变。

四、收官挑战——剩下的都是最难啃的"硬骨头"，一系列短板难题亟待在仅剩的 100 余天里补齐破解

截至 2019 年，四川全省剩下的 7 个贫困县、300 个贫困村都在凉山，20.3 万贫困人口中 87% 也集中在凉山，全国贫困发生率目前超过 10% 的 6 个县有 4 个县在凉山，而且剩下的脱贫攻坚任务都是最难啃的"硬骨头"。因此，尽管凉山脱贫攻坚取得了决定性进展，但眼下这场脱贫大考已接近交卷、到了最后一波攻坚冲刺的时刻，离 2020 年底仅剩下 100 余天，还存在一系列短板难题亟待补齐克服，必须一鼓作气、不胜不休，确保凉山彝区夺取脱贫攻坚最终全面胜利，与全省全国如期同步建成全面小康社会。

（一）返贫致贫风险较大

凉山农业产业发展基础薄弱，存在产业结构不完善，生产环节产业比重大，商品率低，加工、销售环节产业占比小，整个农业产业链条短，产品附加值低等问题。贫困户收入来源单一，稳定性和持续性差，2019 年度，政策转移性收入占人均纯收入 50% 以上有 2.4 万户 6.6 万人。监测户基数比较大，全州共有监测对象 3.6 万户 13.9 万人，其中脱贫监测户 0.7 万户 2.9 万人，边缘户 2.9 万户 11 万人。

（二）移风易俗任重道远

凉山农村人居环境治理工作力度不够，乱排污水、乱倒垃圾、乱堆物料、

乱搭乱建等"视觉贫困"现象比较突出。移风易俗有待加强，凉山"一步跨千年"，社会发育程度低，民主法治意识淡薄，现代文明生活习惯未养成，住上好房子、过上好日子即将实现，但养成好习惯、形成好风气还有很长的路要走。

（三）易地搬迁后续发展比较难

凉山全州共有易地搬迁群众 7.44 万户 35.3 万人，有 1492 个集中安置点，800 人以上的安置点共 24 个。这些集中安置点均为近年来新建，教育、医疗设施缺乏，产业发展还不到位，就业岗位也不充分，社会管理治理难度大，搬迁群众"稳得住""能致富"问题需要下大力气解决。

（调研组成员：谭江琦、李焱、侯冲）

全面建成小康社会与中国城市发展

西藏自治区林芝市

"醉"美林芝书写脱贫攻坚完美答卷

中共西藏自治区委宣传部

中共林芝市委

2020年3月6日，习近平总书记在决战决胜脱贫攻坚座谈会上的讲话中强调，分析当前形势，克服新冠肺炎疫情影响，凝心聚力打赢脱贫攻坚战，确保如期完成脱贫攻坚目标任务，确保全面建成小康社会。西藏是全国"三区三州"中唯一省级集中连片特困地区，是典型的"贫中之贫、困中之困、难中之难、坚中之坚"。经过5年不懈努力，截至2019年底，林芝市累计减贫6958户23893人，贫困人口动态清零,490个贫困村（居）全部退出,7个贫困县（区）全部脱贫摘帽，解决了区域性整体贫困，实现了与全国一道进入全面小康社会的目标，走出了具有西藏特色、林芝特点的脱贫攻坚之路。

林芝市在脱贫工作中成效如何，有哪些经验做法？带着这些问题，调研组在林芝6县1区深入开展调研，形成了如下调研成果。

一、林芝市打响脱贫攻坚战前的基本情况

2015年底，按照2010年2300元的脱贫标准，西藏自治区核定林芝市建档立卡贫困人口6636户22803人，贫困发生率为16.42%。贫困分布很不均衡，既零散，又连片集中，覆盖全市54个乡镇490个村居，且大多集中在交通不

便、基础设施薄弱、信息闭塞、自然灾害频发、经济发展明显滞后的墨脱、察隅 2 个边远边境县，地处深山峡谷地带的波密县康玉、八盖，察隅县古拉、察瓦龙等 18 个偏僻边远乡镇，以及朗县金东乡西日卡村等 149 个资源匮乏、耕地缺乏，因灾、因残、因病致贫返贫现象频发，脱贫基础很不稳定的村落。

二、林芝市脱贫攻坚战的基本立足点

自从 2016 年脱贫攻坚战打响以来，林芝市坚持以习近平新时代中国特色社会主义思想为指导，深入学习贯彻习近平总书记关于扶贫工作和治边稳藏的重要论述，牢固树立以人民为中心的发展理念，始终把打赢脱贫攻坚战作为政治任务和第一民生工程，瞄准"两不愁三保障"目标，立足"四少""三重"特点，聚焦脱贫重点，狠抓精准施策，推动脱贫攻坚取得阶段性进展。截至 2019 年底，累计减贫 6958 户 23893 人，贫困人口动态清零，490 个贫困村（居）全部退出。

（一）抓牢思想引领这个前提

始终把习近平新时代中国特色社会主义思想和习近平总书记关于扶贫工作的重要论述作为根本遵循。坚持带着问题学、全面系统学、联系实际学，及时传达学习中央关于脱贫攻坚工作的系列会议精神，用心领会习近平总书记关于脱贫攻坚工作的系列重要批示指示精神，深刻理解习近平总书记在延安、贵阳、银川、太原、成都等地主持召开跨省区脱贫攻坚座谈会上发表的系列重要讲话精神，并立足实际，认真研究贯彻落实的具体措施，切实把学习成果转化为推动脱贫攻坚工作的具体思路和务实举措，转化为推动脱贫攻坚工作的精神支撑和强大动力。2016 年以来，市委先后召开常委会会议 41 次、理论学习中心组学习会 22 次、扶贫开发领导小组会议 14 次、指挥部会议 33 次，传达学习习近平总书记关于扶贫工作的重要论述，听取脱贫攻坚工作进展情况，研究解决有关问题。

（二）抓牢组织领导这个基础

坚持"五级书记抓扶贫"，调整充实了市委书记任组长、22 名市级干部为成员的扶贫开发工作领导小组，成立市县乡三级脱贫攻坚指挥部，并把脱贫专班设到乡镇一级，抽调专人集中办公、专项落实，建立健全了自上而下的指挥体系；建立市级干部包乡、县级干部包村和乡镇干部、驻村工作队、第一书记包户的"三包"制度，每个乡都有一名市级领导对口联系，深度贫困村都由区直和市直部门帮扶。市委主要领导同志带头联系贫困程度深、脱贫难度大的县，带头深入基层一线实地调研，找准短板弱项、深挖瓶颈制约、推动工作落实。

（三）抓牢政策体系这个保障

以贯彻落实中央关于打赢脱贫攻坚战的决定为总纲，按照自治区实施意见具体要求，在广泛调查研究、征求意见建议的基础上，研究出台"十三五"脱贫攻坚总体规划和易地扶贫搬迁规划、产业扶贫规划、转移就业规划、生态补偿规划等一系列文件，制定《中共林芝市委　林芝市人民政府关于打赢脱贫攻坚战的实施方案》《林芝市抓党建促脱贫攻坚工作实施意见》《林芝市深度贫困地区脱贫攻坚方案》等具体办法，并根据实际工作需要，不断细化完善行业部门精准扶贫实施方案，全市脱贫攻坚配套文件达到 16 个，形成了"1＋N"的政策体系。

（四）抓牢责任落实这个重点

市县乡逐级签署脱贫攻坚责任书，立下军令状。市委主要负责同志自觉履行第一责任，市级干部带头履行脱贫攻坚目标责任，各级党委认真履行主体责任、政府履行主抓责任、干部履行主帮责任、基层履行主推责任、社会履行主扶责任、第一书记和驻村干部履行具体责任，形成上下贯通、横向到边、纵向到底的责任体系。严格执行贫困县县委书记、县长不脱贫、不摘帽、不调离铁纪，保持贫困县党政正职总体稳定。细化村"两委"班子和村党支部书记的扶贫职责，先后对 11 名不胜任、不担当、不作为的贫困村党支部书记进行岗位调整。

（五）抓牢资金支撑这个关键

制定《林芝市统筹整合使用涉农资金实施方案》，近 5 年累计统筹整合各级到位资金 47.92 亿元用于脱贫攻坚（其中，2016 年统筹整合 8.19 亿元；2017年统筹整合 11.01 亿元，2018 年统筹整合 11.4 亿元，2019 年统筹整合 7.32 亿元，

2020 年统筹整合 10 亿元）。

出台《林芝市金融扶贫风险补偿及担保基金管理办法》，成立林芝市扶贫开发投资有限公司，设立风险补偿及担保基金，充分发挥政府资金"四两拨千斤"作用。截至 2019 年底，全市扶贫贴息贷款余额达到 34.72 亿元；精准扶贫小额到户贷款余额 1.3 亿元，受益人数 12066 人；精准扶贫产业贷款余额 13.24 亿元，定向支持 239 个项目，受益人数超过 2 万人。充分发挥市委、市政府每年 1500 万元村集体经济扶持资金作用，大力发展村集体经济，全市 80% 以上的村居有集体经济。

（六）抓牢督促检查这个利器

切实承担起整改主体责任，对各类督查和巡视巡察中发现和反馈的问题，逐一分析问题原因，逐项制定整改方案，把责任落实到县区和个人，做到立行立改、强化成果运用。2016 年以来，国家级、自治区级和市级各类监督检查共发现问题 199 个，已完成整改 102 个、需长期整改 77 个。其中，国家级各类检查发现问题 59 个，已完成整改 25 个、需长期整改 29 个；自治区各类检查发现问题 86 个，已完成整改 37 个、需长期整改 39 个；市级各类检查发现问题 54 个，已完成整改 40 个、需长期整改 9 个。

在抓好整改的同时，把脱贫攻坚纳入重点工作自查考评，纳入年度考核重要内容，纳入人大、政协、巡察、纪检监察和社会监督范畴，构建全覆盖、无死角巡察督查制度，累计 14 次组成督导组深入县乡村检查政策落实、项目推进等情况。精心制定扶贫领域腐败和作风问题专项治理实施方案和工作计划，深入开展扶贫领域腐败和作风问题专项治理。2016 年以来，各级纪检监察机关共受理扶贫领域问题线索 144 件，办结 100 件，立案 22 件，结案 15 件，给予党政纪处分 20 人，组织处理 5 人，通报曝光扶贫领域问题 11 起 15 人。安排 6 轮常规巡察和 1 轮扶贫领域专项巡察，发现问题 54 个，反馈问题 52 个，已全部整改到位。

三、林芝市脱贫攻坚战的做法及成就

2016 年以来，林芝市坚持以习近平新时代中国特色社会主义思想为指引，以《中共中央国务院关于打赢脱贫攻坚战的决定》为根本遵循，深入学习贯彻习近平总书记关于扶贫工作的重要论述，深入贯彻落实党中央、国务院和西藏自治区党委、政府关于脱贫攻坚各项决策部署，紧紧围绕"扶持谁""谁来扶""怎么扶""如何退"等核心问题，瞄准"两不愁三保障"目标，坚持精准扶贫、精准脱贫基本方略，始终把脱贫攻坚作为重大政治任务和第一民生工程，以最高的重视程度、最强的政策保障、最大的投入力度，推动脱贫攻坚工作取得明显成效。

截至 2019 年底，累计减贫 6958 户 23893 人，贫困人口动态清零，490 个贫困村（居）全部退出（2016 年减贫 2547 户 8990 人，退出贫困村 161 个；2017 年减贫 2543 户 8510 人，退出贫困村 197 个；2018 年减贫 1696 户 5967 人，退出贫困村 129 个；2019 年减贫 172 户 426 人，退出贫困村 3 个），7 个贫困县（区）全部脱贫摘帽（巴宜区 2016 年摘帽；米林县、工布江达、波密县 2017 年摘帽；察隅、墨脱、朗县 2018 年摘帽）。

（一）发展优势产业促进脱贫

把握好当前和长远的关系，不断加大产业发展扶持力度，着力培育带动强、辐射广、效益好的扶贫产业，让贫困群众不离乡不离土就能通过融入产业发展实现脱贫致富。5 年来建设产业扶贫项目 611 个，总投资 39.79 亿元。截至 2020 年 7 月，规划内产业项目 547 个，总投资 36.54 亿元，已开工 538 个，已完工 501 个，完成投资 32.54 亿元。规划外产业项目 64 个，总投资 3.25 亿元，已开工 37 个，已完工 9 个，完成投资 7716.37 万元。共培养市场主体 446 个，其中（企业 37 个，合作社 379 个，家庭农牧场 3 个，种植养殖大户 27 个），培养致富带头人 364 人，培育了林芝灵芝、波密天麻、林芝茶叶、藏香猪等 27 个品牌，总产值 1410 吨，实现销售额达 9258.39 万元。带动就业 6858 人次，其中建档立卡贫困群众 5332 人次，实现 17542 户群众户均增收 35261 元，

64284 人人均增收 9622 元。

发挥生态旅游业在脱贫攻坚中的支撑引领作用。强力推出"两节＋一季"等旅游节庆活动，精心实施"家庭旅馆"等乡村旅游项目，累计投入 5250 万元完成 21 个乡村旅游示范村项目建设，打造了以巴宜区扎西岗村、工布江达县结巴村、米林县索松村等为代表的林芝乡村旅游扶贫示范工程，带动 1694 户 5935 名贫困群众脱贫。同时，坚持创业创新和脱贫攻坚相结合，整合各类资金 4241 万元，在全区率先启动林芝智慧旅游乡村旅游信息化建设，开发完成大数据平台、家庭旅馆预订平台、农牧产品展销平台等 9 个软件平台，构建起线上线下一体化管理服务运营，让更多农牧民群众参与发展旅游，目前共为农牧民家庭旅馆吸引客源 3.7 万人次，实现旅游收入 576.04 万元。林芝市巴松措景区入选"全国'景区带村'旅游扶贫示范项目"，巴宜区鲁朗镇扎西岗村农牧民农家乐合作社、巴宜区阿吉林合作社入选"全国'合作社＋农户'旅游扶贫示范项目"。发挥特色农牧业在脱贫攻坚中的辐射带动作用。立足各县区资源禀赋和比较优势，构建优势区域布局和专业化生产格局，明确了以巴宜区、米林、朗县、米林农场为主的林果产业带，以工布江达、米林、波密、巴宜区为主的藏猪繁育养殖加工基地，以米林、波密、工布江达、察隅、巴宜区为主的藏药材种植基地，以波密、墨脱、察隅为主的茶叶种植基地，以巴宜区为重点、各县城郊为补充的蔬菜生产基地，投入资金 6.91 亿元推进"一带四基地"建设。目前，全市特色林果、绿色有机茶叶、设施蔬菜、藏药材种植规模分别达到 27.48 万亩、2.44 万亩、1.26 万亩、1.43 万亩，藏香猪养殖规模达到 41.17 万头，带动 7000 多名贫困群众增收致富。

（二）易地扶贫搬迁推进脱贫

严格贯彻落实中央易地扶贫搬迁政策要求和规范标准，在充分尊重群众意愿的基础上，坚持积极稳妥、分类施策、扎实推进。

一是切实做好 788 户 3498 名贫困群众易地扶贫搬迁工作。坚持搬迁与产业、安居与乐业同步，对生存条件恶劣、生态环境脆弱、地质灾害频发、地方病突出的建档立卡贫困群众实施易地扶贫搬迁。截至 2019 年底，累计投入资金 4.6 亿元，安置建档立卡贫困群众 788 户 3498 人，现已全部搬迁入住，其中集中安置点 14 个，安置建档立卡群众 356 户 1697 人，分散安置建档立卡群众 403 户 1695 人。

二是稳步推进昌都三岩片区跨市整体易地扶贫搬迁工作。在全力做好自身脱贫攻坚任务的同时，站在讲政治、顾大局的高度，严格按照自治区党委、政府的安排部署，积极配合、全力做好三岩片区搬迁群众安置帮扶工作，昌都三岩片区跨市整体搬迁，累计完成 12 批次 506 户 3175 人的搬迁入住工作。林芝市采取以集中安置为主、分散安置为辅，依托旅游景区、公路交通沿线等有利条件，提前谋划后续产业发展、扎实做好搬入地群众宣传引导，实现和谐搬迁、和谐共居、和谐生产、共同致富。

三是在全区率先开展边境小康村建设。认真学习领会习近平总书记给隆子县玉麦乡群众重要回信精神，以加快边疆发展、确保边疆巩固 BJ 安全为主线，积极稳妥推进边境小康村建设，规划投资 36.88 亿元，从 2016 年开始用 4 年时间完成 141 个边境小康村和察隅农场建设。同时，在落实国家和自治区补贴标准基础上，制定《林芝市边境补贴管理办法》，拿出市级财政资金 1570 万元用于提高边民补贴，边民年补助最高可达 7200 元 / 人。2019 年底，4 个边境县贫困人口从 14150 人降至 5920 人，贫困发生率从 20.8% 下降至 8.71%，广大边民守边固边积极性进一步增强，更加主动地像卓嘎、央宗两姐妹一样扎根雪域边陲，做神圣国土守护者、幸福家园建设者。

（三）大力发展教育根本脱贫

坚持扶贫先扶志扶智，以保障义务教育为主线，全面落实 15 年教育免费"三包"政策、贫困家庭大学生"三免一补"政策和"两后生"资助政策，每年安排市财政资金 200 万元设立贫困学生资助资金，在自治区基础上，又把区外、区内贫困大学生生活补助分别提高 2500 元 / 学年、2000 元 / 学年。截至 2019 年底，全市各级各类学校达 258 所，学前教育入园率 89.83%，小学入学率 99.97%，初中入学率 104.15%，高中阶段入学率 93.45%，义务教育阶段建档立卡适龄儿童、少年全部入学。4 年累计落实"三包"政策资金 44392.66 万元，惠及学生 13.3 万人次；落实营养改善计划资金 6401.76 万元，惠及学生 8.7 万人次；落实资金 1402 万元，帮扶建档立卡大学生 3168 人次。全市接受过职业教育和技能培训的"两后生"达 452 名，其中建档立卡贫困家庭"两后生"181
名。4 年累计落实培训资金 2255.67 万元，举办培训班 324 期，培训贫困群众
12223 人次，转移就业 13258 人次。

（四）建设美丽林芝推进生态脱贫

认真践行"绿水青山就是金山银山、冰天雪地也是金山银山"的理念，充
分发挥林芝独特的资源优势和生态优势，坚持生态惠民、生态利民、生态为
民，推动生态保护与富民利民双赢。

一是用好生态补偿政策。整合草原生态保护补助奖励、森林生态效益补
偿等资金，对有劳动能力的建档立卡贫困人口实行定岗定员、定责定酬，组织
群众特别是贫困群众参与流域治理、防沙治沙、植树造林、生态工程建设，最
大限度增加群众收入，让他们吃上"生态饭"。5 年来累计兑现生态岗位资金 3.32
亿元，10.12 万人次通过生态补偿岗位受益（2016 年 21836 个生态岗位、2017
年 28632 个生态岗位、2018 年 32190 个生态岗位、2019 年 18540 个生态岗位），
年人均增收 3500 元。

二是大力开展国土绿化工程。结合天然林保护、封山育林等生态工程，
积极引导各族群众特别是贫困群众，以投工投劳的方式积极参与村旁、路旁、
水旁、宅旁"四旁"植树和消除"无树户"行动，大力发展庭院经济，多渠道
增加收入。

（五）完善保障体系兜底脱贫

聚焦特殊贫困群体，构建以医疗保险、社会保险、社会救助为主的综合
保障体系，为贫困群众提供兜底保障。不断加大医疗救助力度，制定出台《林
芝市促进医疗卫生事业发展激励办法（试行）》，开通贫困对象医疗救助绿色
通道，市每年安排专项救助资金 300 万元、各县区根据财力情况每年安排 100
万—200 万元作为精准扶贫对象重特大疾病兜底资金，4 年累计落实民政医疗
救助资金 4845.07 万元，受益困难群众 59753 人次；支出救助金 1038.35 万元，
救助困难群众 4661 人次；兑现农村低保金 3427.91 万元，受益 16116 人次（目
前全市有农村低保群众 602 户 1561 人）；兑现建档立卡残疾人"两项补贴"资
金 403.92 万元，受益 1946 人次；兑现农村特困人员供养金 3609.53 万元，受益

4480 人次（目前全市有农村特困人员 1051 人，其中集中供养 549 人、分散供养 502 人）。实现了最低生活保障制度和农村扶贫开发政策"两项制度"有效衔接，做到应扶尽扶、应保尽保。

（六）发动社会力量帮扶脱贫

按照习近平总书记"形成扶贫开发工作强大合力"的重要指示，认真领会习近平总书记在东西部扶贫协作座谈会上的重要讲话精神，既珍惜中央对口援藏扶贫的大好机遇，又广泛调动各级党组织和全社会参与脱贫攻坚的积极性主动性，形成打赢脱贫攻坚战的强大合力。

一是高位推进对口援藏扶贫工作。林芝市主动加强与广东对口支援省市沟通对接，强化经济交流合作，最大限度争取支持帮助。同时，扎实开展粤藏同心携手奔小康工程、边境小康示范村建设工程、"组团式"援藏拓展工程等八大受援工程。近 5 年，广东省援藏工作队累计援助林芝资金 13.98 亿元、实施项目 186 个，投入规划外援建资金 15.06 亿元，增资 3.04 亿元帮助林芝建设 8 个边境小康示范村，推动林芝边境小康村建设走在了全区前列；优选 32 个事业单位岗位和 600 个企业岗位吸纳林芝高校毕业生到广东就业。

二是深化"央企助力·富民兴藏"活动。借助"央企助力·富民兴藏"活动利好政策，大力实施"强企入林"工程，引进有实力、信誉好、带动强的企业特别是央企入林投资兴业，并在资金、项目、技术、人才、就业等方面积极争取支持，华能、国电、电建等一大批中央企业先后落户林芝。国电西藏公司投资 28.04 亿元的尼洋河多布水电站正式投产，并从每度电费中拿出 3—5 厘作为惠民资金；华能集团在投资 20.2 亿元建设总长 64.7 公里的派墨公路的同时，还为墨脱县亚东村、墨脱村建设茶叶基地 680 余亩、蔬菜大棚 13 座、稻田闲季蔬菜种植基地 300 亩，有力拓宽了群众脱贫增收渠道；三峡集团累计捐赠 8000 万元，帮助墨脱县开展安居工程建设和小康示范村建设，1441 户、7866 名农牧民受益。2017 年，"央企助力·富民兴藏"活动共签约项目 76 个，涉及资金 2617.07 亿元。另外，在广东成功举办西藏林芝·广东招商引资推介会，588 家广东省企业参加，签约项目 176 个，概算总投资 505.47 亿元。

三是发挥基层党组织和全社会脱贫力量作用。近 5 年来，林芝市着力选优配强脱贫攻坚"一线战斗员"，统筹选配 130 名熟悉脱贫工作的干部充实进县级领导班子，为每个乡镇配备 5 名扶贫专干，从市直单位选派 17 名优秀年轻干部到乡镇任职，将 565 名专招生全部充实到基层一线，选派 498 名优秀干部担任第一书记、1494 名优秀干部开展驻村工作，确保了脱贫攻坚队伍过硬。

深入开展党员干部结对认亲帮扶活动，全市 1.4 万名党员干部采取"一对一、多对一"方式与贫困户"结对子"，成为广大贫困群众脱贫致富的主心骨。全面实施"百企帮百村"行动，引导全市 161 家工商联会员企业与 119 个贫困村 1166 户 4322 名贫困群众结成帮扶对子，投入资金 9738.7 万元。其中，产业扶持项目 5 个，涉及资金 8945.8 万元，已完工 5 个；教育帮扶资金 184.9 万元，帮扶青少年学生 152 人；医疗扶持资金 37.46 万元，受益困难群众 2000 余人；技能培训资金 60.54 万元，解决就业 4200 人次；扶贫捐款、捐物 510 万元，救助贫困人口 3500 人次。

（七）"十项提升工程"方面

近 5 年来，林芝市紧盯"两不愁三保障"薄弱环节，深入实施"水电路讯网、科教文卫保" 10 项提升工程，加速补齐贫困地区发展短板。到 2019 年底，全市乡（镇）、行政村道路通达率分别达 98.15%、99.8%，通畅率分别达 92.59%、84.74%。累计改造农村危房 1214 户，改造民房屋顶 12348 户，建档立卡户安全住房率达 100%；解决 3.22 万户 13.63 万人的饮水安全问题，农牧区安全饮水率达到 100%。高质量推进 141 个边境小康村建设，目前全部完工。

四、林芝市脱贫攻坚战的经验启示

林芝市始终以习近平新时代中国特色社会主义思想为指引，认真不断提高政治站位、切实增强"四个意识"、坚决做到"两个维护"，把思想和认识统一到党中央关于脱贫攻坚的决策部署上来，统一到中央脱贫攻坚专项巡视要求上来，切实把中央专项巡视成果转化为推动各项工作的实际行动和强劲动力，坚决完成打赢脱贫攻坚战这项光荣的政治任务，向党和人民交上一份满意的答卷。

在习近平新时代中国特色社会主义思想指引下，林芝市委、市政府始终坚持把习近平总书记关于扶贫工作的重要论述和贯彻落实习近平总书记关于治边稳藏的重要论述以及自治区党委政府的决策部署作为决战脱贫攻坚、决胜全面建成小康社会的根本遵循和行动指南，始终坚持把脱贫攻坚作为统揽全市经济社会发展全局的重大政治任务、头等大事和第一民生工程。在推进脱贫攻坚实践中，取得了历史性成就，探索出了具有西藏特色、林芝特点的脱贫之路，为"中国减贫方案"积累了西藏经验。

（一）坚持习近平新时代中国特色社会主义思想是林芝市脱贫攻坚战胜利的根本遵循

习近平新时代中国特色社会主义思想是各级干部战胜一切困难的精神之钙。面对全国之最的脱贫攻坚重任，敢不敢勇挑重担、攻坚克难；面对落后的产业基础，敢不敢打破常规，用新思维、新理念、新机制推动传统农业向现代产业转变；面对林芝市乃至西藏自治区史无前例的大规模跨地市易地扶贫搬迁"硬骨头"，敢不敢下决心担当作为、创新突破，这是对林芝市各级干部的最大考验。面对这样的大考，林芝市各级干部大力弘扬斗争精神，坚定必胜信念，矢志不渝为决战决胜脱贫攻坚奋勇担当、攻坚克难，先后涌现出一批在扶贫一线的优秀扶贫干部，他们诠释了全心全意为人民服务的根本宗旨，用忠诚担当书写了人生的壮丽史诗。林芝市乃至西藏自治区各级干部之所以能够勇于担当、攻城拔寨、不怕牺牲，最根本的精神动力就是有习近平新时代中国特色社会主义思想的理论武装，坚定了理想信念，激发了坚决打赢脱贫攻坚战的信心和斗志。实践证明：越是大事难事面前，越要强化理论武装，坚定理想信念，这是勇于战胜艰难险阻、主动担当奋进的强大精神支柱。

（二）林芝市脱贫攻坚战的胜利是中国特色社会主义制度优势的体现

习近平总书记指出："贫穷不是社会主义。如果贫困地区长期贫困，面貌长期得不到改变，群众生活长期得不到明显提高，那就没有体现我国社会主义制度的优越性，那也不是社会主义。"2020年3月6日，习近平总书记在决战决胜脱贫攻坚座谈会上指出，今年脱贫攻坚任务完成后，我国将提前10年实现联合国 2030 年可持续发展议程的减贫目标，世界上没有哪一个国家能在这么短的时间内帮助这么多人脱贫，这对中国和世界都具有重大意义。

坚持中国特色社会主义制度的显著优势，是林芝市脱贫攻坚取得成功的关键。林芝市立足市情，深刻把握区情，充分发挥社会主义制度集中力量办大事和民族区域自治制度这一优势，运用"党的领导、政府主导、社会参与"的工作机制，同时，将林芝市脱贫攻坚纳入自治区脱贫这一整体框架战略下，形成跨地区、跨部门、跨行业、全社会多元主体共同参与的脱贫攻坚体系，集中必要的人力、物力、财力、智力，勠力同心，上下同行，开辟出一条西藏特色、林芝特点的脱贫攻坚之路，形成立足西藏区情、林芝市情的边疆贫困治理实践经验。

（三）林芝市脱贫攻坚战的胜利是坚持党的领导显著优势的体现

林芝市乃至西藏自治区脱贫攻坚工作之所以能有效推进，并取得胜利，其根本在于坚持党的领导的优势。林芝市充分发挥市委总揽全局、协调各方作用，全面落实市委主体责任、纪委监督责任和有关职能部门推动责任。市县乡三级党委、政府和重点责任部门主要负责同志公开立下"军令状"，完不成任务引咎辞职。建立领导干部驻村蹲点制度，实现市县乡、贫困村、贫困户"四个全覆盖"。建强贫困村党组织，打造一支永不撤走的"扶贫工作队"，形成了"五级书记"抓脱贫、全市动员促攻坚的生动局面，为脱贫攻坚提供了坚强政治保障。

（四）林芝市脱贫攻坚战的胜利是坚持以人民为中心发展思想的显著优势的体现

为人民谋幸福，为中华民族谋复兴，是中国共产党人的初心和使命。"大道之行，天下为公"，"人民"这两个字嵌入了共和国的名字里，融入了中国共产党的基因血脉里，写在每一面光辉的旗帜上。无论是何年代、时期，中国共产党坚持全心全意为人民服务的根本宗旨，始终把人民放在心中最高的位置，始终为人民利益和幸福而努力奋斗。党的十八大以来，在市委、市政府的领导下，面对林芝市新的历史机遇和新的实践，市委、市政府始终坚持"以人民为中心"的思想，把改善民生、凝聚人心作为经济社会发展的出发点和落脚点。这意味着林芝市不仅在全市经济社会发展方面要坚持以人民为中心的发展思想，而且在推动林芝市各项事业诸领域、各方面与全过程都始终坚持以人民为中心。当然，"消除贫困、全面建成小康社会"，是中华民族的苦苦追求，也是林芝市委、市政府一直始终不变的奋斗目标，因为这是社会主义的本质要求，是我们党的重要使命，也彰显了我们党始终坚持以人民为中心的价值追求。

为解决困扰林芝市绝对贫困问题，市委、市政府从党和国家全局发展的高度，把脱贫攻坚作为重大战略任务来抓，对脱贫攻坚作出新的部署，吹响了打赢脱贫攻坚战的进军号。为打赢脱贫攻坚战，林芝市坚持五级书记抓扶贫，市委书记任组长、22 名市级干部为成员的扶贫开发工作领导小组，成立市县乡三级脱贫攻坚指挥部，建立健全了自上而下的指挥体系，同时，建立三级领导干部扶贫"三包"制度，以脱贫攻坚的实际行动和实际成效，来生动践行好以人民为中心的发展思想。以优异的成绩来确保林芝市脱贫攻坚取得最后胜利。实现了"全面建成小康社会，一个不能少；共同富裕路上，一个不能掉队"的人民至上的价值理念，体现了"发展为了人民、发展依靠人民、发展成果由人民共享"的唯物史观的基本立场。2019 年，林芝市 7 县区全部实现摘帽，这些成绩为实现第一个百年奋斗目标交出了一份沉甸甸的答卷。毛泽东同志说："真正的铜墙铁壁是什么？是群众。"正是我们党把人民的力量充分凝聚起来，才能让"宁愿苦战、不愿苦熬"成为广大群众的思想共识，把蕴藏在人民群众中的积极性主动性创造性充分激发出来，用"人民战争"的强大力量攻克贫困这个人类社会发展的顽疾。可以说，"人民至上"的理念，成为决胜脱贫攻坚、全面建成小康的力量之源。

（五）林芝市脱贫攻坚战的胜利是铸牢中华民族共同体意识的显著优势的体现

我国是统一的多民族国家，中华民族多元一体是先人们留给我们的丰厚遗产，也是我国发展的巨大优势，林芝市是一个多民族聚居的地方。习近平总书记指出，中华民族是一个大家庭，一家人都要过上好日子；没有民族地区的全面小康和现代化，就没有全国的全面小康和现代化。新中国成立 70 年来，我们坚持走中国特色解决民族问题的正确道路，创建民族区域自治制度，形成系统的民族理论和民族政策，积极开展民族团结进步教育，使"汉族离不开少数民族、少数民族离不开汉族、各少数民族之间也相互离不开"的思想进一步深入人心，不断铸牢中华民族共同体意识。林芝市坚持将发展作为解决民族地区各种问题的总钥匙，对整村、整乡、整族、整县、整地（市）推进扶贫开发，既挪穷窝，又斩穷根，以科技创新为动力，因地制宜确立林芝市四大支柱性的重点产业，培育壮大民族地区特色优势产业，改造提升传统产业，不断增强林芝市发展的内生动力。

（六）林芝市脱贫攻坚战的胜利是坚持群众主体的实践结果

林芝脱贫攻坚战取得胜利，是我们长期坚持尊重群众主体地位、坚持群众路线、组织群众、发动群众、依靠群众的实践结果。解决贫困问题的关键是发挥群众的主体性和主动性，增强贫困群众自我发展能力是实现减贫可持续的重点。"授贫困者以渔"，使贫困户真正成为主体，激发出贫困户脱贫攻坚内生动力。

习近平总书记曾深刻指出："贫困地区的发展靠什么？千条万条，最根本的只有两条：一是党的领导；二是人民群众的力量。"

"没有比人更高的山，没有比脚更长的路。"幸福是勤奋的结果，好日子是干出来的。做好扶贫开发工作，必须最大限度调动贫困群众的积极性，变"要我发展"为"我要发展"。只有贫困群众的积极性与创造性被充分调动起来、内生动力不断增强，脱贫才有基础，发展才可持续。习近平总书记指出："贫困地区不能完全躺在国家和社会帮扶上。如果是这样，就是花了很多精力和投入暂时搞上去了，也不能持久。"脱贫解困根本上要靠内生动力，靠贫困群众通过自己的辛勤劳动来实现。市委、市政府始终要求各级干部群众要树立"宁愿苦干、不愿苦熬"，"要我脱贫"向"我要脱贫"的理念，摒弃"等靠要"的思想，自力更生、艰苦奋斗，靠辛勤劳动改变贫困落后面貌。贫困并不可怕，可怕的是没志气、没信心的安于现状的思想。习近平总书记强调："要注重扶贫同扶志、扶智相结合，把贫困群众积极性和主动性充分调动起来，引导贫困群众树立主体意识，发扬自力更生精神，激发改变贫困面貌的干劲和决心，靠自己的努力改变命运。"

（七）打赢脱贫攻坚战是全面建成小康社会的底线目标

小康社会的理想是中华民族追求社会进步和美好梦想的生动体现。党的十八大以来，以习近平同志为核心的党中央根据国内外形势变化，顺应中国经济社会新发展和广大人民新期待，提出全面建成小康社会的目标要求，其中包括到 2020 年，中国现行标准下农村贫困人口实现脱贫，贫困县全部摘帽，解决区域性整体贫困。因此，脱贫攻坚既是全面建成小康社会需要完成的重要任务，也是全面建成小康社会的目标要求。

林芝市始终把打赢脱贫攻坚战作为政治任务和第一民生工程，瞄准"两不愁三保障"目标，立足"四少""三重"特点，聚焦脱贫重点，狠抓精准施策，实现"两不愁三保障"。我们知道全面小康目标能否如期实现，关键取决于脱贫攻坚战能否打赢。没有农村贫困人口全部脱贫，就没有全面建成小康社会，这个底线任务不能打任何折扣，中国共产党向人民作出的承诺不能打任何折扣，也是林芝市委、市政府向全市 23 万各族人民群众作出的承诺。只有林芝市脱贫攻坚目标如期实现，解决好全市贫困人口生产生活问题，满足全市贫困人口追求幸福的基本要求，才能凸显林芝市全面小康社会成色，才能让林芝市各族人民群众满意。

（八）推进脱贫攻坚与乡村振兴的有机衔接是林芝市 2020 年后的减贫政策研究的重点

乡村振兴是全面建设社会主义现代化国家的重大战略，是党的十九大确定的七大战略之一。党的十九届四中全会提出："坚决打赢脱贫攻坚战，巩固脱贫攻坚成果，建立解决相对贫困的长效机制"。打赢脱贫攻坚战和实施乡村振兴战略都是化解发展不平衡不充分并不断满足人民日益增长的美好生活需要的重要途径。林芝市近几年的经济社会获得长足发展，特别是林芝市脱贫取得显著成绩，但是，在这个过程中，林芝市经济社会发展也存在一些短板和薄弱之处。随着林芝市脱贫攻坚战这一绝对贫困的上半场圆满结束，下半场如何巩固脱贫攻坚成果就摆在市委、市政府面前，因此，统筹推进林芝市脱贫攻坚与乡村振兴有机衔接就成为 2020 年后的重点工作之一，脱贫攻坚这一"上半场"

不仅为乡村振兴确立了精准思维，还在产业奠基、人才储备、文化引领、生态保护和组织建设等方面提供经验借鉴。

同时，如何巩固林芝市脱贫攻坚取得的成果？关键在建立农民脱贫长效机制和依托农民脱贫长效机制以及开辟农民增收实现途径三个方面。特别是实现农民收入持续增长脱贫攻坚任务完成后，林芝市贫困状况将发生重大变化，扶贫工作将转向解决相对贫困，着手研究林芝市 2020 年后的减贫政策。其中最重要的是将林芝市脱贫与乡村振兴二者有效衔接，具体就是把脱贫攻坚与大力实施以"神圣国土守护者、幸福家园建设者"为主题的乡村振兴战略衔接起来，始终将志智双扶激发低收入群体的内生动力作为全市乡村振兴中精神扶贫的重要内容，同时，将乡村治理与组织振兴有机结合作为林芝市乡村振兴的核心引擎，积极开展解决相对贫困问题顶层设计，研究制定脱贫攻坚与实施乡村振兴战略有机衔接的方针政策，将解决相对贫困纳入乡村振兴战略统筹安排等。

林芝市乃至西藏自治区脱贫攻坚战的全面胜利，为西藏全面建成小康社会打下了坚实基础。以全面建成小康社会为新起点，以中央第七次西藏座谈会精神为新指引，林芝各族干部群众将以更加昂扬的姿态踏上全面建设社会主义现代化新西藏、新林芝的新征程。

全面建成小康社会与中国城市发展

新疆维吾尔自治区
和田地区

凝心聚力战贫困　步履铿锵战小康

中共和田地委宣传部

　　和田位于祖国最南端，地处塔克拉玛干沙漠南缘，全地区总面积 24.81 万平方公里，辖 8 个县市、91 个乡镇（街办）、1576 个村（社区）、253 万人口。改革开放以来，和田经济社会取得长足发展，但由于受自然和历史条件影响，欠发达、后发展的现状没有得到根本性转变，属于全国"三区三州"深度贫困地区之一。常年风沙天气达 260 天，人均耕地 0.8 亩，铁路是断头路，高速公路未通达，主要经济指标在全国 334 个地级市中排名末端，属于地域和经济的"双重孤岛"，农村贫困面大、量广、程度深。全地区 7 县 1 市都是国家贫困县，有 1216 个贫困村、98.41 万贫困人口，2013 年底贫困发生率达 37.43%。

　　党的十八大以来，和田地区坚决贯彻落实习近平总书记关于扶贫工作的重要论述和党中央脱贫攻坚决策部署，用"绣花"功夫推进精准扶贫、精准脱贫。通过攻坚克难、攻城拔寨，和田连续 5 年实现 3 个贫困县摘帽、988 个贫困村退出、90.72 万人脱贫，贫困发生率下降了 33 个百分点，区域性整体贫困程度有效递减。目前，全地区还剩 5 个贫困县、228 个贫困村、7.69 万贫困人口。

一、主要做法与成效

　　脱贫攻坚以来，和田地区团结带领广大干部群众，不忘初心、牢记使命，聚焦社会稳定和长治久安总目标，紧扣"两不愁三保障"，全面落实"六个精准"，扎实推进"七个一批""三个加大力度""九个聚力攻坚""九个清"攻坚举措，打赢了一场又一场硬仗，牢牢把握了如期脱贫和坚决打赢的主动权。

一是党员干部齐上阵，人人肩上有责任。建立"地县抓落实、乡村抓落地"精准扶贫责任制，地县乡村四级书记负总责，4920个基层党组织、11万名党员干部同向发力，一级做给一级看，一级带着一级干。落实"双包双联双责"工作机制，地厅级干部一人多村分点抓总，地县部门单位至少包联1个村定点帮扶，每位地厅级领导、县处级、乡科级和一般干部分别结对帮扶5户、4户、3户、2户贫困户，向有脱贫任务的村选派1576名第一书记、9363名"访惠聚"驻村工作队员驻点攻坚，做到地县级领导包村、部门单位帮村、干部结对帮扶"三个双向全覆盖"，实现了村村有人包、户户有人包。特别是在村一级建立"1＋2＋2＋2"脱贫攻坚专班（即第一书记统筹，驻村工作队长、村支部书记各负其责，驻村工作队两名干部、村"两委"两名干部专职抓扶贫），配备村级扶贫专干7910名。全地区广大党员干部始终在一线坚守、在一线奉献，与贫困群众奋战在一线，打拼在一线，收获在一线，形成了人人担责、人人负责、人人尽责、全员上阵、全员攻坚的良好局面。比如，墨玉县吐外特乡苏盖特力克村党支部书记麦麦提敏·麦麦提坚定坚决扛起脱贫攻坚责任，多举措带动群众就业，修建扶贫车间800平方米、引进新疆明古勒有限公司，用工达到45人，选择两个农户推广养殖技术和订单销售，养殖合作社、服装生产和核桃初级加工厂共计吸纳就业人数可达到100人，实现农民稳定就业，户增加收入1500元；加大基础设施建设力度，投入50万元，修建门面房280平方米，解决4户贫困户就业，农民就业人数达到522人次，稳定就业160人，夯实群众脱贫致富基础。

二是综合施策落到人，精准滴灌全覆盖。坚持把精准识别作为脱贫攻坚的"第一粒扣子"，2017年以前先后组织开展4次贫困户调查和信息数据复核工作，实现了"户有卡、村有表、乡有册、县有档、地有卷"，建立了完整的地、县、乡、村四级贫困人口信息资料库，全面盘清了家底、精准了对象，做到应进则进、应退则退。在此基础上，坚持因村因户因人精准施策，2018年制定出台"1＋7＋10＋75＋759＋N"精准扶贫工作体系（1个地区、7个深度贫困县、10个行业扶贫办、75个深度贫困乡村、759个深度贫困户行动方案、23.79万建档立卡户"一户多策"增收方案），推动政策措施与贫困户致贫原因、脱贫需求无缝对接。2019年围绕"两不愁三保障"实施冲刺清零行动，逐户摸底排查、拾遗补阙、清零达标。2020年地县挂牌作战到村，实行一村一方案、一户一对策、一人一岗位。一项项有针对性的举措瞄准百万贫困群众"病根"，精准开出"对症下药"的良方，条条有项目支撑、条条有资金来源、条条有责任落实，真正体现政策特惠、倾力支持，确保了党中央脱贫攻坚各项政策举措在和田精准滴灌、落地生根、开花结果。

三是狠抓产业促就业，产业就业双保险。按照"抓产业、促脱贫、保稳定、谋发展"的总体思路，坚持把发展产业作为脱贫攻坚的根本之策，专门聘请中国农业大学、北京农林科学院为和田高端设计农业产业发展规划，围绕构建"标准化、规模化、专业化、市场化、品牌化、数据化"现代农业产业体系，以前所未有的超常规举措，将龙头企业延伸到乡、延伸到村、延伸到户，林上林下、山上山下、线上线下、进村入户布局产业，实现了县乡村三级产业全覆盖、户户收益全覆盖。发展特色种植、林果、蔬菜、庭院和设施农业"4个40万亩＋10万亩"规模，推动形成"十万百万千万亿"级农业主导产业集群，存栏驴10万头、多胎肉羊150万只，出栏商品兔4000万只、鸽1500万羽、鹅1800万只、鸭1200万只、鸡7000万只，生产食用菌1.2亿棒，带动贫困人口近50万人稳定增收。建成8个农业产业园区，逐步实现产业进园区、园区产业化、产业集群化。引进农业产业化龙头企业70家，精深加工企业16家，培育农民合作社3111家，新建绿洲一号饲草基地10万亩、饲草料加工厂15个、屠宰场22个，消费扶贫线上线下双管齐下，形成了饲料、种源、扩繁、养殖、屠宰、加工、销售的种养加、产加销一体化全产业链。创新1∶10政府增信撬动金融资本扶持龙头企业融资机制，推广"龙头企业＋合作社＋联合体＋基础户＋贫困户"五方联合体，实行统一品种、统一饲料、统一疫病防治、统一技术服务、统一保护价收购、统一培训"六统一"模式，推动资源变资产、资金变股金、农户变股东、农民变工人"四变"改革。围绕"县有龙头企业、乡有规模企业、村有卫星工厂、户有小作坊"四级产业架构，大力发展劳动密集型产业，共引进发制品、纺织服装、鞋袜、电子装配、玩具箱包等各类企业900余家，建设扶贫车间893个，村民出了家门进厂门，带动就业25.7万人。同时，连续三年实施"3个5万+15万"就业计划，每年劳务创收达到55亿元以上。脱贫攻坚催生了和田产业从无到有、星罗棋布、遍地开花，带动全地区具备劳动能力的建档立卡户、脱贫不稳定户、边缘易致贫户家庭均实现了每户1个主导产业、1人稳定就业，人人有事干、人人有就业、天天有收入，形成了产业、就业互为支撑的"双保险"。比如，新疆果业集团有限公司董事长、总经理苑振延，立足群众增收，着力在企业改革、为农服务、电子商务、现代物流和科技创新方面做大做强，提出了构建新疆农产品"两张网"（一张疆内收购网、一张疆外销售网）建设的总体目标任务。2019年6月底，新疆果品（伽师）批发交易市场投入运营，试运营8天成交量就破百万。在苑振延的带领下，新疆果业集团领办农民专业合作社联合社3家，领办、服务、带动农民专业合作社120多家，培育农民经纪人1000多人，并在伽师、叶城、阿克苏、和田等地建立县、乡、村三级收购、加工服务网点100多个，直接带动农村人口75.42万人增收，安置农民就业3万人次以上，安置建档立卡维吾尔族贫困户就业3107人，通过产业就业带动贫困群众脱贫。

四是补齐短板强弱项，"三保障"全面实现。围绕"三保障"中存在的薄弱环节，在全面摸清底数的基础上，紧盯摸排出的问题，实事求是、不遮不掩、拾遗补阙、全面清零。研究制定"1+10"冲刺清零方案（"1"即1个总体方案，"10"即增收达标、危房改造、义务教育、饮水安全、易地扶贫搬迁、社会保障兜底、贫困村通动力电、通广播电视及便民服务中心、村级组织建设和问题整改10个子方案），将任务分解到单位，工期倒排到天、责任压实到人，逐村逐户逐人逐项全面拉网式冲刺清零，确保实现目标、任务、措施三项清零、见底见效。现在，中央专项巡视、国家脱贫攻坚成效考核反馈的问题得到了彻底整改，所有贫困户安全住房、义务教育、基本医疗、安全饮水已经全面实现，最低生活保障兜底、医疗保障、护林员、草场管护员、护边员等政策"保障网"织得更密更牢，贫困村"五通七有"全面达标，乡村面貌明显改善，支撑稳定脱贫能力持续增强，有效保障了脱贫攻坚的质量与成色，提高了群众的获得感、满意度。

五是巩固成果促提升，防止了返贫致贫。坚持把防止返贫致贫摆在更加突出的位置，多措并举巩固脱贫成果，对 3 个已摘帽县市、988 个退出村、90.72 万脱贫人口，全面落实"四个不摘""八个不变"，做到政策落实不间断、可持续。为确保脱贫户不返贫、边缘户不致贫，和田地区不断健全完善防止返贫致贫监测预警和动态帮扶机制，紧盯 1.72 万脱贫不稳定户和 2.99 万边缘易致贫户，强化对象、流程、数据、平台、行业管理，充分运用"红、橙、黄、绿"四色预警模式，进行全覆盖、全方位、全时段监测预警，一旦实时监测到预警信息，第一时间在产业、就业、防贫保险、综合保障、扶贫小额信贷等方面给予扶持，确保实时监测、即时预警、未返即防。同时，健全完善脱贫攻坚防风险措施，用好自治区 80 亿元脱贫攻坚防风险基金，提前制定就业替代方案，扶持转岗就业，增加公益岗位，确保一旦出现风险，贫困人口就业岗位有保障，收入不减少，脱贫不受影响。特别是通过东西部协作扶贫、定点扶贫、壮大村集体经济等渠道筹集资金，按照每个村不低于 10 万元的标准，在贫困村设立防风险资金，有效解决了个别特殊困难群众不确定因素带来的返贫致贫问题。

六是深入推进"双培训"，激发了内生动力。为提高贫困群众自身素质，增强脱贫致富的本领，和田地区坚持扶贫同扶志扶智相结合，深入推进"全民培训＋企业实训""双培训"，按照县域总人口 100∶1 规模建设 8 个农牧民技工学校，开设汽修、电焊、厨师、裁缝、养殖等 37 个工种，采取"国语（基础课）＋法律（必修课）＋技能（专业课）"培训方式，全方位培训贫困群众。利用周一升国旗、村民大会、农牧民夜校等载体，深入开展"听群众畅谈一小时"大走访活动，帮助群众算清直接实惠账、发展机会账、条件改善账、帮扶主体账。采取生产奖补、劳务补助、以工代赈等方式，组织贫困群众参与项目实施。积极开展全国、自治区、地区脱贫攻坚奖评选表彰，用身边事教育身边人，增强群众脱贫致富人信心。同时，利用企业岗位优势，积极与企业进行对接，推动企业上门培训、顶岗实训、以干代训，引导每个当地企业吸纳实训职工，为群众就业、成长为技能型人才奠定基础。如今，和田各族群众思想转变了，视野开阔了，法律意识养成了，劳动技能提高了，普通话水平增强了，脱贫致富愿望更加强烈了，曾经的贫困百姓，成为优秀的产业工人，曾经的妇女，走出家门、走进工厂，各族群众感党恩、知党恩、听党话，贫困乡村焕发出新气象。

二、几点思考

脱贫摘帽不是终点，而是新生活、新奋斗的起点。必须深入学习领会习近平总书记关于扶贫工作的重要论述，增强"四个意识"、坚定"四个自信"、做到"两个维护"，不忘初心、苦干实干，突出重点、攻坚克难，在常态化疫情防控中决胜脱贫攻坚，持续巩固脱贫成果，实现高质量发展，接续推进全面脱贫与乡村振兴有效衔接。

一是着眼全面脱贫，牢牢守住打赢脱贫攻坚战的底线。习近平总书记在十九届中共中央政治局常委同中外记者见面时的讲话中指出："全面建成小康社会，一个也不能少；共同富裕路上，一个也不能掉队。"和田地区坚决守住这个底线，坚决克服疫情影响，全面做好脱贫攻坚收官阶段各项工作，确保如期完成剩余 5 个贫困县摘帽、228 个贫困村退出、7.69 万贫困人口脱贫的目标任务，确保如期全面建成小康社会。同时，过渡期立足巩固脱贫攻坚成果，保持脱贫攻坚政策稳定，全面落实"四个不摘"，即摘帽不摘责任、摘帽不摘政策、摘帽不摘帮扶、摘帽不摘监管，保持"八个不变"，即持续保持扶贫开发领导小组不变、各级扶贫开发领导小组办公室机构不变、四级书记抓脱贫责任不变、"双组长"履行责任不变、党委主体责任和纪委监督责任不变、有脱贫攻坚任务的县乡村班子不变、村第一书记和驻村工作队帮扶机制不变、各级帮扶力量关系不变，确保政策落实不间断、可持续，提高脱贫质量与成色，确保脱贫成果经得起历史和人民检验。

二是着眼长远增收，加快构建完善现代产业发展体系。习近平总书记强调，"发展产业是实现脱贫的根本之策""乡村振兴，关键是产业要振兴"。对和田而言，始终把坚持开发式扶贫方针，把发展作为解决贫困的根本途径，按照"抓产业、促脱贫、保稳定、谋发展"总体思路，围绕构建"标准化、规模化、专业化、市场化、品牌化、数据化"现代农业产业体系，大力推进特色种植业、特色畜牧业、特色林果业和设施农业生产，以"十万百万千万亿"级农业支柱产业为突破口，积极引进农业产业化龙头企业，培育农民专业合作社、养殖大户，实行"种养加、产加销"全产业链标准化生产，多方式完善利益联结机制，培育农民收入新动能、新引擎。大力推进劳动密集型产业发展，建立更加完善的"县有龙头企业、乡有规模企业、村有卫星工厂、户有小作坊"四级产业架构，引导群众就近就地就业，千方百计扩大农民工资性收入。加快建设现代农业产业园，推进产业进园区、园区产业化、产业集群化，推动农业与劳动密集型产业、农副产业加工等二产深度融合，与旅游、文化、电商等三产交叉融合，以产业发展夯实脱贫基础、提升脱贫成果、推动产业兴旺。

三是着眼巩固成果，持续加强监测预警和帮扶工作。习近平总书记在 2020 年 3 月 6 日决战决胜脱贫攻坚战座谈会上强调，"要加快建立防止返贫监测和帮扶机制，对脱贫不稳定户、边缘易致贫户以及因疫情或其他原因收入骤减或支出骤增户加强监测，提前采取针对性的帮扶措施，不能等他们返贫了再补救"。一方面，发挥好防止返贫致贫监测预警帮扶机制的作用，依托脱贫攻坚大数据平台，按照收入和"两不愁三保障"指标进行预警，重点加强对脱贫不稳定户、边缘易致贫户以及因其他原因造成收入骤减或支出骤增户的监测，提前采取针对性的帮扶措施，防止返贫或新的致贫，强化风险意识，加强分析研究，针对可能存在的风险制定就业替代方案，通过政府购买公益性岗位、安排到其他企业转岗就业的方式，提供准备就业岗位，既确保出现风险，贫困人口就业岗位有保障、收入不减少，脱贫人口不返贫、不增加新的贫困人口，又为实施乡村振兴战略提供有力支持。另一方面，坚持把扶贫同扶志扶智结合起来，以倡导自力更生、激发内生动力为目标，继续推进"全民培训＋企业实训""双培训"，全面提高群众自我发展能力，增强感恩意识，激发改变贫困面貌的干劲和信心，推动群众依靠自身的努力创造美好幸福生活。

四是着眼改善民生，全面覆盖提升保障水平。习近平总书记在 2017 年 11 月 10 日亚太经合组织工商领导人峰会上的主旨演讲中指出，"让人民过上好日子，是我们一切工作的出发点和落脚点。我们将坚持在发展中保障和改善民生，不断满足人民日益增长的美好生活需要，不断促进社会公平正义，使人民获得感、幸福感、安全感更加完善、更有保障、更可持续"。对此而言，和田地区坚持以人民为中心的发展思想，强化脱贫攻坚政策与农村保障政策的有效衔接，在进一步巩固"两不愁三保障"成果的基础上，加强普惠性、基础性、兜底性民生建设，落实落细低保、医保、养老保险、特困人员救助供养、临时救助等综合社会保障政策，对鳏寡孤独，老弱病残，无劳动能力，无法依靠产业、就业帮扶的贫困户给予兜底保障，实现吃穿有靠、就业有厂、安居有房、疾病有医、读书有教、年老有养、饮水有源、组织有力的目标，持续推进城乡公共服务均等化。深入推进农村人居环境整治，持续开展乡村清洁行动，全面抓好院内院外"六件事"，不断完善基础设施，提升农村服务功能，强化农业面源污染治理，改善养殖方式和配套粪污处理设施，实现村容整洁转向生态宜居。

五是着眼全面脱贫后的奋斗目标，接续推进全面脱贫与乡村振兴有效衔接。习近平总书记在决战决胜脱贫攻坚座谈会上强调，"要接续推进全面脱贫与乡村振兴有效衔接"，"要针对主要矛盾的变化，理清工作思路，推动减贫战略和工作体系平稳转型，统筹纳入乡村振兴战略，建立长短结合、标本兼治的体制机制"。在接续推进全面脱贫与乡村振兴有效衔接过程中，坚持短期目标与长远目标相结合，着重做好规划衔接、体制机制衔接、路径衔接、政策衔接。在规划衔接上，将巩固脱贫成果和新减贫战略纳入"十四五"规划和乡村振兴战略第二个五年规划，做好时序和内容的衔接。在体制机制衔接上，将"六个精准"贯穿于脱贫攻坚和乡村振兴全过程，推动脱贫攻坚成熟定型的责任体系、工作体系、政策体系、投入体系、帮扶体系、社会动员体系等制度体系成果，转型应用于解决相对贫困，推动工作延续升级。在路径衔接上，将脱贫攻坚中产业扶贫、人才帮扶文化扶贫、生态扶贫、党建扶贫相应融入乡村产业振兴、人才振兴、文化振兴、生态振兴、组织振兴，实现相互交融、相互促进。在政策衔接上，结合实际、长短结合，采取差别化的方法，对脱贫攻坚的"七个一批""三个加大力度"等特惠性政策分类处置，促使其向常规性、普惠性、长期性政策转变，确保实现全面对接、全面衔接。

全面建成小康社会与中国城市发展

云南省临沧市

党的光辉照边疆
佤乡人民齐心奔小康

中共云南省委宣传部

中共临沧市委

为深入贯彻党的十九大、十九届四中全会精神以及习近平总书记考察云南重要讲话精神，决战决胜脱贫攻坚，全面推进边疆边境地区治理体系和治理能力现代化，与全省全国同步全面建成小康社会，增强边疆边境地区各族群众美好生活的获得感、幸福感和固土守边的使命感、责任感，临沧市委、市政府于 2019 年 5 月在全省率先启动把沿边村寨建成小康村建设（以下简称"沿边小康村建设"），围绕"路网、经济、党组织"三套系统和"产业村、旅游民族特色村、较大村、边境贸易、边境维稳"五类集群，全力推进"基础设施、农村经济发展、村级公共服务设施、人居环境整治、兴边富民"五大工程，鼓励群众产业抵边、居住抵边，夯实沿边经济、产业、旅游、口岸、贸易、民生、边防、边疆党建等发展基础，到 2020 年将沿边村寨建设成为全省乃至全国沿边小康示范村。

一、基本情况

临沧市与缅甸果敢自治区、第二特区（佤邦）接壤，边境线从镇康县 106

号界桩起，至沧源自治县岗莫标山 176 号界桩止，全长 290.791 公里，沿边村寨辖国土面积 1586.57 平方公里，涉及镇康县、耿马自治县、沧源自治县 3 个县 10 个乡（镇），其中，镇康县 3 个、耿马自治县 1 个、沧源自治县 6 个；沿边村寨 44 个行政村（含两个社区），其中，镇康县 14 个、耿马自治县 7 个、沧源自治县 23 个；241 个自然村 1.91 万户 7.62 万人，少数民族 4.29 万人，建档立卡贫困人口 5157 人。9 个少数民族跨境而居，跨境少数民族同宗同族、文化同源、语言相通、婚姻关系密切。2018 年底，边境村农村常住居民人均可支配收入 9292 元。

二、主要成效

自临沧市率先启动沿边小康村建设以来，省委、省政府、领导多次到临沧调研，对临沧率先启动沿边小康村建设给予充分肯定，并作了一系列指示和工作安排。国家发展改革委将临沧率先启动沿边小康村建设工作"先行先试，示范带动"经验在大会进行交流。省政府将临沧率先启动沿边小康村建设项目纳入《支持临沧市建设国家可持续发展议程创新示范区若干政策》，临沧率先启动沿边小康村建设取得了阶段性成效。

一是"三套系统"全面构建。截至 2020 年 6 月，全市沿边公路已建成 400 公里，其中，新建 4 条（段）173 公里，累计完成投资 1.97 亿元。实施 588 公里村组公路建设，基本实现 30 户以上村村内、户外道路硬化。建成特色优势产业基地 34.91 万亩、专业合作社 33 个、养殖基地 30 个、农产品加工企业 16 个。按照"国家投资＋部门整合＋群众自筹"模式推进 5 个抵边新村、12 个边防控制点建设，已建设 1 个抵边新村，边防控制点全部启动建设；241 个自然村全面整治人居环境，"两污"治理、洁净能源使用、洁净村庄、洁净庭院、"厕所革命"、村庄绿化、路灯亮化等工程有序推进。深化党政军警民"五位一体"联动机制，成立 3 个县级和 10 个乡镇级国门党工委、44 个边境村（社区）联合党总支（支部），提前建成 12 个边疆党建长廊"四位一体"试点项目，最亮丽的边疆党建长廊正在呈现。

二是"五种形态"村庄着力打造。截至 2020 年 6 月,全市沿边 32 个产业村已全部启动建设。全面启动建设 6 条沿边旅游路线,打造提升 33 个旅游景点和 15 个旅游村寨。全部启动建设 29 个较大村。全力推进 1 个国家级一类口岸和两个国家级二类口岸建设,已建设 7 个通道边民互市点。巩固提升 15 个边境维稳关键点,稳步推进遂行军事任务村项目建设。

三是"五大工程"全面实施。重点实施基础设施、农村经济发展、村级公共服务设施、人居环境整治、兴边富民"五大工程"186 个项目,截至 2020 年 6 月,整合资金 33.71 亿元,开工建设 135 个项目,完成投资 18.74 亿元。通过实施"十百千万示范创建工程""兴边富民工程改善沿边群众生产生活条件三年行动计划"等工程,全市边境地区基础设施更加完善、人民群众生产生活水平显著提高,沿边 44 个行政村 100%实现道路硬化,100%实现 4G 移动电话和宽带互联网全覆盖,100%有合格村级组织活动场所,100%有合格卫生室和村医,100%实现用电保障和广播电视入户,100%通电话,100%有安全饮水,实现"五通""八有""三达到"的目标。2019 年,边境村农村常住居民人均可支配收入 16357 元,较全省人均可支配收入 11092 元高 5265 元。

四是沿边小康村特色充分彰显。通过全力推进"组织强边、开放活边、产业兴边、联防固边、和谐稳边"的"五边行动",沿边各族群众牢固树立感党恩、听党话、跟党走的思想,用实际行动向总书记、向党、向全国人民表明了守边固边的能力和决心。充分挖掘边境村庄丰富且具有特色的旅游资源,着力打造边境旅游特色村,班洪抗英红色旅游、南伞至孟定清水河沿线"百里边关第一哨村"、"独木成林"、"跨国溶洞"、"跨国石城"、"两国三城"、"漂流探险"、"人工造纸术"、芒卡镇马洛"一寨两国"、单甲乡嘎多村佤族特色旅游等一批边境旅游特色村已现雏形。结合边境村区域自然资源特点,因地制宜,发展"一乡一品""一村一特",区域特色产业发展之路逐渐成熟,拓宽了群众增收渠道,稳固夯实了产业基础,有效促进了当地经济发展和人民群众生活水平的改善。

五是基层组织体系健全完善。建立"村民小组党支部＋综治网格员＋党员

＋群众"的全覆盖网格化管理体系，创新设立国门联合党工委和村（社区）联合党组织，实行县乡（镇）村党委书记兼任国门党工委书记和村（社区）联合党组织书记，边境军警部队、海关、外事、商务、重点企业等机构相关负责人任委员，在综合协调、整合资金、疫情防控、边境管理、维稳处突等方面发挥了引领作用，提升了边境党组织战斗力，增强了凝聚力向心力，筑牢了稳边固边钢铁长城。

三、经验做法

一是始终坚持用习近平总书记考察云南重要讲话精神，指导沿边小康村建设。坚持用习近平总书记要求云南要努力成为全国民族团结进步示范区、生态文明建设排头兵和面向南亚东南亚辐射中心"三个定位"来审视临沧市情、解剖临沧问题、指导临沧发展，以深化"党的光辉照边疆，边疆人民心向党"实践活动为总抓手，全面推进沿边小康村建设。2018 年启动实施兴边富民工程改善沿边群众生产生活条件三年行动计划，实施 2 个民族团结进步示范县、32 个民族团结进步示范村、7 个民族特色村，打造了一批民族团结进步示范村镇典型，让沿边少数民族群众感受到了党的温暖，民族团结进步示范区建设扎实推进。沿边村寨传统产业得到改造提升，旅游开发与生态保护深度融合，最美丽边境线初显规模。沿边公路建设累计完成投资 2.01 亿元，占总投资的 101%。孟定、永和、南伞 3 个口岸（通道）和通关便利化基础设施建设，完成投资 1.73 亿元，面向南亚东南亚辐射中心的第一道美丽窗口加快打造。

二是始终坚持规划引领，挂图作战。市级成立了市委书记任指挥长、市长任常务指挥长，相关副市长任副指挥长，市级相关部门及沿边三县党委、政府主要领导为成员的指挥部，边境 3 县也相应成立了沿边小康村建设指挥部，组建工作专班，为高位推动沿边小康村建设提供了坚强的机制保障。制定《临沧市率先把沿边村寨建成小康村实施方案》，梳理出基础设施、农村经济发展、村级公共服务设施、人居环境整治工程、"十百千万"示范创建工程和兴边富民工程5个大类100个项目确保沿边小康村建设项目资金支撑。规划出以沿边公路、沿边乡村旅游、沿边特色优势产业、强化守边固边、改善沿边民生、边疆党建长廊建设为主要内容的《临沧市率先把沿边村寨建成小康村作战总图》，细化制定《公路建设作战图》《文化旅游作战图》《产业发展作战图》《民生改善作战图》《党建示范引领工程作战图》，确保沿边小康村建设规划引领，挂图作战，为沿边小康村建设奠定了坚实基础。

三是始终坚持加强基层组织建设，以党建统揽工作全局。深入推进国门联合党工委和村（社区）联合党组织、党政军警民"五位一体"、边疆党建长廊"四位一体"试点项目等基层组织建设，以党建统揽工作全局，全面推进沿边小康村建设。比如，耿马自治县依托"边疆党建长廊"建设，采取"抓班子、强组织；抓载体、建阵地；抓发展、聚人心；抓共建、固边疆"工作措施，7个边境村30个党组织全部被命名为"县级规范化党支部"，其中色树坝村东风组党支部被评为"省级规范化示范党支部"。镇康县深入实施"边境村党建示范引领工程"，切实抓好"五边行动"25项措施60项具体目标任务的落实，提升沿边村（社区）党总支部的战斗堡垒作用。坚持开放、改革、创新理念，成立了国门联合党工委，在边境村（社区）结合本村的资源禀赋和区位优势，成立了"功能型"联合党支部，以"四个先行"解决对缅开放"五不通"问题。实施营盘村、红岩村边疆党建"四位一体"项目，积极发展壮大村级集体经济建设，打造边疆党建示范点。

四是始终坚持充分利用好上级政策，加大项目资金支撑力度。紧紧抓住《云南省边境小康村建设方案（2020—2022年）》政策历史机遇，全面贯彻落实省委、省政府领导到临沧调研的指示精神，围绕农村常住居民人均可支配收入、公共服务水平、基础设施投入高于全市平均水平目标，按照每个行政村投入1亿元进行了2020—2022年的"五要"（基础设施要到户、公共服务要到村组、产业资金要到合作社、机制管理要到支部、抵边散户要并大寨）项目梳理，把临沧边境一线的项目包装好，加快推进前期工作，提前谋划好项目，在率先实施的基础上，对照省政府制定出台的边境小康村建设标准，查找全市印发的沿边小康村建设内容，将建设内容和标准统一到省里来，对标对表抓实临沧沿边村寨小康村建设。列出项目清单，全力出击、形成合力，争取获得更多支持，对原沿边小康村建设的 186 个项目进行了优化，删减项目 38 项，保留原有项目 148 项，新增项目 19 项，优化后，项目总数为 167 项，总投资 43.73 亿元。截至 2020 年 6 月，全市沿边小康村建设项目累计争取上级补助资金 26.70 亿元，地方投资 2.14 亿元，企业自筹 2.93 亿元，其他投资 1.94 亿元，累计完成投资 18.74 亿元，占到位资金的 55.59%，为全市沿边小康村建设提供强大支撑。

五是始终坚持走绿色发展路子，鼓起群众"钱袋子"。深入贯彻落实习近平总书记"绿水青山就是金山银山"理念，大力挖掘生态特色种植养殖、少数民族传统手工制造等乡村特色产业，走可持续绿色发展路子，把生态效益转变成经济效益，让绿水青山真正转变为金山银山，不断拓宽沿边群众增收渠道。比如，镇康县红岩村充分挖掘边境特色优势、利用旅游资源，围绕"吃住行、游购娱"开发旅游景点、旅游商品，打造红岩村刺树丫口"百里边关第一哨"旅游村庄。同时，突出绿色产业发展引领，成立种植专业合作社，大力发展甘蔗、坚果、核桃等种植业，实现了人均占有经济林木 7.85 亩，沿边群众的"钱袋子"在绿色产业发展中逐渐鼓了起来。又比如，沧源自治县以全域旅游发展、智慧旅游和"旅游＋"为方向，以边境沿线为主线，选准条件相对成熟的 12 个沿边村发展乡村旅游，梳理出 14 个率先把沿边村寨建成旅游小康村建设项目，重点开发 2 条沿边旅游线路，打造 3 个沿边旅游村寨和 17 个沿边公路沿线旅游景点，大力培育和发展一批乡村民宿客栈、农家特色餐饮经营户，一批非遗传承展示户，一批特色旅游食品、民族工艺品及文化创意产品加工、销售企业，推动沿边小康村建设多元发展。

六是始终坚持沿边村寨环境整治，努力打造美丽乡村。按照《云南省边境小康示范村建设方案》的要求，围绕基础牢、产业兴、环境美、生活好、边疆稳、党建强的边境小康示范村目标，着力推进镇康县南伞镇红岩村刺树丫口自然村、耿马自治县孟定镇班幸村大湾塘自然村、沧源自治县单甲乡嘎多村大寨自然村、沧源自治县勐董镇龙乃村上龙乃自然村、镇康县南伞镇白岩村白岩自然村 5 个边境小康示范村建设。深入实施"百村示范、千村整治"工程，发挥政策示范、机制示范的引领作用，形成美丽村庄与鲜花盛开的村庄、示范点村庄有机结合的美丽村庄全面建设格局。沿边 241 个自然村垃圾、污水、厕所、绿化及不良风气等人居环境整治全面推进。比如，沧源自治县糯良乡贺岭村刀里自然村通过"行有所止、礼有所规"的村民积分制管理，把开展爱国卫生活动纳入村规民约，每月进行一次环境卫生大检查，积极组织各种文明礼仪讲习活动，引导群众消除歪风陋习，培养群众自己环境自己爱、自己家园自己建的主人翁意识，打造季季花飘香的村庄。

七是始终坚持创新管理运行机制，切实提供坚强保障。在运行机制上实行市负总责、县乡村抓落实，形成了四级书记共抓的工作格局；沿边乡（镇）选派处级干部任工作队长、科级干部任驻村工作队长（第一书记），实行领导干部包乡（镇）包村包组，指挥部办公室统筹协同推进各项工作。在人才保障上分批全覆盖轮训农村党员、村干部和沿边村一线干部。培育新型职业农民，培养农业职业经理人、经纪人、乡村工匠、文化能人、非遗传承人。在资金保障上采取"上级部门支持、市级协调、县级整合、社会帮扶、群众主体，整合资源、集中实施"的方式，建立财政投入保障制度，统筹整合各类涉农资金，各部门将不低于五分之一的项目资金安排到沿边村寨，形成投入合力，确保投入与沿边村寨建设任务相适应。在创新上设立国门党工委和村（社区）联合党组织，县乡（镇）村党委书记兼任国门党工委书记和村（社区）联合党组织书记，边境军警部队、海关、外事、商务、重点企业等机构相关负责人任委员，在综合协调、整合资金、疫情防控、边境管理、维稳处突等方面发挥了引领作用。在推进军民深度融合上拓展党政军警民"五位一体"管边控边体系，增强守边固土能力，形成"一个村民就是一名卫士、一个支部就是一座堡垒、一个党员就是一面旗帜"的守边固边良好局面，打造"让党中央放心、让总书记放心、让人民群众满意"的边境和谐平安稳定示范环境。

四、经验启示

临沧市坚持以习近平新时代中国特色社会主义思想为指导，深入贯彻落实习近平总书记考察云南重要讲话和对云南工作的重要指示精神，践行新发展理念，更加主动服务和融入国家发展战略，更加深刻把握临沧经济社会发展"三个阶段性特征"，围绕"强组织、建阵地、聚人心、固边疆"的工作思路，整合人力资源、项目资源、资金资源，率先启动沿边小康村建设，全面改善沿边群众生产生活条件，美丽沿边小康村初具雏形。

（一）率先把沿边村寨建成小康村，是推进习近平新时代中国特色社会主义思想在临沧大地开花结果的"临沧答卷"

习近平总书记强调，"全面建成小康社会，一个也不能少；共同富裕路上，一个也不能掉队"，"消除贫困、改善民生、逐步实现共同富裕，是社会主义的本质要求，是我们党的重要使命"。沿边村寨既承担着守边固土的重要作用，也是对外展现中国发展、中国形象的重要窗口，同时也是临沧发展不充分发展不平衡的突出地区，是贫困少数民族聚居地脱贫攻坚的重点和难点地区，基础设施、产业、民生保障等欠缺地区，要与全省全国同步全面建成小康社会，就必须下大决心，把习近平新时代中国特色社会主义思想播在临沧大地上，在临沧大地上生根发芽、开花结果，深入实施乡村振兴战略，着力解决好沿边村寨的基础设施、产业发展、基层党建等问题，只有这样，全面建成小康社会才能得到边疆群众的认可，经得起历史的检验。

（二）率先把沿边村寨建成小康村，是践行"党的光辉照边疆，边疆人民心向党"尽责担当的"临沧答卷"

临沧深入开展"党的光辉照边疆，边疆人民心向党"实践活动，使党的路线方针政策落实到了各行各业、村村寨寨、千家万户，使每一位党员、干部成为"党的光辉照边疆"的使者、责任人和实践者，每一级党组织成为"党的光辉照边疆"的平台，每一个项目都成为"党的光辉照边疆"的载体，通过支持沿边县、乡、村开发与建设、重视边疆民生的改善、关注和促进边疆社会公平与正义、重视边疆环境保护和生态建设等，实现了边界安全、边民安全，沿边各族群众安居乐业，与邻国之间和平相处，形成了"一个村民就是一名卫士、一个支部就是一座堡垒、一个党员就是一面旗帜"的守边固边良好局面，体现了临沧"让党中央放心、让总书记放心、让人民群众满意"，守土有责、守土负责、守土尽责的担当。

（三）率先把沿边村寨建成小康村，是践行"学习总书记、遵从总书记、爱戴总书记"的"临沧答卷"

率先把沿边村寨建成小康村是临沧把习近平新时代中国特色社会主义思想和边疆实践结合起来，用习近平总书记的思想观察临沧、解读临沧、思考临沧、发展临沧，指导临沧实践，解决临沧难题的生动实践。围绕边疆群众的所思、所想、所盼，以改革创新精神解决好开放、发展、稳定中的问题，切实增强边疆各族群众美好生活的获得感、幸福感和守边固边的使命感、责任感，使边疆干部群众发自内心地学习总书记、遵从总书记、爱戴总书记，汇聚了感党恩、听党话、颂党情、跟党走的强大正能量，充分展现了北京边疆紧相连、领袖人民心连心的生动局面。

（四）率先把沿边村寨建成小康村，是以"四个先行"推动对缅"五通"，践行主动融入和服务"一带一路"建设的"临沧答卷"

临沧市以习近平新时代中国特色社会主义思想和习近平外交思想为指导，立足对缅开放的区位优势，充分利用国内、国外两种资源和两个市场，开创性地提出了以企业、民心、文化、地方"四个先行"强力推动对缅开放"五通"，在政策沟通、设施联通、贸易畅通、资金融通、民心相通方面取得了新突破。这一系列开创性的成功探索，使临沧在主动服务和融入"一带一路"等国家发展建设，推动构建中缅命运共同体和推进云南面向南亚东南亚辐射中心建设中展现"临沧速度"、贡献"临沧力量"。

（五）率先把沿边村寨建成小康村，是推进民族团结进步示范区建设的"临沧答卷"

临沧沿边村寨聚居着 9 个跨境而居的少数民族，沿边村寨率先建成小康村是临沧市深入贯彻落实中央民族工作会议精神，以铸牢中华民族共同体意识为主线，坚持"各民族都是一家人，一家人都要过上好日子"的发展理念，把全市民族团结进步事业作为基础性事业抓紧抓好的重要实践。通过着力实施第二轮兴边富民工程改善沿边群众生产生活条件三年行动计划，深入实施第二轮"十百千万示范创建工程"，"三个离不开""四个自信""五个认同"思想扎根边疆各族群众心中，平等、团结、互助、和谐的社会主义民族关系得到进一步巩固和发展。

（六）率先把沿边村寨建成小康村，率先把临沧建设成为最美丽地方的"临沧答卷"

临沧市深入学习习近平总书记关于推进新型城镇化建设的重要论述，始终坚持规划引领先行，统筹城乡居住、生活、设施、产业、园区等布局，实施"万名干部规划家乡"行动，全面完善市、县、乡、村四级规划体系，加快推进"百村示范、千村整治"工程，做亮美丽村庄，构建起了城乡一体化发展新格局。深入学习贯彻习近平生态文明思想，牢固树立和践行"绿水青山就是金山银山"的理念，坚决打好蓝天、碧水、净土三大保卫战，重点推进美丽城市、美丽县城、美丽乡村、美丽公路、美丽景区建设，下定决心褪掉"土气"，让城镇化建设迈向"诗和远方"，一批"小而美、小而干净、小而宜居"的洁净村庄、洁净庭院、鲜花盛开的村庄陆续建成，临沧的天更蓝了、水更清了、城市更美了。

（七）率先把沿边村寨建成小康村，是推进党政军警民"五位一体"强边固防机制，推进边疆治理体系和治理能力现代化的"临沧答卷"

临沧市坚决贯彻落实习近平总书记关于强边固边的重要论述，稳妥有效处置和应对重大边境突发事件，在管边控边中积累了宝贵经验，探索和创造了"党委把方向、政府总协调、军队当骨干、警方抓治理、民众为基础"的党政军警民"五位一体"强边固防机制。同时，不断拓展延伸"四办合一"工作机制，探索建立县乡国门联合党工委和"五种类型"功能型联合党组织，进一步把驻军、边防、海关、口岸、企业等力量统筹起来，依法稳妥高效开展稳边控边、缉私涉外等工作，妥善处理沿边对外贸易"管住"和"管活"的关系，做到了封"暗道"、疏"明道"，开"正门"、堵"邪门"，着力把推动制度优势转化为社会治理效能，为推进边疆治理体系和治理能力现代化贡献了"临沧力量"。

内蒙古自治区兴安盟

民族团结一家亲　脱贫攻坚奔小康

中共内蒙古自治区委宣传部

　　兴安盟是多民族聚居的边疆地区，中国共产党领导的第一个省级少数民族自治政权——内蒙古自治政府的诞生地。在近 6 万平方公里的土地上生活着蒙、汉、回、满、朝鲜等 38 个民族，少数民族人口比例占 48%，其中蒙古族人口占 43%。民族团结是兴安盟的光荣传统，是兴安盟各项事业发展的基石。2016 年 8 月，国家民委正式命名兴安盟为"全国民族团结进步示范盟"，成为 13 个首批全国民族团结进步创建示范地区。如今，全盟各族群众和广大干部正在深入贯彻党的十九大精神、习近平总书记系列重要讲话精神和治国理政新理念新思想新战略，把坚持和完善民族区域自治制度的重点放在改善民生上，把民族团结工作与脱贫攻坚紧密结合，不断巩固提升民族团结进步示范盟创建成果，促进各民族共同团结奋斗、共同繁荣发展。

一、坚定不移跟党走，坚决落实党中央决策部署，红色基因代代相传

　　乌兰夫同志曾经说："内蒙古地区的革命和建设，始终是在中国共产党的坚强领导下进行的……没有共产党就没有今天这样一个欣欣向荣的内蒙古自治区。"作为我国第一个省级少数民族自治政府诞生地、民族区域自治制度的最早实践地、全国民族团结进步示范盟，赓续红色基因的兴安盟牢记嘱托、不辱

使命，始终忠于党和人民的事业。

（一）实打实行动，一心一意听党话

理念引领行动，方向决定出路。抓好学习、准确领会，是兴安盟贯彻落实好习近平新时代中国特色社会主义思想的"第一粒扣子"。上党课、作宣讲、搞研讨；说心得、谈体会、开座谈……兴安盟从上到下部署、由点到面践行，一次次学习、一项项举措、一次次推动，落棋弈子，切中肯綮。

当调研组一行来到科右前旗新时代文明实践中心时，一场关于《习近平谈治国理政》第三卷的理论宣讲正在进行。屋外，是连绵细雨；屋内，却是热火朝天，60多位党员群众代表围坐在一个个方桌前全神贯注地倾听，不时传来阵阵掌声。

"学了总书记的讲话很受鼓舞、干劲十足，下一步怎么走我们就有方向了。""回去我就组织村里的党员、干部、群众一起学习交流，把党的好政策跟群众聊透彻，我们的工作会开展得更好。""吃透中央精神、时刻对标对表，搞清楚'干成什么''怎么干'，我们才不会走弯路、不会错失良机。"用党的创新理论武装头脑、指导实践、推动工作，这在兴安盟已经成为广大干部群众的共识。

"一把手"高度重视，各部门各单位通力协作，各族群众积极参与……回顾过往，兴安盟始终把学习贯彻习近平新时代中国特色社会主义思想作为长期重大政治任务，强力推动学习贯彻工作往深里走、往心里走、往实里走。当前，兴安盟各族干部群众更加紧密地团结在以习近平同志为核心的党中央周围，更加坚定坚决地贯彻落实党中央各项决策部署，兴安盟前行的脚步更加坚实有力，落地铿锵。

（二）肩并肩奋斗，坚定坚决跟党走

走进扎赉特旗巴彦高勒镇常胜移民新村，展现在调研组眼前的是一排排亮丽的房屋、一条条宽阔的水泥路、一棵棵美丽的景观树以及设施齐全的文化广场。每一处都是一幅秀美的画面，展示着小村日新月异的变化。

村民王志玲热情地接待了调研组一行。曾经，王志玲一家4口一直住在破旧的老房子里。2017年，在镇政府的帮助下，她和其他贫困户们一起搬进了

新村聚居点，开启了新生活……"原先住的地方有各种大深坑，车辆往来不便，大家是出去难，外面人进来也难。通过村'两委'班子的努力，现在搬到了新村，风景好，房子干净，我在院子里种满了各种花草，你看看，多漂亮啊！"王志玲乐呵呵地说，"搬了新家，政府还给我们产业资金让我们发展产业，刚开始我买了 19 只羊，每年光羊的收益就有 2 万元，繁殖到现在已经有 100 只了，家里还有 30 亩地。现在靠我们自己就能供孩子上学，没有党和政府，就没有我现在的好生活啊！"

行走在兴安大地，这样的故事数不胜数，这样的变化时时在发生。在科右前旗巴日嘎斯台乡，一位老党员对我们说，当年党领导兴安人民干革命、搞建设，今天党领导兴安人民脱贫攻坚，派干部、给资金、送科技、帮项目，同样没有党的领导就没有现在的好日子。在乌兰浩特市义勒力特镇，村民们最常说的一句话是："脱贫不忘总书记，致富感谢共产党。党的好政策让我们看到了希望，今后只有继续努力奋斗才能报答党的恩情！"

"问渠那得清如许？为有源头活水来。"老乡们质朴的心里话，道出了历史的大道理：没有中国共产党的领导，就没有兴安盟的发展进步。一心一意听党话、坚定坚决跟党走，这是兴安盟各族人民的共同心声。团结一心、砥砺奋进，不折不扣地贯彻落实中央大政方针和决策部署，这是兴安盟传承红色基因，创造美好未来的明亮号角。

二、坚持和完善民族区域自治制度，全面贯彻党的民族政策，坚定不移走中国特色解决民族问题的正确道路

兴安盟是党的民族区域自治制度最早的实践地之一，也是自治区不断完善民族区域自治制度最早的受益地。自治区成立之初，出台了《内蒙古自治政府施政纲领》，创造性地实施了一系列政策和方针，保证了兴安盟民主改革和社会主义改造的顺利完成。社会主义建设时期，自治区把贯彻执行和完善民族区域自治政策作为头等任务来抓，促进了兴安盟各项事业取得前所未有的发

展。随着《中华人民共和国民族区域自治法》的实施，自治区完善民族区域自治制度的工作进入新阶段，先后出台了一系列落实民族区域自治制度的具体规定和办法，对兴安盟自主安排和管理地方经济建设、发展教科文卫事业、选拔和培养少数民族干部人才，加快少数民族和民族聚居区发展等发挥了重要作用。

（一）始终把维护国家统一和民族团结作为最高使命

来到乌兰浩特，当我们参观五一会址、乌兰夫办公旧址、内蒙古党委办公旧址和内蒙古民族解放纪念馆等一大批革命遗迹和场馆时，就听到有市民自豪地说："70 多年前，内蒙古自治政府就是在我们这里成立的，民族区域自治制度是从我们这里走向全中国的！"在整个参观过程中，解说员也给我们介绍："2016 年兴安盟被命名为全国首批 13 个、自治区唯一一个民族团结进步示范盟"，"2017 年全国民族团结进步创建经验交流现场会和十二届全国人大民族委员会扩大会议在兴安盟召开，兴安盟代表自治区向全国展示了民族团结进步事业取得的优异成绩和民族区域自治制度的发展成果"。当参观结束的时候，我们由衷地感到，对兴安人来说，民族区域自治制度就是他们的崇高荣誉和自觉担当。兴安人民像爱护自己的眼睛一样珍惜并呵护着国家统一和民族团结。

在调研途中，就听到有人说："如果有谁在我们这里传播分裂祖国的思想或有破坏民族团结的言论，我们每一个兴安人都会挺身而出，毫不犹豫地报告检举，绝不允许任何人破坏我们的安定团结。"兴安人始终把维护国家统一和民族团结放在心上，用他们的心灵和身躯构筑起祖国北疆安全稳定的屏障，以实际行动守卫祖国边疆的幸福安宁。

当前全面建成小康社会的攻坚阶段，继续坚持民族区域自治制度不动摇，还必须根据时代的变化不断地发展和完善这一制度。兴安盟各族干部群众维护祖国统一，反对民族分裂，保持社会稳定，从而为各项事业的发展注入新的强大动力和时代内涵。

（二）丰富民族区域自治时代内涵，兴安盟始终走在前列

近几年，兴安盟争取少数民族发展资金 4.3 亿元，全面落实支持民族地区

发展的差别化政策，重点扶持少数民族聚居区实施特色种植业和养殖业、民族医药、民族特色产业建设等项目。

科右中旗代钦塔拉苏木代钦塔拉嘎查党支部书记郭海玉，在政府的扶持下，带头成立肉牛养殖专业合作社，带领父老乡亲脱贫致富，他们的幸福生活也随着《枫叶红了》被搬上了荧屏。

蒙绣是蒙古族特有的刺绣技艺，2016年在政府的支持下，科右中旗成立了大学生创业就业扶贫服务协会和祥瑞刺绣扶贫服务有限责任公司，建立王府刺绣扶贫车间，采取"企业＋协会＋基地"的发展模式，全旗2.1万多名农牧民从事刺绣工作，在针线交错间绣出了花样的美好生活。

走进科右中旗高力板镇，平坦的水泥路像洁白的哈达一样把相邻的村屯紧紧地连在一起，崭新宽敞的砖瓦房、修葺一新的院墙、庭院里葱葱郁郁的蔬果、棚圈里撒欢的羊羔和牛犊无不展示着农牧民生活的富裕和美好。高力板镇正在召开党委班子会议，又一次大范围调整各嘎查驻村工作队，以提高为民服务实效。"为国光、东风和新发这三个汉族群众多的嘎查各配两名蒙古族干部，有利于宣传民族政策，团结互助……"在各嘎查"两委"班子的配备中充分考虑到少数民族领导干部指数，加强嘎查级民族干部队伍建设，这是兴安盟推进基层工作的一条重要经验。民族干部是党和政府联系少数民族的桥梁和纽带，这支队伍为兴安盟各项事业的顺利推进发挥了不可替代的作用。

自古以来，兴安盟就是祖国北方各民族不断交往交流交融的大舞台。各民族所以团结融合，多元所以聚为一体，源自各民族文化上的兼收并蓄、经济上的相互依存、情感上的相互亲近，各民族始终互相促进发展，共同繁荣进步。

正是由于始终坚持和不断完善民族区域自治制度，坚定不移走中国特色解决民族问题的正确道路，兴安盟才从封闭走向开放、从落后走向进步、从贫穷走向富裕，同其他地区一同迈进小康，为构筑祖国北疆安全稳定屏障作出了重大贡献。

三、把发展作为解决民族问题的金钥匙，全面建成小康社会"一个民族都不能少"

发展是党执政兴国的第一要务，是解决我国一切问题的基础和关键。做好民族地区工作的关键是要推动经济社会的全面发展。兴安盟坚持生态优先、绿色发展理念，将资源优势有效转化为经济优势、发展胜势，开启了一条以"绿色"为主题的发展之路。

（一）发展的目的就是改善和保障民生

阿尔山市立足生态谋发展、围绕旅游抓产业。阿尔山市文化旅游体育局局长白峰说："通过绿水青山招引八方人气，去年我们这里接待游客 432 万人次，旅游收入实现 53 亿元。现在全市 7 万多人，有近 4 万人直接从事旅游业。"在阿尔山市白狼镇林俗文化公司的树皮画制作车间内，非物质文化遗产白狼树皮画传承人李艳红老师正在埋头剪贴制作"金陵十二钗"肖像画，一个个体态婀娜的佳人跃然画上，栩栩如生。"现在游客来得多，我们纯手工制作的树皮画供不应求。"林俗文化公司副经理贾志岭笑着说。

科右中旗紧紧扭住"吃生态饭、做牛文章、念文旅经"的战略定位，切实转变农业发展方式，扎实推进"两袋米"建设，着力推动全旗水稻产业高质量发展。巴彦淖尔苏木双榆树嘎查第一书记韩军带着农牧民，让 1350 亩盐碱地里飘出了阵阵"稻香"。他说："起初，老百姓不相信在盐碱地里能种出水稻，大家觉得这是在开玩笑。于是，党员们又挨家挨户跟老百姓做工作。喊破嗓子不如做出样子。2016 年，合作社试种的 600 亩水稻收了 39 万斤。慢慢地，农牧民从看热闹、观望，走进了大棚，拿起了农具。"以发展绿色新兴产业为导向，大力培育新产业新动能新增长极，努力走出符合实际的高质量发展新路子，已经成为兴安盟从领导到干部群众一致认可的发展思路。

（二）没有少数民族和民族地区的小康，就没有全国的小康

兴安盟对人口较少民族聚居旗县、少数民族人口相对集中地区和民族乡加大扶持力度，促进各民族团结互助共同发展。科右中旗巴彦敖包嘎查的民俗

馆展示着各族先民遗留的物品。展厅木门上钉着传统的汉地铆钉，旁边的窗户雕花却是蒙古族风格；有汉族喜用的独轮车，也有蒙古族常用的勒勒车；乐器有汉族的二胡，也有蒙古族的四胡和马头琴；刺绣花纹蒙汉图案都有……不同的民族文化在这里相互交融。因此，旗委书记说："历经多年的相处融合，如今这块土地上各民族已难分彼此，大家的共同愿望就是齐心协力，把家园建设好。"乌兰浩特市义勒力特镇，为了能够让全嘎查的各族居民脱贫致富，近年来利用邻近市区的区位优势，打造美丽乡村、发展特色旅游。嘎查党支部书记白双龙介绍，"我们嘎查一共 1872 人，蒙、汉、满三个民族聚居。……我们这里各族人民亲如一家，互相帮助"。这里处处呈现各民族互相信任、互相尊重、互相关心、互相帮助的良好风尚，到处都有维护民族团结致力于经济社会发展的美好景象。

民族团结进步事业离不开经济社会发展的支撑，经济社会发展离不开各民族和睦相处的社会基础。只有坚定不移地推动民族地区经济发展，民族团结进步事业才会花红果硕。只有各民族守望相助、团结奋斗，经济才会持续健康发展、社会才能长期繁荣稳定。

四、坚持人民至上，决胜全面脱贫攻坚战，共享改革发展成果

党的十八大以来，兴安盟扎实推进各项社会工作，确保经济平稳运行，打好脱贫攻坚战，稳步提高民生保障水平。解决每一个人的基本生活问题，小康路上谁也不掉队，各族人民共享改革发展成果。

（一）"智志双扶"，扶贫路上不落下一个人

物资缺乏问题往往容易解决，最怕贫困户自暴自弃精神贫困。扎赉特旗胡尔勒镇诺勒嘎查的包哈敦巴拉，因儿子夭折妻子离开，整日借酒消愁，成了村里最穷的人，2018 年初被纳入建档立卡贫困户。嘎查为他买了 2 头小毛驴，包哈敦巴拉不上心，整天喝得东倒西歪，毛驴也跟着遭罪。嘎查第一书记胥永跃看着又气又急，他和同事们暗下决心，一定要拯救这个"醉鬼"。于是村

支书陈长江用手机把包哈敦巴拉大醉后的丑态拍下来，发给他本人。包哈敦巴拉看到后羞愧至极，决定戒酒。从此，在他的精心侍弄下，圈里的猪仔越养越多。村里还聘他为护林员，一年工资1万元。他的变化赢得了村里一名单身女子的芳心。"最感谢的人就是扶贫干部们，大家都放弃我的时候，他们没有放弃，硬是把我从消沉和贫困里拽了出来。"包哈敦巴拉羞红了脸笑着说："现在屋外有产业，屋里有对象，日子又过得甜蜜起来。"是扶贫路上连拉带拽，抱着不抛弃不放弃的态度，让贫困户重拾发展的勇气，让他们真正摆脱贫困获得新生。

（二）村里只要有个好的带头人，整村致富不是问题

火车跑得快，还得车头带。整村要发展，离不开优秀的带头人。农科局派驻突泉县六户镇和胜村的第一书记胡爽驻村后，做调研、上举措，带领群众谋发展。通过"党建＋扶贫"，使得全村形成规模产业，农户脱贫致富。依托和胜村"一屯一品"的现有产业资源，胡爽通过"党支部＋合作社＋农户"的形式大力发展庭院经济、"林果＋"、农业大棚产业，带领村"两委"成功创办了"和胜良品"电商品牌，取得良好效益。同时对村内育苗基地、果园进行统一规范化管理，并争取项目资金扩建阳光温室大棚和保鲜库，进一步拓宽了村民的致富路。"我们的第一书记虽然年纪不大，但是勤快，有空就走村串户了解情况，平易近人，一点官架子也没有……"说起胡爽，群众忍不住夸赞起来。在驻村干部身体力行的带动下，农户在龙头企业中参与打工，实现了就业增加了收入，获得了保障，感到了幸福。

（三）坚持为了人民，依靠人民，民生主体在人民

以人民为中心，坚持人民至上，在人人享有的同时坚持人人尽责。科右中旗巴仁哲里木镇巴彦温都尔嘎查的梁长生和他妻子白梅花勤劳致富。2016年，梁长生因患股骨头坏死导致丧失劳动力，一家人的生活陷入了困境，被嘎查委员会识别为建档立卡贫困户。白梅花勤劳肯干、自力更生，在她的悉心照料下旗扶贫办扶持的27只基础母羊接羔率达到了百分之百。同时，她还重操放弃多年的缝纫手艺，缝制棉裤。如今，梁长生一家早已摆脱了贫困，养殖产业和手工产业齐头并进，家庭收入年年递增。白梅花闲暇时间还会在镇里文化

站上跳跳广场舞，快乐满足的心情溢于言表。像她这样依靠双手勤劳致富的贫困户收入增加的同时，也实现了精神上的充实。"幸福是奋斗出来的，自食其力的果实就是香就是甜。"白梅花自信满满地跟我们说。

全面建成小康社会的战略部署以及党和国家面向农牧区经济社会发展的一系列政策措施，深刻激发了兴安盟各族干部群众的凝聚力和创造力，使兴安盟的民族团结和脱贫攻坚工作既有数字化的成果展示，还有生动活泼的故事和案例。从这个意义上讲，兴安盟民族团结和脱贫攻坚工作的确有很多经验值得深入总结、提炼和推广。

五、深化民族团结进步教育，铸牢中华民族共同体意识，民族团结深入人心

在兴安盟这片红色沃土上，民族团结进步理念已融入各族群众的基因，成为生命的内容、生活的常态。

（一）民族团结之花常开长盛

"你拍一我拍一，民族团结争第一；你拍二我拍二，社会稳定靠大家……"这是科右前旗民族幼儿园创作的《民族团结拍手歌》。民族团结教育从娃娃抓起，正如幼儿园园长单格日乐所说："我们所做的一切都是为了给孩子们创造一片民族团结的沃土，让各民族的孩子在这里建立深厚情谊，共同成长。"民族团结教育已然开出绚丽之花。

乌兰浩特市兴安街幸福社区是一个多民族聚居的名副其实的"幸福社区"。"百家宴"正在这里火热举办，品尝各民族美食的同时，各民族邻里之间的距离也被拉近了。把社区打造成为各族群众守望相助的大家庭，积极创造各族群众安居乐业的良好社区环境，这是社区干部们的共同心愿。

静谧秀丽的归流河边上，一座融入民族文化元素的建筑——乌兰牧骑宫赫然矗立。乌兰牧骑大型惠民演出正在这里举行，乌兰牧骑队员正在用乌力格尔的形式讲述着蒙古族保家卫国的故事……加强中华民族大团结，长远和根本的

是增强文化认同。从少数民族文化中汲取营养，使之融入社会主义核心价值观培育和践行的全过程，民族团结进步事业才会长久不衰。

（二）民族团结重在交心，要将心比心，以心换心

科右中旗巴仁哲里木镇哲里木嘎查的乡村医生、全国民族团结进步模范个人王布和，正是这一理念的伟大实践者。"天下的男患者都是父亲，天下的女患者都是母亲"，至今王布和还将 13 岁拜师时候，师傅告诉他的这句话铭刻在心。"只要来到这里，无论什么民族，只要有病都给诊治，只要没钱，都免费提供吃住和回家的路费。"34 年来，王布和将行动融进了这份民族团结的深情中。据不完全统计，每年都有近 8 万蒙、汉、回、满等各民族同胞患者找他治病。

来自通辽市的银香，在这里做义工已经十多年了，她说："还记得当时我是被背进来的，王布和大夫给我免费医治，让我重新站了起来。当那天嫂子（王布和的爱人）拉着我的手祭敖包时，我下定决心要留下来回报他们，帮助更多像我一样的人重获新生。"如今，王布和的蒙医医院更像是一个各族人民汇聚在一起的大家庭，大家相互关心、相互支持，像石榴籽一样紧紧抱在一起。

（三）事成于和睦，力生于团结

在巍巍大兴安岭脚下，有一座远近闻名的"明星"小村庄，她就是兴安盟科右中旗巴彦敖包嘎查，一个拥有汉族、蒙古族、俄罗斯族、满族、傣族 5 个民族的小康村。村广场上，汉族教蒙古族扭秧歌，蒙古族教汉族跳安代舞，大家其乐融融。村子里的多民族大家庭超过一半。嘎查的党支部书记张军的父亲是蒙古族，母亲是汉族，张军娶的也是汉族媳妇。他说，各民族长期共同生活，大家生产生活习惯越来越相近，共同点越来越多，性情上的微小差异，利于双方互补借鉴。2019 年，嘎查集体经济收入达 200 多万元。张军语重心长地说："我们嘎查的发展变化，全靠各族村民心往一处想，劲往一起使。在全面建成小康社会的道路上，我们也绝不会让任何一个民族、任何一个人掉队。"因此，珍惜和维护民族团结已经深深融入每个兴安人的血脉，为经济社会发展提供了强大动力，已成为兴安盟发展的优势所在、希望所在。

民族团结是各族人民的生命线。今天兴安盟一切成就都是在民族团结之上取得的，各民族共同团结奋斗、共同繁荣发展的共生共荣共建共享的社会氛围已然形成。各族群众像保护眼睛一样保护民族团结，像珍视生命一样珍视民族团结，像石榴那样紧紧抱在一起，为实现中华民族伟大复兴中国梦提供了不竭动力。"

责任编辑：励　始

图书在版编目（CIP）数据

全面建成小康社会与中国城市发展／《全面建成小康社会与中国城市发展》
　编写组 编 . — 北京：人民出版社，2022.5

ISBN 978 - 7 - 01 - 023222 - 5

I. ①全…　II. ①全…　III. ①小康建设 - 研究 - 中国②城市发展战略 - 研究 -
　中国　IV. ① F124.7 ② F299.21

中国版本图书馆 CIP 数据核字（2021）第 039500 号

全面建成小康社会与中国城市发展

QUANMIAN JIANCHENG XIAOKANG SHEHUI YU ZHONGGUO CHENGSHI FAZHAN

《全面建成小康社会与中国城市发展》编写组　编

人 民 出 版 社 出版发行

（100706　北京市东城区隆福寺街 99 号）

北京盛通印刷股份有限公司印刷　新华书店经销

2022 年 5 月第 1 版　2022 年 5 月北京第 1 次印刷

开本：710 毫米 × 1000 毫米 1/16　印张：24.25

字数：366 千字

ISBN 978 - 7 - 01 - 023222 - 5　定价：120.00 元

邮购地址 100706　北京市东城区隆福寺街 99 号

人民东方图书销售中心　电话（010）65250042　65289539